신학박사 논문시리즈 29

열린 친교와 삼위일체론

Open Fellowship and the Doctrine of the Trinity

현재규 지음

기독교문서선교회

기독교문서선교회(Christian Literature Center: 약칭 CLC)는 1941년 영국 콜체스터에서 켄 아담스에 의해 시작되었으며 국제 본부는 미국의 필라델피아에 있습니다.

국제 CLC는 59개 나라에서 180개의 본부를 두고, 약 650여 명의 선교사들이 이동도서차량 40대를 이용하여 문서 보급에 힘쓰고 있으며 이메일 주문을 통해 130여 국으로 책을 공급하고 있습니다.

한국 CLC는 청교도적 복음주의 신학과 신앙서적을 출판하는 문서선교 기관으로서, 한 영혼이라도 구원되길 소망하면서 주님이 오시는 그날까지 최선을 다할 것입니다.

Open Fellowship and the Doctrine of the Trinity

Written by
Jae Kyu Hyun

Korean Edition
Copyright © 2017 by Christian Literature Center
Seoul, Korea

추천사 1

김명용 박사
장로회신학대학교 총장

　현재규 박사의 장로회신학대학교 신학박사 학위 논문이 책으로 출간되어 나오게 됨을 진심으로 축하드린다. 이 책은 삼위일체론의 핵심인 '페리코레시스'(*perichoresis*)의 참된 의미를 설명한 책으로 삼위일체론 이해에 매우 중요한 책이다. 한국교회는 일신론적 성향의 양태론적 삼위일체론을 많이 가지고 있고, 자신이 이단인지 모르고 다른 사람들을 이단으로 정죄하는 경향이 있다. 삼위일체론을 바르게 이해하기 위해서는 이 책을 읽는 것이 매우 의미가 있다.
　세계 역사는 하나님의 삼위일체적 삶의 역사이다. 이 책을 잘 읽으면 우리의 삶과 세계의 역사가 왜 하나님의 삼위일체적 삶의 역사에 포용되고 있는지 잘 알 수 있을 것이다. 삼위일체론은 철학적 사변이 아니다. 하나님을 바르게 알기 위해서는 삼위일체론을 바르게 이해해야 하고, 나와 세상의 역사를 바르게 알기 위해서도 삼위일체론을 바르게 알아야 한다.
　이 책은 초대교회에서부터 오늘에 이르기까지 삼위일체론에 있어서 중요한 학자들을 깊이 논구한 책이지만 특히 20세기에 발전된 사회적 삼위일체론에 초점을 맞추고 있다. 사회적 삼위일체론은 삼위일체론의 본질이지만 서방교회가 오랫동안 잊고 있었던 대단히 중요한 삼위일체론이다. 서방교회가 오랫동안 잊고 있었다는 말은 서방교회의 영향 속에 있는 한국교회에도 해당된다.

이 책을 읽으면 우리가 삼위일체론에서 무엇을 잊고 있었는지를 확실히 알 것이다. 열린 친교라는 개념이 바로 우리가 잊고 있었던 삼위일체론의 중요한 본질이다. 이 책이 한국의 모든 독자들에게 삼위일체론의 바른 이해에 큰 기여가 되기를 바란다.

2016. 9. 2

추천사 2

이경직 박사
백석대학교 조직신학 교수

  오늘날 신학의 중심 주제 중 하나는 삼위일체론이다. 삼위일체론 논의는 삼위 하나님 사이의 관계를 규명하는데 그치지 않고 교회와 사회, 우주에 어떻게 적용되는지를 고민하는데까지 확장되고 있다. 현재규 박사의 『열린 친교와 삼위일체론』은 삼위일체 하나님을 종말에 만유 안에서 만유와 춤추는 하나님으로 이해함으로써 상호 교제를 삼위 하나님에게뿐 아니라 교회와 만유까지 확장하는 열린 삼위일체론을 주장하고자 한다.

  이 논의는 한국교회의 삼위일체론 논의를 더욱 풍성하게 해 준다. 무엇보다 이 책은 바르트, 로스키와 지지우라스, 몰트만, 그리고 보프의 삼위일체론을 열린 삼위일체론의 발전에 기여한 신학자들로 분석해냄으로써 현대 삼위일체론 논의를 이해할 수 있는 틀을 제공한다.

2016. 10. 26

목 차

추천사 1 김명용 박사 _ 장로회신학대학교 총장 / 4
추천사 2 이경직 박사 _ 백석대학교 조직신학 교수 / 6
이 책을 펴내며 / 9

제1장 서론: 열린 삼위일체 하나님, 닫힌 세상 / 11

제2장 성경적 관점에서 본 '열린' 삼위일체 / 15

1. 삼위일체 신앙과 기독교 / 15
2. 구약 성경에 나타난 삼위일체 하나님: 유일하신, 그리고 함께 하시는 하나님 / 22
3. 신약에 계시된 삼위일체 하나님: '열린' 친교 안에서 하나이신 아버지와 아들과 성령 / 27
4. '열린'의 의미 / 32

제3장 역사적 관점에서 바라 본 '열린' 삼위일체 / 38

1. 터툴리아누스의 삼위일체론 / 39
2. 오리게네스: 동방교회 '열린' 삼위일체론의 출발 / 51
3. 아타나시우스의 '열린' 삼위일체론 / 68
4. 갑바도키아 교부들의 삼위일체론: 아버지와 아들과 성령의 '열린' 친교, 그리고 일치 / 85
5. 아우구스티누스의 관계의 삼위일체론 / 111
6. 칼빈의 삼위일체론 / 139

제4장 '열린' 삼위일체론의 개화: '페리코레시스'의 재조명 / 166

1. 삼위일체론의 르네상스 / 166
2. 바르트: 더불어 사는 인간성(Mitmenschlichkeit) / 168
3. 현대 동방정교회의 삼위일체론 / 181
4. 몰트만의 사회적 삼위일체론: 사랑의 삼위일체 / 221
5. 보프의 삼위일체론: 평등의 삼위일체 / 269

제5장 삼위일체의 '열린' 친교: 만유 위에 계시고 만유를 통일 하시고 만유 가운데 계시는 아버지와 아들과 성령의 일치와 친교 / 298

1. 열린 친교: 사랑과 평등의 페리코레시스 / 299
2. 하나님의 역사 속에 나타난 '열린' 친교 / 309
3. 교회, 땅에서 누리는 '열린' 친교 / 315
4. 피조물과 누리는 '열린' 친교: 삼위일체 하나님에 대한 생태학적 이해 / 328

제6장 결론: 닫힌 세상, 삼위일체 하나님의 '열린' 친교: 삼위일체 신앙과 삼위일체론적 삶 / 358

참고 문헌 / 363

이 책을 펴내며

"성부와 성자와 성령께서는 서로를 향해 열려 있는 동시에 하나님 자신의 피조세계를 향해 스스로를 열어두시는 분이시다." 이 책은 이러한 서문으로 시작하는 2007년 2월에 통과된 필자의 박사 학위 논문이다. 거의 10년이 지난 지금 이 책을 내는 이유는 지금도 사람들이 이러한 질문을 하기 때문이다. 성부와 성자와 성령은 어떤 분이실까? 어떻게 구별되시고 어떻게 일치를 이루시나? 어떻게 우리를 찾아오시고, 어떻게 우리를 하나님의 나라로 인도하실까? 이 글은 바로 그 하나님, 곧 삼위일체에 관한 이야기이다.

세상은 유사 신들로 가득한 듯 보인다. 온갖 종교들이 떠받드는 거짓 신들과 돈과 같은 세속의 헛된 가치들뿐만 아니라 과학문명까지도 하나님의 영역을 호시탐탐 노리는 듯하다. "유비쿼터스"의 유토피아를 실현할 듯 보이는 "사물인터넷"은 어디든 계신 하나님의 자리를 호시탐탐 차지하려든다. 스마트폰에서 벌써 어느 정도 구현되고 있듯이 언제든 말을 걸면 적절하게 대답해서 대화 가능한 [것처럼 보이는] 인공지능은 다가오셔서 기도를 들으시고 품으시는 사랑의 하나님의 자리를 노린다. 체스를 넘어 바둑의 영역에서도 인간을 능가하고 있는 인공지능은 모든 것을 아시고 모든 것을 이루시는 하나님을 향해 유사 하나님처럼 군다. 그러나 과학의 발달도, 세상 많은 종교들의 주장이나 세속의 가치들은 결코 성부와 성자와 성령의 친교 안에서 하나 되시며, 그 친교 속으로 우리와 세상을 초대하시고 구원하시는 살아계신 삼위일체의 자리를 대신할 수 없다.

　이 글은 최신 학설에 대한 소개라기보다는 그리스도인이 만나고 섬기는 하나님이 어떤 분이신지를 다루고 있다. 삼위일체, 곧 성부와 성자와 성령의 구별과 일치의 신비를 전하기 위해 애썼던 믿음의 선배들의 발자취이다. 비록 이 글이 학위 논문으로 쓰였기에 일반 독자들에게 낯선 용어도 있지만, 지도를 보듯 읽으며 삼위일체의 신비에 조금이라도 가까이 다가가는 안내서가 되길 바란다. 그러기에 아직도 많은 사람들이 필자의 논문을 인용하고 있고, 이들이 필자에게 논문을 책으로 출판하도록 권유했다. 이것이 이 책을 오랜 시간이 지난 후에도 출판하는 두 번째 이유이다.

　끝으로 추천사를 써주신 김명용 박사님과 이경직 박사님께 감사를 드리며 "신학박사 논문시리즈 29"로 출간해 주신 기독교문서선교회(CLC)에 감사를 드린다.

　그리고 이 글이 그 성부와 성자와 성령의 친교 속으로 인도하는 하나의 안내서가 되길, 그로써 성부와 성자와 성령께 영광 돌리기를 소망한다.

2016년 늦가을
현재규 識

제1장

서론: '열린' 삼위일체 하나님, '닫힌' 세상

성부와 성자와 성령께서는 서로를 향해 열려 있는 동시에 하나님 자신의 피조세계를 향해 스스로를 열어두시는 분이시다. 하나님은 아버지와 아들과 성령의 열린 친교 안에서 일치를 이루시는 삼위일체시다. 서로를 향한 아버지와 아들과 성령의 '열린' 친교는 수동적 개방성을 넘어서 적극적으로 서로를 받아들이고 서로 안에 거하며 서로를 통하여 일하는 일치의 친교이다. 그리고 삼위일체 하나님께서는 창조를 통해 자신 안의 친교를 피조세계로 확장하신다.

독일의 신학자 몰트만(J. Moltmann)은 이를 "하나님은 세계를 창조하는 동시에 그 안으로 들어가신다. … 세계를 초월하는 하나님과 세계 안에 내재하는 하나님은 한 하나님이시다"[1]라고 표현했다. 그에 의하면, 세계는 하나님 안에서 피조되었지만 동시에 창조는 하나님 안에서 일어난 사건(Zimzum)[2]이다. 이 하나님 안에서의 창조를 통해 피

---

[1] Jürgen Moltmann, *Got in der Schöpfung*: *Ökologische Schöpfungslehre*(München: Chr. Kaiser Verlag, 1985), 29.

[2] 몰트만은 이삭 루리아(Isaak Luria)의 찜쭘(Zimzum) 이론을 받아들여 전통적으로 하

조세계는 삼위일체 하나님의 '열린' 친교 안으로 초대받고 있다.

하나님은 성실하시다. 그러나 그 성실하심이 하나님의 폐쇄성으로 오해되어서는 안 된다. 하나님은 태초에 모든 것의 운명을 정해 놓고 더 이상 간여하지 않는 이신론(理神論)의 신이 아니시다. 하나님의 '열린' 친교는 그 자체로 삼위 안에서의 행위인 동시에 창조를 통해 피조세계를 포함하는 친교이며, 또한 교회와의 관계와 피조세계와의 관계를 통해 교회와 세계를 변화시키며 종국에는 전체 피조세계를 삼위 안에서의 친교의 장으로 실현해내는 삼위일체 하나님의 친교이다. 왜냐하면 삼위일체 하나님께서는 모든 것 안에서 모든 것 되시기를 원하시며(고전 15:28; 골 3:11),[3] 만유 위에 계시고 만유를 통일하시고 만유 가운데 계시기(엡 4:4-6)[4] 때문이다.

그러나 이렇게 하나님 안에서 창조된 하나님의 피조세계와 그 세계에서 살고 있는 인간은 아직 온전히 하나님 안에 있지 못하고 있다. 지금 이 세계에도 이미 삼위일체 하나님의 구원의 은혜 안으로 부름 받은 그리스도인들의 공동체인 교회가 있기는 하지만 그리스도인들도 여전히 아직 하나님의 나라의 완전한 상속자가 되지는 못하고 있다(고전 3:12). 피조물 역시 여전히 탄식 가운데서 회복의 날을 기다

나님의 사역을 안을 향한 행위와 밖을 향한 행위로 구분하고 창조를 후자의 사역으로서 설명하던 이분법적 사고를 극복하려 시도한다. J. Moltmann, *Trinität und Reich Gottes*, 124ff; *Got in der Schöpfung*, 98ff.

3 참고, "1Cor 15:27," *Expositor's Bible Commentary*, *New Testament*(이하 *EBCN*이라 한다) (Grand Rapids: Zondervan Publishing House, Rel. 1998).

4 바울의 표현에 의하면, "만유 위에 계시고 만유를 통일하시고 만유 가운데 계신" 분은 "한 분 하나님, 곧 만유의 아버지"이시다(6절). 그러나 4절에서 6절까지를 함께 보아야 한다. 통일은 성령 안에서 실현되어 있으며, 그리스도 안에 초점이 맞추어져 있으며, 그리고 아버지 안에 근원을 두고 있다("Eph 4:4," *EBCN*). 즉 아버지와 아들과 성령의 일치는 '한 몸'을 이루는 교회 일치의 전제 조건이다. 아들과 성령 역시 하나님 아버지와 함께 '하나 되어' 만유 위에 계시고 만유를 통일하시고 만유 가운데 계신다.

리고 있다(롬 8:21-22). 예수께서 사람들 사이의 막힌 담을 허무셨지만(엡 2:14; 참고, 갈 3:28) 사람들은 스스로 헛된 담을 쌓아 올리며 소통의 은총을 거절하고 있다. 교통과 통신의 발달로 그 어느 때보다 더 가까워진 '지구촌'이 겪고 있는 아픔의 근본 원인은 아이러니하게도 단절이다. 단절의 형태가 조금씩 변하기는 하지만 대륙과 대륙 사이, 국가와 국가 사이, 종교와 종교 사이, 계층과 계층 사이, 남자와 여자 사이, 그리고 세대와 세대 사이의 소통의 단절은 아직도 곳곳에서 갈등과 다툼과 폭력과 테러와 전쟁으로 표출되고 있다.[5]

현대문명이 사물인터넷(IoT, Internet of Things)이라는 디지털 기술의 발전에 힘입어 "유비쿼터스"(ubiquitous)[6]라는 새로운 유토피아를 제시하고 있지만, 그것 역시 가진 자와 갖지 못한 자 사이의 담을 더 높이 쌓아 올리기만 할 뿐이다. 이것이 우리의 현실이다. 사람들 사이의 소통, 사람과 자연의 소통이 방해받고 있다.

이러한 소통의 단절이라는 우리의 현실을 더 이상 변경 불가능한

---

[5] 예를 들어, '관세 및 무역에 관한 일반협정'(GATT) 체제를 대신하여 1995년부터 세계 경제질서를 규율하기 위해 새로운 국제기구인 '세계무역기구'(World Trade Organization, 약칭 WTO)가 설립되었다. WTO 체제는 자유무역이라는 이름 아래 나라와 나라 사이의 무역 장벽을 제거하고 있다. 그러나 이는 나라 사이의 갈등을 나라 안에서의 직업 군(群)들 사이의 갈등으로 변형시켰을 뿐 무역에서 일어나는 갈등을 근본적으로 해소하지 못하고 있다. 게다가 WTO 자체가 초세계적 권력으로서 강대국들과 초국적 기업들의 이익을 대변하여 새로운 갈등을 조장하고 있다. 빈부 간의 격차는 더 심화되고 있으며, 일자리 축소를 통한 기업의 구조조정은 취업자와 실업자를 그리고 정규직과 비정규직을 가르고 있으며, 잠재적 실업에 대한 위기는 함께 일하는 직장 동료를 적으로 만들고 있다.

[6] '언제 어디서나 있는'을 의미하는 "유비쿼터스"는 장소와 시간에 구애받지 않고 네트워크에 접속할 수 있는 환경, 즉 모든 일상이 네트워크로 연결되어 있는 상태를 의미한다. 이것은 모든 정보가 공유되고 활용된다는 장점도 있지만, 개인 사생활이 심각하게 위협받는 위험과 이용자에 의한 위변조 가능성의 부작용도 갖고 온다. 이를 실현하는 핵심 기술인 사물인터넷 역시 해킹의 위험이 상존하고 있다.

것으로 인정하는 것은 불신앙이다. 왜냐하면 자신 안에서 소통 하시는 삼위일체 하나님께서 세상을 향해 자신을 열어 주시기 때문이다.[7] 자기 형상을 따라 인간을 지으신 하나님은 소통 불가능한 닫힌 단일체(Monad)가 아니라, 아버지와 아들과 성령께서 서로 소통하는 존재, 곧 삼위일체(Trinity)이시다. 그리고 삼위일체 하나님은 우리로 하여금 모든 단절을 해소하면서 하나님 나라로 향하게 하신다.

그러므로 '열린' 삼위일체론, 즉 만유 위에 계시고 만유를 통일하시고 만유 가운데 계시는 만유의 삼위일체 하나님의 어떠하심을 밝히는 것은 소통의 단절로 상처 입은 세계를 하나님의 방법으로 치유하는 길을 우리에게 보여줄 수 있다.

---

[7] 몰트만은 이를 다음과 같이 표현한다. "모든 창조는 삼위일체와 결합될 수 있고 삼위일체 안에서 하나가 될 수 있을 만큼 삼위일체는 넓게 열려 있다." Jürgen Moltmann, *Trinität und Reich des Gottes*(München: Kaiser, 1980), 111.

제2장

성경적 관점에서 본 '열린' 삼위일체

1. 삼위일체 신앙과 기독교

나사렛 예수를 그리스도요 주(主)로 고백하는 그의 제자들의 신앙고백[1]에서 출발한 삼위일체론은 신학의 발전과 함께 오랜 동안 기독교를 특징짓는 핵심 교리의 지위를 유지했다. 그러나 실제로 신약 성경에도 "트리아스"[2](τριάς, 삼위일체)란 말이 직접적으로 언급되지 않기 때문에 기독교 신학 역사 속에서 하나님과 예수와 성령에 대한 다양한

---

1 "주는 그리스도시니이다"(막 8:29; 마 16:16), "주는 그리스도시요 세상에 오시는 하나님의 아들이신 줄 내가 믿나이다"(요 11:27; 마 27:54), "나의 주님이시요 나의 하나님이시니이다"(요 20:28), "주와 그리스도"(행 2:36), "생명의 주"(행 3:16), "누구든지 주의 이름을 부르는 자는 구원을 받으리라"(롬 10:13) 등등. 베드로는 오순절 직후에 있은 설교에서 욜 2:32을 예수 그리스도에게 적용시켜 70인역에서 하나님의 이름 대신 사용된 "주님"이라는 호칭을 예수님과 연결시키고 있다(행 2:16-36). 롬 10:13에서 바울은 동일하게 욜 2:32을 예수님과 연결시킨다.

2 "삼위일체"를 표현하는 헬라말로 원래는 '숫자 3' 혹은 '삼조일체'(triad)를 의미한다. *An Intermediate Greek-English Lexicon: Founded Upon the Seventh Edition of Liddell and Scott's Greek-English*(Oxford, 1999), 817.

해석이 나타났다. 이를 크게 셋으로 나눌 수 있다.

첫째, 개신교를 포함한 서방교회 전통이 대변하는 입장으로 하나님의 유일성이 강조된다.

둘째, 대체로 동방정교회 전통이 취하는 것으로서 아버지와 아들과 성령의 구별됨에서 출발하여 그들 사이의 일치를 말하는 입장이다.

셋째, 삼위일체론을 더 이상 유의미한 것으로 보지 않는 견해가 있다. 자유주의 신학은 삼위일체론을 비본래적인 것이고,[3] 시대에 맞지 않는 것으로 간주하여 관심에서 제외하거나 재해석이라는 이름 아래 전혀 다른 내용으로 채웠다. 급진적 개신교 전통[4]도 4세기의 신학적 발전을 성경에서 멀어진 "교회의 타락"으로 간주하여 비판적으로 평가한다.[5] 그리고 여성신학 역시 전통적인 삼위일체론이 남성 중심

---

[3] 대표적으로, '본질적인 것'과 '이차적인 것'을 구분하는 쉴라이어마허에게 있어서 삼위일체론을 포함한 모든 교리는 이차적인 것이다. 그에 의하면, "교회적 표현양식인 이 교리 자체는 기독교적 자기인식에 대한 직접적인 진술이 아니라, 단지 그러한 여러 가지 것들의 종합이다." Friedrich Daniel Ernst Sleiermacher, *Der Christliche Glaube: Nach den Grundsätzen der evangelischen Kirche im zusammenhange Dargestellt*(Berlin: 1831), §170. 참고, F. D. E. Schleirermacher, *Über die Religion Reden an die Geblideten unter ihren Verächtern*(1799), 최신한 역, 『종교론: 종교를 멸시하는 교양인을 위한 강연』(서울: 한들, 1997), 107. "종교의 본질은 사유나 행위가 아니라 직관과 감정이기" 때문이다(Ibid., 56). 삼위일체론에 대한 이런 식의 접근은 쉴라이어마허 이후의 자유주의 신학에 있어서 삼위일체론에 대한 무관심을 초래했다. 그렇다고 해서 그가 삼위일체론을 아주 무가치하게 여긴 것은 아니다. 삼위일체론은 모든 기독교 신앙 이론의 결론이며(*Der Christliche Glaube*, §170-172), 그리스도가 어떤 분인지를 (§96,[1]; §97,[2]; §99) 그리고 성령이 어떤 분인지를(§121[1]; §122[2]; §123) 알려주는 귀중한 설명방식이다. 그가 반대하는 것은 사변적 삼위일체론이다(§172,[1]).

[4] 대표적으로 메노나이트(Mennonite)를 들 수 있다. 이 그룹은 16세기 종교개혁 당시 생겨난 급진 개신교 그룹이다. 로마가톨릭 사제 출신으로 재세례파를 이끈 메노 시몬스(Menno Simons)의 이름을 따서 "메노나이트"라 불리기 시작했다. 이 그룹은 신앙을 고백하는 성인 '신자'에게 세례를 베푸는 것을 특징으로 하기에, "재세례파"(anabaptist) 혹은 "신자들의 교회"(Believer's Church)로 불린다.

[5] A. James Reimer, "Trinitarian Orthodoxy, Constantinianism, and Theology from a Radical Protestant Perspetive," in *Faith to Creed: Ecumenical Perspectives on the*

적 한계를 넘어서지 못했다고 비판한다.[6]

  삼위일체 신앙에 대한 이러한 구분은 역사적으로 보면 시기적으로 그리고 지역적으로 구별되기도 하지만, 현재의 기독교 신학과 신앙은 이 세 가지 시각이 혼재하며 서로 영향을 주고받고 있다. 따라서 삼위일체론에 대한 현대인의 입장은 더욱 혼란스럽다. 그리스도인들을 포함한 대다수의 현대인들에게, '삼과 일이 같다'는 식의 설명은 이해되지 않는 억지 주장으로 들리기도 한다. 그것은 그리스도인들에게 조차 '신비하다'는 말 이외의 설명으로는 쉽게 다른 이에게 전달되기 힘든 것이라고 인식되고, 각 교단의 신조에서 고백하고 있다는 이유 때문에 어쩔 수 없이 신학 전문가들만이 의무적으로 다루는 "교리"로 여겨진다.

Affirmation of the Apostolic Faith in the Fourth Century: Papers of the Faith to Creed Consultation, Commission on Faith and Order, NCCCUSA, October 25–27, 1989 – Waltham, Massachusetts, ed. by S. Mark Heim(Grand Rapids, Mich: William B. Eerdmans Publishing Company for the Commission on Faith and Order, 1991), 129. 그럼에도 불구하고 레이메르(Reimer)는 위의 글에서 니케아–콘스탄티노플을 통해 확립된 삼위일체 교리가 메노나이트를 포함한 전체 기독교에 있어서 중요한 의미를 가짐을 말하고 그 근거를 다음의 세 가지로 들고 있다. 1) 성경이 이미 삼위일체 교리를 질문의 형태로 내포하고 있다. 2) 삼위일체 교리는 성경과의 연속성을 가진 채 더 나아갈 때 필요한 교리적 발전이다. 3) 삼위일체 교리는 윤리를 위해 필요한 틀거리다. 특히, Reimer, 145–161을 보라.

6 예를 들어 데일리(M. Daly)는 다음과 같이 말한다. "기독교의 삼위일체 상징의 불완전성은 아버지와 아들 이미지의 일방성에서 드러난다. 성령은 사랑과 일치의 영(spirit)–불(fire)–이라고 불리어 왔다. 성차별 사회에서 이것은 사회적으로 실현되지 못한다 … 전통 신학에서 성령에게 부여된 특성들은 전형적으로 '여성적'이지만, '그는' 남성의 대명사로 일컬어진다. 더욱이 '그는' 동정녀 마리아를 임신시켰다고 말해진다(마 1:18)." Mary Daly, *Beyond God the Father: Toward a Philosophy of Women's Liberation*, 황혜숙 역, 『하나님 아버지를 넘어서: 여성들의 해방 철학을 향하여』(서울: 이화여자대학교 출판부, 1996), 220–221, 각주 50. 기존 삼위일체론이 가진 이 불완전성이 삼위체 하나님을 세상의 억압과 파괴를 추인하는 존재로 전락시킨다는 것이 데일리의 주장이다.

그래서 교회는 삼위일체 신앙을 형식적으로만 고백하게 되고, 그리스도인들은 기독교가 지금까지 믿어오는 내용인 삼위일체 신앙을 다른 사람들에게 전달하지 못하게 되었다. 또한 각 종교의 전파와 사람들의 이동을 통해 전 세계적 추세가 되어버린 다종교 상황은 기독교 신앙을 상대화시키며, 삼위일체 하나님에 대한 절대적 신앙을[7] 일부 그리스도인들의 억지 주장으로 폄하한다.

이러한 상황은 기독교 신앙을 위협한다. 하나님에 대한 신앙을 갖는 일이 시대에 뒤떨어진 낡은 습관으로 인식되며,[8] 신앙을 갖는다 하더라도 그것은 기독교의 구체적인 삼위일체 하나님이 아니라 일반적 종교심(宗敎心)의 대상인 막연한 초월적 존재에 대한 신앙으로 바뀌는 현상이 나타난다.[9] 그리고 이것은 또한 기독교를 다른 여러 종교와 혼

---

[7] 예를 들어, 개혁교회의 신앙고백들은 지금도 삼위일체 하나님에 대한 신앙을 강력하게 표현하고 있다. Michael Jinkins, "Mutuality and difference: trinity, creation and the theological ground of the church's unity, *Scottish Journal of Theology*, vol. 56, no. 2 (2003), 50.

[8] 판넨베르크 역시 이런 현실을 인식하고 이에 대응하여 현대에 있어서 삼위일체 하나님에 대한 신앙의 의미를 역설한다. Wolfhart Pannenberg, *Das Glaubensbekenntnis*, 정용섭 역, 『사도신경 해설』(서울: 한들, 2000), 13, 30-31.

[9] 그 예를 미국의 '시민종교'(civil religion)에서 찾을 수 있다. 미국의 화폐에는 '하나님'에 대한 신앙고백("Trust in God")이 기록되어 있으며, 존 F. 케네디의 대통령 취임연설(1961. 1. 20)에서는 "전능하신 하나님"(Almighty God)이 언급되었다. 하지만 여기서의 하나님은 기독교의 삼위일체 하나님이 아니라 일반적 개념의 '신'(神)에 불과하다. 지금도 계속 세속화 작업이 진행되고 있지만 미국 사회는 전반적으로 신에 대한 신앙을 근간으로 삼고 있다. 그러나 이때의 하나님은 '기독교'의 하나님이라기보다는 일신론적인 '시민종교'의 신이다. 미국 시민종교에 대한 자세한 분석은 R. N. Bellah, "Civil Religion in America," *Beyond Belief* (New York: Harper & Row, 1970), 168-189를 참고하라. 밀리오리(D. L. Migliore) 역시 미국 시민종교의 일신론적 특성을 밝히고 그와 유사한 "창조주 단일신론"이 세계적으로 광범위한 현상임을 지적했다. Daniel L. Migliore, *Faith Seeking Understanding: An Introduction to Christian Theology*, 장경철 역, 『기독교 조직신학 개론: 이해를 추구하는 신앙』(서울: 한국장로교출판사, 1994), 106-107.

합 가능한 것으로 여겨지게 한다.¹⁰ 기독교의 신앙이 지배 이데올로기가 되는 것을 피하려는 정치적 의도 역시 기독교 신앙의 진리성이나 독특성을 주장하지 못하게 만든다.

그러나 삼위일체 하나님에 대한 기독교적 언명을 다루고 있는 삼위일체론은 기독교가 전하는 진리 전달의 핵심이며 이 세계의 아픔을 치유할 수 있는 해결책을 보여줄 수 있다. 왜냐하면 기독교가 자신의 모태라고도 할 수 있는 유대교와 구별되는 출발점이 바로 삼위일체 하나님에 대한 믿음이며, 그 믿음의 대상인 삼위일체 하나님은 피조 세계를 현재의 모습 그대로 버려두시는 분이 아니시기 때문이다.

삼위일체 신앙은 이미 성경, 특히 신약 성경에 나타나 있는 하나님에 대한 삼중적 인식에 근거하고 있다.

첫째, 전통적인 유대교에서 받아들인 예언자 전통에서 증언된 초월적이고 도덕적인 창조자에 대한 하나님 인식이다.

둘째, 예수를 하나님의 아들이며 신적 존재로 인식한 것이다.

셋째, 개인과 기독교 공동체 모두를 감동시키고 인도하는 하나님의 영에 대한 인식이다.¹¹

그러므로 바르트(K. Barth)가 "계시에 대한 성경적 개념이 삼위일체

---

10 유니테리언 유니버설리즘이 극단의 예이다. 삼위일체론을 거부하고 일신론을 주장하는 기독교 분파인 유니테리언주의는 1961년에 모든 인간의 구원을 주장하는 유니버설리즘(Universalism)과 연합하여 '유니테리언 유니버설주의자협회'(Unitarian Universalist Association)를 창설했다. 이 단체는 20세기 들어 다원주의를 표방하여 모든 종교를 혼합한 "우주적 세계종교"를 지향하고 있다. Alan W. Gomez 편, 고진옥 역, 『유니테리언 유니버설리즘』(서울: 은성, 2002), 11-13.

11 참고, John Hick, "Christianity," *The Encyclopedia of Philosophy*, vol. 2 (New York: The Macmillan Company & The Free Press, 1978), 106. 여기서 힉은 삼위일체론의 의도를 다음의 세 가지로 요약한다. 1) 삼위일체의 제2 인격체이신 그리스도의 완전한 신성 주장. 2) 성육신 개념을 단순히 하나님의 현현으로만 보는 것 방지. 3) 세계 안에서 하나님의 보편적 현존과 사역을 신적 영으로 인식함.

론의 뿌리 자체다"라고 말하며 "베스티기움 트리니타티스"(*vestigium trinitatis*, 삼위일체의 자취)를 삼위일체 하나님을 인식하는 방편으로 삼기를 거부한 것은 정당하다.[12] 그러나 그렇다고 해서 이성이 거부되는 맹목적 신앙을 말하는 것이 아니다. 우리는 "믿기 위해 이해하려는 것이 아니라 이해하기 위해 믿고자 한다."[13] 삼위일체론은 우리의 믿음을 이해하려는 시도이다.

초대교회에서부터 삼위일체 하나님에 대한 신앙은 매우 중요한 신앙고백이었다. 2세기에 기독교 신앙을 변증한 순교자 유스티노스(Justinos)는 기독교를 무신론이라 비판하는 것에 대해, 그리스도인들이 악한 마귀들을 신으로 부르지 않는다는 점에서는 무신론자들이지만 참 하나님을 섬긴다는 면에서는 무신론자들이 아님을 밝힌 다음에 "그[아버지]와 아들과 예언의 영 모두를 우리는 예배하며 공경한다"[14]

---

12 Karl Barth, *Church Dogmatics*(이하 *CD*로 표기한다) I/1 (Edingburgh: T. & T. Clark Ltd., 1975), 334ff. 참고, Augustinus, *De Trinitate*, VI, 10; IX-XI; T. F. Torrance, *Karl Barth, Biblical and Evangelical Theologian* (1990), 최영 역, 『칼 바르트, 성서적 복음주의적인 신학자』(이하 『칼 바르트』로 표기한다) (서울: 한들, 1997), 235; David L. Muller, 이형기 역, 『칼 바르트의 신학사상』(서울: 양서각, 1988), 70. 바르트에게 있어서 가능한 '피조물 안에 있는 삼위일체의 자취'는 "계시의 예증"이다. 하나님은 그의 말씀의 삼중적인 형태에서, 즉 계시 안에서, 성서 안에서, 그리고 선포 안에서 우리를 위해 현존하신다(K. Barth, *CD* I/1, 347). 다른 모든 *vestigium trinitatis*는 삼위일체론을 믿은 이후에야 확인되는 "흥미롭고 교훈적이며 유익하고 도움 되는 암시"이지 "엄밀한 의미의 증명"이 아니다(K. Barth, *CD* I/1, 338).

13 St. Anselmus, *Proslogion* 1, *Proslogium*; *Monologium*; *An Appendix in Behalf of the Fool by Gaunilon*; *and Cur Deus Homo*(Grand Rapids, MI: Christian Classics Ethereal Library, 2000), 6에 수록. 이 명제는 아우구스티누스의 명언을 계승한 것이다. Augustinus, *Sermon* 118, 1. 참고, 이종성, 『三位一體論』(서울: 대한기독교출판사, 1991), 536-539; Stanley J. Grenz, *Community of God*(Grand Rapids, Michigan / Cambridge, U.K.: Wm. B. Eerdmanns Publishing Co., 2000), 33. 안셀무스는 이 명제를 신존재증명에 앞선 기도 속에서 말하고 있다. 그러므로 안셀무스의 신존재증명은 믿음의 전제 조건을 밝히는 것이 아니라 믿음에 대한 이해추구의 산물이다.

14 Justin Martyr, *The First Apology*, 6, *Ante-Nicene Fathers*(이후 *ANF*로 표기한다),

고 하여 아버지와 아들과 성령에 대한 하나의 신앙, 곧 삼위일체 하나님에 대한 신앙을 고백하였다.

또한 오리게네스(Origenes)에 따르면 삼위일체 신앙은 "삼중의 잘 찢기지 않는 밧줄이다. 전체 교회가 거기에 매달려 있으며 그것으로부터 생겨난다."[15] 즉, 아버지에 대한 신앙과 아들에 대한 신앙과 성령에 대한 신앙은 하나를 이루며, 그러한 삼위일체 신앙은 그 교리 자체로 고립된 것이 아니라 전체 기독교 신앙과 밀접한 관련을 맺고 있다는 것이다. 오늘날의 해방신학자 보프(Leonardo Boff) 역시 "그리스도교 신앙에서는, 삼위일체 없는 하느님은 존재할 수 없기 때문에 하느님과 관련을 가진다는 것은 언제나 삼위일체와 관련을 가진다는 것을 의미한다"고 말했다.[16]

이 삼위일체 하나님에 대한 신앙은 그리스도교의 독특성을 대변한다. 그리고 이미 삼위일체론에 대한 무관심과 비판 속에서도 20세기 들면서 오늘날 거의 모든 "기독교 전통들에서 삼위일체론의 르네상스가" 일어났다.[17] 동방정교회, 로마가톨릭, 개신교를 막론하고 삼위일체론에 대한 연구들이 쏟아져 나왔다.

---

vol. 1, 164.

15 Origenes, *Homi. in Exod.*, IX, 3, Gisbert Greshake, *Der dreieine Gott: Eine trinitarische Theologie*(Freiburg / Basel / Wien: Herder, 1997), 15에서 재인용.

16 Leonardo Boff, *A graça libertadora no mundo* (1976), 김정수 역, 『해방하는 은총』 (서울: 한국신학연구소, 1988), 312.

17 Catherine Mowry LaCugna, *God for Us: the Trinity and Christian Life*(New York: HarperCollins Publishers, 1991), 144. 라쿠냐는 이미 1986년에 "최근에 철학자들이 삼위일체론에 관심을 기울이고 있으며, 그들이 추구하는 방향과는 다르지만 신학에서도 그 이론의 르네상스가 일어나고 있다"고 말하였다. C. M. LaCugna, "Philosophers and Theologians on the Trinity," *Modern Theology* 2, no. 3 (April 1986), 169. "삼위일체 신학의 르네상스"라는 표현은 쉐델(Erwin Schaedel)의 표현이다. 박만, 『현대 삼위일체론 연구』(서울: 대한기독교서회, 2003), 16.

"아버지와 아들과 성령은 하나이시다"라는 삼위일체 신앙은 종교적 유산이나 철학적 추론이 아니다. 그것은 본래 예수 그리스도의 십자가와 부활 사건 그리고 성령 강림과 초대교회의 성령 경험에 대한 제자들의 응답이며 신앙고백이다. 그 경험과 응답이 신약 성경 곳곳에서 나타나 있다. 그리고 그것은 이미 구약 성경 안에서 그 흔적을 갖고 있다.

2. 구약 성경에 나타난 삼위일체 하나님: 유일하신, 그리고 함께 하시는 하나님

신구약 성경 전체에서 삼위일체론이 명시적으로 분명하게 나타나는 것은 아니지만, 그 안에서 우리는 삼위일체 신앙에 낯설지 않은 명시적 지시들을 찾을 수 있다.[18] 일차적으로 구약 성경이 드러내는 신앙은 유일하신 하나님에 대한 고백이다. 이는 이스라엘의 주변 국가들에서 나타나는 다신론과 명확하게 구별되는 독특한 신앙이다. 이스라엘 민족을 이룬 이들이 탈출한 애굽은 전형적인 다신론의 신앙을 가진 곳이었다.[19] 고대 이집트의 아멘호텝 4세(Amenhotep IV,

---

[18] 바르트는 삼위일체 신앙을 보여주는 신구약 성경 구절들을 언급한 뒤 이렇게 말한다. "우리가 삼위일체론을 구약 혹은 신약에서 바로 직접적으로 말해져 있다고 발견하기를 기대할 수 없다는 점에서 우리는 일치했다. 그러나 우리는 다만 이러한 명시적인 지시의 현존을 고려함에서, 나중에 삼위일체론에서 전개된 그 주제가 성서에 생소한 것이 아니라 오히려 적어도 성서 안에서 예시되어 있다는 것을 부정할 수는 없을 것이다." K. Barth, *Kirchliche Dogmatics*, I/1, 박순경 역, "하나님의 말씀에 관한 교의-교회교의학에 대한 서설, 전반부," 『교회교의학』 제1권 (서울: 대한기독교서회, 2003), 407.

[19] 고대 이집트의 신들의 이름과 상징, 그리고 간략한 소개는 다음을 참고하라. "The

B.C. 1364-1347)는 태양신 "아텐"(Aten)을 섬기는 반(半) 일신교를 세우는 종교개혁을 일으켰지만, 그의 사후 얼마 지나지 않아 이집트는 다시 이전의 다신교 상태로 돌아가 버렸다.[20]

이스라엘 민족은 그런 다신교 상황에서 탈출하면서[21] 민족적 정체성과 종교적 정체성을 확립하였다. 이집트를 탈출하여 가나안으로 가던 도중에 모세는 야훼 하나님의 계명을 이스라엘 백성들에게 전해 주었다.

> 나는 너를 애굽 땅, 종 되었던 집에서 인도하여 낸 네 하나님 여호와니라(출 20:1).

이렇게 자신을 소개한 하나님은 이어서 명령하신다.

> 너는 나 외에는 다른 신들을 네게 두지 말라. 너를 위하여 새긴 우상을 만들지 말고 … 그것들에게 절하지 말며 그것들을 섬기지 말라(출 20:2-5상; 신 5:6-9상).

---

gods and goddess of ancient Egypt," The Brithsh Museum, 2016. 7. 24 접속, http://www.ancientegypt.co.uk/gods/. 좀 더 자세한 내용은 다음에서 확인할 수 있다. "Gods and Mythology of Ancient Egypt," Tour Egypt, 2016. 7. 24 접속, http://www.touregypt.net/godsofegypt/.

20 John Bright, *A History of Israel*, 박문재 역, 『이스라엘의 역사』(서울: 크리스챤다이제스트, 1993), 141-42, 144-45. 참고, Jimmy Dunn, "Ra and Ra-Horakhty," 2016. 7. 24 접속, http://touregypt.net/featurestories/re.htm.

21 이스라엘이 이집트를 탈출한 연대에 대한 추정은 여러 가지이나 앤더슨(B. W. Anderson)은 알브라이트(W. F. Albright)의 견해를 받아들여 제19왕조 초기인 B.C. 1290년 또는 그 직후로 보고 있다. Bernhard W. Anderson, *Understanding the Old Testament* (3rd. edition), 제석봉 역, 서인석 감수, 『구약 성서의 이해 I』(서울: 성바오로, 1983), 60. 이 연대는 제18왕조 말기인 아멘호텝 4세의 치세와 그리 멀지 않다. 앤더슨이 추정한 아멘호텝 4세의 치세는 브라이트의 것과 동일하다(Ibid., 59).

이것은 고대 이스라엘을 둘러싼 다신교 상황을 배경으로 하는 것이며, 그런 다신교 상황을 벗어나 하나님만을 섬기라는 명령이다. 이 유일신 사상은 그 첫 마디를 따서 "쉐마"(Shema)라 불리는 것의 첫 부분인 신명기 6장 4절과 5절에서 분명하게 표현되었다.

> 이스라엘아 들으라. 우리 하나님 여호와는 오직 유일한 여호와이시니, 너는 마음을 다하고 뜻을 다하고 힘을 다하여 네 하나님 여호와를 사랑하라(신 6:4, 5).

그리고 남 왕국 유다가 멸망한 후 바벨론에 유대 백성들이 끌려갔을 때의 상황을 반영하고 있는 이사야 45장은 다시 한 번 주변의 다신교 상황과 이스라엘 민족의 독특한 신앙을 구별하도록 선언한다.

> 나는 여호와라 나 외에 다른 이가 없나니 나 밖에 신이 없느니라 … 나 외에 다른 신이 없나니 나는 공의를 행하며 구원을 베푸는 하나님이라 나 외에 다른 이가 없느니라. 땅의 모든 끝이여 내게로 돌이켜 구원을 받으라. 나는 하나님이라 다른 이가 없느니라(사 45:5a, 21b-22).[22]

이에 더하여 전통적으로 삼위일체 하나님에 대한 언명으로 여겨져 왔던 몇몇 구절들은 구약신학의 발달 과정 속에서 그 진정성을 위협

---

[22] 이러한 유일하신 하나님에 대한 신앙은 나사렛 예수의 가르침에도 그대로 반영되어 쉐마의 선언은 여전히 "크고 첫째 되는 계명"이었다(마 22:37-38; 막 12:29-30; 눅 10:27).

받고 있다.²³ 그러나 이러한 학문적 변화와 유일신을 강조하는 그 모든 구약의 구절들을 무조건적으로 단일신을 의미하는 것으로 해석해야 하는 것은 아니다. 유일신을 강조하는 그 구절들에는 항상 이스라엘 백성들이 영향을 받고 있는 다신교 상황이 전제되어 있으며, 그에 반하여 이스라엘에 계시된 하나님의 독특성이 강조되고 있다. 그러한 강조가 유대교에 있어서 하나님의 유일성에 대한 신앙으로 확립된 것은 사실이나, 예수 그리스도의 계시에 비추어서 단일신이 아닌 삼위일체 하나님의 계시로 볼 수 있는 구약의 구절을 우리는 발견할 수 있다. 예를 들어, 이사야는 야훼 하나님께서 보내시는 하나님의 종이 하나님의 영, 곧 성령의 담지자가 될 것을 예언하고 있다.²⁴

> 내가 붙드는 나의 종, 내 마음에 기뻐하는 자 곧 내가 택한 사람을 보라 내가 나의 영을 그에게 주었은즉 그가 이방에 정의를 베풀리라(사 42:1).

---

23 예를 들어, 모세 오경의 아람어 번역본 *Targum Onqelos*는 창세기 1장 2절에 나오는 "하나님의 신"을 성령에 대한 직접적 언급이라기보다는 "주님 앞에서 나온 바람"으로 번역한다. 배철현 역, 『타르굼 옹켈로스 창세기』(서울: 한남성서연구소, 2001), 115. 이를 또한 베스터만은 "거센 바람"으로 번역한다. Claus Westermann, *Genesis: An Introduction*, 강성열 역, 『창세기 주석』(서울: 한들, 1998), 29. 창세기 1장 26절도 마찬가지이다. 배철현에 의하면, 거기에 나오는 "'우리'라는 표현에 대해서는 아직도 의견이 분분하다. 전통적인 삼위일체론에 입각하여 해석하거나 복수형으로 존경을 나타내는 어법이라고도 하고, 천상 회의에서의 신들의 모임을 가리킨다는 해석도 있다." 배철현 역, 『타르굼 옹켈로스 창세기』, 118, 각주 26. 베스터만은 그것이 "중요한 결정을 특징짓는 문법적인 표현"이라고 본다. 베스터만, 『창세기 주석』, 32.

24 Michael. Welker, 『성서에 기초한 최근 신학의 핵심적 주제』(서울: 크리스챤다이제스트, 1998), 72–74.

> 주 여호와의 영이 내게 내리셨으니 이는 여호와께서 내게 기름을 부으사 가난한 자에게 아름다운 소식을 전하게 하려 하심이라 나를 보내사 마음이 상한 자를 고치며 포로된 자에게 자유를, 갇힌 자에게 놓임을 선포하며(사 61:1).

이 두 구절들은 있는 그대로는 인류 중에서 하나님께서 택하신 자에게 하나님께서 함께 하신다는 약속의 말씀이지만, 신약 성경에서 전자는 예수께서 세례받는 장면에 간접적으로 적용되고 있고(막 1:9-11; 마 3:16-17; 눅 3:21-22; 요 1:32-34), 후자는 예수께서 스스로 자신에게 적용시키셨다고 누가에 의해 기록되었다(눅 4:18-21). 바르트 역시 이사야 61장 1절 이하에서 삼위일체에 대한 "명시적 지시"를 "주 야웨," "구원사신의 담지자," "주의 영"[25]으로 발견하였다.

   이사야의 메시아 언명이 직접적으로 예수님을 삼위일체의 제2위로 밝히고 있는 것은 아니지만, 그리스도의 부활에 비추어 그 구절들을 보면 아버지께서 성령을 아버지의 유일한 아들에게 보내시는 '아버지-성령-아들'의 '열린' 친교의 일치가 나타나 있는 것으로 해석될 수 있다. 즉, 우리는 여기서 예수 그리스도의 부활에 근거하여 구약에 나타난 하나님을 유일하신 하나님이신 동시에 자신과 구별되는 영과 영의 담지자와 함께 하시는 하나님이라 규정한다. 전자는 분명하게, 그리고 후자는 미약하게 드러나 있을 뿐이다.

---

25 K. Barth, 『교회교의학』 I/1, 405 이하.

3. 신약에 계시된 삼위일체 하나님: '열린' 친교 안에서 하나이신 아버지와 아들과 성령

신약에서는 삼위일체 하나님의 친교가 더 분명하게 드러난다. 신약은 유일하신 하나님 아버지, 하나님 아버지와 독특한 관계에 있는 예수 그리스도, 그리고 성령에 대해서 함께 말하고 있기 때문이다. 그리고 예수 그리스도의 부활의 빛에서 교회는 예수를 하나님 아버지의 유일하고 독특한 아들(눅 1:32-33; 막 1:11; 요 3:16), "독생하신 하나님"이라 고백한다(요 1:18). 아들은 태초부터 계셨으며 하나님 아버지와 함께 계셨고 그 자신이 하나님이셨다(요 1:1). 예수 자신이 하나님을 "아빠"(Abba)라 부른다(막 14:36).[26] 유대교 전통에서 "하나님의 아들"이라는 칭호는 "하나님의 사자" 혹은 하나님의 구원 사역의 대행자에게 붙여진다.[27]

그러나 예수께서 하나님을 향해 "아빠" 혹은 "내 아버지"라 부르는 것은 그런 일반적 의미를 넘어선다. 복음서에 의하면, 예수를 만난 유대인들은 그가 하나님을 자기 "친 아버지"라 부른 것에 분노했다. 그것이 예수와 하나님을 동등하게 여기는 말이었기 때문이다(요 5:18). 그들의 분노는 단순히 화가 나는 정도의 것이 아니었다. 그들은 예수를 신성 모독죄로 죽이기로 결정하였다(마 26:65-66). 이렇듯 예수께서 하나님을 "아빠," "내 아버지," "친 아버지라"라 부르는 것은 하나

---

[26] "아빠"는 우리말과 같이 아버지를 친근하게 부르는 아람어다. 그러나 버릇없는 말이어서 유대인들은 그 단어를 하나님을 지칭할 때 사용하지 않았다("Mk 14:36," *EBCN*). 그렇기에 다른 공관복음서들의 병행구절에서는 "아빠"가 나타나지 않는다.

[27] Martin Hengel, *The Son of God: The Origin of Christology and the History of Jewish-Hellenistic Religion* (London: SCM Press, 1976), 21-22.

님과 예수님 사이의 독특하고 유일한 관계에 대한 표현이다. 그는 명목상의 하나님의 아들이 아니라 하나님 아버지와 동등한 '하나님의 유일하고 독특한 아들'이시다.

하나님 아버지와 그의 아들 예수님의 독특한 관계의 특징은 그들 사이의 '열린' 친교에 있다. 이에 대한 분명한 언급은 요한복음 17장의 예수님의 기도에서 나타난다. 아들과 아버지는 "창세 전에" 함께 영화를 가졌다(5절). 아버지께서 아들 안에 있고 아들은 아버지 안에 있다(21절). 아버지와 아들은 "하나가" 되셨다(22절). 아버지는 아들을 사랑하고(23절) 아들은 세상이 "아버지의 이름을" 알게 하였다(26절). 또한 아버지와 아들은 같은 의지를 갖고 마음이 합하여 있어서 아들을 본 자는 아버지를 본 것이며(요 14:9), 아들과 아버지는 하나이시다(요 10:30; 17:11).

성령 역시 아버지와 아들과 밀접하게 연결되어 있음을 신약 성경은 가르치고 있다. 성령은 아들의 성육신 사건의 주체이시며(마 1:18), 예수님의 세례 때에 예수님과 함께 하심을 드러내시는 분이시다(마 3:16). 또한 세례 후 시작된 예수님의 공생애를 사십 일 금식기도와 그것에 이어진 사탄의 시험으로 시작하도록 그를 이끄시는 분이시며(마 4:1), 아버지로부터 오는 "또 다른 보혜사"이시며(요 14:16), 아버지께서 아들의 이름으로 보내시는 분이시며(요 14:26), 아들이 아버지께로부터 보낼 "보혜사"이시다(요 15:26; 참고, 요 16:7; 20:22).

특히 예수께서 세례 받으실 때의 사건이 중요하다. 세례 요한이 예수께 세례를 베풀었을 때, 하나님 아버지께서는 나사렛 예수를 향해 "이는 내 사랑하는 아들이요 내 기뻐하는 자라"고 선포하셨으며 성령께서는 비둘기의 모양으로 예수께 임하셨다(마 3:16-17; 막 1:10-11; 눅 3:21-22. 참고 요 1:32, 34). 이것은 하나님 아버지와 성령께서 나사렛 예수를 향하여 자신을 여신 행위이며, 그것을 그대로 수용하는 예수의 행동 역시 아버지와 성령을 향하여 자신을 여신 것이다. 하나님의 세상을 향한 예수 그리스도의 구속 사역을 출발하는 시점에서 아버지와 아들과 성령은 구별되면서도 서로에게 열린 친교 가운데서 일치를 이루시는 '삼위일체'이심을 드러내신 것이다.

복음서 곳곳에 나타난 아버지와 아들과 성령의 '열린' 친교의 일치에 대한 믿음의 정수는 마태복음 28장 19절의 세례 의식문에 표현되었다.

> 그러므로 너희는 가서 모든 민족을 제자로 삼아 아버지와 아들과 성령의 이름으로 세례를 베풀고(마 28:19). [28]

여기서 세 인격체들이 언급되고 있는 동시에 '아버지와 아들과 성령'은 복수의 이름들이 아니라 단일한 이름으로서 세 인격체들의 통일성을 암시하고 있다. [29]

---

[28] 이 의식문은 『디다케』(*Didache*, A.D. 80-120) 7장 5절에서도 발견된다. 세례와 성찬과 관련하여 아버지와 아들과 성령을 함께 언급하는 표현은 순교자 유스티노스(*The First Apology*, 61, 65, 67, *ANF*, vol. 1, 183, 185)와 터툴리아누스(*The Prescription Against Heretics*, 20, *ANF*, vol. 3, 252)에게서도 발견된다. 그러나 이것은 교리로서의 삼위일체론에 대한 직접적인 성경의 증거는 아니다. 그랜트에 의하면, "이 구절은 세 이름들[아버지와 아들과 성령]에 동등한 지위가 주어졌기 때문에 중요하다." 그러나 "이 구절이 말하지 않는바 역시 중요하다. 세 이름들이 제시되지만, 복수성에 대한 어떤 해명도 제공되지 않는다. (비록 삼위일체를 배제하지는 않지만) 이것은 삼위일체(a trinity)가 아니라 삼조일체(a triad)이다." Robert M. Grant, *Gods and the One God* (Philadelphia: The Westminster Press, 1986), 151.

[29] 세례는 아버지와 아들과 성령의 '이름들'이 아니라 아버지와 아들과 성령의 '이름'으로 베풀도록 명령되었다. 이 단수의 '이름'이 세 인격체들의 통일성을 의미하는 것이 아니라 '한 분 하나님'을 의미하는 것으로 해석되기도 한다. A Faith and Order Study Document, *Confessing the One Faith: An Ecumenical Explication of the Apostolic*

젠슨(Jenson)에 따르면, "신약에서 가장 중요한 삼위일체적 이름은 마태복음의 세례 명령이다."[30] 비록 성서신학 연구가 마태복음에 나타난 이 세례 의식문을 직접 예수께 돌리지 않고 후대의 확장으로 보지만,[31] 동시에 기독교의 세례가 예수 그리스도에게서 유래하며 신약에서 언급되는 기독교의 "세례"는 단순한 물의 의식에 국한되는 것이 아니라 성령 임재의 사건과 밀접한 연관이 있음을 밝혔다.[32]

기독교 초기인 속사도 시대(A.D. 90-140)에 이미 교회가 "아버지와 아들과 성령의 이름으로" 세례를 베풀었으며, 그것이 마태복음의 세례 의식문과 『디다케』에 반영되고 있다는 사실은 결코 소홀히 여겨질 수 없다.[33] 바울의 설교와 가르침 속에서도 아버지와 아들과 성령은 함께 불린다(고후 13:13; 엡 4:4-6).

Faith as it is Confessed in the Nicene-Constantinoplitan Creed (381) (Geneva: WCC Publications, 1991, new revised version), 19. 그러나 니케아-콘스탄티노플신조 본문 자체는 한 분 하나님과 아버지를 분리시키지 않는다. 신조가 고백하는 첫 항목은 아버지와 구별되면서 아버지까지 포괄하고 있는 철학적 '한 분 하나님'에 대한 신앙고백이 아니라 '한 분 하나님 아버지'에 대한 신앙이다. 그러나 이 신앙고백이 신성의 근원이 하나님 아버지임을 선언하는 것이라는 데에는 의의가 없다(참조, Ibid., 18).

30 Robert W. Jenson, *The Triune Identity: God According to the Gospel*(Philadelphia: Fortress Press, 1982), 12.
31 예를 들어, James D. G. Dunn, 김득중, 이광훈 공역, 『신약 성서의 통일성과 다양성』 (서울: 솔로몬, 1995), 252.
32 J. D. G. Dunn, "Baptism and the Unity of the Church in the New Testament," in ed. Michael Root and Risto Saarinen, *Baptism and the Unity of the Church*(Grand Rapids, Michigan / Cambridge, U.K.: William B. Eerdmans Publishing Co. and Geneva: WCC Publications, 1998), 78-103.
33 니이브에 따르면, 초기 유대인 중심의 교회에서는 하나님 아버지에 대한 신앙은 전제되어 있었기에 그리스도에 대한 신앙고백에 중점을 두어 세례가 "그리스도의 이름으로" 행해졌지만, 100년경에는 아버지와 아들과 성령의 이름으로 베풀어지는 세례 의식문이 마태복음에 채택되었고 130-140년경부터는 교회 전체에서 사용되었다. J. L. Neve, *A History of Christian Thought* vol. 1, 徐南同 역, 『基督敎敎理史』(서울: 대한기독교서회, 1965), 115.

신약 성경과 초대교회는 아버지와 아들과 성령의 '열린' 친교를 구약 성경보다 더 분명하게 드러내고 있다. 그리고 신약 성경이 드러내는 아버지와 아들과 성령 사이에 서로를 향해 '열린' 그 독특하고도 밀접한 관계는 그들만의 관계로 끝나지 않는다. 예수 그리스도의 십자가와 부활사건은 아버지와 아들과 성령의 관계가 서로에게 열린 관계인 동시에 피조세계를 향해 열린 관계임을 드러내었다. 따라서 부활하신 예수는 "내 아버지"가 "곧 너희 아버지"라 선언하신다(요 20:17). 그리고 아들의 영이 임재하는 사람은 하나님의 양자가 되어 그 유일한 아들이 하나님을 향해 불렀던 "아빠"라는 호칭으로 하나님을 부르게 된다(롬 8:15; 갈 4:6).

바울은 골로새 교회에 보내는 편지에서 삼위일체의 친교가 모든 이들의 삶의 모범임을 드러내고 있다. 그리스도인들이 찾아야 하는 "위의 것"은 "그리스도께서 하나님 우편에 앉아 계시는 것"이다(골 3:1). 바울이 말하는 "땅에 있는 지체"를 둘러싸고 있는 것들은 관계를 파괴하는 악덕들이다. 즉 분함, 노여움, 악의, 비방, 부끄러운 말, 거짓말(8-9절)이다.

그러나 그것들은 우리가 그리스도를 통해 삼위일체 하나님의 친교 안에 들어가게 될 때 사라질 것이다. "만유이시며 만유 안에 계신" 그리스도로 말미암아 입혀진 "새 사람"은 모든 단절과 차별을 극복해야 한다(10-11절). 그러므로 악덕들을 벗어 버리는 대신에 추구되어야 할 덕목들은 사람들 사이의 소통을 이루게 하는 것들로 긍휼, 자비, 겸손, 온유, 오래 참음, 사랑(12-14절)이다. 그리고 그것들이 가장 잘 드러나는 곳은 '위의 것,' 즉 아버지와 아들과 성령 사이의 '열린' 친교이다.

삼위일체란 한 분이 세 이름을 가졌거나 한 분이 세 역할을 하는 것이 아니다. 아버지와 아들과 성령은 분명하게 구별되신다. 그러나 그들은 서로 단절된 세 신들로 존재하지 아니하고 일치를 이루시며, 그들의 일치는 단순한 심정적 동질감이나 그들을 구성하는 같은 질료에서 오는 것이 아니다. 아버지와 아들과 성령은 서로를 향해 자신을 열어 두며 서로 안에 거하시는 '열린' 친교 속에서 일치를 이루고 계신다. 예수 그리스도를 믿는 사람 안에 주 하나님께서 성령을 통해 거하신다(요일 3:23-24; 4:13). 또한 예수 그리스도를 사랑하고 그의 말을 지키면 그리스도와 하나님 아버지가 자신과 함께 하신다(요 14:23).

그러므로 기독교 신앙을 갖는다는 것은 '그리스도 예수를 믿음으로 성령의 인도하심을 따라 하나님 아버지께 나아가게 됨'을 의미한다. 그리스도인의 믿음은 세 가지 서로 다른 믿음들이 아니며 하나로 연결된 믿음이다. 즉 한 사람이 기독교 신앙을 갖게 될 때, 그는 아버지와 아들과 성령께 대한 하나의 믿음을 갖는 것이다. 다시 말해서, 우리의 신앙 대상은 하나님 아버지와 아들과 성령의 구별된 인격체로 존재하시면서 동시에 '열린' 친교 속에서 하나를 이루시는 삼위일체 하나님이시다.

4. '열린'의 의미

성경과 기독교 초기 전통에 나타난 삼위일체 하나님의 '열린' 친교란 무엇을 의미하는가?

먼저 이 개념은 기본적으로 '능동성'의 의미를 갖는다. 이 능동성의 근원은 한 신적 인격체가 다른 두 신적 인격체들 안으로 들어가시는 삼위일체의 성품이다. 뿐만 아니라 삼위일체께서는 친교의 확대를 통해 만유 안으로 들어오신다. 전통적으로 삼위일체론은 하나님의 안을 향한 사역과 밖을 향한 사역에 대해 논했다. 후자의 사역으로 말미암아 삼위일체 하나님은 피조세계와 단절되어 있지 않으시다. 이 때, 삼위일체께서는 교회와 그리스도인들을 이 사역의 동역자로 삼으신다. 그러므로 삼위일체의 이 능동성은 하나님만이 주체가 되는 강압적인 절대적 능동성이 아니다. 이것은 자신 이외의 것들로부터 구별될 뿐만 아니라 완전히 분리되어 있는 하나님이라는 신(神)개념에 대한 비판을 내포한다.

'열린'이 의미하는 두 번째는 말 그대로 "열려 있는" 하나님의 수동성이다. 그리고 그 출발은 다른 두 신적 인격체들을 자기 안에 들어오게 하는 삼위일체의 성품이다. 삼위일체께서는 친교의 확대를 통해 만유를 자신 안으로 받아들이신다. 그리고 삼위일체의 능동성이 절대적 능동성이 아니었듯이 이 수동성 역시 마냥 영향을 받아 변화되는 절대적 수동성은 아니다. 삼위일체께서는 수난당하시고 영향을 받으시되 변하시지는 않는다. 오히려 삼위일체가 영향 받는 그 일로 인해 영향을 주었던 피조세계가 변화 된다.

몰트만은 최고실체로서의 신개념과 절대주체로서의 신개념에 대해서 비판하였고,[34] 사랑에 입각하여 자유로이 고난당하시는 하나님에 대해 『십자가에 달리신 하나님』과 『삼위일체와 하나님의 나라』 등에서 삼위일체론적으로 드러낸 바 있다.

하나님의 친교가 '열려 있다'는 것의 의미는 능동성과 수동성을 넘어선 차원을 의미한다. 하나의 개념으로 표현한다면 '역동성'이라 할 수 있을 것이다. 삼위일체의 역동성의 원천은 세 신적 인격체들이 각

---

[34] J. Moltmann, *Trinität und Reich Gottes*, 26–31.

각 다른 두 인격체들로 하여금 자기 안으로 들어오게 하시는 성품이다. 교회는 이 역동성에 의해 세워졌으며, 삼위일체께서는 교회를 통해 세상을 자신의 친교 안으로 불러들이신다.

세 신적 인격체들이 서로 안에 거한다는 의미에서 그리고 삼위일체 하나님의 밖을 향한 사역(*opus ad extra*)이라는 전통적인 개념이 이미 말하고 있는 바에서 볼 때 '능동적'이다. 다른 두 인격체들을 자기 안에 들어오게 허락한다는 의미에서 그리고 피조세계와 인간들을 위한 자리를 허용한다는 의미에서는 '수동적'이다. 그렇게 상호 내재가 없는 하나님의 친교는 한 순간도 존재하지 않는다는 의미에서 그리고 궁극적으로는 '하나님께서 만유 안에서 모든 것이 되시는 동시에 피조물이 그의 나라 안에 자리하게 된다'[35]는 의미에서는 '역동적'이다. 즉, '열린'이 의미하는 바는 능동성과 수동성과 역동성 모두를 포괄하는 것이다.[36]

현대신학에서 하나님의 수동성 혹은 개방성을 전면에 내세우는 견해로는 본서에서 다루고 있는 몰트만의 신학 이외에도 철학자 화이트헤드의 과정철학에서 영향을 받아 미국에서 발전한 과정신학과 20세기 말에 과정신학에 대한 북미 복음주의 계열의 응답으로 '하나님의 개방성'(the openness of God)을 주창한 북미 복음주의 계열의 신학이

---

[35] 이것을 피조물의 신격화로 오해하지는 말아야 한다. 피조물이 삼위일체 하나님 안에서 자기 자리를 요구하는 것이 아니기 때문이다. 인간이 삼위일체 하나님의 친교 안에 들어갈 수 있는 것은 삼위일체께서 친히 피조물의 영역으로 내려오셨기에 가능해진 것이며, 삼위일체적 삶(trinitarian life)을 살아가는 이들에게 허락하신 은혜이다. 그리고 모든 피조물이 하나님의 영역으로 들어가는 일은 마지막 날에 하나님의 나라가 도래하여 하나님께서 만유 안에서 모든 것 되실 그 때 일어난다.

[36] 그러나 이런 의미로 사용되고 있더라도 "열린"이란 말 자체가 수동적 의미를 강하게 내포하고 있음으로 인해 오해의 여지가 남는 것이 '열린'이란 개념을 사용하는 것의 한계이다.

있다. 과정신학에 있어서 하나님은 헬라 철학이 상정하는 초월적 존재로서의 신이 아니다.[37] 오히려 하나님은 역동적인 역사 현실을 수용하며, 이로써 하나님과 세상은 상호 의존관계에 있다. 이 점에 있어서 과정 신학자들은 비슷하게 전통적 신 개념을 비판하는 몰트만의 견해를 환영한다.[38] 그러면서도 과정신학은 기독교 초기 전통 속에서 해답을 찾으려는 몰트만과는 다른 방법으로 대안을 제시한다.

과정신학은 하나님의 존재론적 의미 이전에 형이상학적 의미를 찾는다.[39] 보우먼(D. Bowman)은 그 이유를 과정신학의 근거가 되는 과정 철학에서 찾는다.

> 알프레드 노스 화이트헤드(Alfred North Whitehead)의 최고 걸작 『과정과 실재』(Process and Reality)에서 그는 개별적 사건들의 존재하게 됨(coming-to-be)과 지나감(passing-away)을 묘사하고 본질적으로 다른 사건들을 통합되고 서로 관통하는 연결 유형들을 개괄한다. 결국 그는 "하나님"에 대한 마지막 장에 도달한다. 이 장은 어조와 언어에 있어서 앞의 것들과 어느 정도

---

[37] 과정신학을 있게 한 철학자 화이트헤드는 아리스토텔레스의 '부동의 동자'(unmoved mover)로서의 신 개념을 비판했다. Alfred North Whitehead, *Process and reality : an essay in cosmology: Gifford Lectures Delivered in the University of Edinburgh during the Session 1927-28*, Corrected Edition, ed. David Ray Griffin and Donald W. Sherburne(New York: Free Press, 1978, c1929), 342. 동시에 그는 서구 기독교의 신 개념에는 역사적으로 이 아리스토텔레스의 '부동의 동자' 개념과 함께 로마의 시저에게 귀속되는 지배자의 모습과 히브리 예언자들이 전한 무자비한 도덕주의자의 특징들이 서로 연결되어 나타났다고 비판한다. 그리고 갈릴리에서 기원한 기독교는 그런 사상들과는 다른 것을 제시한다고 하였다(Ibid., 343).

[38] John B. Cobb, Jr., *Process Theology as Political Theology*(Manchester, England: Manchester University Press; Philadelphia, Pennsylvania: The Westminster Press, 1982), 70.

[39] Ibid., 72.

> 색다르다. 논지의 위치는, 그리고 그 책 안에서의 기능 또한,
> 주로 형이상학적 (종교적이거나 신학적이 아니라) 성격을 띤다. 하
> 나님은 체계(system) 안에서 유일한 필수 실재(the one necessary
> entity)이며, 그 책 대부분의 관심인 실재들(entities)과 비교되는
> 특별한 기능과 강화한 능력을 지닌다. 『과정과 실재』에서 하나
> 님은 체계를 관찰된 경험에 일치시키기 위해 그리고 그것의 지
> 속성(stability)과 방향성(directionality)을 위한 설명을 마련하기
> 위해 요구되는 최종 요소로 나타난다.[40]

즉, 과정철학에 있어서 하나님은 성경과 예수 그리스도를 통해 나타난 인격적 신이라기보다는 모든 것을 통합하는 새로운 형이상학적 원리로 제시된 것이다. 그러면서도 과정신학은 삼위일체론을 하나님과 세상의 관계를 보여주는 중요한 형이상학적 원리로 받아들여 주요한 주제로 다룬다.

이에 황형돈은 다음과 같이 정리한다.

> 과정 신학자들은 삼위일체적 신관을 통해서 전통적인 의미에
> 서의 형이상학의 입장에 따라 고착화되기 쉬운 하나님의 존재
> 를 세상과의 연관을 통해서 해석하고자 한다.[41]

---

[40] Donna Bowman, "God for Us: A Process View of the Divine-Human Relationship," in *Handbook of Process Theology*, ed. Jay McDaniel and Donna Bowman (St. Louis, Missouri: Chalice Press, 2006), 12.

[41] 황형돈, "현대 신론에 있어서 삼위일체론의 이해 가능성에 대하여: 과정신학을 중심으로," 「조직신학논총」 14 (2005): 60. 과정신학이 모든 피조세계를 통합하는 최종 원리로 삼위일체 하나님을 말한다면, 여기서는 이미 그 안에 그런 원리를 담고 있는 아버지와 아들과 성령의 영원한 열린 친교의 표현으로 삼위일체를 이해하려고 한다. 이는 무엇이 먼저인가를 말하는 순서의 문제이다. 그러나 여기에는 중요한 차이가 있

하나님의 개방성 운동은 북미 복음주의 진영에서 등장했다.[42] 이 운동의 신관은 'open theism'이라 불리며 우리말로는 '열린 유신론'으로 번역할 수 있다.

따라서 본서의 주제인 '열린 삼위일체론'과 우리말 표현에서는 동일한 개념을 사용하며 동일하게 하나님의 개방성을 강조한다. 그러나 본서의 입장과 다른 것은 이 운동이 복음주의 입장에서 고전 유신론과 과정 유신론 사이를 연결시키려는 시도이기[43] 때문이다. 또한 이 운동이 지향하는 바는 하나님의 고난과 자기 제한을 수용하면서 칼빈의 예정론에 대항하여 인간의 자유를 말할 여지를 만들려는 것이다.[44] 그러므로 본서의 논지에서 사용된 것과 동일한 '열림'의 개념을 사용하며 동일하게 하나님의 수동성을 말하지만 그 의도와 방향에서 구별된다.

다. 즉, 과정신학은 삼위일체를 중요하게 다루지만 동시에 최고 형이상학적 원리로 삼위일체가 아닌 다른 것(화이트헤드의 과정철학의 '하나님'처럼)을 상정할 수 있는 가능성이 열려 있지만, 삼위일체 하나님의 친교에서 출발하는 것은 다른 가능성들을 처음부터 배제한다는 데 차이가 있다.

42 대표적인 저작은 Clark H. Pinnock, Richard Rice, John Sanders, William Hasker and David Basinger, *THE OPENNESS OF GOD: A Biblical Challenge to the Traditional Understanding of God* (Downers Grove, Il.: IVP, 1994)이다.

43 Philip Clayton, "Kenotic Trinitarian Panentheism," *Dialog A Journal of Theology*, vol. 44, no. 3 (Fall 2005): 250, 252.

44 처음에 이 운동은 삼위일체론이 아닌 신론의 차원에서 전개되었다. 그러나 과정신학이 전통신학의 중요한 주제 중 하나인 삼위일체론을 자신의 입장에서 전개한 것에 영향을 받아, 클레이톤(P. Clayton)은 '열린 유신론'이 전통적으로 신학의 주요 주제였던 삼위일체론(그리고 '무로부터의 창조' 개념 역시)을 범재신론의 입장에서 수용하기를 제안하였다. P. Clayton, "Kenotic Trinitarian Panentheism," 255.

제3장

역사적 관점에서 바라 본 '열린' 삼위일체

성경에 계시된 삼위일체 하나님의 '열린' 친교에 대한 신앙은 터툴리아누스를 출발로 하는 서방교회의 삼위일체론과 오리게네스를 출발로 하는 동방교회의 삼위일체론으로 전개되었고, 아타나시우스와 갑바도키아 교부들에 의해 니케아–콘스탄티노플신조[1]로 정립되었다. 그 과정 속에서 '열린' 삼위일체론이 태동하였고, 그것은 아우구스티누스와 칼빈의 삼위일체론에서도 부분적으로 드러난다.

---

[1] 이 글이 '니케아–콘스탄티노플' 신조를 근간으로 삼았다고 해서 한국교회가 주로 고백하는 '사도신조'를 비삼위일체적이라 배제하는 것은 아니다. 서방교회에서 2세기부터 사용된 사도신조 역시 삼위일체적 구조를 갖고 있다. "… 하나님 아버지를 내가 믿사오며, 그의 외아들 우리 주 예수 그리스도를 믿사오며 … 성령을 믿사오며." 사도신조의 삼위일체적 구조의 중요성에 대해서는 이종성 역시 지적하고 있다(이종성, 『三位一體論』, 50). 여기서 전통적으로 삼위일체론의 근거로 언급되어 온 아타나시우스신조는 다루지 않는다. 이것은 실제로 아타나시우스와 관련이 없는 저자 미상의 서방신조이며 동일하게 서방교회에 속하는 사도신조가 기독교 초기부터 나타난 것과는 달리 후대인 430년에서 500년 사이에 남프랑스에서 작성된 것으로 추정되기 때문이다. 참고, L. Boff, *Trinity and Society*(New York: Orbis Books, 1988), 68f.

1. 터툴리아누스의 삼위일체론

1) "삼위일체"(Trinitas)[2]

"삼위일체"(*trinitas* 혹은 τριάς)를 기독교 초기 변증가들이 직접 언급하는 경우는 드물었지만 삼위일체 신앙은 그들의 공통적 신앙 내용이었다.[3] 이 개념이 처음으로 신학에서 사용된 것은 헬라어 "트리아스"(τριάς)이다. 일반적 의미에서 셋을 하나로 묶어 표현하는 헬라어 "트리아스"가 기독교 문헌에서 사용된 것은 A.D. 180년경 안디옥의 감독 테오필루스(Theophilus)가 쓴 『아우톨리쿠스에게 보내는 3권의 책』(*Ad Autolycus*)에 나타난 "트리아도스"(τριάδος, τριάς의 소유격)가 처음이다.[4] 그는 하나님의 존재에 대해 비유적으로 말하면서 "광명들이 있기 전의 삼일은 하나님과 그의 말씀과 그의 지혜의 트리아스의 (τριάδος) 표상이다"[5]라고 하였다.

---

2 터툴리아누스가 처음으로 하나님과 관련시켜 사용한 라틴어 개념인 "트리니타스"(*trinitas*)를 우리말로 "삼일치"라 번역하기도 한다(현요한, 『성령, 그 다양한 얼굴』, 42). 그에게 있어서 트리니타스가 아직 본격적으로 전개된 삼위일체론적 개념이 아니었다는 것이 그런 번역의 이유인 듯하다(참고, Ibid., 40 n. 24). 그러나 이미 터툴리아누스의 글 안에서는 내용적으로는 하나님의 단일성과 아버지와 아들과 성령의 구별됨이 어떤 형태로든 함께 언급되어 있으므로 "삼위일체"로 번역하였다. 본 장의 각주 76번도 참고하라.

3 Reinhold Seeberg, Eng. ed., tr. by Charles E. Hay, *The History of Doctrines*, vol. I (Grand Rapids, Michigan: Baker Book House, 1977), 114.

4 Roger E. Olson and Christopher A. Hill, *The Trinity*(Grand Rapids, Michigan/Cambridge, U.K.: William B. Eerdmans Publishing Company, 2002), 123; Justo L. González, *A History of Christian Thought*, vol. 1, 이형기, 차종순 역, 『基督敎思想史(I) : 古代編』(서울: 대한예수교장로회총회출판국, 1988), 145.

5 Theophilus, *Ad Autolycus*, II, 15, *Tresaurus Linguae Graecae* (CD). 안디옥의 테오빌루스는 바울 서신과 요한복음을 인용하지만 그의 기독론은 후대 삼위일체론의 고(高)기독론과는 달리 안디옥의 전통을 따르는 저(低)기독론의 특징을 갖고 있다. Robert M.

태양과 달이 창조되기 이전의 창조의 첫 삼일은 한 묶음이 되어 그 이후의 날들과는 구별되며 '아버지와 아들과 지혜'라는 신적 트리아스(τριάς)에 상응한다는 말이다. 데오빌루스는 후대의 삼위일체론에서 나타나는 것과는 다르게 성령이 아니라 지혜를 언급하였지만, 그 자체로 삼위일체론의 배경이 된다. 세 신적 존재들을 하나로 묶는 개념이기 때문이다.

그런데 데오빌루스는 "트리아스"를 하나님 안에서의 통일성과 구별성 사이의 관계에 대한 논의로 전개시키지 않았다. 즉, 그에게 있어서는 아직 '삼위일체' 하나님에 대한 신학적 논의가 본격적으로 전개되고 있지 않다. 그런 점에서 터툴리아누스의 "트리니타스"(trinitas) 개념은 데오빌루스의 "트리아스" 개념보다 더 나아간 것이다.

카르타고 출신 터툴리아누스(Quintus Septimius Florens Tertullianus)[6]는 '본체(本體)'로 번역될 수 있는 "수브스탄티아"(substantia)와 '위격(位格)'으로 번역될 수 있는 "페르소나"(persona)라는 용어를 사용하여 아버지와 아들과 성령의 통일성과 구별에 대해 처음으로 '함께' 말하는 동시에 아버지와 아들과 성령의 일치를 "트리니타스"로 말함으로써 '삼위일체론'의 정립에 큰 방향을 제시하였다. 그 개념들은 이후 기독교 신

Grant, *Gods and the One God*(Philadelphia: The Westminster Press, 1986), 128-135. 데오빌루스의 언급에서 우리는 발전된 삼위일체론은 아니지만 삼위일체론을 구성하는데 도움이 되는 초대교회의 견해를 발견한다(Ibid., 156).

[6] "Tertullian," *Theologenlexikon von den Kirchenvätern bis zur Gegenwart*(München: Verlag C, H, Beck oHG, 1994, 2., neubearbeitete und erweiterte Auflage), 남정우 역, 『신학자 사전』(서울: 한들, 2001), 321-22. 또한 터툴리아누스는 서로마제국의 언어였던 "라틴어로 글을 쓴 최초의 신학자였고, 이같이 하여 서방신학의 창시자로 여겨지기도 한다." 이형기, 『세계교회사 I』(서울: 한국장로교출판사, 1994), 206. 참고, J. L. González, 『基督敎思想史 I』, 209-10. 곤잘레스는 라틴신학 문서에 있어서 펠릭스(Minucius Felix)가 터툴리아누스보다 앞선다고 보지만 터툴리아누스의 중요성을 부정하지는 않는다(Ibid., 225).

학사를 통하여 삼위일체론을 설명하는 중요한 개념들로 사용되었다.[7] 터툴리아누스는 프락세아스(*Praxeas*)의 이단성을 논박하면서 삼위일체에 대하여 다음과 같이 말한다.

> 그러나 우리는 … 한 유일한 하나님(*unicum quidem deum*)을 믿지만 이는 다음의 섭리, 즉 경륜(οἰκονομία)이라 불리는 것 아래서 그러하다. 이 한 하나님이 또한 한 아들을, 즉 그의 말씀을 가지신다. 그리고 그 말씀은 그[하나님] 자신으로부터 나왔고 그 말씀에 의해 만물이 만들어졌으며, 그가 없이는 어느 것도 만들어지지 않았다 … [프락세아스 이단은] 순수한 진리를 소유한다고 스스로 가정하면서, 아버지와 아들과 성령이 참으로 동일한 분이라 말하는 것 이외의 방법으로는 누구도 한 분 유일한 하나님을 믿을 수 없다고 생각한다. 비록 이런 식으로 하나만 존재하지 않는다 하더라도, 그 때에는 본질의 통일성에 의해 모두가 하나를 이룬다. 그 경륜의 신비가 여전히 지켜지는 동안, 그것[경륜의 신비]은 **통일성을**(*unitatem*) **삼위일체에**(*trinitatem*) 분배하며, **셋**(*tres*)[8]을, 곧 아버지와 아들과 성령을 배

---

[7] 그 자체에 여러 가지 해결되지 않은 내용들이 있었지만 이후 서방교회에서는 터툴리아누스의 정리가 큰 논란 없이 받아들여졌으며 주류 삼위일체론이 되었다. J. Moltmann, *Trinität und Reich des Gottes*, 31. 비록 그가 하나님을 단일신론적으로 가르치는 프락세아스에 반박하는 『프락세아스 반박』(*Adversus Praxean*)을 쓸 때에는 몬타누스주의에 빠져있었지만, 그 책은 삼위일체론에 관한 논의의 본격적인 출발점이었기에 지금에 이르기까지 개신교회를 포함한 서방교회 흐름 안에 있는 교회들의 삼위일체론에 큰 영향을 주고 있다. 참고, J. L. González, 『基督敎思想史 I』, 216-17.

[8] 『프락세아스 반박』의 영역을 싣고 있는 *ANF*, vol. 3, 598에서는 "the three Persons"(세 위격들)이라고 번역했으나 원래 라틴어 문장에는 영어 "persons"에 해당되는 말(*personae*)이 없고 '셋'(*tres*)만 언급되어 있다(볼드체 강조는 필자의 것이다).

열한다. 그러나 셋은 지위(*status*)에서가 아니라 정도(*gradus*)에서 이며, 본질(*substantia*)에서가 아니라 형태(*forma*)에서이고, 능력(*potestas*)에서가 아니라 양상(*species*)에서 이다. 그러나 한 본질과 하나의 지위와 하나의 능력의 셋이다. 왜냐하면 그 한 하나님으로부터 이 정도들과 형태들과 양상들이 아버지의 이름과 아들의 이름과 성령의 이름 아래 판단되기 때문이다. 그들이 어떻게 나뉨 없이 계수될 수 있는지(*numerum … patinutur*)는 우리의 논의가 진행되면서 드러날 것이다.[9]

즉, 터툴리아누스는 하나님의 단일성 혹은 통일성을 "유니타스"(*unitas*)로, 그 하나님의 경륜 아래서의 구별되는 아버지와 아들과 성령을 함께 일컬어 "트리니타스"(*trinitas*)로, 그 각각을 "페르소나"(*persona*)[10]로 부른 것이다.[11]

이처럼 터툴리아누스가 라틴어 "트리니타스"를 하나님 아버지와 아들과 성령을 한꺼번에 일컫는 개념으로 처음 사용한[12] 이후로는 그에 상응하는 헬라어 개념 "트리아스"(τριάς)도 '아버지와 아들과 성령'의

---

9 Tertullian, *Adversus Praxean*, 2, *ANF*, vol. 3, 598. 라틴어 원문은 다음을 참고하였다(터툴리안은 이 글에서 "경륜"에 해당하는 단어는 헬라어 "오이코노미아"를 그대로 사용하였다). Tertulliani adversus Praxean Liber 2016. 7. 24 접속, http://www.thelatinlibrary.com/tertullian/praxean.shtml.

10 Tertullian, *ADVERSUS PRAXEAN*, 7; 6; 9, 2016 7. 24 접속, http://www.thelatinlibrary.com/tertullian/tertullian.praxean.shtml.

11 그러나 아직 '한 본질과 세 위격들'(*una substantia et tres personae*)이라는 공식은 분명히 나타나지 않는다. 그리고 후대 삼위일체론에서 중요한 개념으로 등장하는 '수브스탄티아'는 '우니타스'의 종속개념으로 언급되었다.

12 Gisbert Greshake, *Der Dreieine Gott: eine trinitarische Theologye*(Freiburg / Basel / Wien: Herder, 1997), 84.

관계를 가리키기 위해 동방교회 신학자들에 의해 자주 사용되었다.[13] 이로써 일반적 개념인 '트리아스,' '트리니타스' 등의 개념들이 이미 성경에 나타나고 있는 삼위일체적 신앙을 설명하기 위한 신학적 개념으로 채택되었다. 즉, 교리로서의 삼위일체론이 삼위일체 신앙에 선행하지 않는다. '삼위일체론'은 순수하게 헬라 철학에 근거한 후대의 창작이론이 아니라 성경과 사도전통에 대해 설명하는 과정에서 비롯된 것이다.

2) 하나님의 경륜: 열린 친교의 출발

터툴리아누스는 한 하나님으로부터 출발하여 경륜 아래에서 구별되는 세 위격들로 나아간다. 그러나 그는 거기서 멈추지 않고 이어서, "경륜"(οἰκονομία)을 말하는 자신의 견해가 "교회의 다수를 이루는 단순한 자들"에 의해 이신론 혹은 삼신론으로 공격당하는 것에 대해 반박한다. 즉, 통치자가 자기 아들과 함께 나라를 다스린다 하더라도 그

---

[13] 예를 들어, 히폴리투스(Hippolytus)도 *Contra haeresin Noeti*, 14, 8에서 "트리아도스"(τριάδος)를 말한다. 또한 알렉산드리아의 아타나시우스의 보고에 따르면, 아리우스(Arius)조차 "트리아스"(τριάς)를 인정한다. 다만 그는 "모나스"(μονάς, 단자 혹은 일위일체)가 먼저 있었고, 그 이후에 "뒤나스"(δυνάς, 이위일체)가 있었고, 그 이후에 "트리아스"(τριάς, 삼위일체)가 있으나 서로가 동등한 영광은 아니다"(Athanasius, *De. Synodis*, 15에서 재인용)고 하였다. 이 때의 "트리아스"는 모나스와 뒤나스에 대응하는 개념으로 셋이 하나의 조를 이룬다는 일반적 의미의 '삼위일체' 혹은 '삼조일체'이다. 아타나시우스도 아버지와 아들과 성령을 함께 가리킬 때 이 헬라어 "트리아스"를 사용하지만, 아리우스와는 달리 그에게 있어서 트리아스의 영광은 동일하다. Athanasius, *Orationes Contra Arianos*(이하 *Contra Arianos*), i. 17, *A Select library of Nicene and post-Nicene Fathers of the Christian Church*(이하 *NPNF*) 2nd Series, vol. 4, 316. 즉 동일한 개념 "트리아스"가 사람에 따라 의미가 다르게 사용된 것이다. 따라서 모든 "트리아스"를 "삼위일체"로 번역하기에는 무리가 있지만 그것 역시 하나님과 관련하여 세 신적 존재들을 아우르는 표현이기에 "삼일치" 또는 "삼조일체" 심지어는 "삼위일체"라 번역되기도 한다.

들에 의해 공동으로 행사되는 '단일한 권위'의 예를 통해 세 위격들이 어떻게 하나인지를 설명하려 한다.[14]

이 전체 구조를 도식화하면, 터툴리아누스는 '단일성에서 구별성으로' 그리고 다시 '구별성에서 단일성으로' 순환적 설명을 하고 있는 것이다. 그레스하케(G. Greshake)에 따르면, "터툴리아누스에게 있어서 하나님은 한 분이심은 의심할 바가 없지만 동시에 그 하나님이 셋인 것도 사실이다."[15] 한 분 하나님의 경륜에서 나타나는 아버지와 아들과 성령은 '셋'으로 "계수될 수 있다."[16] 이것을 이해하지 못하는 이들에게 터툴리아누스는 성경을 통해 하나님의 복수성을 말하고,[17] 하나님의 복수성과 통일성이 서로 모순되지 않는다는 근거를 찾는다.[18]

이러한 터툴리아누스의 설명은 삼위일체 하나님에 대한 첫 해명의 시도이며 이후 발전된 삼위일체론에 사용되는 개념들이 처음으로 삼위일체 하나님을 설명하는데 사용되었다는 데 의미가 있다. 또한 삼위일체를 말하면서 경륜 아래서만 아버지와 아들과 성령의 구별을 말한 것은 세 위격들의 통일성에 대한 보증 장치이며 그가 세 위격들을

---

14 Tertullian, *Adversus Praxean*, 3, *ANF*, vol. 3, 598-99.
15 G. Greshake, *Der Dreieine Gott*, 84.
16 Tertullian, *Adversus Praxean*, 2, 4, *ANF*, vol. 3, 598.
17 터툴리아누스는 창조 기사에 등장하는 하나님 자신의 '복수' 언명(창 1:26; 3:22)과 하나님과 함께 하시면서 '하나님이신 말씀'(요 1:9)을 예로 제시한다. Tertullian, *Adversus Praxean*, 12, *ANF*, vol. 3, 606f.
18 성부와 함께 계신 성자의 존재는 하나님의 유일하심과 모순되지 않는다. 유일하신 하나님에 대한 성경의 증언은 다신론에 대한 교정책으로 제시되었다는 것이 터툴리아누스의 주장이다. Tertullian, *Adversus Praxean*, 13, *ANF*, vol. 3, 607f. 그에 의하면, "나 외에 다른 이가 없다"(사 45:5, 8; 49:6)는 언명은 하나님 외에 다른 신들이 없다는 뜻이지 아들이 없다는 뜻은 아니다. "성자는 성부와 나뉘거나 분리되지 않기 때문에" 성자가 언급되지 않을 때에도 "그는 성부 안에서 인식된다." Tertullian, *Adversus Praxean*, 18, *ANF*, vol. 3, 613.

등한시 한 것이 아니라 할 수 있다. 왜냐하면, 『프락세아스 반박』 전반에 걸쳐 그는 철두철미하게 양태론적 일신론을 가진 프락세아스 이단을 논박하고, 성부와 성자(그리고 성령)께서 구별되면서도 분리되지 않게 존재하시면서 어떻게 하나로 연합되시는지를 성경과 비유를 통해 주장하고 있기 때문이다.[19]

삼위일체론에 대한 터툴리아누스의 공헌은 분명하다. 그는 유대교의 일신론과 헬라 철학(논리학)을 결합하여 '한 분 하나님'의 틀에 맞추어 아버지와 아들과 성령을 단일신으로 환원시키는 프락세아스 이단에 대한 신학적 극복 논리를 제공해 주었다. 비록 삼위일체 신앙은 기독교 초기부터 존재하였지만, 그것에 신학적 해석의 도구를 풍성히 제공한 것은 터툴리아누스이다. 또한 내용적으로도 그의 삼위일체론은 하나님을 고독한 신이라 하지 않고 아버지와 아들과 성령의 관계를 말하고 있다. 즉, 세상은 고독한 신이 자신의 외로움을 달래기 위해 창조한 것이 아니라 아버지와 아들과 성령의 친교의 확장이다. 창조 이전에는 하나님밖에 없었다.

"그러나 그 때 조차도 그는 혼자가 아니었다. 왜냐하면 그는 그와 함께 자신 안에 있는 것 곧 그 자신의 이성을 갖고 있었기 때문이다."[20]

---

[19] 예를 들어 경륜 아래서 아버지와 아들과 성령을 말하는 자는 "두 신들과 세 신들의 설교자"라는 프락세아스 이단의 공격에 대해, 터툴리아누스는 왕과 그의 아들이 함께 다스린다 해도 그것이 단일한 주권의 행사라고 설명함으로 대응한다. Tertullian, *Adversus Praxean*, 3, *ANF*, vol. 3, 599.

[20] Tertullian, *Adversus Praxean*, 5, *ANF*, vol. 3, 600. 이종성은 동일한 구절을 근거로 "이레니우스와 힙폴리투스가 신성 안에 복수를 인정하려고 한 것과는 달리 터툴리아누스는 신성의 단일성을 강조한다"고 평가한다. 이종성, 『삼위일체론』, 238. 그러나 이는 강조점의 차이일 뿐이며, 그 역시 단일한 신성 안에서의 복수('셋')를 처음부터 인정했다. Tertullian, *Adversus Praxean*, 2, *ANF*, vol. 3, 598.

그렇다고 해서 두 신들이 존재한 것이라고 터툴리아누스가 말하는 것이 아니다. 성부와 성자는 연합하여 '하나'가 되신다.

> 그들은 두 신들과 두 주님들이라 불리지 않는다. 그들은 성부와 성자로서 둘이시다. 그리고 이는 그들의 본질의(*substantiae*) 분리에 의한 것이 아니라 경륜으로 부터[의 구별]이다. 경륜을 따라 우리는 성자가 성부로부터 나뉘거나 분리되지 않고 계신다고 주장한다. [성부와 성자의] 구별은 정도에서이며 상태에서가 아니다. 비록 따로 언급될 때 그[성자]가 하나님이라 불리더라도 그렇기에 그는 두 신들이 있는 것이 아니라 **하나**(*unum*)이시다. 그리고 그가 하나님으로 호칭되는 것은 바로 그런 상황, 즉 성부와 그의 연합으로부터(*ex unitate patris*)이다.[21]

여기서 그가 성부와 성자의 '연합'(*unitas*)을 말하면서 '한 분'(*unus*, '하나'를 의미하는 라틴어 남성명사)이라 하지 않고 하나(*unum*, '하나'에 해당하는 라틴어 중성명사)라 한 점을 주목해야 한다. 이는 터툴리아누스가 프락세아스 이단을 의식해서 의도적으로 일신론적 표현을 사용하기를 회피했음을 보여준다.[22]

---

[21] Tertullian, *ADVERSUS PRAXEAN*, 19, [8], 2016. 7. 24 접속, http://www.thelatinlibrary.com/tertullian/tertullian.praxean.shtml/(볼드체 강조는 필자의 것이다). 여기서도 "성부와 성자로서 둘이시다"고 복수를 분명히 표현하고 있다. 켈리는 오히려 터툴리아누스가 말씀의 개체성을 훨씬 더 분명하게 표현한다고 평가한다. J. N. D. Kelly, *Early Christian Doctrines* (5th, 1977), 박희석 역, 『고대 기독교 교리사』(고양: 크리스챤다이제스트, 2004), 126-127. 그에게 있어서 성부와 성자는 분리되지 않으면서 구별된다. Tertullian, *ADVERSUS PRAXEAN*, 11, [2] 2016. 7. 24 접속, http://www.thelatinlibrary.com/tertullian/tertullian.praxean.shtml.

[22] 몰트만도 터툴리아누스가 '하나님은 한 분이다'를 '하나님은 하나이시다'로 대치함으

터툴리아누스는 다른 곳에서 심지어 다음과 같이 말하였다.

> 한 유일한 하나님이 계신다. 그리고 그가 바로 세상의 창조자 이시며 무엇보다도 먼저 나신 그 자신의 말씀을 통해 무로부터 만물을 생성시키신 분이다. 이 말씀은 아들이라 불리며 … 예수 그리스도라 불리셨다. 그가 … 자기 대신에 성령의 능력을 보내신다.[23]

이는 약간의 종속론적 뉘앙스를 감수하면서까지 "한 유일한 하나님"을 성부와 동일시하면서 성부와 함께 계신 성자와 성령에 대해 함께 언급하고 있는 것이다. 따라서 터툴리아누스의 삼위일체론은 한 하나님에서부터 출발하지만 단일신론에 머물지 않고 그 이상의 내용을 담고 있다. 그에게 있어서 하나님은 유출이나 자기 확대를 위해 자신을 개방하는 일자(一者)가 아니라, '경륜'이라는 틀 안에서 아버지와 아들과 성령이 연합하여 하나를 이루는 '삼위일체'이시다. 이러한 연합은 세 위격들 사이에서 타자에 대한 자기 개방을 필연적으로 동반한다.[24]

그러므로 터툴리아누스는 아버지와 아들과 성령의 '열린' 친교에 대해 분명하게 말하지는 않았지만 그 자체를 거부하면서 단일신론을 주장한 것은 아니다.

로써 하나님 안에서의 "삼위일체적 세분화"를 가능케 했다고 지적한다. J. Moltmann, *Trinität und Reich Gottes*, 154.

[23] Tertullian, *The Prescription Against Heretics*, 13, ANF, vol. 3, 249.

[24] 곤잘레스와 이형기 역시 아버지와 아들과 성령의 구별성을 중시하면서 터툴리아누스의 삼위일체론을 해석한다. 터툴리아누스가 "수브스탄티아"와 "페르소나"를 철학용어가 아니라 법률용어로 사용했다면 페르소나는 '법률적 인격체'로서의 개별성을, 수브스탄티아는 통일성을 드러내는 의미가 될 수 있기 때문이다. J. L. González, 『基督敎思想史 I』, 218–19, 이형기, 『세계교회사 I』, 206.

3) 터툴리아누스의 삼위일체론이 갖는 한계

앞서 언급한 '열린' 삼위일체론에 대한 터툴리아누스의 공헌에도 불구하고 그의 설명은 '삼위일체론'의 본격적인 출발이기에 신학적 한계를 갖는다. 그 핵심 이유는 개념의 불명확성 때문이다. 먼저 '위격'으로 번역되는 라틴어 '페르소나'(persona)가 갖는 일반적 의미가 문제이다. '페르소나'는 고대 라틴 연극에서 배우가 역할을 구별하기 위해 사용한 가면을 가리키는 말이기도 하기에 삼위일체론을 사벨리우스주의(양태론)로 인도할 위험을 안고 있다.[25] "페르소나"는 현대 영어 person이 갖는 인격적이고 개체적인 의미보다는 '역할의 다양성'을 함의하는 개념으로 되는 해석되기 쉬웠다.[26]

그렇기 때문에 그가 아버지와 아들과 성령에 대해 개별적으로 사용한 "'위격'(person)이라는 개념이 존재론적 내용을 갖고 있지 않았기 때문에 동방에서는 잘 받아들여지지 않았다."[27] 그리고 유니타스와 트리

---

[25] 터툴리아누스의 삼위일체 신앙이 종속론적인가 아니면 양태론적인가에 대해서는 의견이 엇갈린다. 그가 아버지를 아들과 성령의 근원으로 보면서 그것을 종속의 개념으로 설명했다고 보는 견해가(참고, J. L. González, 『基督敎思想史 I』, 220, 현요한, 『성령』, 42) 있는 반면에, 그가 구별을 말하기 위해 사용한 "페르소나"의 어원을 중요하게 보는 입장에서는 그의 삼위일체 신앙을 양태론적이라 비판한다. 이에 대해서는 뒤에 좀 더 언급할 것이다.

[26] 이러한 주장은 다음에서 분명하게 드러난다. 김명용, "니케아-콘스탄티노플신조와 바른 삼위일체론," 『교회와 신앙』 2001년 10월호, 통권 95호 (서울: 한국교회문화사), 139-140.

[27] John D. Zizioulas, *Being as Communion*: *Studies in Personhood and the Church* with a foreword by John Meyendorff(Crestwood, NY: St Vladimir's Seminary Press, 1985), 36f. 터툴리아누스가 사용한 "페르소나"와 그것의 영향 아래 전개된 삼위일체론에서의 "페르소나"는 우리말로 "위격"(位格)으로 번역한다. 그리고 동방신학에서의 "휘포스타시스"(ὑπόστασις)는 그 의미를 따라 "인격체"로 표기할 것이다. 그러나 우리말로 번역된 글을 인용할 때에 이 원칙을 따라 "인격체"로 번역해야 할 곳에 "위격"으로 되어 있는 것은 그대로 인용하고 뒤에 "[인격체]"라는 문구를 덧붙일 것

니타스를 구별해주는 보조 개념들이 지위, 본질, 능력(*status, substantia, potestas*)과 정도, 형태, 양상(*gradus, forma, species*)으로 나뉘어 제시되지만 각 개념들의 정확한 의미 또한 모호하다.[28] 이러한 모호성들이 최초로 여러 개념들을 사용하여 삼위일체 신앙을 설명하는 터툴리아누스의 "삼위일체론"이 갖는 문제의 출발점이다.

이로 인해 서방교회의 전통은 터툴리아누스의 삼위일체론을 하나님의 유일성에 대한 설명으로 받아들여 삼위일체론을 발전시켰다. 터툴리아누스가 사용한 개념인 "수브스탄티아"는 서방교회 전통에 있어서 '본질'이라기보다는 '개체적 단일성'을 가리키는 말로 이해되어 하나님의 유일하심의 근거가 되었다.

터툴리아누스가 사용한 용어의 불명확함뿐만 아니라 라틴어 개념과 헬라어 개념 사이의 불명확한 연관도 삼위일체론의 발전에 난제였다. 서방에서는 터툴리아누스의 시대 이후로 "수브스탄티아"라는 용어로 아버지와 아들과 성령의 공통된 신성을 뜻하고, "페르소나"라는 용어는 아버지와 아들과 성령 각각에 해당하는 말로 사용했다.[29]

그러나 동방과 서방교회의 의사소통 과정에서 문제가 더 복잡하게 얽혔다. 우선 라틴어를 헬라어로 번역할 때, "수브스탄티아"에 해당하는 것을 "우시아"(οὐσία)로, "페르소나"는 "프로소폰"(πρόσωπον)으로 번역할 수 있다. 그런데 "프로소폰"은 '얼굴' 혹은 '가면'의 뜻이 강하

이다. 참고, 김명용, "교회를 위한 삼위일체 신학: 삼신론과 일신론 그리고 삼위일체론," 「교회와 신학」 2001 겨울, 66-67.

[28] J. L. González, 『基督敎思想史 I』, 219-20.

[29] J. L. González, 『基督敎思想史 I』, 307.

며,³⁰ 라틴어 "페르소나" 역시 그런 의미를 포함하고 있는 말이다.³¹ 따라서 그런 헬라어 개념을 사용한 번역은 동방신학자들에게 터툴리아누스의 견해를 잇고 있는 서방교회의 삼위일체론이 양태론으로 보이게 하며, 결국 터툴리아누스의 삼위일체론도 양태론적 성향을 띤 것으로 보일 수 있었다.³²

그 대안으로 "프로소폰" 대신에 "휘포스타시스"(ὑπόστασις)를 "페르소나"의 번역어로 선택하기도 하지만, 이는 또 다른 난제를 발생시

---

30 *An intermediate Greek-English Lexicon* : *Founde upon the seventh edition of Liddell and Scott's Greek-English Lexicon*(Oxford: 1999), 701에서는 πρόσωπον 의 뜻을 다음과 같이 정의하고 있다: "I. the face, visage, countenance. II. one's look, countenance. III. 1. a mask. 2. outward appearance, beauty. IV. a person."

31 페르소나의 일차적 의미는 "가면, 특히 그리스와 로마의 연극에서 배우들이 착용하는 가면이다." 여기서 '역할, 등장인물, 개인' 등의 의미가 파생되었다. Ed. by D. P. Simpson, *"persona," Cassell's Latin Dictionary* (New York: Macmillan, 1968), 442.

32 J. L. González, 『基督敎思想史 I』, 307-8. 사실 터툴리아누스 자신은 양태론적 신관을 가진 프락세아스를 반박하는 글을 썼다. 그리고 거기서 전개된 그의 논지는 종속론적 경향을 갖고 있다고 비판 받기도 한다. Bernhard Lohse, *Epochen der Dogmengeschichte*, 구영철 역, 『기독교 교리사』(서울: 컨콜디아사, 1988), 52-53. 한 사람의 사상이 정 반대의 두 가지 견해로 해석되는 것이다. 이러한 애매함은 그가 처음으로 삼위 사이의 관계를 본격적으로 설명한 신학자였다는 점에서 어느 정도 예상될 수 있다. 그러나 터툴리아누스의 견해를 요약한 삼위일체론 도식은 이후 서방교회에서 종속론적이라기보다는 양태론적인 경향으로 해석되었다. 몰트만은 터툴리아누스, 아우구스티누스, 토마스 아퀴나스로 이어지는 삼위일체론의 흐름을 "우나 수브스탄티아 – 트레스 페르소나에"(*una substantia – tres personae*, 한 실체 – 세 인격들)이라는 도식으로 규정하고 여기서 "세 인격(*die drei Personen*)은 서로 다른 것이 아니라 그들의 공통된 신적인 실체(*Substanz*) 안에서 하나(*eins*)"라고 주장하고 이것을 "추상적 일신론"으로 비판한다. J. Moltmann, *Trinität und Reich des Gottes*, 31ff. 김명용 역시 동방교회 삼위일체론에 근거해서 서방교회 삼위일체론을 비판하고 사회적 삼위일체론을 현대에 재정립한 몰트만의 입장을 수용하면서, 서방교회의 전통을 잇고 있는 개신교와 가톨릭 양대 교회 진영의 20세기 거장들인 칼 바르트와 칼 라너의 삼위일체론이 터툴리아누스의 삼위일체론을 현대에 계승하고 있는 증거라고 지적한다. 삼위일체 도식에 대하여 전자는 "한 인격체와 세 존재양태"로 표현했고, 후자는 "한 인격체와 세 본체의 양태"로 표현했기 때문이다. 김명용, "니케아-콘스탄티노플 신조와 바른 삼위일체론," 140.

켰다. 일반적으로 갑파도키아 교부들의 등장 이전까지 동방에서는 "우시아"와 "휘포스타시스"가 의미상으로 거의 구분되지 않았으며 둘 다 라틴어로는 "수브스탄티아"로 번역되었기 때문이다.³³

터툴리아누스에게 있어서 "수브스탄티아"와 "페르소나"는 법률적 개념이든, 본질과 역할의 의미이든, 의미상으로 구분되는 개념들이다. 그러나 그것을 헬라어로 표현하면 동의어인 "우시아"와 "휘포스타시스"가 하나이면서 동시에 셋이라는 이상한 설명이 되어 버린다. 이런 개념의 불명확성과 번역상의 난점들로 인해 삼위일체론에 있어서 동방교회와 서방교회는 서로에 대해 쉽게 이해할 수 없었으며, 그것들은 이후 삼위일체론의 발전 과정에도 계속해서 걸림돌로 작용하였다.

2. 오리게네스: 동방교회 '열린' 삼위일체론의 출발

사실, '열린' 삼위일체론에 대한 오리게네스의 공헌을 적극적으로 말하기는 쉽지 않다. 그는 아들과 성령을 아버지와 완전히 동등하게 여기지 않는 표현들도 하고 있기 때문이다. 심지어는 '아버지—아들—성령'의 서열과 종속까지도 말하고 있는 듯하다.³⁴ 동시에 그는 그

33　곤잘레스는 이것을 다음과 같이 지적한다. "철학적 문헌 가운데서, 그리고 심지어 니케아회의의 결정 가운데서도 이 개념들은 동의어적으로 사용되었으며, 이 두 단어는 라틴어로는 수브스탄티아로 번역되었다. 그렇지만 이 두 개념 속에는 한 사물의 개별적 존재뿐만 아니라 같은 종류의 모든 개체들이 다같이 공유하고 있는 본질을 가리키기 때문에 여전히 모호성을 띠고 있었다." J. L. González, 『基督敎思想史 I』, 340.

34　Origenes, *Commentary on the Gospel of John*, II, 6, tr. by Roberts-Donaldson, 2003. 11. 10 접속, http://www.earlychristianwritings.com/text/origen-john2.html.

런 주장에 대립되게 아들과 성령은 창조되지 않은 존재라는 말도 하였다.[35] 이런 이유로 버제스(Stanley M. Burgess)는 오리게네스의 저술들 전체를 통해 하나의 긴장을 발견한다. 그것은 아버지와 아들과 성령 사이의 동등성에 대한 인식과, 아들은 만들어 졌기에, 그리고 성령은 종속적 존재이기에 아버지와 구별된다고 하는 좀 더 네오플라톤주의적 주장 사이의 긴장이다.[36]

그러나 오리게네스는 "삼위일체"(τριάς)란 말을 알았고 또한 자주 사용했을 뿐만 아니라 삼위일체 교리의 발전에도 큰 기여를 했다는 평가도 받는다.[37] 본격적인 '열린' 삼위일체론이 오리게네스에게서 발전한 것은 아니다. 다만 우리는 그의 사상 가운데서 동방교회 '열린' 삼위일체론의 출발점을 발견할 수 있을 것이다.

---

[35] 아들의 나심에 대해서는 Origenes, *On First Principles*, I. ii. 2, *ANF*, vol. 4, 246을. 성령의 피조되지 않으심에 대해서는 Origenes, *On First Principles* I. iii. 3, *ANF*, vol. 4, 252를 보라.

[36] Stanley M. Burgess, *The Holy Spirit: Ancient Christian Traditions*(Peabody, Massachusetts: Hendrickson Publishers, Inc., 1984), 73. 그는 오리게네스의 사상의 배경이 다양함을 먼저 지적했다. 그에 따르면 오리게네스는 아버지에 의해 다양한 그리스 학문 분과들을 배웠으며, 요리문답학교에서는 클레멘트(Clement)에게서 배웠고, 동시에 알렉산드리아의 네오플라톤주의 학파의 창시자인 사카스(Ammonius Saccas)의 계승자였으며, 그 당시의 이집트 기독교 영지주의의 가르침들에 많은 영향을 받은 사람이다(Ibid., 72-73).

[37] J. L. González, 『基督教思想史 I』, 261. 오리게네스의 저술에서 "삼위일체"란 말을 주격 트리아스(τριάς)로 사용한 것은 2회이고 그 중에서 『잠언 해설』 17권 196만이 진정성이 있지만, 소유격 트리아도스(τριάδος)는 무려 22회 나타난다. 참고, *Tresaurus Linguae Graecae*.

1) 아버지와 아들의 '열린' 친교

오리게네스는 아버지와 아들 사이의 동등함과 친교에 대해 어떻게 생각하고 있었을까?

> 우리는 아버지 이외의 어떤 것도 피조되지 않은 것이 없다고 믿는다. 그러므로 우리는 더욱 숭엄하고 참된 방향으로서, 만물이 말씀(*Logos*)으로 지어졌다는 것과 성령이 예수 그리스도로 말미암아 하나님에 의해 존재케 된 만물 가운데 으뜸이며 가장 존귀한 분이심을 인정한다. 아마 이것이 성령께는 하나님의 아들이란 칭호가 붙지 않는 이유일 것이다. 오직 독생자만 본성상 처음부터 아들이시며, 성령은 … 모든 면에 있어서 아들을 필요로 한다.[38]

이 말 그대로라면, 아들은 아버지께 종속되고 성령은 아들에게 종속되고, 그들 사이의 '열린' 친교는 나타나지 않는다. 그러나 여기서 오리게네스의 의도를 파악하는 것이 중요하다. 그에게서 나타나는 이러한 종속론적 경향은 양태론적 군주신론에 대한 반작용이었다.[39] 즉, 동일한 하나님이 시간을 달리해서 아버지와 아들과 성령으로 현현하였다는 주장을 반박하려는 의도에서 아버지와 아들, 그리고 성령의 구별을 강조하게 된 것이다.[40] 오리게네스가 위의 말을 하기 직전

---

[38] Origenes, *Commentary on the Gospel of John*, II, 6, tr. by Roberts-Donaldson, 2016. 7. 24 접속, http://www.earlychristianwritings.com/text/origen-john2.html.
[39] 이러한 현상은 이미 터툴리아누스에게서도 나타났다.
[40] S. M. Burgess, *The Holy Spirit*, 74. 곤잘레스 역시 그와 같은 견해를 갖고 있다.

에 한 말도 이를 간접적으로 지지한다. 그에 따르면, "우리는 실제로 세 인격체들, 즉 아버지와 아들과 성령이 계심을 확신하고 있다."[41] 이 말은 종속론적 진술에 앞서 언급되고 있다. 즉 아버지와 아들과 성령을 함께 나열함으로써 세 인격체들의 동등성과 구별성을 먼저 말하고 나서, 이어서 그 세 인격체들이 서로 어떤 관계인지를 말하고 있는 것이다.[42]

오리게네스는 분명하게 아버지와 아들의 친교를 말한다. 그는 요한복음 17장 5절을 인용하여, "하나님의 말씀이요 지혜인 하나님의 독생자께서는 '창세 전에 … 아버지와 함께' 영광을 누리던 분이셨다"고 고백한다.[43] 또한 요한복음 1장 1절을 인용하여 그리스도의 강림에 대해 말하면서, 말씀을 가리켜 "처음부터 하나님과 함께 계셨고 하나님이시다"고 하였다.[44] 이처럼 그는 분명 아버지와 아들의 친교를 믿고 있었으며, 이것은 철학적 사변의 결과가 아니라 성경에 근거한 것이

J. L. González, 『基督教思想史 I』, 264-265.

[41] Origenes, *Commentary on the Gospel of John*, II, 6, tr. by Roberts-Donaldson, 2016. 7. 24 접속, http://www.earlychristianwritings.com/text/origen-john2.html.

[42] 오리겐의 글에서는 아들의 영원성과 종속성이 함께 나타나고 있다. 그로 인해 그의 후계자들은 전자를 강조하느냐(소위 "우파 오리겐주의") 후자를 강조하느냐(소위 "좌파 오리겐주의)에 따라 정반대 입장을 전개하게 되었다. 아들의 영원성을 따르는 대표적 인물로는 네오가이사랴의 그레고리를 들 수 있고, 아들의 종속성을 강조하는 대표적 인물들로는 알렉산드리아의 디오니시우스와 안디옥의 루키안을 들 수 있다. J. L. González, 『基督教思想史 I』, 305.

[43] Origenes, *De Principiis*, III. v. 6, tr. by G. W. Butterworth, *On First Principles* (New York: Harper & Row, Publishers, 1966), 242. 물론 이 문맥에서 그는 아들의 낮아지심에 대해 말하고 있다. 그러나 아들이 본성상 아버지보다 낮은 존재라든지 아버지께 종속되었다는 것은 아니다. 오리게네스에 따르면, 아들은 사탐들을 구원하시기 위해 "순종하지 않으면 다른 방법으로는 구원을 얻을 수 없는 자들에게 순종을 가르치시기 위해서" 낮아지셨다(Ibid.).

[44] Origenes, *Contra Celsum*, iv. 5, tr. by Roberts-Donaldson, 2016. 7. 24 접속, http://www.earlychristianwritings.com/text/origen164.html.

었다. 또한 오리게네스는 아들을 하나님의 지혜라 부르며 지혜의 영원함에 근거해서 아버지와 아들의 영원한 '열린' 친교를 말한다.

> 존경의 마음으로 하나님을 바라보도록 배운 사람이라면 아버지 하나님께서 단 한순간이라도 그의 지혜를 산출하지 않으신 때가 있다고 누가 감히 말하겠는가?⁴⁵

즉, 아버지는 영원부터 아버지의 지혜이신 아들과 함께 하셨다.

> 그 아들은 참으로 그분[하나님 아버지]으로부터 나셨으며, 그로부터 그의 존재를 받는다. 그러나 시간의 구분에 의해 구별될 수 있는 그런 시작도 없으셨고, 또한 우리의 마음이 홀로 그 자체적으로 명상할 수 있는, 다시 말해서 있는 그대로의 지성과 이성으로 상상할 수 있는 그런 시작도 없으셨다.⁴⁶

곧, 그에게 있어서 영원하신 아버지와 함께 하시는 영원하신 아들은 단순히 병행하여 존재하는 단절된 두 개체가 아니다. 아버지와 아들은 분명하고도 확고하게 서로를 향해 열어 놓음으로써 연결되어 있

---

45 Origenes, *De Principiis*, I. ii. 2, tr. by G. W. Butterworth, *On First Principles*, 15. 터툴리아누스 역시 아들과 지혜를 동일시하였다. Tertullian, *Adversus Praxean*, 6, *ANF*, vol. 3, 601.

46 Origenes, *De principiis*. I. ii. 2 tr. by G. W. Butterworth, *On First Principles*, 16. 곤잘레스는 이 본문의 진정성을 인정하며 이를 보증하기 위해 *Comm. in Joh.* 1. 32와 *Comm. in Rom.* 1. 4에 있는 "non erat quando non erat"(존재하지 않은 때가 없으시다)는 구절을 근거로 제시한다. J. L. González, 『基督教思想史 I』, 262, 각주 86.

는 '열린' 친교를 드러내고 있다.⁴⁷

오리게네스의 삼위일체 신앙이 '열린' 삼위일체론과 관련이 있음을 보여 주는 또 다른 증거로, 하나님은 고통을 느낄 수 없다는 사변적 사고와 대비되게 '하나님의 고난 당할 수 있음'(passibility)을 다음과 같이 성경에 근거해서 말한 것을 들 수 있다.

> 아버지시요 온 우주의 하나님은 "노하기를 더디 하시며 인자와 진실이 풍성"(시 86:15, 103:8)하시다. 그렇다면 어떤 의미에서는 분명히 고난에 노출되신 게 아닌가?⁴⁸

이로써 삼위일체 하나님께서는 닫힌 존재가 아니라 고난에까지도 자신을 열어 두시는 분이심을 오리게네스는 말하고 있다. 아버지와 아들의 관계를 빛과 그 빛의 광채로 비유한 설명에서도 오리게네스는 아버지와 아들의 '열린' 친교를 간접적으로 말하고 있다.

> 우리는 그리스도께 관해서 바울이 한 말, 곧 그분이 "하나님

---

47 영원함에 있어서만 아들이 아버지와 동일한 것인가? 진정성이 의심받지만 오리게네스의 시편 단편집에서는 아들을 가리켜 "그러나 그는 참여에 의해 구원자인 것이 아니라, 본질상 하나님이시다"(ὁ δὲ Σωτὴρ οὐ κατὰ μετουσίαν, ἀλλὰ κατ οὐσίαν ἐστὶ Θεός)고 하였다. Origenes, *Selecta in Psalmos* [Dub.] (fragmenta e catenis), *MPG* 12:1656. 이에 근거해서 아들이 아버지와 동일본질(ὁμοούσιος)이라는 사고가 오리게네스에게 있었다고도 볼 수도 있다.

48 Origenes, *Hom. in Ezechielem*, vi. 6, ed. and tr. by Henry Bettenson, *The Early Christian Fathers: A selection from the writings of the Fathers from St. Clement of Rome to St. Athanasius*, 박경수 역, 『초기 기독교 교부』(서울: 크리스챤다이제스트, 2000), 257에서 재인용. 이 말로 인해 몰트만은, 초대교회에서, 다른 것에 대한 사랑으로 고난 당하시는 하나님의 고난에 대해 인식하고 신학적으로 말하고자 하였던 유일한 인물은 오리게네스라고 말한다. J. Moltmann, *Trinität und Reich des Gottes*, 39. 더 나아가서 몰트만은 이 말 가운데서 삼위일체적 진술을 발견한다(Ibid., 40).

의 영광의 광채시요 그 본체의 형상이시라"(히 1:3)는 말을 인용했다. 그러므로 이것에서 우리가 배워야 할 바를 알아보자. "하나님은 빛이시라"고 요한은 말한다(요일 1:5). 따라서 독생자는 빛의 광채이신데, 그분은 빛에서 나온 광채처럼 단절됨 없이 아버지로부터 나오사 온 피조물을 비추신다.[49]

즉, 아버지와 아들의 친교는 피조물을 향해 열려있다. 아들은 "그의 본질(οὐσία)에 있어서는 여전히 변화하지 않으시면서도, 그는 그의 섭리의 경륜(οἰκονομία)에 의해 인간사에 참여하기 위해서 강림하신다."[50]

그러나 그 때 조차도 오리게네스는 아들은 아버지와 동일한 신성을 가지고 만유 안에 거하신다고 말한다.

태초부터 하나님과 함께 계셨고 하나님 자신이신 말씀이 우리에게 오셨지만, 그분은 자신의 위치를 떠나지 않으셨고 자기 자리를 버리지 않으셨다.[51]

우리는 이 모든 말들을 통해, 아버지와 아들의 열린 친교가 성육신 이후에도 계속되고 있음을 오리게네스가 말하려 함을 알 수 있다. 부

---

49 Origenes, *De Principiis*, I. ii. 7, tr. by G. W. Butterworth, *On First Principles*, 20 (볼드체 강조는 필자의 것이다). 여기서 오리게네스는 히브리서를 바울의 편지로 기술하고 있다.
50 Origenes, *Contra Celsum*, iv. 14, tr. by Roberts Donaldson, 2016. 7. 24 접속, http://www.earlychristianwritings.com/text/origen164.html.
51 Origenes, *Contra Celsum*, iv. 5, tr. by Roberts-Donaldson, 2016. 7. 24 접속, http://www.earlychristianwritings.com/text/origen164.html.

연한다면, 그는 항상 예수 그리스도의 신성과 인성을 동시에 강조하는 것을 잊지 않는다.[52]

2) 성령의 신성과 '열린' 친교

성령을 하나님의 행위로 보는 견해에 반해서 오리게네스는 성령의 인격성, 개체성을 성경에 근거해서 주장한다.

> "성령이 임의로 움직이매[요 3:8, 개역개정: 바람이 임의로 불매]." 이 구절은 성령이 실제 존재(οὐσία)임을 뜻한다. 어떤 사람들이 상상하듯이 성령은 개별적 존재가 없는 하나님의 행위(ἐνέργεια)가 아니다. 사도는 성령의 은사들을 열거한 뒤에 이렇게 말한다. "이 모든 일은 같은 한 성령이 행하사 그 뜻대로 각 사람에게 나눠 주시느니라"(고전 12:11). 만약 성령이 '뜻하시고' '행하시고' '나눠 주신다'면 그분은 단순한 행위가 아니라 역동적인 실재이신 셈이다.[53]

성령은 하나님의 능력이나 행위가 아니라 한 개체로 언급되고 있다.[54] 그러나 인격적인 존재인 성령을 하나님의 피조물이라고 주장

---

52 참고, Origenes, *De Principiis*, II. vi. 3; *Contra Celsum*, ii. 25, iv. 15(ad fin); *Commentarii in evangelium Joannis*, xix. 2.

53 Origenes, *Fragmenta in evangelium Joannis*, 37. Ed. and tr. by Henry Bettenson, 박경수 역, 『초기 기독교 교부』, 306에서 재인용(요 3:8에 대한 오리게네스의 인용 번역은 필자의 것이다).

54 여기서 성령을 설명하는 '우시아'(οὐσία)는 후대의 의미인 실체와 구별되는 본질을 의미하지 않는다. 아직까지 그 '우시아'와 '휘포스타시스'는 동의어로 본질 또는 개체 모두를 가리키는데 두루 사용되었다. 여기서는 '우시아'가 에네르기아(ἐνέργεια)에

할 수도 있다. 그 점에 대해서는 성령은 "영예와 신성에 있어서 아버지와 아들과 연합되어 있다"[55]는 리게네스의 말로 반박할 수 있다. 성령이 아버지와 아들과 누리는 친교는 삼위일체와 피조물 사이의 친교에 우선한다는 말이다. 물론 오리게네스는 성령이 아버지와 아들과 '어떤 식으로' 함께 있는지에 대해서는 말하지 않는다. 그렇지만 성령께서 아버지와 아들과 늘 함께 계신다는 것은 성령의 영원하심에 대한 오리게네스의 믿음의 고백이라 볼 수 있다. 여기서 영원하심이란 오직 하나님께만 속하는 것으로 여겨지는 것이어서, 그는 성령의 신성을 간접적으로 고백하고 있다고 결론지을 수 있다.

이런 결론은 오리게네스의 다음과 같은 말로도 뒷받침될 수 있다.

> 나는 최근까지 성경에서 성령이 창조된 존재라고 암시하는 어떤 단락도 없음을 발견할 수 있었다.[56]

이 말은 성령의 신성에 대한 정확한 성경적 근거를 제시하지는 않지만 적어도 성령의 피조성에 대한 성경적 근거가 거의 없다고 말하는 것이며, 이것 역시 성령이 아버지와 아들과 이루는 일치의 독특성과 규범성에 대한 그의 믿음의 간접적인 표현이다.

그러나 오리게네스는 성령의 사역을 아버지와 아들의 사역보다는 그 범위를 축소시켜 말한다.[57]

대비되는 실제 존재를 의미하며, 갑바도키아 교부들의 개념 규정 이후라면 '휘포스타시스'에 해당한다.

55 Origenes, *De Principiis*, praeface, 4, tr. by G. W. Butterworth, *On First Principles*, 3.
56 Origenes, *De Principiis*, I. iii. 3, tr. by G. W. Butterworth, *On First Principles*, 1966), 31. 참고, Ibid., 3, n. 4.
57 성령에 대한 예배가 신학적으로 정리되는 것은 갑파도키아의 세 교부들에 가서야 이

내 판단으로는 아버지와 아들의 사역은 성도들과 죄인들 모두에게서, 이성적인 사람들과 우둔한 짐승들 모두에게서 드러난다. 더 나아가 무생물에게도 그리고 사실상 존재하는 모든 것에게서 드러난다. 그러나 성령의 사역은 무생물에게, 말 못하는 생명들에게는 미치지 않는다. 더욱이 이성을 가졌으되 사악하여 선한 것들을 향해 전혀 돌이키지 않는 자들에게서도 성령의 사역을 발견할 수 없다. 내가 생각하기에, 성령의 사역은 이미 더 나은 것들을 향해 돌이키고 그리스도 예수의 길로 걷는 사람들, 즉 선한 행위에 열심을 내고 하나님 안에 거하는 자들에게서만 발견된다.[58]

여기서 우리는 오리게네스의 삼위일체론에서 성령의 열등함을 볼 것이 아니라 성령의 사역이 아버지와 아들의 사역과 구별됨을 말하는 것으로 해석할 필요가 있다. 이는 아직 오리게네스의 사고가 삼위일체론으로 가는 도중에 있기 때문이며, 따라서 성경에 대한 삼위일체론적 주해가 이루어지지 않았기 때문이다. 예를 들어, 오리게네스는 창세기 1장 2절을 창조 때에 성령께서 모든 만물들을 유지하고 계시는 사역을 행하고 있다고 주해하지 못하였다.[59]

루어진다.

[58] Origenes, *De Principiis*, I. iii. 5, tr. by G. W. Butterworth, *On First Principles*, 34 (from Latin edition).

[59] 칼빈은 이렇게 주석하고 있다. Jean Calvin, tr. by M. A. John King, *Commentaries on the Book of Genesis*, vol. 1 (Michigan: Grand Rapids, 1948), 73.

3) 삼위일체 하나님의 '열린' 친교

성경적 근거에서 그리고 양태론적 군주신론에 대한 반발의 결과로 오리게네스는 세 인격체들, 즉 아버지와 아들과 성령의 구별됨으로부터 출발하여 삼위일체 하나님의 일치와 친교에 대해 말한다. 마태복음을 주석하면서 그는 아버지와 아들이 단일 개체, 즉 한 휘포스타시스라는 주장을 거부한다.

> 그리스도께 영광을 돌린다는 구실로 그분께 관한 그릇된 개념들을 즐기는 자들은 그분을 '위한다'고 생각해서는 안된다. 그들은 아버지와 아들의 개념을 혼동하고, 아버지와 아들이 개체(ὑπόστασις)로서 하나라고 추정하며, 동등한 주체 안에서 기능의 차이만을 인정한다.[60]

그리고 아버지와 아들은 서로 관계를 맺는 두 개체들임을 오리게네스는 다음과 같이 논증한다.

> 어떤 이들은 아버지와 아들의 관계라는 주제를 혼동한다. 그들은 "우리가 하나님의 거짓 증인으로 발견되리니 우리가 하나님이 그리스도를 다시 살리셨다고 증거하였음이라. 만일 죽은 자가 다시 사는 것이 없으면 하나님이 그리스도를 다시 살리시지 아니하셨으리라"라는 본문과, 살린 분과 살리심을 입은 분 사이의 차이를 뚜렷이 보여주는 비슷한 단락들을 취한다. 그리고

---

60 Origenes, *Comm. in Matthaeum*, xvii. 14. Ed. and tr. by Henry Bettenson, 박경수 역, 『초기 기독교 교부』, 314에서 재인용.

는 이 단락들을 "너희가 이 성전을 헐라. 내가 사흘 동안에 일으키리라"라는 단락과 비교하고는 이것을 아버지와 아들 간의 수적 동질성을 입증하는 단락으로 받아들이고, 그로써 두 분이 본질상 하나일 뿐 아니라 사실상 한 주체로 언급된다고 해석하며, 아버지와 아들이 개별적 존재에서가 아닌 특정 기능들에서 다르다고 해석한다. 그런 사람들에게는 아버지와 아들 간의 차이에 대한 지배적이고 조직적인 진술들을 먼저 인용한 다음에, 아들이 아버지와 아들의 관계를 맺고 계시고 그 반대도 마찬가지임에 틀림없다는 점을 지적해야 한다.[61]

따라서 오리게네스에게 있어서 적어도 아버지와 아들은 이름만 구별되면서 하나의 '개체'(ὑπόστασις)를 공동으로 갖고 있는 '한 분 하나님'이 아니다. 각자가 개체이시다.

그리고 성만찬의 예전 중에 행해지는 성령 임재기원은[62] 성령의 개체성과 삼위의 친교를 간접적으로 입증한다. 오리게네스 역시 성례인 세례와 임재의 기원을 연결시키면서 이를 다음과 같이 언급하고 있다.

---

[61] Origenes, *Comm. in Ioannem*, x. 37(21). Ed. and tr. by Henry Bettenson, 박경수 역, 『초기 기독교 교부』, 317-318에서 재인용.

[62] 가장 오래되고 가장 간단한 에피클레시스(*epiclesis*: 성령 임재를 청하는 기도)는 3세기 초의 히폴리투스(Hippolytus, 230년경)가 기록한 것으로 알려진 『사도전승』이라 불리는 문서에 나타나는 문구이다. "청하오니, 거룩한 교회의 예물에 당신 성령을 보내 주소서." Hippolytus, *Traditio Apostolica*, 이형우 역, 『사도전승』(왜관: 분도, 1994), 89. 이 『사도전승』이 히뽈리뚜스의 저작인지는 불분명하지만 3세기 초 교회의 예전을 보여주고 있다는 점에서는 학자들이 일치된 견해를 보여준다. 이형우, "해제," 『사도전승』, 42.

> 악함의 모든 더러움을 씻어낸 영혼을 상징하는 물로 씻는 것
> [세례]은, 곧 그 자체로, 흠모할만한 **삼위일체의 임재기원**의 신
> 적 능력에 자신을 드리는 자[성찬에 참여하는 자]에게는 신성
> 한 은사들의 출발이요 원천이다. 왜냐하면 "은사들은 다양하
> 기" 때문이다.[63]

여기서 오리게네스는 "삼위일체의 임재기원"이란 말을 통해 아버지와 아들과 성령의 친교와 일치에 대해 언급하고 있다. 성찬에 임하셔서 떡과 포도주를 예수 그리스도의 살과 피와 연결시키는 분이신 성령께서는 동시에 예배 받으시는 삼위일체의 신성에도 참여하고 계신 분이다.[64] 또한 여기서 묘사되고 있는 그리스도인은 세례를 받고 임재의 기원, 즉 성령의 임재를 구하는 기원을 계속해서 드리며 성찬에 참여하면서 삼위일체의 친교 안으로 초대받는 자이다.

또한 오리게네스는 사람을 거룩케 하는 성령의 은혜에 관해 말하면서 아버지와 아들과 성령의 사역을 병기하여 표현하기도 하였다.

> 성령의 은혜가 있는 것은 본성상 거룩하지 못한 존재들도 거기
> 에 참여함으로써 거룩하게 되게 함이다. 그러므로 첫째로 그
> 들의 존재는 아버지로부터, 둘째로 그들의 이성적 본성은 말

---

63 Origenes, *Commentary on the Gospel of John*, vi. 17, 2016. 7. 29 접속, http://www.earlychristian writings.com/text/origen-john6.html/(볼드체 강조는 필자의 것이다). 참고, Ed. and tr. by Henry Bettenson, 박경수 역, 『초기 기독교 교부』, 306.

64 이 구절 자체가 직접적인 성령의 신성을 언급하고 있지는 않지만, 후에 갑바도키아 세 교부들 중 한 사람인 바질은, 오리게네스가 "성령에 관하여 주장한 견해들이 항상 그리고 모든 곳에서 견고하지는 않았지만, 그럼에도 불구하고 여러 곳에서" 성령의 신성에 대해 언급했다고 지적하면서 그 첫 증거로 위에 인용된 오리게네스의 말을 제시하고 있다. Basil, *De Spritu sacnto*, xxix. 73.

씀[성자]으로부터, 셋째로 그들의 거룩성은 성령으로부터 얻는다.[65]

물론 이 말이 후대에 발전된 삼위일체론에서처럼, 아버지와 아들과 성령께서 그리스도인의 거룩하게 됨을 위해 함께 일하신다는 명백한 표현은 아니지만, 결국 한 인간 존재가 거룩하게 되기 위해서는 아버지와 아들의 사역이 없어서는 안 된다는 점에서 우리는 위의 그의 표현을 삼위일체론적이라고 해석할 수 있다. 다음과 같은 오리게네스의 말은 이런 해석을 뒷받침해준다.

> 그럼에도 불구하고 하나님에 의해 구원으로 새로 태어난 자는 **아버지와 아들과 성령 모두와** 관계를 맺어야 하고, **삼위일체 전체와** 협력하지 않으면 구원을 얻지 못하는 이유가 무엇인지를, 그리고 성령 없이는 아버지 혹은 아들과 함께 하는 사람이 되는 것이 불가능한 이유를 질문하는 것이 합당할 듯하다.[66]

즉, 아버지와 아들과 성령의 친교는 그들 안에서만 이루어지는 것이 아니라 구원받은 자들에게까지 열려있으며 그 가교 역할을 성령께서 하신다는 것이 그의 주장이다.[67]

오리게네스에게 있어서 아버지와 아들과 성령은 각자가 하나의 구

---

65 Origenes, *On First Principles*, I. iii. 8, ANF, vol. 4, 255.
66 Origenes, *On First Principles*, I. iii. 5, ANF, vol. 4, 253(볼드체 강조는 필자의 것이다).
67 오리게네스에게 있어서 성령의 사역은 독특하다. 오리게네스는, 아버지와 아들은 모든 피조물을 대상으로 일하지만 성령의 사역은 믿는 자들만을 위한 사역이라 생각했다(Ibid.).

별되는 존재이시다.

그러면 오리게네스의 견해는 '삼신론'이 아닌가?

그렇지 않다. 오리게네스는 아버지와 아들과 성령의 세 인격체들을 구별하면서도 그들이 어떻게 하나로 사역하고 계신지를 말하고 있다. 앞서의 인용문에서도 나타나듯이 세례와 성찬에서 만나는 하나님은 세 신들이 아니라 삼위일체 하나님이시다. 비록 아버지와 아들과 성령의 구별됨을 설명하는 과정에서 그의 철학적 배경인 네오플라톤주의적 표현이 나타나기도 했지만, 그것이 아버지와 아들과 성령의 완전한 서열화를 시도한 것은 아니었다. 그에 따르면, 아버지와 아들과 성령은 동일하게 영원하시다.[68] 아버지와 아들과 성령은 동일하게 영광을 받으신다.[69]

요약하면, 오리게네스는 "세 인격체들을(τρεῖς ὑπόστασεις), 즉 아버지와 아들과 성령을 확신하고"[70] 있으면서 그 세 인격체들이 "삼위일체"(τριάς)이심을 믿었다. 그는 아버지와 아들과 성령, 곧 세 인격체들의 구별되심을 성경과 신앙전통에 근거해서 믿으면서 그 세 분이 어떻게 하나를 이루시는지에 대해 고민하였다. 구체적으로 아버지와 아들과 성령 사이의 '열린' 친교가 그에게서 설명되지는 않지만, 그 친교의 전제로서 세 신적 인격체들의 분명한 구별을 인정하였으며, 적어도 삼위일체께서 세례와 성찬을 통해 그리스도인들에게 자신을 여시며 친교 맺으심을 말함으로써 '열린' 삼위일체의 틀을 형성하는 데 기여했다고 할 수 있다. 다만 성령의 사역을 그리스도인에게만 제한

68　Origenes, *On First Principles*, IV. i. 28, *ANF*, vol. 4, 377.

69　Origenes, *On First Principles*, preface, 4, *ANF*, vol. 4, 240.

70　Origenes, *Commentarii in evangelium Joannis*(lib. 1, 2, 4, 5, 6, 10, 13), ed. C. Blanc, Origen. *Commentaire sur saint Jean*, II. 10.

한 것은 오리게네스의 삼위일체론이 갖는 한계이다.

아버지와 아들과 성령께서 분명하게 구별되면서도 동등하게 영원하시다는 오리게네스의 입장은 그의 제자 네오가이사랴의 그레고리가 작성한 신조에서 더 분명하게 드러난다.

> 한 하나님이 계신다. [그분은] 살아계신 말씀의 아버지이시며, 스스로 존재하시는 지혜와 능력의 [아버지이시며], 그의 영원한 형상이신 분의 [아버지이시며],[71] 완전하신 분을 낳으신 완전하신 분이시며, 독생하신 아들의 아버지이시다. 한 주님이 계신다. [그분은] 유일하신 분의 유일하신 분이시며, 하나님의 하나님이시며, 신성의 형상과 모양이시며, 능력있는 말씀이시며, 만물을 구성하는 포괄적 지혜이시며, 피조세계 전체를 있게 한 능력이시며, 참 아버지의 참아들이시며, 보이지 않는 분의 **보이지 않는 분**(*Invisible of Invisible*)이시며, 썩지 않는 이의 썩지 않는 이(Incorruptible of Incorruptible)이시며, 불멸하시는 분의 불멸하시는 분이시며, 영원하신 이의 영원하신 이이시다. 그리고 한 성령께서 계신다. [그분은] 하나님으로부터 그의 존재를 받으시며 아들에 의해, 즉 인간들에게, 나타나셨으며, 완전하신 아들의 완전하신 형상이시며, 생명이시며, 살아있는 것들의 근원이시며, 거룩한 샘이시며, 거룩이시며, 성화의 공급자 혹은 인도자이시다. 성령 안에서 하나님 아버지는 모든 것 위에 계시면서 모든 것 안에 계시는 분(who is above all and in all)

---

[71] 이 부분은 네오가이사랴의 그레고리의 신조를 니싸의 그레고리가 인용한 것에 대한 Cave의 영역을 참고하였다. Cave, *Lives of the Fathers*, vol. i(ed. Oxford, 1942), 402, *ANF*, vol. 6, 8에서 재인용.

이심이 드러나며, [성령 안에서] 성자 하나님이 모든 것을 꿰뚫으시는 분(who is through all)이심이 [드러난다]. 영광과 영원과 주권에 있어서 나뉘어지지도 않으며 사이가 틀어지지도 않으신 완전하신 삼위일체가 계신다. 그렇기 때문에 삼위일체 안에는 피조 됨이나 예속이 없으며, 이전에 존재하지 않던 것이 이후에 소개되는 것 같은 덧붙여짐도 없다. 따라서 아버지에게 아들이 없는 적도 없고, 아들에게 성령이 없는 적도 없다. 그러나 변형 없이 그리고 변화 없이, 동일하신 삼위일체께서 영원히 계신다.[72]

이 신조에서는 오리게네스의 삼위일체론에서 함께 나타나던 종속론적 측면이 완전히 배제되어 있었으며 아버지와 아들과 성령 사이의 구별과 함께 영원성과 불멸성과 완전성에 있어서 그들 사이에 어떤 차이도 없음을 강조하고 있다. 예를 들어, 그레고리는 아들을 '보이는 분'이라 하지 않고 아버지와 동일하게 "보이지 않는 분"으로 고백하고 있다. 특히 신조 마지막 부분의 삼위일체 하나님에 대한 신앙고백은 이후 니케아-콘스탄티노플신조보다도 더 확실하게 아버지와 아들과 성령의 동등하심과 영원한 친교를 보여주고 있다.

---

72 Gregory Thaumaturgus, *A Declaration of Faith*, *ANF*, vol. 6, 7(볼드체 강조는 필자의 것이다). 그레고리는 A.D. 213년경에 태어나 270-275년 사이에 죽었다. 네오가이사랴 출신이며 이교도 가정에서 태어났으나 가이사랴에서 오리게네스의 제자가 되었고 그리스도인이 되었다. 그에게 붙여진 별명인 "Thaumaturgus"는 "기적 사역자"(the miracle-worker)라는 의미로 그레고리의 놀라운 목회 사역을 대변해준다. 참고, "St. Gregory of Neocaesarea," *Catholic Encyclopedia*, 2016. 7. 29 접속, http://www.newadvent.org/cathen/07015a.htm.

3. 아타나시우스의 '열린' 삼위일체론

터툴리아누스와 오리게네스에 의해 각각 서방교회와 동방교회에서 정립되기 시작한 삼위일체론은 316년에 열린 니케아(Nicea) 회의[73]를 통해 전체 교회의 공론에 회부되었다. 이 회의를 통해 아리우스를 반박하는 내용으로 니케아신조[74]를 작성케 하는데 공헌을 한 공식적 인물은 알렉산드리아의 감독 알렉산더(Alexander)이지만, 실제적 공헌은 니케아 회의 당시 그의 비서이며 부제(deacon)였던 아타나시우스(Athanasius)의 몫이었다.[75] 따라서 우리는 여기서 아타나시우스의 삼위일체론을 통해 '열린' 삼위일체에 대해 살피고자 한다.

1) 아버지와 아들의 '열린' 친교

(1) 영원한 아버지의 영원한 아들

아타나시우스에게 있어서 아버지와 아들과 성령은 영원하신 삼위일체이시다. 그는 아리우스 일파의 주장에 대해 이렇게 비판하였다.

---

[73] 이 회의는 로마제국의 통일이 아리우스(Arius)를 둘러싸고 일어난 신학적 논란으로 와해되는 것을 막으려 콘스탄티누스(Constantinus) 황제에 의해 개최되었다. Williston Walker and Richard A. Norris, David W. Lotz, Robert T. Handy, *A History of the Christian Church*, 송인설 역, 『기독교회사』(서울: 크리스챤다이제스트, 1993), 152.

[74] 보프는 니케아신조(325)의 의의를 네 가지로 정리한다. 첫째로 삼위일체 즉 아버지와 아들과 성령에 대한 신앙이 표현되었으며, 둘째로 아버지와 아들 사이의 관계가 규명되었고(호모우시아, 동일본질), 셋째로 휘포스타시스가 아직 우시아의 동의어로 사용되었으며, 넷째로 어떤 객관적 묘사 없이 성령이 언급된다. L. Boff, *Trinity and Society*(New York: Orbis Books, 1988), 66f.

[75] 참고, "St. Athanasius," 2016. 7. 29 접속, http://www.newadvent.org/cathen/02035a.htm.

만약 말씀이 영원부터 아버지와 함께 있지 않다면, 삼위일체는 영원하지 않으시다. 먼저 단일체(Monad)가 있었고 나중에 첨가에 의하여 그것이 삼위일체(Triad)가 된 셈이다 … 그렇다면 삼위일체는 전혀 비슷하지 않음이, 곧 이질적이고 상이한 본성들과 실재들로 구성되었음이 드러날 것이다.[76]

즉, 하나님의 아들이 영원하지 않다는 아리우스주의[77]의 논리적 귀결은 삼위일체 하나님의 영원하심과 아버지와 아들과 성령의 하나 되심

---

[76] Athanasius, *Contra Arianos*, i. 17, *NPNF*, 2nd Series, vol. 4, 316. 앞서 언급한 대로, "삼위일체"(triad)는 헬라어 "트리아스"(τριάς)의 번역어이다. 이 개념은 "삼조일체"로 번역 가능하지만, 여기서는 혼동을 피하기 위해 "삼위일체"로 번역했다. 그러나 라틴어 "트리니타스"(*trinitas*)와 헬라어 "트리아스"(τριάς), 영어 "trinity"와 "triad," 우리말 "삼위일체," "삼조일체" 그리고 "삼일치" 등, 하나님의 삼위의 구별성과 통일성을 말하는 개념들 각각의 의미와 용례에 대한 더 구체적인 연구들이 필요하다. 라틴어 "트리니타스"의 번역에 대해서는 본 장의 각주 2번을 참고하라. 원문출처, *Patrologiae cursus completus series Graeca*(이하 *PG*), ed. by Jacques-Paul Migne, vol. 26, 47-48.

[77] 아리우스가 문제를 제기한 것은 아들의 신성이다. 아타나시우스의 비판을 통해 볼 때, 아리우스는 "아들은 무에서 유래한다"고 했고, "그 아들은 낳음을 받기 전에는 존재하지 않았다"라고 했다. Athanasius, *Contra Arianos*, i. 15, *NPNF*, 2nd Series, vol. 4, 315에서 재인용. 또한 "그가 태어나기 전에는 또는 창조되기 전에는 혹은 임명되기 전에는 혹은 세워지기 전에는, 그는 존재하지 않았다"고 아리우스는 주장했다. Arius, *Ep. Eus.* 5 in tr. & ed. by William G. Rusch, *The Trinitarian Controversy* (Philadelpia: Fortress Press, 1980), 30. 즉 아들이 다른 피조물보다 먼저이기는 하지만, 역시 지음 받은 존재로서 존재하지 않던 적이 있었다는 것이다. 또한 아리우스파 성립 초기에 그들이 아들에 대하여 알렉산드리아의 감독 알렉산더에게 했던 답변을 아타나시우스는 이렇게 소개한다. "그는 하나의 피조물(a creature, *creatus*, κτίσμα) 이지만, 피조물들 중의 하나는 아니다. 하나의 작품(a work, *factus*, ποίημά) 이지만 작품들 중의 하나는 아니다. 한 소생(an offspring, *genitus*, γέννημά)이지만 소생들 중의 하나는 아니다." Athanasius, *Contra Arianos*, ii. 19, *NPNF*, 2nd Series, vol. 4, 358에서 재인용. 원문출처, *PG*, ed. by J.-P. Migne, vol. 26, 185-186. 예수 그리스도는 하나님의 유일한 아들이라 일컬을 수 있으며 신앙의 전통을 따라 존경받을 수 있지만 하나님이라 할 수는 없다는 것이 아리우스파의 견해이다.

에 대한 부정이라는 논지이다. 이렇게 삼위일체이신 하나님의 영원하심에 근거해서 아들의 영원하심을 입증한 아타나시우스는 "아들은 하나님의 말씀(로고스)"이라는 공리에 근거해서 아들의 영원함을 논증한다. "'존재하시는' 하나님(the God, 'who is,' *qui est Deus*, ὁ ὢν Θεός)은 말씀 없이(sine Verbo, ἄλογος) 계신 적이" 없었다.[78] 말씀, 곧 아들은 영원하신 아버지와 함께 영원하시다.

> 하나님은 영원히 계신다. 아버지가 영원히 계시므로 그의 광채도 영원하며, 그 광채가 곧 그의 말씀(His Word, *ipsius Verbum*, ὁ Λόγος αὐτοῦ)이다. 또한 존재하시는 하나님께는 자기에게서 유래한, 역시 존재하고 계신 말씀이 있다. 그 말씀은 덧붙여지지 않았으며 … 아버지께서 말씀 없이 계신 적도 없었다.[79]

그러므로 아타나시우스에게 있어서, 아버지는 언제나 아들과 함께 계시고, 아들 역시 아버지와 함께 계신다.

또 한 가지 주목해야 할 것은 "아버지"와 "아들" 등의 개념이 사람들의 부자관계에서 보이는 존재 순서를 함의하는 것도 아니라는 사실이다. 아들이

> **아버지의 영원한 소생**이라고 불린다면, 그가 그렇게 불리는 것이 합당하다 … 아들은 사람으로부터 난 사람처럼, 자기 아버

---

[78] Athanasius, *Contra Arianos*, i. 24, *NPNF*, 2nd Series, vol. 4, 320. 원문출처, *PG*, ed. by J.-P. Migne, vol. 26, 61-62.

[79] Athanasius, *Contra Arianos*, i. 25, *NPNF*, 2nd Series, vol. 4, 321. 원문출처, *PG*, ed. by J.-P. Migne, vol. 26, 63-64.

지의 존재보다 이후에 있는 것과 같이 태어나지는 않았으며, 그는 하나님의 소생이다. 그리고 그는 영원히 존재하시는 아버지에 상응하는 아들로 존재하기 때문에 그는 영원히 존재한다. 인간 본성의 불완전함 때문에 시간 안에 태어나는 것이 인간의 특성이다. 반면에, 하나님의 본성은 항상 완전하기에 하나님의 소생은 영원하다.[80]

아버지는 영원부터 아들의 아버지이며, 아들은 영원부터 아버지의 아들이시다.

(2) 본성상 하나님이신 하나님의 아들

이렇게 아버지와 아들의 관계를 밝힌 아타나시우스는 아들이 아버지의 본질에 참여하는 분임을 밝혔다. 예수께 붙여진 여러 거룩한 호칭들은 그가 성령에 참여함으로써 하나님께 부여받은 것이 아니라고 그는 말한다.

> 당신들[아리우스주의자들]이 말하듯이, 아들은 무에서(from nothing, *ex nihilon*, ἐξ οὐκ ὄντων) 유래하고, 낳음을 받기 전에는 존재하지 않았다면, 다른 것들이 그렇듯이 그 역시 오직 참여(participation, *participatio*, μετουσία)에 의해서만 '아들'이라, '하나님'이라, '지혜'라 불려야 한다. 왜냐하면 다른 모든 피조물들은 … 성화(sanctification)에 의해서 영화롭게 되기 때문이다. 그렇다면, 당신들은 그가 어떤 존재에 대한 참여자(partaker,

---

80 Athanasius, *Contra Arianos*, i. 14, *NPNF*, 2nd Series, vol. 4, 314(볼드체 강조는 필자의 것이다). 원문출처, *PG*, ed. by J.-P. Migne, vol. 26, 41-42.

particeps, μέτοχος)라고 우리에게 말해야 한다. 다른 모든 것들은 성령에 참여한다.

그러나 당신들에 따르면, 그는 무엇에 참여했다는 말인가?

성령에 [참여했다는 말인가]?

아니다. 성령 자신은 아들의 것을 취하시기 때문이다 … 그러므로 그[아들]는 바로 아버지께 참여하셨다. 남아 있는 가능성은 그것뿐이기 때문이다. 만약 이것이 아버지께서 제공하신 외적인 어떤 것이라면, 그분은 더 이상 아버지께 참여하지 않으신 셈이고, 그에게 외적인 어떤 것에 대한 참여자일 뿐이다. 그렇다면 … 그는 아버지의 아들이며 하나님이라고 불릴 수도 없다 … 그러므로 그분이 참여하는 것은 외적인 것이 아니라 아버지의 본질(essence, *substantia*, οὐσία)이다.[81]

아들이 아버지의 본질에 참여했다는 것은 그가 아버지와 동일한 신성을 지녔다는 의미이다. 예수는 다른 모든 인간들처럼 성령에 참여하여 영화롭게 되어 '아들'이라는 칭호를 부여받은 것도 아니다. 오히려 성령이 예수의 영광을 드러내며 그의 것을 우리에게 알리신다(요 16:14).

또한, 예수가 단지 다른 피조물들보다 뛰어난 피조물이라면 굳이 그를 경배할 필요가 없는데, 아타나시우스에 따르면, 오히려 성경은 아들을 경배의 대상으로 묘사한다.[82]

---

[81] Athanasius, *Contra Arianos*, i. 15, *NPNF*, 2nd Series, vol. 4, 315. 원문출처, *PG*, ed. by J.-P. Migne, vol. 26, 43-44.

[82] Athanasius, *Contra Arianos*, ii. 23, *NPNF*, 2nd Series, vol. 4, 361. 여기서 언급되는 성경구절들은 히브리서 1장 6절, 이사야 45장 14절, 요한복음 20장 28절 등이다.

만약 그가 단지 피조물이라면 경배 받지도 않았을 것이고 그렇게 언급되지도 않았을 것이다. 그런데 그는 피조물이 아니고 경배 받으시는 그 하나님의 본질 고유의 소생이요 본질상 아들이시기 때문에, 아버지가 그런 것처럼, 그는 경배 받으시고 하나님이라고 믿어지며 만군의 주이시고, 권위 가운데 계시고, 전능하시다. 왜냐하면 그가 직접 "아버지께서 가지신 것은 다 내 것이다"고 말씀하셨기 때문이다. 아버지께서 가지신 것들을 가지는 것과, 그에게서 아버지께서 드러나시고, 그를 통해서 만물이 지어지고, 모두의 구원이 그 안에서 일어나고 성립되는 그런 분이시라는 것은 아들에게 적합한 일이다.[83]

즉, 아버지께 드려지는 경배는 아들에게도 드려지는 것이 마땅하다는 것이다. 이는 아들의 신성을 간접적으로 주장한다.

그런데 그리스도께서 "높아지셨다"는 빌립보서 2장 9절에 근거해서 아들의 신성이 나중에 주어진 것이라 주장할 수도 있을 것이다. 그러나 아타나시우스에 의하면, 그리스도께서 '높아지셨다'고 말하는 것은, 원래는 평범한 인간이었던 존재가 하나님의 아들로 인정되어 하나님 아버지께 버금가게끔 변화했다는 말이 아니다. 그것은 아들이 성육신으로 인간이 되셨다가, 인간을 위해, 성육신 이후 가지신 인성이 높여졌음을 의미한다는 것이다.[84]

즉, 아들의 높아지심은 성육신 후의 인성에 해당하는 말이며 말씀 자체는 하나님과 항상 함께 계셨고 하나님과 동등이시다. 성령으로

---

83 Athanasius, *Contra Arianos*, ii. 24, *NPNF*, 2nd Series, vol. 4, 361.
84 Athanasius, *Contra Arianos*, i. 41, *NPNF*, 2nd Series, vol. 4, 330.

기름부음 받으심이나[85] 육체를 입으심[86] 역시 인간을 위한 하나님의 아들의 특별한 사역이라는 것이 아타나시우스의 주장이다.

그는 또한 영원하신 아버지의 영원하신 아들이 인간이 되셨다는 사실이 아들의 신성을 약화시키는 것도 아니라고 주장한다.

> 그[말씀]는 육신(body, corpus, σῶμα) 안에 갇혀있지 않으셨다. 육신 안에 계시면서도 다른 곳에 계시지 않은 것이 아니었다 … 오히려 그 자신이 만물을 품으셨다 … [말씀은] 오직 아버지 안에서 만물을 관통하여(per omnia, κατὰ πάντα) 충만히 존재하셨다. 인간의 육신 안에 계실 때도 그 육신에 생명을 주셨다. 동시에 그 모든 것에 생명을 주고 계셨고, 모든 것 안에 임재해 계셨으며, 그 전체 바깥에 계셨다.[87]

이 말에는 영지주의 혹은 가현설에 대한 반박이 함의되어 있다. 한편으로 로고스가 육체 안에 갇힌 것이 아니다. 다른 한편으로 아들은 분명하게 인간이 되신 것이다. "[말씀이] 인간의 육신 안에 계실 때"라는 표현도 말씀과 인간 예수를 구별하는 의도가 아니다. 아타나시우스에 의하면, 아들은 "사람이 되셨지, 사람 속에 들어오신 것이 아니다 … 요한이 말하듯이, 말씀이 육신이 되셨다(성경은 보통 '인간'을 '육신'이라 부른다 …)."[88]

---

85 Athanasius, *Contra Arianos*, i. 46, 48, *NPNF*, 2nd Series, vol. 4, 333, 334.
86 Athanasius, *Contra Arianos*, ii. 7, 8, *NPNF*, 2nd Series, vol. 4, 352.
87 Athanasius, *Oratio De Incarnatione Verdi*, 17, *PG*, ed. by J.-P. Migne, vol. 25, 125-126. 참조. *NPNF*, 2nd Series, vol. 4, 45.
88 Athanasius, *Contra Arianos*, iii. 30. *NPNF*, 2nd Series, vol. 4, 410. 여기서 그는 욜 2:28의 "내가 내 신을 만민(all flesh)에게 부어주리니"라는 구절과 외경 "다니엘과 벨

"육신"은 로고스(말씀)를 담지하는 또 다른 어떤 것이 아니다. "육신"은 인간을 의미하며, 말씀(로고스)이 인간 예수가 되셨다.

(3) 아버지와 아들의 '열린' 친교 속에서의 일치

아타나시우스는, 개념으로 말하지는 않았지만, 의미상으로는 적어도 아버지와 아들의 '상호 내재'를 설명했고(*Contra Arianos*, iii, 1), 세 인격체들 사이의 관계들을 규명하려 시도함으로써(*Ep. ad Serpionem*, i. 20-21, iii. 6-7) 아버지와 아들이 '열린' 친교 가운데서 하나 되심을 드러낸다. 아버지와 아들의 상호 내재에 대한 아타나시우스의 설명은 다음과 같다.

> "내가 아버지 안에 있고, 아버지께서 내 안에 계신다"고 할 때, 이들[아리우스주의자들]이 생각하듯이 그들이 각자 속으로 부어져서 마치 빈 그릇들의 경우처럼 하나가 다른 하나를 채우는 것이 아니다. 즉 그들은 독자적으로는 충만하지도 완전하지 않기에 아들이 아버지의 빈 것을 채우고 아버지께서 아들의 빈 것을 채우는 것이 아니다(이런 것은 육체들에 합당하며, 따라서 그것에 대한 단순한 언사는 완전히 비종교적이기 때문이다). 왜냐하면 아버지는 충만하고 완전하며, 아들도 신성이 충만하다. 다시 말하지만, 하나님께서 성도들 속으로 들어가셔서 그들을 강하게 하시는 것과는 다른 방식으로, 하나님은 그 아들 안에 계신다. 아들 자신이 아버지의 능력이며 지혜이다. 생겨나는 것들은 성령

의 사제들 5절의 "저는 인간이 만들어 낸 우상을 숭배하지 않습니다. 다만 천지를 내시고 모든 인간(all flesh)을 다스리는 권능을 가지신 살아계신 하나님만을 숭배합니다"라는 구절을 근거로 들고 있다.

에게 참여함으로써 성령 안에서 거룩하게 된다. 그러나 아들 자신은 참여에 의한 아들이 아니다. 그는 아버지 자신의 소생이다. 다시 말하지만 아들이 아버지 안에 있다는 것은, "우리는 하나님 안에서 살고 움직이고 존재하고 있다"는 것과 같은 의미에서가 아니다. 왜냐하면 아버지의 원천으로부터 존재하시는 아들은 생명이기 때문이다. 그 안에서 모든 것들이 생기를 얻으며 존재한다. 생명은 생명 안에서 살지 않는다. 그렇지 않으면 그것은 생명이 아닐 것이기 때문이다. 오히려 그는 만물에 생명을 주신다.[89]

즉, 아버지와 아들이 하나라는 것은 불완전한 하나님들의 전체 합으로 이루어진 완전한 하나가 아니라는 것이다. 아버지와 아들이 하나라는 것은, "두 부분들로 나뉜 하나라는 것이 아니다. 그런 것들은 결코 하나가 아니다."[90] 여기서 삼위일체론이 말하는 아버지와 아들과 성령의 상호내재가 명확히 표현된 것은 아니다. 그러나 여기서 아타나시우스가 적어도 아버지와 아들 사이의 상호내재를 설명하려 했음은 드러난다.[91] 이는 그가 아버지와 아들의 이러한 관계에 대해 다시

---

[89] Athanasius, *Contra Arianos*, iii. 1, *NPNF*, 2nd Series, vol. 4, 394(볼드체 강조는 필자의 것이다).
[90] Athanasius, *Contra Arianos*, iii. 4, *NPNF*, 2nd Series, vol. 4, 395.
[91] 이 아버지와 아들의 하나 되심에 대한 아타나시우스의 언급에서 비텐슨(H. Bettenson)은 "페리코레시스"(περιχώρησις)의 근원적 설명을 발견하고 다음과 같이 말한다. "그 세 인격체들의 이런 불가분리적 행위로 인해 '그들은 서로가 서로 안에 거하시며, 말하자면 서로에게 흘러 들어가고 각각을 관통하신다'(*Defensio Fidei Nicaenae*, II. ix, 23)는 감독 불(Bull)의 말대로, 그런 행위에 대해 후대 신학자들은 περιχώρησις라는 기술적 용어를 만들어냈다. 이 말은 영어로는 'coinherence'(상호 내재)로 표현된다." Ed. and tr. by Henry Bettenson, *The Early Christian Fathers*, 286.

유비를 사용하여 다음과 같이 설명하는 것을 통해서도 알 수 있다.

> 아들이 아버지로부터 존재하며 그것이 그에게 합당하기 때문에, 태양이 광선 안에 있고 생각이 말 안에 있고 샘이 냇물 안에 있듯이 아버지는 아들 안에 계시다.[92]

그렇다고 해서 "아버지와 아들이 하나다"는 주장으로 아타나시우스가 사벨리우스의 양태론을 뒤따르는 것도 아니다. 그는 이를 경계한다.

> 동일한 것이 한 번은 아버지가 되고 다른 때에는 아들이 되는 식으로 이중의 이름을 가진 하나라는 것도 아니다. 이 사벨리우스적 주장은 이단으로 판정되었다. 그러나 **아버지와 아들은 둘이다.** 아버지는 아버지이고 아들이 아니며, 아들은 아들이지 아버지가 아니기 때문이다. 그러나 **그 본성(*nature*)은 하나다** (소생은 그것의 부모와 다르지 않기 때문이고, 그것은 그의 형상이기 때문이다). 아버지의 것은 전부 아들의 것이다. 그렇기 때문에 아들은 또 다른 하나님(another God, ἄλλος Θεός)은 아니다. 그는 밖으로부터 생겨나지 않았기 때문이다. 그렇지 않고 어떤 신성이 아버지와 무관하게 생겨난다면 많은 신들이 있었을 것이다 … 아들과 아버지는 본성의 적절함과 특성에 있어서, 그리고 한 신성(the one Godhead, *una divinitas*, μία θεότης)의 동일성에 있어서 하나이다 … 아들의 신성은 아버지의 것이다. 그래서 그것

---

92 Athanasius, *Contra Arianos*, iii. 3, *NPNF*, 2nd Series, vol. 4, 395.

은 나뉘지 않는다. 따라서 한 하나님이 존재하며 그 이외에 다
른 것은 없다. 그들이 하나이기에, 즉 신성 자체가 하나이기 때
문에, 그가 아버지로 존재한다는 것을 제외하면, 아버지에 대
해 말해지는 것은 아들에게도 동일하게 말해진다.[93]

여기서 우리는 양태론에 대한 반박이 아버지와 아들의 구분됨에 대한 선언으로 이어짐을 확인하며, 구분됨과 하나 됨에 대해 함께 말하려고 하는 아타나시우스의 노력을 발견한다.

따라서 아타나시우스에게 있어서 아들이 아버지와 구별됨에도 불구하고 아들을 예배함이 아버지를 예배함과 다르지 않다. 신성이 하나이기 때문에, 아들을 믿는 것은 아버지를 믿는 것이다.

그러므로 아들 안에서 아들을 통해 드리는 하나의 경배와 하나
의 예배가 있을 뿐이다.[94]

즉, 기독교 신앙은 이신론(二神論)이나 삼신론(三神論)이 아니다. 이 신앙은 '삼위일체론'이라고 규정할 수밖에 없는 독특한 것이다.

---

[93] Athanasius, *Contra Arianos*, iii. 4, *NPNF,* 2nd Series, vol. 4, 395(볼드체 강조는 필자의 것이다). 그에 따르면, 하나님 아버지에 대한 이름들이 아들에게도 그대로 적용된다. 예를 들어, 하나님 – "그 말씀은 하나님이셨다"(요 1:1), 전능자 – "이제도 있고 전에도 있었고 장차 올 자요 전능한 자라"(계 1:8), 주 – "한 주 예수 그리스도"(고전 8:6), 빛 – "나는 세상의 빛이니"(요 8:12), 죄사함(눅 5:24), 그리고 기타 속성들(Ibid.). 원문출처, *PG,* ed. by J.-P. Migne, vol. 26, 327-330.

[94] Athanasius, *Contra Arianos*, iii. 6, *NPNF,* 2nd Series, vol. 4, 397.

2) 아버지와 아들과 성령의 친교와 일치

이상에서 보았듯이 아타나시우스는 주로 아버지와 아들의 관계를 중심으로 삼위일체를 설명한다. 이는 그가 아들의 신성을 부정하는 아리우스주의에 대항하는 투쟁의 전면에 서 있었기 때문이지 그가 성령을 삼위일체로부터 제외시키기 때문이 아니다. 성령에 대한 언급이 그에게 전혀 없는 것도 아니다. 성령의 신성을 부인하는 자[95]들이 나타났을 때, 그는 성령에 관한 이론을 발전시켰다. 그들에 반대해서 아타나시우스는 이렇게 말한다.

> 그들은 하나님의 아들이 피조물이라고 주장하기를 거부한다. 그런데 아들의 영께서 그런 식으로 평가되는 것을 어찌 참을 수 있단 말인가?
> … 어찌 아들과 아버지의 연합과 동일한 연합을 아들과 맺고 계신 성령을 가리켜 감히 피조물이라고 할 수 있단 말인가?
> 그들은 아들과 아버지를 구분하지 않음으로써 하나님의 통일

---

[95] 교회사학자인 펠리칸에 따르면, 아리우스주의와 완전히 결별한 사람들 중에도 성령의 신성을 부정하거나 약화시키는 사람들이 있었다. 4, 5세기의 신학자들과 역사학자들에 의해 그들에게 성령훼방론자들(pnumatomachi), 비유론자들(tropici), 마케도니아파(macedomians) 등의 이름들이 붙여졌다. 그러나 그 다양한 그룹들의 세부적인 주장이 알려져 있지 않고 그들 간의 관계를 명확하게 규명하기에도 자료가 불충분하다. Jaroslav Pelikan, *The Christian Tradition: A History of the Developement of Doctrine*, vol. 1, The Emergence of the Catholic Tradition(100-600) (Chicago and London: The University of Chicago Press, 1971), 박종숙 역, 『고대교회 교리사』(서울: 크리스챤다이제스트, 1999), 277. 아타나시우스는 그들을 '비유론자들'(*tropici*)라 부른다. 그 이유를 비텐슨은 다음과 같이 설명한다. "그들이 자기들의 견해에 맞지 않는 모든 성경 단락들을 단지 '비유들'(*tropes*)로 설명해 버렸기 때문인 것이 틀림없다. 그들은 나일 삼각주에 있는 트무이스의 주교 세라피온(Serapion)에게 고통을 안겨주었다." Henry Bettenson, 『초기 기독교 교부』, 406, 각주 65.

성을 변호한다. 그러면서도 어찌 말씀과 성령을 구분함으로써 자기들이 더 이상 삼위일체가 하나의 신이심을 변호하지 못한다는 것을 깨닫지 못한단 말인가?

그들은 이질적이고 다른 요소를 혼합함으로써, 즉 성령을 본질이 다른 분으로 만듦으로써 삼위일체를 분열시키기 때문이다. 창조주와 피조물이 혼합된 이것이 도대체 어떤 종류의 신적 생명이란 말인가?[96]

아들이 아버지와 연합해 있듯이 성령은 아들과 연합하고 있다는 그의 말은 삼위일체 안에서의 서열을 함의하고 있기는 하지만, 그 의도는 성령의 신성을 밝히고 성령께서 아버지와 아들과 함께 삼위일체 하나님으로 존재하심을 밝히기 위함이다. 성령 역시 아들과 함께 아버지와 동일 본질을 지니신다.

성경 어디서도 성령(τὸ Πνεῦμά)을 아들(υἱός)이라 하지 않으며, 형제(ἀδελφός)라 여기지도 않으며, 성자(ὁ Υἱός)의 아들(υἱός)이라 하지도 않으며, 성부(ὁ Πα-τήρ)를 할아버지(πάππος)라 여기지도 않는다. 곧 성자는 성부의 아들이며, 성령은 성부의 영이다. 따라서 성 삼위일체의 신성은 하나이며, 믿음도 하나이다.[97]... 만약 성령이 피조물이었다면, 그는 삼위일체 안에 포

---

[96] Athanasius, *Ep. ad Serapionem*, i. 2., 박경수 역, 『초기 기독교 교부』, 397-398에서 재인용(볼드체 강조는 필자의 것이다. 일관성을 위해 한글 번역문의 "성부"와 "성자"를 각각 "아버지"와 "아들"로 바꾸었다).

[97] Athanasius, *Ep. ad Serapionem*, i. 16, *PG*, ed. by J.-P. Migne, vol. 26, 569-570 (구별을 위해 여기서만 특별히 헬라어본과 라틴어본 모두에서 단어의 첫 글자가 대문자로 표기된 경우 각각 "성부," "성자," "성령"으로 번역했으며, 소문자로 표기된 경우에는 각각

함되지 않았을 것이다. 삼위일체 전체가 한 하나님(one God, unus Deus, εἰς Θεός)이기 때문이다. 어떤 낯선 것도 삼위일체 안에 섞여있지 않다. 그것은 나뉠 수 없으며 동일한 본성의 것이다.[98]

그런데 아버지와 아들의 상호내재를 유비로 말했던 아타나시우스가 아버지와 아들과 성령의 상호내재에 대해서는 더욱 조심하면서 유비로 말한다. 일차적으로는 아버지와 아들과 성령이 어떻게 하나이신지는 믿음의 문제지 논증될 수 있는 성질의 것이 아니라는 것이다. 굳이 말한다면 형상, 광채, 샘과 강, 본질과 인격 같은 것들을 통해 유추할 수 있을 뿐이라는 것이 그의 주장이다. 그렇게 해서, 이타나시우스는 다음과 같이 주장한다.

> … 우리는 성부로부터, 성자를 통해, 성령 안에서 하나의 성화가 있음을 믿을 수 있다 … 성자는 성부에 의해 보냄 받는다 … (요 3:16). 성자는 성령을 보내신다 … (요 16:7). 성자는 성부를 영화롭게 하신다 … (요 17:4). 성령은 성자를 영화롭게 하신다 … (요 16:14) … (21) 그러므로 성령과 성자는 순서와 본질에서 성부와 성자의 관계와 같은 관계를 맺고 계시다 … 성자 안에 계시고 성자가 그 안에 계신 성령을 피조물과 함께 분류하는 것은 옳지 못하며, 성령을 말씀과 구분하여 삼위일체를 불완전

"아버지," "아들," "영"으로 번역했다).

[98] Athanasius, *Ep. ad Serapionem*, i. 17. Ed. and tr. by Henry Bettenson, *The Early Christian Fathers*, 295에서 재인용. 원문참고, *PG*, ed. by J.-P. Migne, vol. 26, 569-570.

하게 해석하는 것도 옳지 못하다.[99]

나찌안주스의 그레고리는 오히려 이러한 아타나시우스의 논증에 성령을 아들[성자]의 아들로, 아버지[성부]의 손자로 해석될 위험이 있음을 지적한다.[100] 그렇다고 해서 그런 지적이 선구적으로 성령의 신성에 대해 분명한 입장을 표명해야 했던 아타나시우스의 논지 자체를 부정하는 것은 아니며 성령의 신성이 약화될 위험을 지적하는 것일 뿐이다. 또한 아타나시우스에게 있어서, 삼위일체의 영원하심이 아들의 영원하심의 근거이듯이 삼위일체의 영원하심은 성령의 영원하심의 근거이다.

> 만약 삼위일체가 영원하시다면 성령은 피조물이 아니다. 왜냐하면 성령은 말씀과 함께 영원히 존재하시며, 말씀 안에 계시기 때문이다.[101]

이처럼 아타나시우스는 아버지와 아들과 성령의 구별을 전제로 하고서 그들의 신성의 동등성에 입각한 삼위의 일치를 주장한 것이다.

앞서 보았듯이, 비록 아타나시우스가 아리우스주의에 대해 논박할 때에는 성령에 관해서는 자세히 말하지 않지만, 아들과 아버지의 연합을 말할 때에 아버지와 아들 사이의 "이위일체"(二位一體, δυνάς)가

99　Athanasius, *Ep. ad Serapionem*, i. 20-21. Ed. and tr. by Henry Bettenson, 박경수 역, 『초기 기독교 교부』, 399-400에서 재인용. 참고, *PG*, ed. by J.-P. Migne, vol. 26, 577-582.

100　Gregory of Nazianzus, *Oration*, 31. 7, *PG*, ed. by J.-P. Migne, vol. 36, 140.

101　Athanasius, *Ep. ad Serapionem*, iii. 7. Ed. and tr. by Henry Bettenson, 박경수 역, 『초기 기독교 교부』, 401에서 재인용.

아니라 아버지와 아들과 성령께서 하나이시다는 의미로 "삼위일체" (τριάς)를 언급하였다. 뿐만 아니라, 아타나시우스는, 이위일체로부터 삼위일체가 되었기에 결국 삼위일체는 진화와 발전의 결과라 주장하는 비유론자들에 대해 반박하면서 삼위일체의 영원성에 대해 이렇게 말한다.

"삼위일체는 과거에 항상 계셨듯이 지금도 계시며, 지금 계신 것처럼 과거에도 항상 계셨다."[102]

즉 아타나시우스는 성령의 신성을 부정 또는 약화시키는 자들에 대항하여 성령의 신성을 확실하게 언급하였고, 삼위일체 안에 분명히 성령께서 포함되어 있음을 말함으로써 아버지와 아들과 성령이 영원한 '삼위일체' 하나님이시라 주장하고 있음이 드러난다.

여기서 아타나시우스의 삼위일체론의 발전이라는 측면에서 꼭 언급해야 할 것은 "동일본질"(ὁμοούσιος, 호모우시오스)에 대한 그의 이해의 변화이다.[103] "동일본질"이란 단어는 니케아 회의에서 결정된 신조에 황제 콘스탄티누스의 강한 요구로 삽입되었다.[104] 그러나 이 단어가 아버지와 아들 사이의 일체의 구별을 부인하는듯하여 니케아신조를 성부수난설로 오해케 하였고 그에 대한 반대를 불러일으켰다.[105]

---

102 Athanasius, *Ep. ad Serapionem*, iii. 7. Ed. and tr. by Henry Bettenson, 박경수 역, 『초기 기독교 교부』, 401에서 재인용.

103 참고, J. Pelikan, 『고대교회 교리사』, 275.

104 John N. D. Kelly, 박희석 역, 『고대 기독교교리사』, 252, J. Pelikan, 박종숙 역, 『고대교회 교리사』, 265. 이는 가이사랴의 유세비우스의 증언을 따른 것이다(Ibid.). 이와는 달리 니이브는, 코르도바의 호시우스가 황제의 고문 감독이었고 그의 강한 영향력으로 니케아 회의(325)가 소집되었다는 입장에서 "동일본질"이 호시우스의 제의로 삽입되었다고 본다. J. L. Neve, 『基督敎敎理史』, 188-89. 곤잘레스는 그 두 가지 견해를 다 인정하여 호시우스의 제의로 황제가 "호모우시오스"를 삽입토록 했다고 설명한다. J. L. González, 『基督敎思想史 I: 고대편』, 318.

105 J. L. González, 서영일 역, 『초대교회사』 (서울: 은성, 1987), 262.

또 한편으로 그 개념이 이미 정죄된 사모사타의 바울의 것이었기에 혼동과 의혹은 쉽게 사라지지 않았다.[106] 그 해결의 실마리를 찾은 사람이 아타나시우스이다. 그 역시 니케아 회의 직후에는 동일본질('호모우시오스,' ὁμοούσιος)만을 인정하고 유사본질('호모이우시오스,' ὁμοιούσιος)을 배격하였지만 이후에 생각을 바꾸었다. 아타나시우스는 "호모이우시오스"가 "호모우시오스"와 용어상으로 다를 뿐 내용으로는 같은 것을 의미한다고 결론 내렸다.

> 그 공의회[니케아 회의]를 전적으로 부인하는 자들은 이 편지의 진술들에 의해 충분하게 배격된다. 그러나 니케아에서 규정된 다른 모든 것들을 받아들이면서도 오직 "동일본질"에 관해서만 의심하는 사람들[즉, '호모이우시오스'를 주장하는 이들]은 적으로 취급되지 말아야 한다. 우리는 여기서 그들을 열광적인 아리우스주의자들로 그리고 교부들의 적대자로 공격하지 않는다. 오히려 우리는 형제와 함께 하는 형제들처럼 그들과 그 문제를 논의한다. 그들은 우리가 의미하는 것을 의미하며, 단지 용어에 관해서만 논쟁하고 있을 뿐이다.[107]

---

[106] 그러나 사모사타의 바울에게 있어서 '동일본질'은 아버지와 아들 사이의 관계가 아니라 아버지와 말씀(*Logos*) 사이의 관계를 나타내는 말이었다(여기서의 말씀은 아들과 구별된다). 그에 의하면, 말씀은 한 인격체로 존재하는 것이 아니라 하나님의 이성 혹은 목적으로서 하나님의 힘(δύναμις)으로서 존재한다고 보았다. 여기에 근거해서 그의 신론을 역동적 군주신론이라 부른다. 여기서 아버지와 말씀이 '동일 본질'이라는 것은, 말씀이 스스로 존재할 수 있음을 부인하기 위한 개념으로 사용된 것이다. 따라서 아버지와 아들의 구별됨을 전제로 하고 그 둘의 동일성, 특히 아들의 신성을 말하기 위해 니케아신조에서 사용된 그 동일한 개념과는 그 의미가 다르다. J. L. González, 『基督敎思想史 I』, 299, 300.

[107] Athanasius, *De Synodis*. 41. 1, *NPNF*, 2nd Series, vol. 4, 472. 니케아 회의는 325년이고 『교회회의들에 관하여』는 359년에 기록되었다.

사실 "동일본질은 영지주의 이단들에 의해 형성되었고, 세례 받지 못한 황제에 의해 구술되었으며, 소박한 옹호자들에 의해 위험에 처하게" 되었지만, 아타나시우스가 유사본질론자들의 견해를 수용함으로써 결국 니케아 회의와 그 이후에도 여전히 다수파였던 보수파들에 의해 옹호 받게 되었다.[108]

유사본질을 주장하던 이들의 관심은 아버지와 아들과 성령을 한 본체의 세 양식으로 보는 사벨리우스 이단을 정죄하는 것이었지 아리우스주의를 인정하기 위해 "동일본질"을 거부한 것이 아니었음을 아타나시우스가 인정한 결과이다. 그는 "일련의 의논들을 통해 이러한 많은 기독교 신자들에게 니케아 신경의 주장 역시 '유사 본질'을 주장하는 이들의 의견을 수용할 수 있음을 설복시켰다."[109]

4. 갑바도키아 교부들의 삼위일체론: 아버지와 아들과 성령의 '열린' 친교, 그리고 일치

'열린' 삼위일체론을 더 명확히 한 것은 갑바도키아의 세 교부들이다. 그들은 가이사랴의 바질(Basil of Caesarea)과 니싸의 그레고리(Gregory of Nyssa)와 나지안주스의 그레고리(Gregory of Nazianzus)이다.

---

[108] J. Pelikan, 『고대교회 교리사』, 276. 니케아 회의에 참석했던 부류는 크게 셋으로 나눌 수 있다. 첫째는 니코메디아의 유세비우스를 중심으로 하는 소수의 "루키안주의자들"(이들은 아리우스에 동조하고 있었다)이고, 둘째는 알렉산드리아의 알렉산더를 중심으로 한 소수의 반(反) 아리우스파이고, 셋째는 다수파로 사벨리우스주의의 양태론을 반대하는 감독들이었다. 이 세 번째 부류가 니케아 공의회 이후 "유사본질파"라 불리웠다. J. L. González, 『基督教思想史 I』, 317, 334.

[109] J. L. Gonzalez, 서영일 역, 『초대교회사』, 283-284.

이들은 아타나시우스에게서 분명하게 드러나지 않은 성령의 신성에 대해 자세히 밝힘으로써 아버지와 아들과 성령의 '열린' 삼위일체론을 발전시켰다. 이들의 공로는 두 가지로 요약될 수 있다.

첫째, "우시아"(οὐσία)와 "휘포스타시스"(ὑπόστασις)라는 개념을 명확히 한 것이다.

둘째, 성령의 신성을 삼위일체론 안에서 분명히 드러낸 것이다.

1) 개념의 확립: "우시아"(οὐσία)와 "휘포스타시스"(ὑπόστασις)

(1) 니케아신조(325년)에서 우시아의 동의어로 사용된 휘포스타시스

'열린' 삼위일체론의 확립을 위해서는 아버지와 아들과 성령의 관계가 분명해야 한다. 그래야 종속론이나 양태론, 혹은 삼신론을 피할 수 있기 때문이다. 그러나 개념의 혼동은 니케아신조 자체에서도 나타났다. 즉, 325년에 작성된 니케아신조에는 저주문구가 붙어 있으며, 여기에서 "우시아"와 "휘포스타시스"가 동일시되고 있다. 문구는 이렇다.

> … ἢ ἐξ ἑτέρας ὑποστάσεως ἢ οὐσίας φάσκοντας εἶναι, … ἀναθεξατίζει ἡ καθολικὴ ἐκκλησία(하나님의 아들이 상이한 우시아 혹은 **휘포스타시스**를 가졌다고 주장하는 자들을 … 공교회는 저주한다).[110]

---

[110] Philip Schaff, *The Creeds of Christendom with a History and Critical Note*, vol. II. *The Greek and Latin Creeds, with Translations*(New York: Harper & Brothers, 1877, 6th, 1931), 60에서 재인용(원문 인용에서 볼드체로 강조한 것은 필자의 것이다). 사실 이 저주문구는 아들의 신성을 부정하는 아리우스주의에 대해 정죄하고 아들이 아버지와 동일한 신성을 가지심을 주장하려는 의도에서 삽입된 것이다. 참

이 구절을 포함하고 있는 니케아신조(325)를 향해 우리는 먼저 하나의 의문을 제기할 수 있다. 그것은 니케아 회의가 단지 동방교회만의 회의가 아닌가라는 의문이다. 결론부터 말하면 '그렇지 않다.' 서방교회 대표들이 회의에서 배제되지 않았다는 점을 그 대답의 근거로 들 수 있다. 니케아 회의에는 동로마 지역 출신 대표들보다 수가 적기는 했지만[111] 로마교회의 공식대표가 참석하고 있었다.

그리고 그 수적 열세는 당시 로마제국 안에서 동로마제국 지역의 교회 수가 서로마제국 지역의 교회 수에 비해 월등히 많았다는 점에서 볼 때 정당성을 얻을 수 있다.[112]

또한 로마의 감독은 불참했지만 그 자신의 노령이 그 이유였으며, 로마의 장로들을 파견하였다.[113] 그러므로 니케아 회의를 동방교회만

고, J. L. González, 『基督教思想史 I』, 319, 336, 340, J. Pelikan, 『고대교회 교리사』(서울: 크리스챤다이제스트, 1999), 273. 그래서 이 신조의 저주문구에 나타나는 "우시아"와 "휘포스타시스"를 영어로 각각 "substance"와 "person"이 아니라 "substance"(본질)와 "nature"(본성)로 번역되기도 한다. Alister E. McGrath(Ed.), *The Christian Theology Reader*(Oxford: Blackwell Publishers Ltd., 1995), 7.

111 곤잘레스는 그 이유에 대해, 아직 삼위일체론에 대한 논란이 적었기 때문이라고 한다. 그에 의하면, 서방교회를 대표하는 감독들 대부분은 "당시의 논쟁이 단지 오리게네스의 추종자인 동방 교회 출신들 사이에 발생한 국부적 논쟁으로만 생각하였다. 이들은 이미 오래 전 터툴리아누스가 선포한 바대로 하나님은 '한 본질에 세 위격'(three persons and one substance)이시라고 정의하는 것으로 충분하다고 보았다." J. L. González, 『초대교회사』, 258-59. 그러나 이들은 삼위일체론에 대해 분명히 이해했다기보다는 "본질"(*substantia*)이나 "위격"(*persona*)이라는 구별된 말의 사용에 만족하고 있는 듯하다. 그 개념들의 의미가 분명하게 규정되는 것은 후대 갑바도키아 교부들에 의해서이다.

112 참고, Walter H. Wagner, *After the apostles: Christianity in the second century* (Minneapolis: Fortress Press, 1994), xii-xiii; Rodney Stark, *The rise of Christianity: a sociologist reconsiders history*(Princeton, New Jersey: Princeton University Press, 1996), 129-145.

113 Eusebius of Caesarea, *Life of Constantine* 3. 7, J. L. González, 서영일 역, 『초대교회사』, 257에서 재인용.

의 회의로 규정할 수 없으며 전체 교회의 회의로 보아야 한다.

이렇게 전체 교회의 회의를 통해 작성된 신조에 포함된 저주문구에서 "우시아"와 "휘포스타시스"가 같은 의미로 사용되었다는 것은 무슨 의미인가?

그것은 터툴리아누스 이래로 본격적으로 언급되기 시작한 아버지와 아들과 성령 사이의 관계를 설명하는 용어들이 아직 고정된 의미를 갖지 못함을 보여주는 본보기이다. 그리고 이 개념상의 불명확함으로 인해 니케아신조가 전체 교회를 대표하는 감독들에 의해 인준되고 발표된 이후에도 논란은 사그라지지 않았고 신조의 내용에 대한 보충과 개념에 대한 명확한 의미 규정을 필요로 하게 되었다. "휘포스타시스"는 아리스토텔레스에 의해 '바닥에 가라앉아 있는 것'의 의미로 쓰였으며 '사물의 실제 본성'을 의미하기도 했다.[114]

따라서 이 말은 동일한 의미의 라틴어 "수브스탄티아"(substantia)에 상응하는 의미로 쓰일 수 있었다. 그런데 헬라어에서 "수브스탄티아"에 대한 또 다른 상응어가 있었고 그것이 "우시아"였다. 동일한 의미의 두 헬라 개념들이 서로 다른 의미의 라틴 개념들인 수브스탄티아와 페르소나에 상응하여 사용되면서 혼란이 생겨난 것이다.

이 문제를 명확히 한 신학자가 없었으며 아타나시우스 역시 휘포스타시스와 우시아를 동의어로 보았다.[115] 그렇기에 325년의 니케아 회의와 그 직후인 362년의 알렉산드리아 회의를 통해서도 그 혼란이 사

114　"ὑπόστασις," in *An Intermediate Greek-English Lexicon*, founded upon the 7th edition of *Liddell and Scott's Greek-English Lexicon*(Oxford: Oxford University Press, 1999), 847.

115　Athanasius, *Orationes contra Arianos*. iii. 65, *PG*, ed. by J.-P. Migne, vol. 26, 461. 참고, *NPNF*, 2nd Series, vol. 4, 429, 각주 9; *Epistula ad Afros* 4, *PG*, ed. by J.-P. Migne, vol. 26, 1036.

라지지 않았다. 이 회의에서는, '세 휘포스타시스'가 삼신론을 의미하거나 '한 휘포스타시스'가 사벨리우스의 양태론을 인정하는 것이 아니면 둘 다 사용해도 된다고 결정하였다.[116] 전자는 구별된 개체를 의미하는 것이고 후자는 본성을 의미하는 것이다. 터툴리아누스의 개념을 빌어 설명하면, "수브스탄티아"에 해당하는 것은 '한 휘포스타시스'로, "페르소나"(persona)에 해당하는 것은 '세 휘포스타시스'로 언급한 것이다. 그러나 이것은 문제에 대한 진정한 의미의 해결이 아니었다. 바로 그 점을 해결하는데 힘쓴 이들이 바로 갑바도키아의 세 교부들이었다.[117]

(2) 갑바도키아 교부들에 의해 우시아와 구별된 휘포스타시스

사실 니케아신조는 아리우스주의의 오류를 밝혀냈지만 신조 자체와 사벨리우스주의 사이의 구별을 분명히 드러내지는 못하였다. 이 과업을 이룬 사람들이 바로 갑바도키아 교부들이다. 그리고 이 일은 혼란된 개념의 정리와 성령의 하나님되심의 선언의 두 가지를 통해 되어졌다.

첫째, 갑바도키아 교부들이 삼위일체론에 공헌한 이전까지 혼란되게 사용되던 "우시아"(οὐσία)와 "휘포스타시스"(ὑπόστασις)의 개념을 명확히 구별한 것이다.

그 둘을 구별해야 한다는 것은 바질의 다음의 말에서 분명히 드러난다.

---

116 Athanasius, *Tomus ad Antiochenos*(*Synodal Letter to the People of Antioch*), 5, 6, *NPNF*, 2nd Series, vol. 4, 484-485. 원문출처, *PG*, ed. by J.-P. Migne, vol. 26, 799-804.

117 J. L. González, 『基督敎思想史 I』, 340.

"우시아"(οὐσία)와 "휘포스타시스"(ὑπόστασις)의 차이는 총체적인 것(類)과 개별적인 것(種) 사이의 차이와 같고 생명체와 특정 사람 사이의 차이와 같다. 이런 이유로 우리는 신성에 있어서도 '존재'의 정의를 형형색색으로 설명하지 않기 위해서 하나의 본질이 있음을 인정한다. 그러나 아버지와 아들과 성령에 관한 개념이 우리에게 혼동되지 않고 뚜렷하게 설명되기 위해서 우리는 개별적인 실체가 있음을 인정한다. 왜냐하면, 우리가 만일 아버지됨과 아들됨과 거룩함과 같은 각각의 명확한 특성들을 고찰하지 않고서 하나님을 그 존재에 대한 총체적 개념으로부터 고백한다면, 우리의 신앙을 정확하게 기술하는 것이 불가능하기 때문이다 … 그러나 우시아와 휘포스타시스가 동일한 것이라 말하는 자들은 할 수 없이 구별된 역할들("프로소파," πρόσωπα)만 고백하게 되며, 세 실체들에 대한 선언을 회피함으로 그들이 사벨리우스의 악을 벗어나지 못하고 있음이 드러난다. 사벨리우스 역시, 비록 스스로 그 개념을 혼동시키기는 하지만, 역할들의 구별을 단언하고 각 시대에 생기는 필요에 따라 동일한 실체가 변화된다고 말한다.[118]

나지안주스의 그레고리는 더 나아가서 실체(ὑπόστασις)의 개별성을

---

[118] Basil, *Letter*. 236, 6, *Father of the Church*(이하 *FC*) vol. 28 (Washington: The Catholic University of America, 1947), 171. 인용문에 사용된 헬라어는 *FC*의 것이 아니라 필자가 원문에서 가져온 것이다. *FC*의 번역은 "휘포스타시스"와 "프로소폰"을 모두 "person"으로 번역하고 있다. 물론 그 둘을 비교하여 언급하는 문장에서는 헬라어를 영어로 음역해서 표기하여 의미를 구분하고 있지만 여전히 오해의 소지가 있다. 따라서 필자는 번역이 필요한 곳에서 "휘포스타시스"를 "실체"로, "프로소폰"을 "역할"로 번역하였다. 원문출처, *PG*, ed. by J.-P. Migne, vol. 36, 884. 참조 *NPNF*, 2nd Series, vol. 8, 278.

분명히 밝혔으며, 그것을 혹 "프로소폰"(πρόσωπον)이라 표현할 때에도 그 의미는 '개별성'이지 '가면'이나 '역할'이 아니며, "πρόσωπον"은 "개별자," "실체," 그리고 "본체"와 동의어로 간주한다.[119] 이와 같은 개념 정립의 노력은 삼위일체론 발전의 초석이 되었다. 이점에 대해 곤잘레스는 다음과 같이 요약하고 있다.

> 이들의 해결책은 본질(*ousia*)과 본체(*hypostasis*)의 개념을 구별하는 데서부터 시작했다 … 갑바도기아 교부들은 이 두 개념을 구별하여 본체는 사물의 개별적 존재를 언급하는 뜻으로, 본질은 같은 종류의 모든 개체들이 다같이 공유하고 있는 본질로 분리해서 사용했다. 따라서 이들은 하나님 안에 3개의 본체가 있으나 한 본질만 있다고 주장했는데, 다른 말로 하면 3개의 개별적 존재가 하나의 신적 본질에 참여한다는 뜻이다.[120]

즉, 갑바도기아 교부들의 작업이 단순한 개념 정립에 그치는 것이 아니라 일신론적 해석이나 삼신론적 해석 중 어느 한 편으로 치우칠 위험에 처해있던 삼위일체론의 바른 전통을 확립하는 데 기여한 것이다.

때로 갑바도기아 교부들은 삼신론으로 비판받기도 한다. 그러나 그들이 삼신론에 빠진 것은 아니다. 바질은 아버지와 아들과 성령의 관계에 대해 개별적인 것과 총체적인 것으로 나누어서 설명하는 도중에 세 본체들의 통일성에 대해 분명하게 말한다.

---

119 Gregory of Nazianzus, *Or*. 39. 11. *NPNF*, 2nd Series, vol. 7, 355.
120 J. L. González, 『基督教思想史 I』, 340.

그러므로, 개별적인 것을 총체적인 것에 덧붙여서 고백하고 믿는 것이 필요하다. 신성이 공통적이며, 아버지됨은 개별적이다. 그래서 우리는 이것들을 연결시켜 이렇게 말해야 한다. "나는 아버지 하나님을 믿습니다"(πιστεύω εἰς Θεὸν Πατέρα). 또한 아들에 대한 고백에서도 우리는 동일하게, 즉 총체적인 것에 개별적인 것을 연결시켜 이렇게 말해야 한다. "나는 아들 하나님을 [믿습니다]"(εἰς Θεὸν Υἱόν). 성령의 경우에도 그러해서, 그 결정을 따라 우리는 이렇게 말해야 한다. "나는 신적인 성령[121]을 [믿습니다]"(εἰς τὸ θεῖον Πνεῦμα τὸ Ἅγιον). 결과적으로 전체를 통해 보면, 한 신성의 고백에서 통일성이 고백되고 동시에 각각에서 이해된 구별된 특성들의 분리에서 본체들의 개별성이 고백된다.[122]

나지안주스의 그레고리 역시 동일하게 세 인격체들 사이의 구별을 각각의 근원에 따라 언급한다.

우리에게는 한 분 하나님 아버지, 곧 만물이 그로부터(*ex quo*

---

[121] 성령에 대한 이 구절을 직역하면 "신적인 영 거룩한 분"이며, 영어로는 "the divine Holy Spirit"으로 번역된다(참고, *FC*, vol. 28, 171). 그런데 성령에 관한 이 표현은 아버지와 아들에게 분명하게 "하나님"(Θεόν)이라 한 것과는 조금 다르다. 바질은 아직까지도 성령께 "하나님"이라는 호칭을 붙이기를 피하고 "신적인 분"(θεῖόν)으로 표현하고 있다. 그러나 그것은 그가 성령께서 하나님이심을 부정하였기 때문이라기보다는 아직까지 그런 호칭에 익숙하지 않은 당시 그리스도인들에게 조심스럽게 성령의 신성을 설득시키는 과정이기 때문이다. 성령에 대한 언급이 아버지와 아들에 대한 언급과 동일한 논리로 전개되고 있음이 그 증거이다. 참고, J. L. González, 『基督敎思想史 I』, 365.

[122] Basil, *Letter*. 236, 6. *FC*, vol. 28, 171. 원문출처, *PG*, ed. by J.-P. Migne, vol. 36, 884. 참조 *NPNF*, 2nd Series, vol. 8, 278.

omnia, ἐξ οὗ τὰ πάντα) 말미암는 분이 계시다. 그리고 한 분 주 예수 그리스도, 곧 만물이 그에 의해서(per quem omnia, δι' οὗ τὰ πάντα) 존재케 되는 분이 계시다. 그리고 한 분 성령, 곧 만물이 그 안에(in quo omnia, ἐν ᾧ τὰ πάντα) 존재하는 분이 계신다. 그렇다고 이러한 단어들, 즉 어디로부터(ex, ἐξ), 의해서(per, διά), 안에서(in, ἐν) 등은 본성의 상이함을 말하는 것이 아니다 … 그것들은 하나이면서 혼돈되지 않는 한 본성의 개체적 인격체들의 특성을 묘사한다.[123]

중요한 것은 그 구별은 본질 혹은 본성과는 전혀 무관하다는 점이다. 결국 갑바도키아 교부들에게 있어서, 아버지와 아들과 성령은 본성의 단일함으로 인해 하나이시다. 또한 나지안주스의 그레고리에게 있어서 아버지와 아들과 성령은 다음과 같이 구별된다.

아버지는 아버지로서, 기원이 없으신 분으로 다른 어느 누구를 통하지 않고 홀로 존재하신다. 아들은 아들로서 기원이 없으신 분이 아닌 바, 아버지로부터 나왔다. 그러나 만일 기원(Origin)이라는 단어를 시간적인 의미로 받아들인다면 아들 또한 시작이 없으시다. 왜냐하면 아들도 시간의 조성자이시며 시간에 매이지 않으시기 때문이다. 성령은 참된 영으로서 아버지로부터 오시는데 아들과는 다른 방법으로 오신다. 왜냐하면 성령의 오

---

[123] Gregory of Nazianzus, *Or.* 39. 12, *NPNF*, 2nd Series, vol. 7, 356. 원문출처, *PG*, ed. by J.-P. Migne, vol. 36, 347-348이다. 참조, Gregory of Nazianzus는 *Or.* 31. 20, *PG*, ed. by J.-P. Migne, vol. 36, 155-156에서도 이 세 전치사 구문을 삼위일체 안에서 아버지와 아들과 성령에 대한 구별의 도구로 사용한다.

> 심은 출생에 의하지 않고 발출에 의한다 …
> 아버지는 또 다른 어떤 존재를 낳으셨다고 해서 낳으시지 않은 자가 아닌 다른 존재로 계시는 것도 아니고, 또한 아들이 낳아지지 않은 존재로부터 나왔다고 해서 낳으신 존재가 되는 것도 아니며 어떻게 이것이 가능하겠는가?
> 성령은 발출하시고 혹은 하나님이라고 해서 아버지와 아들로 바뀐 것도 아니다.[124]

결론적으로 아버지는 아들과 성령과 구별되며, 아들은 아버지와 성령과 구별되며, 성령은 아버지와 아들과 구별된다. 그러면서도 아버지와 아들과 성령은 하나님이라는 점에서 그들은 하나이다. 이것이 갑바도키아 교부들에게서 분명하게 드러나게 된 삼위일체론이다.

2) 아버지와 아들과 성령의 '열린' 친교, 그리고 일치

삼위일체론에 대한 갑바도키아 교부들의 또 다른 공헌은 성령의 신성을 분명하게 드러낸 것이다. 이들이 등장하기 전까지 성령에 대한 본격적인 논의가 없었다는 사실에 그들도 고민하였다.[125] 그럼에도 그들은 아버지와 아들과 성령의 세 인격체들이 어떻게 하나님이라 할 수 있으며, 어떻게 하나가 되는 지를 분명하게 드러내었다.

---

[124] Gregory of Nazianzus, *Or*. 39. 12, *NPNF*, 2nd Series, vol. 7, 356, J. L. González, 『基督教思想史 I』, 372–73에서 재인용.
[125] 성령의 신성 옹호로 인해 바질의 정통성에 대한 공격이 있었다. 이것은 나지안주스의 그레고리의 면전에서 이루어졌기에, 나지안주스의 그레고리는 바질에게 보내는 편지에서 바질이 스스로를 변호할 수 있는 논거를 제시하고 있다. 참조, Gregory of Nazianzus, *Ep*. 58, *NPNF*, 2nd Series, vol. 7, 454.

(1) 아버지와 아들과 성령 - 삼위일체 하나님

가이사랴의 바질은 성령을 피조물이라 주장하는 자들과 모든 삼위일체론자들을 삼신론자라 주장하는 자들 모두에 대항해서 성령이 하나님이심을 분명하게 주장한다.

> 삼신론으로 우리를 비웃는 자들에 대한 응답으로, 우리는 다음과 같이 대답한다. 즉, 하나님은 하나이시지만, 본성에서 하나이며, 수에서 하나가 아니라고 우리는 고백한다. 왜냐하면 수적으로 하나라고 불리는 것 모든 것이 다 절대적으로 하나는 아니며, 본성에 있어서 단일한 것도 아니기 때문이다. 그러나 하나님은 보편적으로 단일하고 합성되지 않은 분이라고 인정된다 … 수는 양을 언급하는 것이고, 양은 물질적인 본성과 관련되는 것이다. 왜냐하면 수는 육체적 본성에 속하기 때문이다. 그러나 우리는 우리의 주님께서 육체들의 창조자이심을 믿는다. 그런 까닭으로 모든 수는 물질적이고 제한된 본성을 받은 것들을 가리킨다. 한편으로 단자(monad)와 통일체(unity)는 단순하고 불가해한 본성을 의미한다. 그러므로 하나님의 아들이나 성령이 수(a number)이며 피조물(a creature)이라 고백하는 자들은 모두 부지중에 물질적이고 제한된 본성의 개념을 부지 중에 도입하고 있는 것이다.[126]

---

[126] Basil, *Letter* VIII. 2, *NPNF*, 2nd Series, vol. 8, 116. 이 인용문의 우리말 번역은 Henry Bettenson 편역, 김종희 옮김, 『후기 기독교 교부』, 104-105를 대본으로 하고 필요에 따라 수정했다.

그리고 372년에 테렌티우스의 세 딸들(그들은 부제들이었다)에게 보낸 편지에서 그는 삼위일체의 본성과 관계에 대해 세례와 연관시켜 다음과 같이 표현하였다.

> 당신들은 아버지와 아들과 성령에 대한 당신들의 믿음을 고백했다. 다음의 것을 보증으로 삼고 포기하지 마시오.
> - 아버지: 모든 것의 기원
> - 아들: 유일하게 나신 분, 그로부터 나신 분, 참 하나님, 완전 중의 완전, 살아있는 형상, 그 자신 안에서 아버지의 전부를 보여 주시는 분
> - 성령: 하나님으로부터 존재하시는 분, 거룩함의 원천, 생명을 주는 능력, 온전함을 이루는 은총, 인간의 양자됨을 이루시고 죽을 것을 죽지 않게 하시고 영광과 영원에 있어서, 능력과 나라에 있어서, 주권과 신성에 있어서 모든 면에서 아버지와 아들과 연결되신 분
>
> 이는 구원의 세례의 전통에 의해 검증된 바이다.[127]

그리고 같은 편지에서 다음과 같이 계속 권면한다.

> 그 아들이나 그 영이 피조물이라 주장하거나, 그 영을 보좌와 굴종의 자리로 절대적으로 축소시키는 모든 자들은 그 진리에서 멀리 떠나 있다. 그들과의 교제를 피하라. 그들의 가르침으

---

[127] Basil, *Letter* CV, *NPNF*, 2nd Series, vol. 8, 186. 원문출처, *PG*, ed. by J.-P. Migne, vol. 32, 511-514.

로부터 돌아서라. 그들은 영혼에 해를 끼친다.[128]

바질은 또한『성령에 관하여』(De Spiritu Sancto)[129]에서 성령을 직접 "하나님"이라 부르지는 않았지만 성령의 신성을 밝혔다. 그에게 있어서 성령은 아버지와 아들과 동일한 정도의 신성을 가지신 분인 동시에, 아버지와 아들과 함께 삼위일체를 완성하시는 분이시다.

> 더욱이 성령은 한 분이시다. 우리는 그에 대해 단수로 말하며, 그는 한 분 아들을 통해서 한 분 하나님께 연결되어 있으시며, 그 자신[성령]을 통해서 저 거룩하고 영광 받으시기에 합당한 삼위일체(Trinity, Trinitas, Τριάς)가 완성된다고 말한다. 아버지와 그리고 아들과 맺는 그의 친밀한 관계는 그가 피조세계의 복수성 안에 분류되지 않고 단수로 언급된다는 사실에 의해 충분히 밝혀진다. 왜냐하면 그는 많은 것 중의 하나가 아니라 한 분(One, unus, ἕν)이시기 때문이다. 한(one, unus, εἷς) 아버지가 계시고 한(one, unus, εἷς) 아들이 계신 것처럼, 한(one, unus, ἕν) 성령이 계시기 때문이다. 유일한 것은 혼합물이나 복수의 것들과는 별개이기를 이성이 요구하듯이, 결과적으로 그는 피조세계

---

128 Basil, *Letter* CV, *NPNF*, 2nd Series, vol. 8, 186.
129 바질은 "아들을 통하여 성령 안에서"(διὰ τοῦ υἱοῦ ἐν τῷ ἁγίῳ πνεύματι) 아버지께 영광을 돌린다는 옛 영광송(doxology)을 "아들과 함께 성령과 같이"(μετὰ … υἱοῦ σὺν τῷ πνεύματι τῷ ἁγίῳ) 아버지께 영광을 돌린다는 구절로 바꾸어 부르게 한 데 대해 반론이 일어나자 그 자신의 견해의 타당성을 주장하기 위해 이 글을 썼다. Basil, *De Spiritu Sancto*, 3, *NPNF*, 2nd Series, vol. 8, 3. 원문출처, *PG*, ed. by J.-P. Migne, vol. 32, 72. 곤잘레스에 따르면, 바질의『성령에 관하여』는 하나님에 대한 논쟁이 아버지와 아들의 관계에 머무르지 않고 삼위일체 안에서 갖는 성령의 위치에 대해서까지 확대되는 결정적 계기였다. J. L. González,『基督敎思想史 I』, 367.

와 아주 구별된다. 하나(unit, *unitas*, μονάς)가 하나와 동족관계인 것처럼, 그런 식으로 그분은 아버지와 그리고 아들과 연합되어 계신다.[130]

즉, 바질은 아버지와 아들과 동등하게 성령도 인격체이심을 주장한 것이다.

나지안주스의 그레고리 역시 성령의 신성을 말하며, 빛의 유비를 사용하여 설명한다. 이 때 그에게 있어서 아버지와 아들과 성령의 구별은 의심되지 않는다. 오히려 그는 그 구별로부터 출발해서, 구별에 머물지 않고 아버지와 아들과 성령의 하나 되심에 대해서 말한다.

그러나 우리는 우리가 공경하는 그 영의 신성을 아주 확신한다. 비록 어떤 이들은 우리가 과감하다고 생각하겠지만, 우리는 삼위일체에 속하는 이름들을 그에게 붙임에 의해 그의 신성에 관한 우리의 가르침을 시작하려 한다. 모든 사람들에게 비추이는 세상 속으로 들어오는 분, 곧 아버지는 참 빛(the True Light, τὸ φῶς τὸ ἀληθινόν)이었다. 모든 사람들에게 비추이는 세상 속으로 들어오는 분, 곧 아들은 참 빛이었다. 모든 사람들에게 비추이는 세상 속으로 들어오는 분, 곧 또 다른 보혜사[성령]는 참 빛이었다(was, ἦν). '이었고 이었으며 이었으나, 이었음은 하나이다'(Was and Was and Was, but Was One Thing. ἦν, καὶ ἦν, καὶ ἦν· ἀλλ'ἓν ἦν). 빛과 빛과 빛, 그러나 하나의 빛, 곧 한 하나님이시다(φῶς, καὶ φῶς, καὶ φῶς ἀλλ'ἓν φῶς, εἷς θεός.). 이는 오래 전 다

---

130 Basil, *De Spiritu Sancto*, 45, *NPNF*, 2nd Series, vol. 8, 28. 원문출처, *PG*, ed. by J.-P. Migne, vol. 32, vol. 32, 149-152.

윗이 말하면서 스스로에게 드러내셨던 것이다. '당신의 빛 가운데서 우리는 빛을 볼 것이다.' 그래서 지금 우리는 다음과 같이 간결하고 단순하게 삼위일체 하나님에 대한 교리를 이해하고 선포한다: 아버지의 빛으로부터 빛이신 아들을 빛이신 성령 안에서 이해하는 것.[131]

또한 나지안주스의 그레고리는 다음과 같이 질문한다.
"단지 '나지 않으신 분'(Unbegotten, *Ingeniti*, ἀγεννησίας)과 '나신 분'(Begotten, *Geniti*, γεννήσεως) 두 가지만 제외한다면, 하나님께 속하는 칭호들로서 성령께 적용되지 않는 것이 무엇인가?"[132]
그리고 이어서 성령에 대해 다음과 같이 말한다.

> 그는 다음과 같이 불린다. 그는 하나님의 영, 그리스도의 영, 그리스도의 마음, 주님의 영, 주님 자신, 양자의 영, 진리의 영, 자유의 영이시다. 또한 그는 지혜의 영, 이해의 영, 조언의 영, 능력의 영, 지식의 영, 경건의 영, 하나님께 대한 두려움의 영이시다. 그는 이 모든 것들을 이루시는 분이기에, 그는 자신의 본질로 모두를 채우며, 모든 것들을 간직하고 있지만, 세상은 그의 능력을 이해할 수 없다. 그는 양자됨에 의해서가 아니라, 본성상 선하고 바르며 위엄있다. 그는 거룩해지는 것이 아니라

---

131 Gregory of Nazianzus, *Or.* 31(The fifth theological Oration – On the Holy Spirit), 3, *NPNF*, 2nd Series, vol. 7, 318(볼드체 강조는 필자의 것이다). "있었다"에 해당하는 헬라어 ἦν은 영어의 be 동사에 해당하는 εἰμι 동사의 1, 3인칭의 미완료시제이다. 원문출처, *PG*, ed. by J.-P. Migne, vol. 36, 135-136.

132 Gregory of Nazianzus, *Or.* 31, 29, *NPNF*, 2nd Series, vol. 7, 631. 원문출처, *PG*, ed. by J.-P. Migne, vol. 36, 165-166.

거룩하게 하시며, 측량되지 않으시고 측량하시며, 참여하지 않고 참여되시며, 채워지는 것이 아니라 채우시며, 간직되지 않고 간직하신다. 그는 아버지와 아들과 함께 ⋯ 영광 받으시며 고려되신다 ⋯ 그는 세례에 의해 그리고 부활에 의해 새롭게 창조하시는 창조자—영(the Creator-Spirit)이시며, 모든 것을 아시는 영 ⋯ 이시다.[133]

하나님의 속성인 "거룩"을 예로 들어 보자. 나지안주스의 그레고리에 의하면, 성령은 거룩하게 된 존재가 아니라 아버지와 아들과 함께 거룩하게 하는 존재이며, 그렇기에 성령은 아버지와 아들과 동일한 신성을 갖는 분이다. 오순절에 대한 그의 강연에서도 비슷한 논지로 성령의 영원하심이 아버지와 아들과 동일함을 말한 이후에 성령의 신성을 입증한다.

그분[성령]은 항상 참여되고 있었지 참여하고 있은 것이 아니었으며, 완전케 하지 완전해지지 않으며, 거룩하게 하지 거룩케 되지 않으며, 신화(神化)시키지 신화되지 않는다. 그 스스로 항상 동일하시며, 그가 함께 열거되는 그분들[아버지와 아들]과 함께 하신다. 보이지 않으시며, 영원하시고, 불가해하시고, 변동이 없으시고, 질과 양과 형태가 없으시며, 영묘하시고, 스스로 움직이시고, 영원히 움직이시며, 자유의지를 가지시며, 스스로 능력 있으시고, 전능하시다(비록 독생자에게 속한 모든 것이 그런 것처럼, 성령께 속하는 그 모든 것이 제일 원인[하나님 아버지]에

---

[133] Gregory of Nazianzus, *Or*. 31. 29, *NPNF*, 2nd Series, vol. 7, 631.

귀속된다 하더라도). 생명이요 생명을 주시는 분이시며, 빛이며 빛을 주시는 분이시고, 절대적 선이며 선의 원천이시고, 의이시며 왕적 영이시고, 주님이시요 파송이시며 분리자이시며, 그 자신의 성전의 건축자이시며, 그가 원하는 바대로 이끄시고 이루시는 분이시며, 그 자신의 은사들을 나누어 주시며, 양자됨의 영이시며 진리의 영이시며 지혜의 영이시며 이해의 영이시며 지식의 영이시며 경건의 영이시며 조언의 영이시며 두려움의 영이시다(이런 것들은 그에게 속한다). 그에 의해 아버지가 알려지고 아들이 영광 받는다. 그 자신에 의해서만 그는 알려진다. 하나의 모임, 하나의 봉사, 예배, 능력, 완전함, 성화. 왜 그것에 대해 긴 강연을 하는가?

출생하지 않음(being *Unbegotten*, ἀγεννησίας)을 제외하고는 아버지가 가진 모든 것을 아들 역시 갖는다. 출생(Generation, γεννήσεως)을 제외하면 아들이 가진 모든 것을 성령이 갖는다. 그리고 내가 이해하는 바로는, 이 두 가지는 본질(substance, *substantia*, οὐσία)을 나누지 않는다. 오히려 본질 안에 나뉨이 있다.[134]

또한 성령은 아들과 동등함을 나지안주스의 그레고리는 주장한다. 성경에서 성령은 아들에 의해 '보냄을 받는다'고 표현된다. 이것이 성령이 아들에 종속되어 있다는 주장의 근거로 이용되기도 한다. 그러나 나지안주스의 그레고리에 의하면 그것은 한 면만을 본 것이다.

… 그리스도께서 그 자신의 자리로 돌아가신 후에는 그[성

---

[134] Gregory of Nazianzus, *Or.* 41 (On Pentecost). 9, *NPNF*, 2nd Series, vol. 7, 382. 원문출처, *PG*, ed. by J.-P. Migne, vol. 36, 441-442.

령]가 우리에게 내려 오셔야 했다. 그는 주님이기 때문에 '오시며'(Coming, *veniret*, ἐρχόμενον), 그는 경쟁관계에 있는 또 다른 하나님이 아니기 때문에 '보냄 받는다'(Sent, *mitteretur*, πεμπόμενον).[135]

즉, 오심과 보냄 받으심의 두 측면을 함께 보아야 아버지와 아들과 성령의 삼위일체를 바로 이해할 수 있다는 것이다.

"우리에게 없으시면 안 되시는 보혜사(Comforter, *Paracletus*, Παράκλητος)이신 그리스도"를 대신해서 성령이 우리와 함께 하시는 "또 다른"(*alius*, ἄλλος) 보혜사라는 사실 역시 아들과 성령의 동등함의 증거이며, 성령의 표증인 방언은 말씀(Word, *Verbo*, Λόγος, 곧 아들)과 소멸케 하는 불이신 하나님과의 밀접한 관계를 보여준다고 그는 주장한다.[136] 그는 또한 아들과 성령이 동등함의 근거를 성경에서 찾는다.

> 이 성령은 창조와 부활 모두의 활동에서 아들과 함께 하시며, 성경이 이를 입증한다.
> "여호와의 말씀으로 하늘이 지음이 되었으며 만상을 그의 입 기운으로 이루었도다"(시 33:6).
> 그리고 "하나님의 영이 나를 지으셨고 전능자의 기운이 나를" 가르치신다(욥 33:4). 거듭한다면, '당신[하나님]께서 당신의 영을 보내실 것이며 그것들이 창조될 것이고, 그리고 당신은 지

---

[135] Gregory of Nazianzus, *Or.* 41. 11, *NPNF*, 2nd Series, vol. 7, 383. 원문출처, *PG*, ed. by J.-P. Migne, vol. 36, 443-444.

[136] Gregory of Nazianzus, *Or.* 41. 12, *NPNF*, 2nd Series, vol. 7, 383. 원문출처, *PG*, ed. by J.-P. Migne, vol. 36, 443-446.

면을 새롭게 하실' 것이다(시 104:30). 그리고 그분은 영적 중생을 일으키시는 분이시다. 여기에 너희들을 향한 증거가 있다. "성령으로 거듭나지 않으면 누구도 그 나라를 볼 수도 없고 들어 갈 수도 없다"(요 3:3).[137]

성경은 창조와 부활이라는 사역에 아들과 성령이 함께 한다는 것을 말하고 있다는 것이 그의 주장이다.

(2) 영원하신 성령

나지안주스의 그레고리는 성령이 하나님이심을 그의 영원하심에 근거해서 말한다.

> 만일 아버지가 계시지 않은 때가 있었다면, 아들도 계시지 않았던 때가 있다. 만일 아들이 계시지 않은 때가 있었다면 성령도 계시지 않았던 때가 있다. 그러나 한 분(the One)이라도 시작부터 계셨다면 세 분(the Three)은 마찬가지로 똑같이 계셨다. 만일 당신이 한 분을 포기한다면, 나는 대담하게도 당신은 다른 두 분(the other Two)을 높이지 않는다고 주장한다.[138]

> 성령은 항상 계셨고 지금도 계시며, 언제나 계실 것이다. 그 역시 시작이 없으며 끝도 없다. 그러나 그는 영원히 아버지와 아들과 함께 자리하며 헤아려진다. 아들이 아버지에 미치지 못한

---

137 Gregory of Nazianzus, *Or.* 41. 14, *NPNF*, 2nd Series, vol. 7, 384.
138 Gregory of Nazianzus, *Or.* 31. 4, *NPNF*, 2nd Series, vol. 7, 318.

다거나 성령이 아들에 미치지 못한다는 것은 합당하지 않았기 때문이다.[139]

그런데 그 영원하신 성령에 대해서는, 구약 성경이 아버지에 대해서 선포하는 것만큼, 신약 성경이 아들에 대해 선포하는 것만큼, 분명한 언급이 성경에 나타나지 않는다. 따라서 구약에 근거해서 아들의 신성을 부정했던 사람들이 있었듯이 구약 성경에 근거해서 성령의 신성을 부정하려는 사람들도 기독교 역사 속에 존재했다. 그들을 향해 나지안주스의 그레고리는, 하나님에 대한 이전의 논의들 가운데 성령의 신성에 대한 언급이 적었던 이유를 교리의 발달 이론으로 설명했다.

> 구약 성경은 아버지를 명백히, 그리고 아들은 애매하게 선포한다. 신약 성경은 아들을 분명히 드러내고, 성령의 신성(Deity, divinitatem, θεότητα)을 암시하고 있다. 이제는 성령께서 직접 우리 가운데 거하시며, 자신에 관한 좀 더 명백한 이해를 우리에게 제공해 주신다.[140]

초기 기독교에서 하나님의 아들에 대해, 그리고 그 다음에는 성령에 대해 차례로 논쟁이 있었다는 사실은 아들과 성령에 대한 이해가 처음에는 미발달 상태에 있었기 때문이다.[141] 그러나 여기서 우리는 발달 이론

---

[139] Gregory of Nazianzus, Or. 41. 9, NPNF, 2nd Series, vol. 7, 382.
[140] Gregory of Nazianzus, Or. 31. 26, NPNF, 2nd Series, vol. 7, 326. 원문출처, PG, ed. by J.-P. Migne, vol. 36, 161-162.
[141] J. Pelikan, 『고대교회 교리사』, 278.

의 정당성 여부에 관심 갖기보다는 그레고리의 의도를 보아야 한다. 그에게 있어서 성령은 분명 하나님이시다. 그런데 이보다 더 중요한 것은 그가 세 인격체들 상호 간의 관계를 말한 점이다. "아버지"는 본질을 가리키지도 않으며, 행동을 가리키지도 않고 관계를 가리킨다.

3) 니케아-콘스탄티노플신조의 삼위일체론

콘스탄티노플 회의(381)에서는 니케아 회의의 신조를 그대로 받아들이되, 갑바도키아 교부들의 도움으로 성령에 대한 문구를 첨가하였고 저주문구가 삭제되었다. 성령에 대한 고백의 첨가는 니케아-콘스탄티노플신조를 본격적인 삼위일체 신조가 되게 했다. 신조의 내용은 다음과 같다.

> 우리는 전능하신 아버지 하나님 한 분을 믿는다(Πιστεύομεν εἰς ἕνα ΘΕΟΝ ΠΑΤΕΡΑ παντοκράτορα). 그는 하늘과 땅을 창조하신 이요, 보이는 것이나 보이지 않는 모든 것을 창조하신 자다.
> 우리는 한 주 예수 그리스도를 믿는다(Καὶ εἰς ἕνα κύριον ἸΗΣΟΥΝ ΧΡΙΣΤΟΝ). 그는 하나님의 독생자이시며, 모든 세상이 있기 전에 아버지로부터 나셨으며, 빛으로부터 나온 빛이시요, 참 하나님으로부터 나온 참 하나님이시다. 그는 피조되신 것이 아니라 하나님으로부터 태어나셨다. 그는 아버지와 동일 본질을 가지신다. 만물이 그를 통해서 지은 바 되었다. 그리고 그는 우리 인간을 위해서, 그리고 우리의 구원을 위해서 하늘에서 내려오셨고, 성령에 의하여 동정녀 마리아로부터 몸을 입으시고, 사람이 되사, 우리를 위하여 본디오 빌라도에 의하여

십자가에 달리셨다. 그는 고난을 당하시고 매장되셨다가 성경의 말씀대로 삼일 만에 부활하셨다. 그는 하늘에 오르사 아버지 우편에 앉아 계시다가 영광 중에 다시 오셔서 산 자들과 죽은 자들을 심판하실 것이다. 그의 나라는 영원무궁할 것이다. 그리고 우리는 주님이시며, 생명의 시여자이신 성령을 믿는다 (Καὶ εἰς τὸ ΠΝΕΥΜΑ ΤΟ ἍΓΙΟΝ, τὸ κύριον, (καὶ) τὸ ζωοποιόν). 그는 아버지로부터 나오셨고, 아버지와 아들과 함께 예배와 영광을 받으신다. 이 성령은 예언자들을 통하여 말씀하셨다. 우리는 또한 하나요, 거룩하고 보편적이며 사도적인 교회를 믿는다. 우리는 사죄를 위한 한 번의 세례만을 인정한다. 우리는 죽은 자들의 부활과 장차 임할 나라에서의 삶을 바라본다.[142]

세계교회협의회는 니케아-콘스탄티노플신조의 첫 구절 "우리는 믿습니다"를 해석하면서 믿음의 대상이 삼위일체 하나님임을 다음과 같이 밝히고 있다. "1 … 여기에서 믿음의 대상은 성부, 성자, 성령, 그리고 하나의, 거룩한, 보편적, 사도적 교회이다."[143] 즉,

6. 기독교인들은 자기 자신을 이스라엘에게 알리신 "한 분의 참 하나님"(the One true God)께서 "그가 파송하신 자," 곧 예수 그리스도(요 17:3) 안에서 자기 자신을 완전히 계시하셨고, 하

---

[142] Ed. WCC Geneva, *Confessing the One Faith*: *An Ecumenical Explication of the Apostolic Faith as it is Confessed in the Nicene-Constantinopolitan Creed*(381), (WCC Publications, 1980), 이형기 역, 『하나의 신앙고백: 세계교회가 고백해야 할』, '신앙과 직제' 문서 제153번 (서울: 한국장로교출판사, 1996), 28-29에서 재인용. 헬라어 원문출처, Philip Schaff, *The Creeds of Christiandom*, vol. II. (1931), 57-58.

[143] Ed. WCC Geneva, 『하나의 신앙고백』, 33.

나님께서는 이 그리스도 안에서 세상을 자신과 화해하셨으며 (고후 5:19), 하나님께서는 그의 성령으로 그리스도를 통하여 자신을 신뢰하는 모든 사람들에게 새롭고 영원한 생명을 주신다는 사실을 믿는다.[144]

그러나 기독교의 신앙이 세 분 신에 대한 세 가지 믿음들, 혹은 니케아신조의 문구 그대로 교회에 대한 믿음을 포함하는[145] 네 가지 믿음들의 종합은 아니다.

18. 이와 같은 삼위일체 하나님의 살아있는 영원한 사랑의 교제의 근원은 아버지 하나님이시다. 그러나 성부는 성자 없이 계시지 아니하고, 성령 없이 계시지 아니하신다. 삼위(the three persons)의 상호 내주(內住)는 삼위의 일체성을 특징짓는다. 하나님의 영원하신 생명과 영광은 상호 친교 속에서 자신을 내어 주시는 삼위의 그냥 주심에 있다. 삼위의 통일성이 성부에게서

---

[144] Ed. WCC Geneva, 『하나의 신앙고백』, 35. 그러나 이어지는 해석에서 신조의 첫 구절 '한 하나님에 대한 신앙고백'을 신조 전체의 전제로 보고 "10 … 그 다음에 하나님께서 한 분이라는 주제는 삼위일체 방식으로 본 신조의 세 항목들로 확장되어 있다"고 해석한다. (Ibid., 36) 그러나 이런 해석은 신조 자체의 구조를 벗어난 해석이다. 신조 본문 첫 구절 "Πιστεύομεν εἰς ἕνα Θεόν"(우리는 한 하나님을 믿습니다)은 아버지와 아들과 성령에 대한 믿음에 앞선 선언이 아니며, 직접적으로는 바로 뒤의 "πατέρα παντοκράτορα"(전능자이신 아버지)는 구절로만 연결되어야 한다. 즉 "우리는 전능하신 아버지 하나님 한 분을 믿는다"는 것이 신조의 첫 신앙고백이다. 계속되는 해석에서도 그것이 드러난다. "36. 기독교인들은 한 분 하나님을 '전능하신 아버지'라 고백한다 … 38. 본신조는 이 한 분 하나님을 보다 더 특별하게 '전능하신 아버지'라 부른다"(Ibid., 48, 49).

[145] "εἰς μίαν, ἁγίαν, καθολικὴν καὶ ἀποστολικὴν ἐκκλησίαν([우리는 또한] 하나요, 거룩하고 보편적이며 사도적인 교회를 [믿는다.])" Philip Schaff, *The Creeds of Christiandom*, vol. II. (1931), 58.

기원하지만 아들의 순종과, 성부 안에서 성자를 영화롭게 하시고 성자 안에서 성부를 영화롭게 하시는 성령의 증거 안에서 유지된다.[146]

즉, 아버지와 아들과 성령에 대한 기독교 신앙은 삼위일체 하나님에 대한 하나의 믿음이다.

그리고 콘스탄티노플 회의를 통해 확정된 신조에서 본서에서 특별히 주목하고자 하는 것은 저주문구의 삭제이다. 이는 단순한 삭제가 아니라 삼위일체론에 대한 논란의 여지를 없애기 위한 것으로 해석될 수 있다. 앞서 보았듯이 원래의 신조에 들어있던 저주문구에는 "우시아"(ουσία)와 "휘포스타시스"(ὑπόστασις)를 동일시하는 문구가 들어있다. 따라서 그 둘을 구분하는 데 공헌을 한 갑바도키아 교부들의 견해 수용의 결과로 우시아와 휘포스타시스를 동일시하지 않게 됨으로써, 그 문구가 포함된 저주문구를 삭제하게 된 것으로 볼 수 있다.[147]

이러한 변화를 어떻게 받아들일 것인가?

아타나시우스의 삼위일체론을 한 분 하나님을 강조하는 서방교회의 삼위일체론의 전통에서 이해하는 사람들은 갑바도키아 세 교부들의 삼위일체론을 니케아신조의 발전이 아니라 곡해라고 보기도 한다. 이러한 변화를 이론의 발전이나 확장이 아니라 다른 중요한 것의 희생을 가져온 것으로 보는 평가이다. 제베르크는 갑바도키아 세 교부

---

146 Ed. WCC Geneva, 『하나의 신앙고백』, 40-41.

147 틸리히(Paul Tillich)도 같은 견해를 피력하였다. Paul Tillich, ed. by Ingeberg C. Henel, *Vorlesungen über die Geschichte des Chirstilichen, Denkens-Urchristentum bis Nachreformation* (Stuttgart: Evangelisches Verlagswert, 1971), 송기득 역, 『폴 틸리히의 그리스도교 사상사: 원시교단부터 종교개혁 직후까지』(서울: 한국신학연구소, 1986), 115-16.

들의 삼위일체론이 성부를 하나님과 동일시함으로써 종속론으로 되돌아갔다고 보면서 부정적으로 평가한다.[148] 제베르그의 견해를 수용한 니이브(Neve)도 아타나시우스의 삼위일체론과 갑바도키아 교부들의 삼위일체론을 대립되게 이해한다.

---

[148] Seeberg, Eng. ed., *Text-Book of the History of Doctrines*, vol. I (Grand Rapids: Baker Book House, 1977), 228, 232f. 갑바도키아 세 교부들의 영향에 대해 제베르크는 다음과 같이 지적하였다. "고대의 니케아 교리에 가해진 수정은 매우 분명하다. 아타나시우스 (그리고 마르켈루스)는 한 분 하나님이 삼중의 인격적 삶에 (a three-fold personal life)에 앞서며 그것으로써 자기를 계시한다고 가르쳤다. 그런데 갑바도키아 교부들은 세 구별된 개체(*hypostasis*)가 동일한 행위를 보여주기 때문에 동일한 영광과 하나의 본질을 소유한다고 생각하였다"(Ibid., 232). 하르낙(A. Harnack)도 같은 입장이다. Adolph von Harnack, *History of Dogma*, vol. 4 (New York: Russell & Russell, 1958), 84-88. 이정용 역시 하르낙의 견해를 수용하면서 기존의 신론과 삼위일체론을 비판한다. 그는 과정신학의 탈 존재론적 방향성에 동의하면서 순환적인 동양사상(易)에 근거해서 신론을 재구성하고자 했다. 여기에는 종교문학이 아니라 지혜문학에 근거하고 있는 역(易)으로서의 신이 보편적인 기독교의 하나님을 설명하는 개념으로 합당하다는 것을 전제로 하고 있다. Jung Young Lee, *The Theology of Change*, 이세형 역 『易의 신학: 동양의 관점에서 본 하느님에 대한 기독교적 개념』(서울: 대한기독교서회, 1998), 25-48. 그러나 그 논지는 여전히 헬라 철학의 한계 안에 있어서, 그가 말하는 신은 자기 백성들과 만나는 인격인 분이 아니라 "역 자체"로서의 궁극적 실재이다. 또한 여기에 인격적 신에 대한 신앙고백이 출애굽 이전의 비인격적 신 개념의 왜곡이라는 견해가 토대로 제시된 것은 잘못이다. 기독교가 선포하는 하나님은 출애굽 사건과 예수 그리스도 사건에서 계시된 인격적 하나님 이외의 다른 분이 아니기 때문이다. 참고, Ibid., 51-105. 이런 한계를 극복하고자 이정용은 후에 둘이면서 둘이 아닌 우주의 두 원리인 음양 상징에 근거해서 삼위일체 하나님(the Trinity)에 대한 동양적 해석을 시도한다. Jung Young Lee, *The Trinity in Asian Perspective*(Nashville: Abingdon Press, 1996).베르크와 유사한 견해가 신플라톤주의를 수용한 동방교회 신학자들 중에도 존재한다. 예를 들어 플로렌스끼(P. Florensky)는 *ousia*와 *hypostasis*는 개념상으로는 구별되지만 내용으로는 동일하다고 하면서, 그 둘을 구별하려는 모든 시도는 삼신론으로 빠진다고 비판한다. 그리고 그런 식으로 설명한 갑파도키아 교부들을 삼신론자로 보는 것은 "공정하지는 않지만 아주 의미 있다"고 했다. Pavel Florensky, tr. & annotated by Boris Jakim, with an introduction by Richard F. Gustafson, *The Pillar and Ground of the Truth*(Princeton, New Jersey: Princeton University Press, 1997), 40-41.

니이브는 다음과 같이 주장한다.

> 아타나시우스는 한 본질(οὐσία 혹은 ὑπόστασις)이 삼중의 인격적 존재로 나타난다는 개념을 출발점으로 삼고 있는데, 갑바도키아의 교부들은 세 개체(ὑπόστασις 혹은 πόρσωπα)가 한 본질(οὐσία)이라는 개념으로 시작하고 있다. 세 개체는 각각 그 특성이나 개성(ἰδιότης) 혹은 속성을 가지고 있다 … 아타나시우스에게는 신비가 '삼위일체'에 있었으나, 갑바도키아 교부들에게는 '단일체'에 있었다.[149]

그러나 그들의 주장은 니케아 회의와 아타나시우스에 대한 이해에서부터 그릇되었다. 니케아 회의에 모인 감독들 대부분은 그 신조에 들어간 "동일본질"을 단일성의 의미보다는 아들의 신성을 부인하는 아리우스주의자들에 대항해서 아들의 신성을 선언하는 의미로 받아들였다.[150] 비록 처음에 결정된 신조의 저주문구에 우시아와 휘포스타시스를 동일시하는 문구가 붙어 있지만, 그것을 밝히는 것이 그 신조의 원래 의도가 아님은 분명한 사실이다. 또한 그러한 동일시 자체는 아버지와 아들과 성령의 단일성을 의미하는 것이 아니라 단순히 그 두 개념을 아직 구별하지 못하고 혼동한 결과일 뿐이다.

아타나시우스에게 있어서도 크게 다르지 않다. 그의 관심도 아들의 신성에 있지, 하나님의 단일성에 있는 것이 아니었다. 또한 갑바도키아 교부들도 세 인격체들의 독특성과 함께 그들이 공통적 본질에 참여하고 있음을 중요하게 여겼음을 잊어서는 안 된다. 즉, 아타나시

---

[149] J. L. Neve, 『基督敎敎理史』, 192.
[150] J. L. González, 『基督敎思想史 I』, 341.

우스와 갑바도키아 세 교부들이 서로 대립된 주장을 한 것이 아니다. 그들은 모두 세 인격체들 각각의 개체성을 전제로 하고, 그 다음에 아버지와 아들과 성령이 어떻게 하나인지 설명하기 위해 애썼던 것이다.

아타나시우스와 갑바도키아 교부와 같이 종속론의 위험을 경계하면서 세 인격체들의 구별성과 본질의 단일성을 말하는 것이, 양태론의 위험을 경계하면서 하나님의 단일성을 전제로 삼위의 구별성을 말하는 것보다 성경과 경험 모두에 부합되는 태도일 것이다. 왜냐하면 전자의 견해가 적어도 신약 성경과 초대교회 전통에 쉽게 부합되기 때문이다. 우리는 여기서 다시 '종속론이냐 양태론이냐'의 논쟁으로 돌아가려는 것은 아니다. 다만 삼위일체 하나님을 말할 때의 출발점이 어디여야 진리에 좀 더 가까울 수 있는가를 질문해볼 뿐이다.

5. 아우구스티누스의 관계의 삼위일체론

1) 상황의 변화: 전달의 대상이 된 삼위일체론

아우구스티누스(Aurelius Augustinus, 354-430)에게 있어서 삼위일체론은 이미 전제로 주어져 있는 신앙이다. 그의 『삼위일체론』(*De Trinitate*)은, 그 자신의 표현을 사용하여 말하면, 이미 정립된 삼위일체 하나님에 대한 "신앙으로 시작한다"(*fidei … initium*)(I. i. 1). 그러나 갑바도키아 세 교부들에게까지만 해도, '아버지와 아들과 성령이 하나님이신 동시에 세 신들이 아니라 하나이시다'는 삼위일체 신앙이 전체 교회의 신앙으로 받아들여지도록 설명해야만 했다.

적어도 신앙하고 있는 것이 교회에 의해 공인 되도록 하는 수고를 해야 했다. 즉 교회의 신앙 속에서 전해 내려온 아버지와 아들과 성령에 대한 신앙을 성경의 유일신 신앙과 조화시켜 전체 교회로 하여금 그것을 인정하도록 설득해야만 하는 상황이었다. 그들은 그것에 대한 교회 밖의 사람들의 의문에 답하기도 해야 하지만, 동시에 교회 안에서도 상당한 수의 교회 지도자들이 그것을 어떻게 조화시킬지에 대해 고민하고 있는 과정 속에 있었다.

그래서 아타나시우스는 아들이 하나님이심을 설득시키기 위해 애썼고, 갑바도키아 교부들은 그것을 이어받는 동시에 성령이 어떻게 하나님이신지를 설득시키기 위해 애썼다. 이들의 작업은 신앙하고 있는 것을 처음으로 정리하는 과정에서 이루어진 것이기에 많은 논란이 있었고 반대도 많았다. 반면에 아우구스티누스는 삼위일체론이 교회의 신앙으로 공인된 이후의 인물이다. 당시의 상황을 스투더(Basil Studer)는 다음과 같이 정리하고 있다.

> 4세기 말경 로마제국의 모든 교회들은 아타나시우스의 후기 해석과 갑바도키아 교부들을 따라서 니케아 신앙을 받아들였다 … 아리우스주의 논쟁은 끝나가고 있었다. 그러므로 아우구스티누스가 390년 경 신학무대에 도달했을 때, 그는 이미 잘 수립된 삼위일체 교리를 접했다. 정치적 권력가들조차 그것을 제국의 통일의 종교적 토대로 선포하고 있었다.[151]

---

[151] Basil Studer, translated by Matthias Westerhoff, edited by Andrew Louth, *Trinity and Incarnation: The Faith of the Early Church*(Collegeville, Minnesota: The Liturgical Press, 1993), 168. 기독론에 있어서는 상황이 좀 달랐다. 아우구스티누스는 그리스도에 관한 논쟁들을 몇 번 언급했고 그리스도의 신-인이심을 부정하는 주장들에 맞서야 했다. 그러나 그 자신은 이 논쟁에 거의 주목하지 않아서, 그가 초청되었

아우구스티누스는 더 이상 교회의 다수를 향해 삼위일체론의 정당성을 설득시키지 않아도 되었다. 교회에 속한 사람들 중에서 소수만이 여전히 그것을 문제 삼고 있었다. 그는 그들을 논박하는 동시에 대다수 교회에서 이미 신앙의 전제로 받아들여지고 있는 그것을 동시대인의 사람들에게, 특히 라틴어를 사용하는 사람들이 이해하기 쉽도록 설명해나가는 작업을 한 것이다. 아우구스티누스 이전의 삼위일체론이 교회 밖을 향한 변증이라기보다는 교회가 이미 가진 신앙을 체계화시키는 교회 안의 작업이라면 아우구스티누스의 삼위일체론은 교회 밖을 향해서는 하나의 변증이며 교회를 향해서는 심화 작업이라 할 수 있다.

　상황의 변화가 논지의 변화도 가져온다. 교리를 정립하는 작업은 그 자체의 권위가 모두에게 인정받지 못한 상황에서 이루어지는 것이고, 심화작업이란 이미 권위를 가진(여기서는 니케아 공의회와 콘스탄티노플 공의회에 의해 보장받고 있는) 상황에서 이루어지는 것이다. 따라서 그의 글은 겸손하려는 그 자신의 자세표명(『삼위일체론』, I v.8)에도 불구하고 권위적이고 선포적이다. 왜냐하면 삼위일체론의 어떤 내용을 입증할 때, 그는 이미 교회의 신조라는 근거 위에 서 있으며, 그것을 성경이라는 또 다른 권위에 의지해서 자신의 방식으로 전개시키기 때문이다. 아우구스티누스의 삼위일체론은 이미 공인된 것을 다시 한 번 확인하고 확대하는 작업이다.

　따라서 그것을 받아들이지 못하는 사람들, 알아듣지 못하는 사람들은 그들 각자의 문제일 뿐이지 진리 자체의 문제가 아니다.[152] 그들은

　　던 에베소 회의(431)에 거의 조력할 수 없었다(Ibid.).

152 Augustinus, *On the Trinity*, I. iii. 6, *NPNF*, 1st Series, vol. 3, 20.

단지 어리석은 사람들일 뿐이다. 이런 상황의 변화는 아우구스티누스가 교회 내부로부터 반대에 직면하거나 교회의 권위에 의해 추방당해 본 경험이 없다는 데서도 간접적으로 확인된다. 삼위일체 신앙의 대변자들이었던 아타나시우스가 겪은 추방이나 갑바도키아 세 교부들이 교회에게 혹은 왕에게 당한 그 많은 위협들은 더 이상 아우구스티누스에게는 문제가 아니었다.

그렇다고 해서 그의 삼위일체론이 무가치한 것은 아니다. 우리는 아우구스티누스의 삼위일체론에서 이미 주어진 신앙을 자신의 상황에 맞게 전개하는 '신학'을 발견한다. 그리고 그가 받아들인 필리오케(*filioque*)의 라틴 전통과 그가 자신의 『삼위일체론』 후반부에서 전개한 심리학적 설명방식[153]은 그 이후의 서방교회 삼위일체론에 중요한 영향을 주었다.

2) 한 분 하나님 안에서 구별되는 아버지와 아들과 성령

아우구스티누스의 삼위일체론은 그 교리에 대한 논의의 역사 속에서 중요한 위치를 차지한다. 특히, 크게 두 부분으로 나눌 수 있는[154] 아우구스티누스의 『삼위일체론』은 삼위일체론 논의의 역사 속에서

---

[153] 삼위일체론과 관련하여 아우구스티누스를 다루는 많은 신학자들은 여전히 인간 안에 남겨진 삼위일체 하나님의 발자취("베스티기아 트리니타티스," *vestigia Trinitatis*)를 중심으로 그의 삼위일체론을 말한다. 참고, David S. Cunningham, *These Three are One: The Practice of Trinitarian Theology*(Malden, Massachusetts/Oxford: Blackwell, 1998, reprinted 2002), 90-95; Stanley J. Grenz, *Theology for the Community of God*(Nashville, Tennessee: Broadman & Holman Publishers, 1994), 80f; 현요한, 『성령, 그 다양한 얼굴』(서울: 장로회신학대학교 출판부, 1998), 14f.

[154] 『삼위일체론』 제1권에서 제8권까지는 보다 교의적인 부분이고 제9권부터 제15권까지는 보다 사변적인 부분이다. B. Studer, *Trinity and Incarnation*, 168.

중요한 문헌이었다.[155] 중세교회 삼위일체론은 그의 『삼위일체론』 후반부에 논의되고 있는 심리학적 유비를 발전시킨 것이다. 판넨베르크(Wolfhart Pannenberg)에 따르면 이것은 터툴리아누스로부터 아우구스티누스로 이어지는 서방신학의 특징이다.

> 영혼 안에 있는 하나님에 대한 타고난 지식이라는 개념은 터툴리아누스 시대부터 기독교 서방신학에 공통적인 것이었다. 비록 아리스토텔레스주의의 감각적 강조가 그것을 이면으로 몰아넣기는 했지만, 그것은 중세신학의 아우구스티누스의 전통에서 결코 포기되지 않았다.[156]

예를 들어 중세 초기 신학자 롬바르두스(Petrus Lombardus, 1095년경-1160)는 삼위일체론을 다루면서 인간 영혼 안에 있는 삼위일체 하나님의 흔적을 찾는 아우구스티누스적 접근을 시도했다.[157] 또한 "토

---

[155] Cynthia M. Campbell, "Trinity," *Encyclopedia of the Reformed Faith* (Louisville, Kentucky: Westminster/John Knox Press, 1992), 374, ed. Donald K. McKim, consulting editor: David F. Wright.

[156] Wolfhart Pannenberg, translated by Geoffrey W. Bromiley, *Systematic Theology*, vol. 1 (Grand Rapids, Michigan: William B. Eerdmans Publishing Company, 1991), 108.

[157] W. Pannenberg, *Systematic Theology*, vol. 1, 282. 판넨베르크에 따르면, 롬바르두스에게 있어서 "아우구스티누스의 『삼위일체론』, X, 12에서처럼, 영혼 안에 있는 삼위일체의 형상은(Peter Lombard, *Sententiarum Libri Quatuor* [Paris, 1841] 1 d. 3, n. 7, 20-21) 기억과 지성과 사랑으로 구성되며, 이것들과 하나님 안에서 삼위되심(the threeness of persons) 사이의 차이가 (『삼위일체론』, XV, 20ff에서처럼) 강조된다. 롬바르두스는 지성(*mens*), 동일한 인식(*notitia eius*), 그리고 사랑(*amor*)을 선호하는 것 같다(참고, 『삼위일체론』, XI,11. 4). 왜냐하면 이것이 아버지의 우위성과 출생으로서의 아들과의 관계를 더욱 명백히 드러내기 때문이다." W. Pannenberg, *Systematic Theology*, vol. 1, 282 n77. 아우구스티누스의 또 다른 저서 『기독교 교육론』(*De Doctrina christiana*)이 중세에 미친 영향에 대한 연구로는 다음을 참고하라.

마스 아퀴나스(Thoms Aquinas)의 『삼위일체론』(*Treatise on the Trinity*)은 주로 아우구스티누스 사상의 명확한 재진술을 대표한다."[158]

그러나 여기서 관심을 갖는 것은 그런 심리학적 삼위일체론이 아니라, 아우구스티누스의 삼위일체론이 니케아–콘스탄티노플신조의 삼위일체론과 그것의 기초가 된 아타나시우스와 갑바도키아 세 교부들의 삼위일체론과 어떻게 유사하고 어디서 달라지는지의 여부이다.[159]

결론부터 말한다면, 아우구스티누스는 라틴어로 신학을 한 전형적인 라틴 교부로서, "하나님의 절대적인 통일성에서 출발해서 … 그 신비[삼위일체]에 접근하는 서방신학의 전형이다."[160] 아우구스티누스의 의도는 정통신앙을 설명하고 방어하는 것이었지만,[161] 동방교회 교

Edited by Edward D. English, *Reading and Wisdom: The De Doctrina christiana of Augustine in the Middle Ages*(Notre Dame, Indiana: University of Notre Dame Press, 1995).

[158] Alister E. McGrath, *Christian Theology: An Introduction*(Oxford, U.K.: Blackwell Publishers Ltd., 2001, 3th edition), 333.

[159] 필자는 심리학적 삼위일체론이나 인간 안에 있는 하나님의 흔적 혹은 발자취에 대한 아우구스티누스의 견해가 삼위일체 하나님을 설명하기에는 부족한 유비라 판단하여 그것을 중점적으로 다루지 않고자 한다. 아우구스티누스의 심리학적 삼위일체론의 비판에 대해서는 Augustin, *On the Trinity*, NPNF, 1st Series, vol. 3에 실린 번역자 William G. T. Shedd의 각주들(IX. ii. 2의 n. 2, IX. v. 8의 n. 1, IX. xi. 18의 n. 3와 X. xi. 18의 n. 1)을 참고하라.

[160] L. Boff, *Trinity and Society*, 68.

[161] C. M. Campbell, "Trinity," in *Encyclopedia of the Reformed Faith*, 374. 버제스(S. M. Burgess)도 비슷하게 긍정적으로 평가한다. "아우구스티누스의 위대한 공헌은 니케아 신앙의 기초 위에서 서방 기독교의 사고에 크게 호소력 있는 신학을 수립한 것이다. 그의 천재성이 동방의 신비적 따뜻함과 지적 깊이를 라틴 지성의 실용주의와 연결시켰다." S. M. Burgess, *The Holy Spirit*, 180. 캐리(Philip Carry) 역시, Marsh가 아우구스티누스와 갑바도키아 교부들의 삼위일체론의 차이를 발견한 동일한 부분(I. iv와 I. vii)에 근거해서 아우구스티누스가 갑바도키아 교부들의 삼위일체론을 계승하고 있다고 주장한다(Ibid., 45–46). 그러나 이와는 반대로 마르쉬(Thomas Marsh)와 군톤(Colin Gunton)은 아우구스티누스가 그 보다 앞선 교부들의 삼위일체론을 이어가지 못하고 네오플라톤 사상으로 삼위일체론을 설명했다고

부들과는 달리 그는 세 인격체들의 구별보다는 한 분 하나님을 더 강조하였으며, 세 인격들 사이의 관계를 설명하면서 필리오케를 포함시켰다. 여기서는 먼저 하나님의 하나 되심에 근거하여 아버지와 아들과 성령의 구별되심을 말하는 것과 세 위격들의 관계에 대해 차례로 살펴볼 것이다.

3) 한 분이신 하나님

아우구스티누스는 자신의 삼위일체론을 다음과 같이 요약한다.

> 삼위일체는 참되고 유일한 한 하나님(unus et solus et uerus deus)이시며 … 아버지와 아들과 성령은 하나로(of one) 존재하시며 동일한 본질 또는 본성(the same substance or essence)이심을 말하고 믿고 이해하는 것이 바르다.[162]

여기서, "한(unus)," "유일한(solus)," "하나로," 그리고 "동일한 본질 혹은 본성" 등의 말은 세 인격들의 하나 되심을 강조하는 말이다. 좀 더 강하게 해석하면 삼위일체의 존재의 단일성(單一性)을 말하고 있다고 할 수도 있다. 그는 한 분 하나님을 먼저 말하고(『삼위일체론』, V. ii. 3), 그 다음에 세 위격들에 대해 설명한다(『삼위일체론』, V. viii – ix). 아우구

비판한다. R. E. Olson & C. A. Hall, *The Trinity*, 44.

[162] Augustinus, *De Trinitate*, I. ii. 4, *NPNF*, 1st Series, vol. 3, 19. 원문출처, *Patrologiae cursus completus series Latina*(이하 *PL*), ed. by J.-P. Migne, vol. 42, 822, 2016. 8. 20 접속, http://www.documentacatholicaomnia.eu/02m/0354-0430._Augustinus,_De_Trinitate,_MLT.pdf. 참고, Augustinus, *De Trinitate*, II. vii. 13; viii. 13.

스티누스는 다음과 같이 말했다.

"하나님이신 그분은 오로지 변함없으신 수브스탄티아(substantia) 또는 에센티아(essentia)이시다."[163]

여기서 '수브스탄티아'나 '에센티아'는 사물의 본성을 가리키는 말이 아니라 '실재'를 가리키는 말이다. 그것은 이 진술에 대한 성경 증거로 그가 출애굽기 3장 14절에 등장하는 문구를 제시하는 데서 드러난다. 아우구스티누스에게 있어서 한 분 하나님은 "스스로 있는 자"이시다.[164] 그는 트리니타스(Trinitas)를 한 분 하나님의 또 다른 이름처럼 사용하기도 한다.[165] 그러므로 아버지와 아들과 성령의 세 위격이 한 분 '삼위일체' 안에 있다고 그는 말한다.[166] 그렇지만 동시에 세 위격들과 삼위일체 사이에는 위대함에 있어서 우열을 가릴 수 없다고 아우구스티누스는 말하기도 한다.

> 두 분을 합하더라도 한 분씩 볼 때보다 더 위대하신 것이 아니다. 그리고 성령도 동등하게 참으로 존재하시므로, 성부와 성자를 합하더라도 성령보다 더 위대하신 것이 아니다. 성부와 성자가 성령보다 더 참으로 존재하는 것이 아니기 때문이다.

---

163 Augustinus, *De Trinitate*, V. ii. 3, *NPNF*, 1st Series, vol. 3, 88. 원문출처, *PL*, ed. by J.-P. Migne, vol. 42, 912, 2016. 8. 20 접속, http://www.documentacatholicaomnia.eu/02m/0354-0430,_Augustinus,_De_Trinitate,_MLT.pdf.

164 Augustinus, *De Trinitate*, V. ii. 3, *NPNF*, 1st Series, vol. 3.

165 "신들 셋이거나 선한 분들 셋이거나 전능자들 셋이 아니라 한 하나님, 한 선한 분, 한 전능자, 즉 삼위일체 자체뿐이시다(*nec tamen tres dii aut tres boni aut tres omnipotentes, sed unus deus, bonus, omnipotens, ipsa trinitas*)." Augustinus, *De Trinitate*, VIII, 1, 원문출처, *PL*, ed. by J.-P. Migne, vol. 42, 947, 2016. 8. 20 접속, http://www.documentacatholicaomnia.eu/02m/0354-0430,_Augustinus,_De_Trinitate,_MLT.pdf.

166 Augustinus, *De Trinitate*, VIII. i. 2, *NPNF*, 1st Series, vol. 3, 116.

> … 마찬가지로, 삼위일체 자체도 그 안에 있는 각 위격과 똑같이 위대하시다.[167]

이 한 분 하나님과 세 위격들이 어떻게 연결될 수 있는가? 아우구스티누스에게 있어서, 아버지와 아들과 성령은 실재의 단일성으로 인해 '한 분'이시다.

> 아버지도 하나님이며 아들도 하나님이며 성령도 하나님이라는 것은 실재(substance)의 측면에서 그런 것임을 누구도 의심하지 않는다. 그러나 우리는 참으로 지고한 삼위일체 그 자체는 세 하나님들이 아니라 한 하나님이라고 말한다. 마찬가지로 아버지가 위대하시며 아들도 위대하시고 성령도 위대하시다. 그러나 세 위대한 분들이 아니라 한 위대한 분이시다 … 또한 아버지가 선하시고 아들도 선하시며 성령도 선하시다. 그러나 세 선하신 분들이 아니라 한 선하신 분이다 … 주 예수께서는 … 아버지 한 분 외에는 선한 이가 없다고 하지 않고, '하나님 한 분 외에는 선한 이가 없다'(눅 18:18, 19)고 하셨다. 아버지 자신 만을 말할 때에는 아버지라는 이름으로 표현된다. 그러나 하나님이라는 이름으로는, 아버지 자신과 아들과 성령 모두를 가리킨다. 왜냐하면 삼위일체(Trinity)는 한 분 하나님이기 때문이다.[168]

---

167 Augustinus, *De Trinitate*, VIII. i. 2, *NPNF*, 1st Series, vol. 3, 김종흡 역,『삼위일체론』(고양: 크리스챤다이제스트, 2001), 233. 한 분 하나님, 곧 삼위일체 안에 세 위격들이 존재한다는 것이 아우구스티누스의 기본 생각이지만, 표현에 있어서 그는 아버지와 아들과 성령과 삼위일체를 동등한 개념으로 사용하여 마치 사위일체를 말하고 있는 것처럼 보인다.

168 Augustinus, *De Trinitate*, V. viii. 9, *NPNF*, 1st Series, vol. 3, 91.

여기서는 "하나님"이 이전까지 아버지와 아들과 성령을 함께 일컫는 이름인 "삼위일체"와 동일한 개념으로 등장하고 있다.

"그러므로 아버지가 전능하시고 아들도 전능하시며 성령도 전능하시다. 그러나 세 전능자들이 아니라 한 전능자이시다."[169]

또한 이런 표현이 소위 "아타나시우스신조"(제 11-16조)에 나타나기 때문에 아마도 그 신조와 아우구스티누스 학파 사이에 연관성이 있다고 여겨진다.[170] 이 표현은 한 분 하나님을 강조하는 전형적인 서방교회 삼위일체론을 잘 보여준다.

이처럼 아우구스티누스가 한 분 하나님을 강조했다고 해서 그가 세 위격들의 구별을 말하지 않은 것은 아니다. 그는 분명하게 아버지와 아들과 성령을 구별한다.

> 실제로 아버지는 아들이 아니며, 아들은 아버지가 아니고, 하나님의 은사라 불리는 성령은 아버지도 아들도 아니다. 그러기에 그들은 셋이다. 그래서 [주께서는] "나와 내 아버지는 하나이다(are one)"(요 10:30)라고 복수[동사]로 말하셨다. 사벨리우스주의자들이 말하듯이 "하나이다(is one, unum est)"고 말하지 않고, 주님은 "[나와 아버지가] 하나이다(are one, unum sumus)"라고 하셨다.[171]

이렇게 말함으로써 삼위일체 하나님이 한 분이심에 대한 그의 강

---

169 Augustinus, *De Trinitate*, V. viii. 9, *NPNF*, 1st Series, vol. 3, 92.
170 참고, Augustinus, *De Trinitate*, V. viii. 9, n. 5, *NPNF*, 1st Series, vol. 3, 92.
171 Augustinus, *De Trinitate*, V. ix, *NPNF*, 1st Series, vol. 3, 92. 원문출처, *PL*, ed. by J.-P. Migne, vol. 42, 918,2016. 8. 20 접속, http://www.documentacatholicaomnia.eu/02m/0354-0430,_Augustinus,_De_Trinitate,_MLT.pdf.

한 주장에도 불구하고 그것이 사벨리우스주의로 비판받는 일을 피할 수 있었다. 그러나 여기서도 아우구스티누스의 한계가 드러난다. 그가 삼위일체 하나님에 대해서 말할 때 단수로 말하는 것은 "수브스탄티아"(substantia) 또는 에센티아(essentia)"이고, 복수로 말하는 것은 "페르소나(persona)"이다.[172] 그러나 이 "페르소나"는 실재(實在)를 지칭하기 위해 사용된 개념이 아니라, 한 분 하나님을 말했지만 이미 성경과 교회 전통에서 나타난 아버지와 아들과 성령의 구별에 대해 어떤 식으로든 표현해야 하기에 어쩔 수 없이 채택된 개념이다. 이를 아우구스티누스 스스로 밝히고 있다.

> 세 페르소나들(tres personae)은 [완벽하게] 표현될 수 있는 것이 아니지만 [전혀] 아무 말도 하지 않은 채 내버려둘 수 없기 때문에 언급된 표현이다.[173]

즉, 아우구스티누스는 그 세 페르소나들이 개별 인격체들이심을 확신하지 못한 것이다.

이런 식으로 하여 아우구스티누스는 갑바도키아 교부들뿐만 아니라 아타나시우스와도 다른 길을 간 것이다. 앞 장에서 살핀 대로, 그들은 아버지와 아들과 성령의 구별을 전제로 하고 그들의 동등하심과 하나 되심을 말하였으며, 특히 갑바도키아 교부들은 분명하게 아버지

---

172 Augustinus, *De Trinitate*, V. ix, *NPNF*, 1st Series, vol. 3, 92. 원문출처, *PL*, ed. by J.-P. Migne, vol. 42, 918, 2016. 8. 20 접속, http://www.documentacatholicaomnia.eu/02m/0354-0430,_Augustinus,_De_Trinitate,_MLT.pdf.

173 Augustinus, *De Trinitate*, V. ix, *NPNF*, 1st Series, vol. 3, 92. 원문출처, *PL*, ed. by J.-P. Migne, vol. 42, 918, 2016. 8. 20 접속, http://www.documentacatholicaomnia.eu/02m/0354-0430,_Augustinus,_De_Trinitate,_MLT.pdf.

와 아들과 성령의 구별됨을 전제로 하고나서 그들의 하나 되심을 말하려 애썼기 때문이다.

4) 세 위격들의 구별됨

아버지와 아들과 성령의 하나 되심을 출발점으로 하는 아우구스티누스는 위에서 잠깐 보았듯이 동시에 세 위격들의 구별되심을 함께 말하려고 애쓴다. 그의 말을 길게 인용하면 다음과 같다.

> 내가 읽은 바에 따르면, 나보다 앞서 하나님이신 삼위일체에 관하여 글을 쓴, 거룩한 신구약 성경에 대한 모든 정통 해석자들은 성경을 따라서, 아버지와 아들과 성령은 하나의 신적 통일성(unity, *unitas*)을 그리고 나눠질 수 없는 동등성 안에 있는 동일한 실재(substance, *substantia*)를 간접적으로 알리시고 계심을 가르치려 했다. 즉, 그들은 세 신들(three Gods, *tres dii*)이 아니라 한 하나님(one God, *unus Deus*)이라는 이 교리를 가르치려 했다. 비록 아버지는 아들을 낳으시며, 그렇기에 아버지인 그분은 아들이 아니시다. 아들은 아버지에 의해 낳음을 입으시며, 그래서 아들인 그분은 아버지가 아니시다. 성령은 아버지나 아들이 아니라, 오히려 아버지의 영이시고 아들의 영이시면서 그분 자신도 아버지와 아들과 동등하시며(co-equal, *coaequalis*) 삼위일체의 일치(unity)에 속하지만 이 교리는, 이 삼위일체가 동정녀 마리아에게서 태어나시고, 본디오 빌라도 치하에서 십자가에 달리며, 삼일 만에 다시 부활해서 하늘에 오르셨다는 것을 가르치지 않는다. 그것은 오직 아들만이 그리하셨다. 또한 이 삼위일체가 예수께서 세례 받을 때에 비둘기

의 형상으로 내려 오셨다고 가르치지도 않는다. 그 동일한 삼위일체께서 주님의 승천 후 오순절 날에 '큰 바람 소리가 하늘로부터 들렸을' 때에 '불의 혀같이 갈라져서 각 사람 위에 임하였다'고 가르치지도 않는다. 오직 성령만이 그러하셨다. 또한 아들이 요한에 의해 세례 받을 때, 혹은 세 제자들이 산에서 아들과 함께 있을 때 이 삼위일체가 하늘에서 '너는 내 아들이라' 말하지 않았고, '내가 이미 영광스럽게 하였고 또 다시 영광스럽게 하리라'는 소리가 났을 때, 이 삼위일체가 하늘로부터 말 한 것도 아니다. 그것은 아들을 향한 아버지만의 말씀이었다. 비록 아버지와 아들과 성령은, 그들이 나눠지지 않는 것처럼 나뉘지 않고 일하시지만, 이것이 또한 내 신앙인 것은, 그것이 보편적인 신앙(the Catholic faith, *catholica fides*)이기 때문이다.[174]

여기서 아우구스티누스는 분명 자신보다 앞선 교부들의 삼위일체론을 자신의 말로 재진술하려는 자신의 의도를 밝히고 있다.

그런데 아우구스티누스가 참고하는 교부들 속에 헬라 교부들이 포함되는가?

아우구스티누스는 헬라 교부들의 글을 라틴어 번역으로 부분적으로 읽었다고 했고 자신의 헬라어 독해 능력에 대해 부정적인 언급을 했으며(Augustinus,『삼위일체론』[*De Trinitate*], III. preface), 그가 어려서 헬라어를 싫어했고 완전히 익히지 않았음을 말하기도 했다(『고백록』[*Confessionum*], I, xiii, 20; xiv, 23). 이로써 그가 헬라 교부들의 글에 정통하

---

[174] Augustinus, *De Trinitate*, I. iv. 7, *NPNF*, 1st Series, vol. 3, 20. 원문출처, *PL*, ed. by J.-P. Migne, vol. 42, 824, 2016. 8. 20 접속, http://www.documentacatholicaomnia.eu/02m/0354-0430,_Augustinus,_De_Trinitate,_MLT.pdf.

지 않다고 할 수 있다.[175]

반대 의견도 있다. 가톨릭 신학자 에드문드 힐(Edmund Hill)은 헬라 교부들에 크게 의존하고 있는 니케아-콘스탄티노플신조와 아우구스티누스의 신앙의 연관성을 주장한다. 그에 의하면, 위 인용문의 첫 부분은 "니케아-콘스탄티노플신조와 아주 가깝다. 왜냐하면 그것이 신 인격체(person)들의 동등성과 통일성을, 그들의 실제적 구별됨 또는 서로 간의 다름과 함께 언급하고 있기 때문이다."[176] 또한 뒷부분에서는 아버지와 아들과 성령의 "계시의 … 신적 경륜을 나열하고 있다."[177] 그리고 그 두 가지를 모두 말하는 것이 아우구스티누스 자신의 "신앙"이며 "보편적인 신앙"이라고 말한다. 힐은 이것을 아우구스티누스가 『삼위일체론』을 시작하면서 언급했던 "신앙으로 시작하는 것(initium fidei)"(『고백록』 I. i. 1)에 대한 묘사라고 했다.[178] 그러나 위의 인용문에서 이미 그 차이점이 확인된다. 아우구스티누스가 실제로 하나 되심과 구별되심을 함께 다루면서 하나 되심을 구별되심보다 앞세

---

175 『삼위일체론』 곳곳에서 헬라어를 인용하고 있지만, 갑바도키아 교부들에 의해 분명해진 "우시아"와 "휘포스타시스"의 구별을 이해하지 못하는 데서도 이를 알 수 있다. Augustinus, *De Trinitate*, V. viii. 10, *NPNF*, 1st Series, vol. 3, 92. 아우구스티누스의 헬라어 지식에 관해서 보너(G. Bonner)는 자신의 책 부록에서 긍정적으로 언급한 바 있다. 그에 따르면, 415-416년경까지 아우구스티누스의 헬라어 지식이 점차적으로 향상되어 성경 헬라어에 대해서는 상당한 지식을 가지게 되었고, 펠라기우스 논쟁에서는 헬라 교부들의 글을 헬라어로부터 인용하면서 그가 직접 번역할 수 있었다. 그리고 마침내 그의 생애 말년인 428년에 가서는 완전한 헬라어 논문을 번역해낼 수 있게 되었다. Gerald Bonner, *St Augustine of Hippo: Life and Controversies*(Norwich: The Canterbury Press, 1986), 395. 그러나 그렇다 하더라도 아우구스티누스가 『삼위일체론』을 400년경에 시작하여 417년에 완성했다고 알려져 있으므로 그가 이 책을 쓰는 동안에는 헬라 교부들의 본격적으로 참고할 수 없었다고 결론 내릴 수 있다.

176 Edmund Hill, *The Mystery of the Trinity*(London: Geoffrey Chapman, 1985), 65.

177 E. Hill, *The Mystery of the Trinity*, 66.

178 E. Hill, *The Mystery of the Trinity*, 6.

우는 점이다. 이것은 그가 터툴리아누스의 삼위일체론을 이어가는 라틴신학자임을 보여준다.[179]

따라서 아우구스티누스의 삼위일체론은 니케야-콘스탄티노플의 신앙을 정당하게 계승하고 있지 못하다고 비판받아야 한다. 더 나아가서, 그는 아버지와 아들과 성령의 하나 되심을 강조하여 말한 나머지 아버지와 아들과 성령을 하나님과 구분하는 듯이 말한다. 예를 들어, 『삼위일체론』 VIII. i. 2에 있는 '아버지,' '아들,' '성령,' 그리고 '삼위일체 자체'(the Trinity itself)의 구별이 그것이다. 판넨베르크는 아우구스티누스로부터 바르트로 이어지는 그런 경향을 한 하나님(one God)을 세 위격들 위에 두고 네 번째 위격으로 삼는다고 비판했다.[180]

5) 한 하나님 안에 있는 세 위격들의 동등성

한편으로 아우구스티누스는 갑바도키아 교부들의 삼위일체론을 잇지 못하고 삼위일체론을 전형적인 라틴신학의 방법으로 전개시켰지만, 다른 한편으로 그는 아버지와 아들과 성령의 동등하심에 대해서는 그들보다 좀 더 나아갔다는 평가도 받는다. 예를 들어, 스투더(B. Studer)는 아우구스티누스가 삼위의 구별되심과 하나 되심을 삼위의 동등하심이란 개념으로 심화시켰다고 본다.

---

179 동일한 인용문에서 아우구스티누스의 사고 전개 방향을 '아버지와 아들과 성령으로부터 한 하나님에게로' 나아가는 과정으로 보는 견해도 있다(B. Studer, *Trinity and Incarnation*, 174).

180 Wolfhard Pannenberg "The Christian Vision of God: The New Discussion on the Trinitarian Doctrine," *Trinity Seminary Review* 13/2 (Fall 1991): 53-60, S. J. Grenz, *Theology for the Community of God*, 84에서 재인용.

그에게 있어서 정통 신앙을 더 심화시키는 것은 우선적으로 *aequalitas personarum*(위격들의 동등성)을 설명하는 것이다. 따라서 『삼위일체론』의 첫 네 권에서 그는 … 세 위격들 모두의 동등함을 보여주려 한다. 또한 삼위일체 교리의 정확한 표현에 전념하는 그 다음 세 권(5-7)은 이 동일한 문제를 되풀이하고 있다. 즉 상대적인 개념들로 표현되는 것을 제외하고는, 신의 실체에 있어서 모두는 동등하다(5), 동등성에 대한 성경 증거들의 모음(6), 세 위격들 모두에게 동등하게 부여된 신의 속성들(7). 크게 둘로 나누었을 때 두 번째 부분에서도 그것은 마찬가지이다. 왜냐하면 아우구스티누스는 거기서 한 하나님이신 세 위격들의 동등성의 가장 완전한 형상을 얻으려 애쓰기 때문이다.[181]

이런 평가에 걸맞게 아우구스티누스는 이렇게 말한다.

아버지는 스스로 진리이신 아들의 참 기원이시며, 아들은 진리이시고 참 아버지로부터 나오시며, 성령은 선이시며 선하신 아버지와 선하신 아들로부터 나오신다. 그러나 셋 모두 안에서 신성은 동등하며, 통일성은 분리되지 않는다.[182]

---

[181] B. Studer, *Trinity and Incarnation*, 174. 이 '아버지와 아들과 성령의 동등하심'은 아우구스티누스에게는 그들의 하나 되심을 설명하는 도구이기도 했다. "세 위격들이 실제로 무엇이며 그들이 동등하다는 것이 어떤 의미에서인지에 대해 그가 스스로에게 질문할 때, 그는 어떻게 그들 전체의 동등하심이 그들의 일치를 드러내는지를 이해하길 원한다"(Ibid.). 버제스(S. M. Burgess)도 "아우구스티누스는 세 동등한 위격들 사이의 관계에 집중한다"고 했다. S. M. Burgess, *The Holy Spirit*, 180.

[182] Augustinus, *Sermon* xxi. 18, *NPNF*, 1, vol. 6, 324.

또한 그는 하나님의 속성으로 받아들여지는 것들을 아버지와 아들과 성령 모두에게 귀속시킨다.

> 아버지는 영원하시며, 아들도 그와 함께 영원하시며, 성령도 함께 영원하시다. 아버지는 변함없으시며, 아들도 변함없으시며, 성령도 변함없으시다. 아버지는 창조자이시며 아들과 성령도 [그러하시다].[183]

삼위의 동등함에 대해 비슷한 내용들이 이미 아타나시우스와 갑바도키아 교부들에게서도 발견되지만 아우구스티누스의 진술이 이처럼 더 인정받는 것은 그의 삼위일체론 자체가 한 분 하나님에게서 출발하여 삼위의 구별로 나아가기 때문에 주로 동방교부들에게서 나타나는 종속론적 위험에서 벗어나 있기 때문이다.

그들은 아버지와 아들과 성령의 구별에서 출발하여 하나님의 하나 되심을 설명하는 방향으로 나아가면서 아들과 성령의 신적 기원을 아버지에게서 찾는다. 그 가운데서도 그들은 종속론에 빠지지 않았지만, 주로 서방 기독교 신학자들에게는 아무래도 양태론의 위험보다는 종속론의 위험이 더 크게 느껴지는 듯하다. 또한 아우구스티누스의 삼위일체론에 있어서, 아버지와 아들과 성령의 동등함에 대한 언급에도 불구하고 성령에 대해 소홀히 다루어지고 있는 것이 사실이다. 이 점은 뒤에서 다시 다룰 것이다.

---

183 Augustinus, *Sermon* lv. 4, *NPNF*, 1, vol. 6, 431.

6) 관계의 삼위일체

아우구스티누스의 삼위일체론이 하나님의 단일성을 강조함으로써 갑바도키아 교부들의 삼위일체론을 계승하지 못했다는 평가에도 불구하고 아우구스티누스의 삼위일체론이 오늘의 '열린' 삼위일체론 전개에 긍정적 의미를 갖는 것은 그것이 '관계의 삼위일체론'이기 때문이다. 판넨베르크(W. Pannenberg)는 다음과 같이 주장했다.

> 아우구스티누스는 삼위일체적 구별의 관계적 정의를 채택했다. 그것은 아타나시우스를 따르는 갑바도키아 교부들이 발전시켰던 것이다. 그는 위격들의 구별이 그들 상호 관계에 의해 조건 지워진다.[184]

(1) 아버지와 아들의 관계

아우구스티누스에게 있어서 '아버지'와 '아들'은 삼위일체의 두 인격체들 사이의 본질의 구별을 가리키는 말이 아니라 관계를 가리키는 용어다.

> 아들을 갖는다는 것 이외에는 아버지가 아버지라 불리지 않으며, 아버지를 갖는다는 것 이외에는 아들이 아들이라 불리지 않기 때문에, 이것들은 실체(substance)에 대한 언급이 아니다.

---

[184] W. Pannenberg, *Systematic Theology*, vol. 1, 284. 아우구스티누스의 '관계' 개념을 아리스토텔레스의 범주 중의 relatio(관계)를 삼위일체론에 적용한 것으로 해석하기도 한다. B. Studer, *Trinity and Incarnation*, 173.

그것들 중 어느 것도 자신과의 관계에서 불리지 않으며, 그 이름들은 상호적으로 서로에 대한 관계에서 사용되기 때문이다. 또한 이것들은 우연적인 것에 대한 것도 아니다. 왜냐하면 아버지라 불리는 존재와 아들이라 불리는 존재 모두가 그 자신들에게 영원하며 변함이 없으시다. 따라서 비록 아버지이신 것과 아들이신 것이 다르지만, 그들의 실체가 다르지 않다. 왜냐하면 그들은 실체에 대해서가 아니라 관계에 대해서 그렇게 불리기 때문이다. 그렇다 하더라도 그런 관계는 우연적이지 않다. 그것은 변하지 않기 때문이다.[185]

즉, 사람들 사이의 부자(父子)관계와는 달리 삼위일체이신 아버지와 아들은 상대적이거나 우연한 관계로 맺어지지 않았다. 아버지는 아버지인 동시에 다른 어떤 존재의 아들일 수 없으며, 아들은 아들인 동시에 다른 어떤 존재의 아버지일 수 없다. 아버지는 영원한 아버지이며 아들은 영원한 아들이다. 따라서 아우구스티누스가 사용한 '관계' 개념은 삼위일체 하나님의 신비를 드러내기 위한 또 다른 유비라 할 수 있다.[186] 그러나 실재와 관계를 구분함으로써, 그가 말하는 관계는 개

---

[185] Augustinus, *De Trinitate*, V. v. 6, *NPNF*, 1st Series, vol. 3, 89. 본질과 관계의 구별은 아버지와 아들의 구별을 본질의 구별로 보고 아버지에게 아들을 종속시키는 아리우스주의를 반박하는 근거이다. 아우구스티누스에게 있어서 하나님은, 한 본질과 세 관계들을 가지신다. 그러나 여기서 관계는 상대적 개념이 아니라는 점에서 사벨리우스주의와 구별된다. 즉 한 존재가 세 관계를 갖고 나타나는 것이 아니라 절대적인 세 관계들, 즉 아버지와 아들과 성령이 존재하시되 그들은 한 본질을 가지신다는 것이다.

[186] '아버지'와 '아들'이라는 관계와 '성령'이 직접적으로 어떤 관계를 맺는가? 아우구스티누스는 아버지와 아들이라는 개념에 몰두하여 성령에 상대 관계를 발견하지 못했다(*De Trinitate*, V. xii. 13, *NPNF*, 1st Series, vol. 3, 93-94). 그러나 이는 인간적 개념으로 하나님을 규정하거나 설명하려는 데서 오는 한계이다. 만일 아버지

별 인격체들 사이의 관계가 아니라 한 하나님 안에서의 관계로 축소된다.

아우구스티누스에 따르면, 아버지와 아들 사이의 관계는 부자관계 이외에 다르게도 표현될 수 있다. 그것은 갑바도키아 교부들이 사용했던 '나지 않으심'과 '나심'의 개념이다. 분명 '나심'은 '낳는 분'을 상정하는 관계 개념이다. 그러나 아버지에 대한 '나지 않으심'의 개념을 본질 개념으로 보고 그것이 아버지에게만 해당되고 아들에게는 해당되지 않는다는 이유로 아버지와 아들의 본질이 다르다는 주장에 맞서서, 아우구스티누스는 '나지 않으심'의 개념은 본질에 대한 것이 아니라 관계 개념의 부정어이며 그것 역시 관계를 표시하는 말이라고 대답한다.[187] 여기서도 그가 아버지와 아들이라는 관계 개념들을 한 본질, 한 실체 안에서의 구별로 상정하고 있음을 확인할 수 있다.

게다가 이런 모든 관계들은 성령을 제외한 아버지와 아들 사이의 관계를 지칭하는 것들이다. 물론 아우구스티누스가 성령을 가리켜 전통을 따라 '나오신 분'으로 표현하지만, '나지 않으심'과 '나심'을 관계로 설명하면서도 '나오심'을 '나지 않으심'과 '나심'과의 관계로 설명하지는 않는다.[188] 이는 그가 서방교회 전통 안에서 삼위일체론을 전개하기는 하였지만 후대의 사변적 삼위일체론보다는 성경적이고 '정통

와 아들과 성령으로부터 출발한다면, 그들이 어떻게 관계를 맺고 있으며 그 관계들이 인간들 사이의 관계와 어떻게 다른지를 말할 수 있었을 것이다. 실제로 뒤에 사랑의 관계로 아버지와 아들과 성령의 관계를 함께 설명한다. 즉, 이 부분에서 아우구스티누스의 아버지와 아들의 관계 설명은 자신의 개념 규정에 스스로 갇혀 버리고 말았다.

[187] Augustinus, *De Trinitate*, V. vi. 7, *NPNF*, 1st Series, vol. 3, 89. 그리고 연이어서 관계의 부정은 본질을 가리키는 것이 아니라 여전히 관계에 대한 표현임을 길게 예증한다. Ibid., V. vii. 8, *NPNF*, 1st Series, vol. 3, 90-91.

[188] Augustinus, *De Trinitate*, V. vi. 7 – vii. 8, *NPNF*, 1st Series, vol. 3, 89-91.

적인'(chatholic) 것에 근거해서 삼위일체론을 전개하려 애썼기 때문이라고 볼 수 있다.[189]

(2) 아버지와 아들과 성령의 관계: 사랑과 선물

아우구스티누스에게 있어서 아버지와 아들과 성령의 관계를 함께 표시하는 말은 무엇인가?

성령은 아들과 마찬가지로 아버지로부터 기원하지만(요 15:26) '아들'이라 불리지 않는다. 그 이유를 아우구스티누스는 "성령의 나오심은 나심이 아니라 주어지심이기 때문이다"고 설명한다.[190] '아들'이라는 절대적 관계는 하나님의 지혜이시며 성육신하신 그분에게만 붙여진다. 아우구스티누스에게 있어서, 아버지와 아들과 성령을 함께 관련짓는 것은 '사랑'의 관계이다. 아버지와 아들과 성령은 각각 "자신으로 인해 존재하는 이를 사랑하시는 한 분, 자신의 존재의 근원이신 이를 사랑하시는 한 분, 그리고 사랑 그 자체"[191]이다. 아버지와 아들과 성령의 구별되심과 하나 되심을 아우구스티누스는 '사랑'의 관계로 다음과 같이 표현한다.

---

[189] 아우구스티누스와는 달리, 후대의 아퀴나스(Thomas Aquinas)는 '숨을 내쉬다'는 뜻의 spirare(스피라레)에서 영어 spirit란 단어가 유래한 것에 착안해서 성령을 아버지와 아들의 숨으로, 아버지와 아들은 함께 숨쉬는 이들로 관계를 설정하여 관계에 대한 균형 잡힌 도식을 구성하려 했다. 아들이 숨을 내쉬는 이라고 할 수 있는 근거는 이미 아우구스티누스가 아들을 아버지와 함께 성령을 내보내시는 분으로 규정하면서 근거로 삼았던 요한복음 20장 20절 말씀이다. E. Hill, *The Mystery of the Trinity*, 72. 그러나 이런 시도는 균형을 맞추기 위해 경륜적 사건을 아들과 성령의 관계로까지 적용시키는 사변이라는 비판을 피할 수 없다. 또한 이 새로운 도식에는 니케야-콘스탄티노플신조에 원래 포함되어 있지 않은 필리오케(*filioque*)를 본격적으로 뒷받침하려는 의도도 포함되어 있다.

[190] Augustinus, *De Trinitate*, V. xiv. 15, *NPNF*, 1st Series, vol. 3, 94.

[191] Augustinus, *De Trinitate*, VI. v. 7, *NPNF*, 1st Series, vol. 3, 100.

성령은 아버지와 아들 중의 어느 하나가 아니다. 그를 통해 두 분이 결합된다. 그를 통해 낳음을 입은 이는 낳는 이에 의해 사랑 받으며 그를 낳는 이를 사랑한다. 그를 통해, 참여에 의해서가 아니라 그들 자신의 본성에 의해서, 어떤 더 지고한 이의 선물에 의해서가 아니라 그들 자신에 의해서, 그들은 "평안의 매는 줄로 성령의 하나 되게 하신 것을 지키"신다(엡 4:3) … 그래서 그들 셋이 복되고 거룩하시며 지혜롭고 위대하시며 유일하신 한 하나님이시다.[192]

여기서 아우구스티누스가 성령의 관계를 언급할 때 그것을 아버지와 아들 사이의 관계와 다르게 묘사하고 있는 것은 사실이다. 아버지와 아들이 사랑을 주고받는 실체들이라면 성령은 그들이 주고받는 "사랑 그 자체"라고 표현되고 있다. 아버지와 아들을 하나로 묶는 것은 사랑이라 표현된 성령이다. 이렇게 아버지와 아들과 성령의 구별되심과 하나 되심을 사랑의 관계로 표현하는 것은 삼위일체 하나님에 대한 좋은 유비일 수 있다. 바르트 역시 비슷한 논지로 삼위의 관계를

---

[192] Augustinus, *De Trinitate*, VI. v. 7, *NPNF*, 1st Series, vol. 3, 100. 엡 4:3의 "성령의 하나 되게 하신 것"을 절대적으로 해석해서 성령이 아버지와 아들과 성령의 하나 되심의 원천이라 말할 수도 없으며, 아버지와 아들을 배제한 성령만이 사랑인 것은 아니다. 아우구스티누스는 그러한 설명을 시도하지 않는다. 다만, 아들이 지혜라 불리면서 동시에 아버지와 아들과 성령이 지혜이듯이, 성령이 사랑이라 불리면서 동시에 아버지와 아들과 성령은 사랑이시다. 그리고 아버지와 아들과 성령은 동등하다. "왜냐하면, 만일 사랑이 그 안에서 [즉, 하나님 안에서] 지혜보다 덜 위대하다면, 지혜는 그에 합당한 정도의 사랑을 받지 못할 것이기 때문이다. 그러므로 지혜가 그에 합당하게 사랑 받기 위해서는 사랑은 동등하다. 또한 우리가 앞서 입증했듯이 지혜는 아버지와 동등하다. 그러므로 성령 또한 동등하다. 그리고 동등하다면, 모든 면에서 동등하다"(Ibid.).

설명한다.[193] 그러나 성령을 "사랑 그 자체"라 하는 표현은 성령이 인격체시라는 갑바도키아 교부들의 주장을 다시 약화시킬 수 있다. 이것이 그의 성령론이 갖는 중요한 약점이다.

아버지와 아들과 성령의 관계를 설명하는 또 다른 개념은 '선물' (gift)이다. 아우구스티누스에게 있어서, "하나님의 선물이라는 그 고유한 의미에서는 성령은 아버지도 아니고 아들도 아니다."[194]

> 성령에 대하여 하나님의 선물이라고 하는 것은 아버지께로부터 나온다는 것을 의미하며, 보내진다는 것은 아버지께로부터 나옴이 알려진다는 것을 의미한다.[195]

즉 성령은 아버지와 아들의 선물이며, 아버지와 아들은 선물을 주는 분이라는 관계가 설정된다.

"우리가 증여자의 선물을 말하고 선물의 증여자를 말할 때, 우리는 두 경우 다 상호적인 언급 가운데서 상대적으로 말한다."[196]

그런데 이것 역시 사랑이라는 개념과 마찬가지로 성령의 인격성을 약화시킨다. 선물이란 수동적 개념이다. 주어질 뿐, 주는 존재가 아니다.

그러나 실제로 성령이 그렇게 수동적이기만 한가?

성령은 아버지의 창조 사역에 함께 하셨고(창1:2; 2:7), 아들의 성육신에 관여하셨다(마1:18).

---

[193] J. Moltmann, *Trinität und Reich des Gottes*, 159.
[194] Augustinus, *De Trinitate*, VII. iv. 7, *NPNF*, 1st Series, vol. 3, 110.
[195] Augustinus, *De Trinitate*, IV. xx. 29, *NPNF*, 1st Series, vol. 3, 84.
[196] Augustinus, *De Trinitate*, V. xi. 12, *NPNF*, 1st Series, vol. 3, 93.

(3) 아버지와 아들이 성령과 맺는 관계: 필리오케(Filioque)

비록 아우구스티누스는 세 인격체들에 대해 강조하지 않으며 한 분 하나님의 구분에 대해서만 말했지만 갑바도키아 교부들과 마찬가지로 관계 개념으로 삼위일체론을 전개시켰으며 그 한 예가 '필리오케'에 대한 강조이다.[197] 그는 '성령은 아버지와 아들로부터' 나온다는 전형적인 라틴신학의 입장에서 필리오케(fillioque, '그리고 아들로부터') 삽입구를 지지하고 있다.[198] 그는 그 근거로 성령이 아버지의 영이며 동시에 아들의 영이라는 성경적 근거를 제시한다. 즉 예수께서 부활하신 후에 제자들에게 나타나셔서 "성령을 받으라"(요 20:22) 하셨고, 승천 후에 성령을 보내셨는데(행 21:1-4), 그것이 아들이 성령을 보내시는 증거라는 것이다.[199]

다만 아우구스티누스가 아버지와 아들과 성령의 관계에 있어서 갑바도키아 교부들과 일치하지 않는 점은 그에게 있어서 성령은 아버지

---

[197] 그러나 개체성이 불분명한 상태에서 관계에 대해서만 말하는 것은 불완전한 설명이다. 참고, G. Greshake, *Der dreieine Gott*, 95-100.

[198] 필리오케(*fillioque*)에 대한 아우구스티누스의 강조는 『삼위일체론』 곳곳에서 되풀이 되고 있다. Augustinus, *De Trinitate*, XV. xvii. 29; xxvi. 45-47; xxvii. 48, *NPNF*, 1st Series, vol. 3, 216; 223-225; 225-226. 실제로 필리오케 삽입구가 서방교회에서 교황에 의해 공식적으로 인정된 것은 후대의 일이다. 대체로 서방교회는 그 구절의 삽입을 지지하였지만, 역대 교황들은 공식적인 신조에는 그 구절을 집어넣지 않았다. "11세기 초에 필리오케 문제가 새롭게 대두되었다. 마침내 교황은 그것을 채택하였다. 1014년에 로마에서 거행된 황제 Henry 2세의 대관식에서, 그 신조는 필리오케가 삽입된 형태로 찬미되었다. 그 보다 5년 전인 1009년에, 새로 선출된 교황 Sergius 4세가 콘스탄티노플에 보낸 편지에 필리오케가 포함되어 있었을 수 있지만, 이는 확실치 않다." Timothy Ware, *The Orthodox Church* (London: Penguin Books Ltd., reprinted with revisions 1997, first published in Pelican Books, 1963), 57. "그리스인들이 신조를 원래의 형태로 고백한다는 이유로 그들을 이단으로 정죄하여 논쟁을 일으킨 것은 샤를마뉴 궁정의 저술가들이었다. 그러나 전형적인 보수주의로 인해, 로마는 11세기 초까지 계속해서 필리오케 없는 신조를 사용하였다"(Ibid., 51).

[199] Augustinus, *De Trinitate*, IV. xx. 29, *NPNF*, 1st Series, vol. 3, 84.

와 아들 모두로부터 나온다는 것이다. 또한 성령이 아버지와 아들과 맺는 관계에 있어서도 아우구스티누스는 갑바도키아 교부들과 다르게 말한다. 성령을 가리켜 아버지와 아들을 결합시키는 사랑이나 아버지와 아들의 선물이라고 아우구스티누스가 말하는 것은 성령을 아버지와 아들의 영이라고 말하는 헬라 교부들의 사고를 넘어선다.

필리오케는 성령의 종속성을 은연 중에 내포하고 있기 때문에 동방교회의 신학에서는 쉽게 받아들이기 어려운 개념이다. 그러나 역으로 그것은 라틴신학과 동방신학의 화해를 향한 출발점이기도 하다. 즉, 전통적으로 성령의 출처에 관한 논쟁에서 언급되었던 '필리오케'는 아들을 중심으로 하는 아버지와 성령의 관계를 드러내는 개념으로 재해석 될 수 있으며, 아버지를 중심으로 아들과 성령의 관계를 드러내는 "파트레케"(patreque)와 성령을 중심으로 아버지와 아들의 관계를 보여주는 "스피리투케"(spirituque)를 함께 말한다면 서방교회 삼위일체론에서보다 동방교회의 삼위일체론에서 더 두드러지게 나타나는 아버지와 아들과 성령의 '열린' 친교를 보다 분명하게 드러낼 수 있기 때문이다.[200] 그러나 이런 가능성에도 불구하고 실제로 아우구스티누스의 관계의 삼위일체론이 진정한 의미의 '열린' 삼위일체론으로 전개되지 못한 것은 첫째로 한 분 하나님에 대한 그의 강조 때문이며, 둘째로는 그의 성령론이 가진 약점 때문이다. 다음에서는 후자에 대해서 좀 더 살피고자 한다.

---

200 '그리고 아들[로부터]'를 의미하는 "필리오케"와 병행하여 '그리고 아버지'를 의미하는 "파트레케"와 '그리고 성령'을 의미하는 "스피리투케"를 말할 수 있다. 이 점에 대해서는 뒤에 해방신학자 보프의 삼위일체론을 살피면서 더 확실하게 언급하게 될 것이다. 참고, 본서 제4장 5. 2) (2).

(4) 아우구스티누스 성령관의 약점

성령의 하나님 되심은 갑바도키아 교부들이 애써 확인시킨 바이다. 갑바도키아 교부들 이전의 교부들은 아버지와 아들과 성령을 함께 언급하면서 하나님의 동등하심과 하나 되심을 말하지 않았다. 그들은 먼저 아버지와 아들의 하나 되심과 동등하심을 말하였고, 성령에 대해서는 언급하지 않거나 '성령도 마찬가지이다' 정도의 언급만 덧붙일 뿐이다.

그러나 갑바도키아 교부들은 아버지와 아들과 함께 성령도 동등하시며 아버지와 아들과 성령의 통일성을 설파하였다. 그로 인해 니케아 공의회를 계승한 콘스탄티노플 공의회는 니케아신조에 성령에 대한 신앙고백을 첨가하여 '니케아—콘스탄티노플신조'[201]를 탄생시킨 것이다.

이러한 정황에도 불구하고 아우구스티누스는 아버지와 아들과 성령의 하나 되심과 동등하심을 이전의 누구보다도 강하게 말하면서도, 정작 구체적으로 설명하는 부분에서는 아버지와 아들의 하나 되심과 동등하심을 말하는 데 집중하고 성령에 대해서는 아버지와 아들과 마찬가지라고 덧붙이는 갑바도키아 교부들 이전의 표현을 사용한다. 대표적인 예를 하나 제시하면 다음과 같다.

---

[201] 니케아—콘스탄티노플신조는 지금까지 우리의 삼위일체론의 시금석이 될 수 있을 것이다. 이 신조는 교회 일치를 위한 중요한 디딤돌이기도 하다. Lloyd G. Patterson, "The Spirit, The Creed, and Christian Unity," in *Spirit of Truth*: *Ecumenical Perspectives on the Holy Spirit*: *Papers of THE HOLY SPIRIT CONSULTATION, Commission on Faith and Order, NCCCUSA, October 24-25, 1985 - Brookline, Massachusetts*, ed. Theodore Stylianopoulos and S. Mark Heim (Brookline, Massachusetts: Holy Cross Orthdox Press, 1985), 5; Hans-Georg Link, "Fullness of Faith: The Process of an Ecumenical Explication of the Apostolic Faith," in *One God, One Lord, One Spirit*: *On the Explication of the Apostolic Faith Today*, Faith and Order Paper No. 139, ed. Hans-Georg Link(Geneva: WCC publications, 1988), 4.

제3장 | 역사적 관점에서 바라 본 '열린' 삼위일체 **137**

> 그러므로 아버지가 낳으시고 아들이 낳음을 입는 것처럼, 아버지가 보내시고 아들은 보냄을 받는다. 그러나 낳으시는 분과 낳음을 입는 분이 하나인 것처럼, 보내시는 분과 보냄 받는 분은 하나이다. 왜냐하면 아버지와 아들은 하나이기 때문이다. **마찬가지로 성령도 그들과 하나이다.** 왜냐하면 이 셋이 하나이기 때문이다.[202]

게다가 앞서 보았듯이, 그에게 있어서 성령은 아버지와 아들의 선물이라 불리기도 한다. '선물'이란 주체성을 가진 인격체라기보다는 인격적 존재가 주는 어떤 객체로 인식된다. 물론 아우구스티누스가 아버지와 아들과 성령의 동등하심을 믿고 있었고 주장하기도 했지만, 아버지와 아들은 선물을 주는 분이고 성령은 그들이 주는 선물이라고 관계를 설정할 때, 성령은 아버지와 아들의 동등함과는 다른 동등함을 갖는 것으로 인식된다. 그로 인해 아우구스티누스가 표면적으로는 아버지와 아들과 성령의 세 위격들의 하나 되심과 구별되심을 말하고 있지만, 내용에 있어서는 아버지와 아들의 하나 되심과 구별되심을 말하는 데 그치고 말았다.

아우구스티누스의 삼위일체론에 있어서 성령론이 갖는 또 다른 약점은 아우구스티누스가 "성령"을 "은혜"란 개념으로 대치시키는 것이다.[203] 아우구스티누스의 또 다른 저작에 있는 글을 예로 들어보자.

---

[202] Augustinus, *De Trinitate*, IV. xx. 29, *NPNF*, 1st Series, vol. 3, 84(볼드체 강조는 필자의 것이다).

[203] 이것은 구원에 있어서의 하나님의 주권적 행위를 가르치는 은총론의 발전이라는 또 다른 긍정적인 면도 갖는다. 아우구스티누스는 펠라기우스의 주장이 구원에 있어서의 인간의 역할을 지나치게 강조하는 것을 비판했다. "오직 하나님의 은총만이 죄로 향하는 이 [인간의] 성향을 좌절시킬 수 있었다. 은총에 대한 아우구스티누스의 변

> 우리의 의지는 율법에 의해 그 약함이 드러나며, 은혜(grace,
> gratia)가 의지의 질병을 치유할 것이고, 우리의 치유된 의지가
> 율법을 이행할 것이다.[204]

이 구절은 율법과 은혜를 대비시키는 것이어서 크게 문제되지 않을 것 같다. 그러나 자세히 들여다보면, 하나님의 '은혜'이기에 하나님이 치유의 주체라 이해할 수 있지만, 문자 그대로는 하나님이 주시는 '은혜'가 의지를 치유하는 주체로 서술되고 있다. 죄인의 구원은 하나님의 은혜임은 성경이 증언하는 바이다(롬 3:24). 그러나 엄밀히 말해, 은혜는 하나님이 우리에게 주시는 것이지, 신적 행위의 주체는 아니다.

아우구스티누스는 어떻게 해서 이렇게 말했을까?

수사학자이기도 한 그가 행위의 주체(하나님)와 주체의 행위(은혜)를 구분하지 못했을까?

여기서 예로 든 구절에서 "은혜가 의지의 질병을 치유할 것이고"는 '하나님의 은혜가 … 치유할 것이고' 이거나, '하나님의 은혜의 전달자이신 성령이(혹은 하나님이) … 치유할 것이고' 일 것이다. 전자에서 결국 행위자는 '은혜'가 아니라 '하나님'이며 삼위일체 하나님 안에서 특정 위격을 지칭한다면 지금 우리에게 오시는 분은 성령이시기에 후자의 의미와도 모순되지 않는다. 즉, 아우구스티누스는 성령(혹은 하

호는 아주 강하여서, 후에 그는 "독토르 그라티애"(*doctor gratiae*, 은총의 박사)로 알려지게 되었다." A. E. McGrath, *Christian Theology: An Introduction*, 25.

204 Augustinus, *On the Spirit and the Letter*, 15[IX.], *NPNF*, 1st Series, vol. 5, 89. 원문출처, *PL*, ed. by J.-P. Migne, vol. 44, 209, 2016. 8. 20 접속, http://www.documentacatholicaomnia.eu/02m/0354-0430,_Augustinus,_De_Spiritu_Et_Littera,_MLT.pdf.

나님)을 언급하는 자리에 "은혜"라는 개념을 사용하고 있다고 할 수 있다. 이러한 개념의 전용은 은혜를 인간의 공로에 따라 하나님이 주시는 것으로 말하는 펠라기우스와의 논쟁에서 인간의 공로에 우선하는 하나님의 주권을 강조해준다.

그러나 '성령' 대신에 '은혜'가 중심 개념이 됨으로써, 아우구스티누스 후대의 신학에 있어서 성령론이 은혜론으로 전개되는 출발점이 되었다. 신론이나 기독론에 비해 늦게 시작된 성령론이 충분한 토론의 장을 얻기 전에 다음 주제로 진행 된 것이다. 성령론이 완전히 사라진 것은 아니지만 거의 중심 주제가 되지 못하다가, 20세기 후반에 와서야 새롭게 주목받게 된 것에는 아우구스티누스와 무관하지 않다.

6. 칼빈의 삼위일체론

1) 종교개혁자들의 삼위일체론

종교개혁은 삼위일체론 역사의 귀중한 전환점이 될 수 있는 시기였다. 터툴리아누스에서 출발해서 아우구스티누스에 의해 체계화되어 중세로 이어진 서방교회 삼위일체론의 편향적 시각을 바로잡을 수 있는 좋은 기회였다. 그러나 대부분의 종교 개혁자들에게 있어서 삼위일체론은 이미 정착된 문제로 간주되었으며, 그들은 "니케아신조에 표현되어 있고 아우구스티누스의 저작들 안에서 해결된 그 본질적 내용을 다시 검토하기를 거절했다."[205] 그들은 자신들이 계승한 서방

---

[205] R. E. Olson and C. A. Hall, *The Trinity*, 67.

교회 삼위일체론에 만족하고 동방교회 삼위일체론에 대해서는 무관심하였다.

    결국 이것은 여러 종교개혁자들의 신앙고백문들 속에서 삼위일체론이 독립된 항목으로 다루어지지 않는 결과를 초래했다. 베짜(Beza)에 의해 칼빈(Jean Calvin)이 쓴 것으로 알려졌지만 최근에는 칼빈의 동료 파렐(Farel)의 것으로 밝혀진 1536년의 "제네바 신앙고백문"에는 삼위일체를 항목으로 삼은 것은 없고 "한 분이신 하나님"(one only God)이라는 항목이 있다.[206] 같은 해 초에 출판된 칼빈의 『기독교 강요』 초판에서도 사도신조를 중심으로 믿음에 대해 설명하기 전에, 신조의 첫 세 부분이 "거룩하신 삼위일체의 세 인격체들에 할애되었음"을 말하면서 삼위일체론을 짧게 다루고 있지만 거기서도 "삼위일체론"이란 말을 거론하지는 않았다.[207] 또한 칼빈의 첫 번째『신앙교육서』(Catechism, 1538)에서도 삼위일체에 대해서는 항목으로 따로 다루지 않고, 사도신조를 설명하기에 앞서 도입부에서 "지나가듯이 말하는데" 그친다.[208]

---

[206] John Calvin, "Confession of Faith which all the citizens and inhabitants of Geneva and the subjects of the country must promise to keep and hold (1536)," *Calvin: Theological Treatieses*(Philadelphia: The Westminster Press, 1954): 26–33, tr. with Introductions and Notes by J. K. S. Reid, The Library of Christian Classics vol. XXII. "제네바 신앙고백"의 저자문제에 대해서는 *Calvin: Theological Treatieses*, 25를 참고하라.

[207] Jean Calvin, translated and annotated by Ford Lewis Battles, *Institutes of the Christian Religion*(이하 *Institutes* 1536으로 표기한다.) translation of *Christiane religionis institutio* 1536, the translation is the first volume in *Bibliotheca Calviniana* (Grand Rapids: William B. Eerdmans Publishing Company, 1986), 42–48(II, A).

[208] I. John Hesselink, *Calvin's First Catechism: A Commentary*, featuring Ford Lewis Battles's translation of the 1538 Catechism(Louisville, Kentucky: Westminster John Knox Press, 1997), 112. 라틴어로 출판되기 전에 1537년 2월에 먼저 프랑스어로 출판된 칼빈의 첫『신앙교육서』는 1536년 11월에서 1537년 1월 사이에 작성

이렇게 삼위일체론을 자세하게 다루지 않는 경향에는 중세의 사변적인 삼위일체론 논의에 대한 거부감도 하나의 원인으로 작용했다.[209] 그런 거부감은 종교개혁자들로 하여금 삼위일체론에서 사변적인 사고를 포기하며 삼위일체론에 대한 자세한 설명을 전개하지 않는 경향을 갖게 했다. 그럼에도 불구하고 그들이 삼위의 구별되심과 하나 되심을 말하는 삼위일체 신앙을 결코 포기한 것은 아니었다. 루터의 경우를 예로 들어 보자.

> 이와 같이 그리스도는 말씀하신다.
> "내가 아버지께 구하겠으니 그가 또 다른 보혜사를 너희에게 주사 영원토록 너희와 함께 있게 하시리니 저는 진리의 영이라. 세상이 능히 저를 받지 못하나니 이는 저를 보지도 못하고 알지도 못함일."
> 이 문장을 살펴 보라. 그러면 그 안에서 삼위(three persons)의 차이점을 분명히 발견할 것이다.
> "내가 아버지께 구할 것이다. 그가 너희에게 다른 보혜사를 주실 것이다."
> 여기서 우리는 두 位格을 갖는다. 즉 기도하는 성자, 그리스도와 기도를 받으시는 성부이다. 그런데, 만일 성부가 보혜사를 보낸다면 성부 자신은 그 보혜사가 될 수 없다. 뿐만 아니라 기도하는 성자도 보혜사가 될 수 없다. 세 위격이 여기에서 분명하게 우리에게 묘사되고 있음은 매우 중요한 사실이다. 왜냐하

되었다. Timothy Tow, *A Glimpse of the Life and Works of John Calvin*, 임성호 역, 『존 칼빈의 생애와 업적』(서울: 하나, 1998), 50.

[209] R. E. Olson and C. A. Hall, *The Trinity*, 67.

면 성부와 성자가 제각기 뚜렷한 두 위격인 것처럼, 제3위 성령도 또 하나의 뚜렷한 위격이기 때문이다. 그럼에도 불구하고 영원하신 신은 한 분만 존재하신다.[210]

즉, 루터는 세 위격들의 구별에 대해 분명히 말하면서, 아버지와 아들과 성령께서 어떻게 하나를 이루시는가에 대한 해명 없이, "한" 하나님을 함께 말하고 있다. 이는 "삼위일체 교리"에 대한 믿음[211]을 표출하면서도 동시에 사변적 해명에 대한 거부감에 대해 간접적으로 응답한 것이라 할 수 있다. 게다가 칼빈을 비롯한 종교개혁자들이 가졌던 사변적 신학에 대한 그런 거부감마저도 칼빈의 전통을 계승한 다음 세대 신학자들에 이르러서는 사라지고 말았다. 그로 인해 교회는 균형잡힌 삼위일체론 계승에 실패하고 "개신교 스콜라주의"에 빠지고 말았다.[212] 이런 현상은 개혁교회 안에 내재되어 온 서방교회 전통이 다시 강화된 것이라 할 수 있으며, 종교개혁 운동 자체가 서방교회 전통 안에서 일어난 데서 오는 한계라 할 수 있다.

---

210 Luther, "Table – Talk," # CCXLIII, T. Kerr von Hugh ed., *Kompendium der Theologie Luthers*, 『루터 신학 개요』, 김영한 편역 (서울: 대한예수교장로회총회출판국, 1991), 114, 115에서 재인용.

211 J. L. González, 『基督敎思想史 III: 現代編』(서울: 대한예수교장로회총회출판국, 1988), 68-69.

212 토랜스(J. Torrance)에 따르면, 칼빈주의는 입법자이신 하나님을 강조함으로써 종교개혁자들의 신관과는 다른 스토아적 신 개념을 전개시켰다. James Torrance, "Interpreting the Word by the Light of Christ or the Light of Nature?: Calvin, Calvinism, and Barth," in *Calviniana: Ideas and Influence of Jean Calvin*, ed by Rovert V. Schnucker, vol. X of Sixteenth Century Essays & Studies, ed by Rovert V. Schnucker(Kirksville, Missouri: Sixteenth Century Journal Publishers, 1988), 265.

2) 칼빈의 삼위일체론

종교개혁자들 중에서 '열린' 삼위일체론과 관련을 지을 수 있는 신학자가 있다면, 그가 바로 칼빈이다. 칼빈은 나지안주스의 그레고리의 글을 긍정적으로 인용하며[213] 삼위일체론에 있어서 아우구스티누스에게 크게 의지하면서도 또한 "영혼(soul, anima)이 그 자체 안에 지식과 의지와 기억을 포함하고 있는 한 영혼은 삼위일체의 거울이라는 아우구스티누스의 사색에는 견실함이 없다"[214]고 말하면서 그의 심리적 삼위일체론을 비판하기도 한다. 칼빈은 동방과 서방의 삼위일체론을 어느 정도 균형 있게 종합하려 시도하는 듯하다.[215] 여기서는 그러한 칼빈의 삼위일체론의 장점과 한계를 그의 『기독교 강요』 초판과 최종판을 중심으로 정리하고자 한다.

(1) 『기독교 강요』 초판에 나타난 삼위일체론

칼빈의 초기 저작 『기독교 강요』 초판(1536)에는 "삼위일체" 개념이 분명하게 나타난다. 칼빈은 거기서 "사도신조"의 구조를 말하면서 이렇게 말한다.

---

213 Jean Calvin, translated and Indexed by Ford Lewis Battles, *Institutes of the Christian Religion*, I. xiii. 17, The Library of Christian Classics Vol XX, edited by John Lewis Battles(Philadelphia: The Westminster Press, 1960) (이하 *Institutes*로 표기한다). 여기서 칼빈은 삼위일체론에 있어서 중요한 나지안주스의 그레고리의 말을 인용한다. "삼위일체에 비춰지지 않으면 나는 하나 되심에 대해 생각할 수 없으며, 또한 동시에 하나 되심이 수반되지 않으면 나는 삼위일체를 구분할 수 없다." Gregory of Nazianzus, *On Holy Baptism*, oration xl, 41, *NPNF*, 2nd Series, vol. 7, 375.

214 Calvin, *Institutes*, I, xv, 4. 원문출처, *Institutio Christianae Religionis*, 2016. 8. 20 접속, http://www.ccel.org/ccel/calvin/institutio1/Page_130.html. 참고, R. E. Olson and C. A. Hall, *The Trinity*, 71.

215 김명용, "교회를 위한 삼위일체 신학," 「교회와 신학」 2001년 겨울, 66.

> 사도신조는 네 부분으로 나눠지는데, 그 중 첫 세 부분은 거룩하신 삼위일체의(*sacrae trinitatis*) 세 위격들, 곧 아버지와 아들과 성령에 각각 할애되고 있다. [이 삼위일체께서는] 영원하고 전능하신 우리의 **한 하나님**(*unus Deus*)이시며, 우리는 그를 믿는다.[216]

삼위일체 하나님이 한 하나님이시라고 그는 명백하게 선언한 것이다. 그런데 실제로 사도신조가 서방교회의 신조지만 신조 어디에도 "한 분"을 말하고 있지 않다. 그러나 칼빈은 아버지와 아들과 성령을, 서방교회 삼위일체론이 견지하는 바와 같이, "한 분" 하나님으로 믿는다고 사도신조를 해석하고 있다. 그러므로 사도신조에 대한 이 간략한 도입 설명은 로마가톨릭에 대한 '개혁'을 말하면서도 삼위일체론에 있어서는 그가 여전히, 다른 종교개혁자들과 마찬가지로, 서방교회 삼위일체론의 전통에 서 있음을 보여준다.

비슷한 시기에 출판된 칼빈의 『신앙입문』(1538년)에서도 『기독교 강요』 초판과 동일하게 사도신조 설명에 앞선 도입부에서 삼위일체론을 간략히 소개한다.

> 우리가 아버지, 아들, 그리고 성령의 이름을 부를 때, 우리는 세 신들을 만들어내고 있는 것이 아니다. 그러나 하나님과 성경과 우리의 참된 경건 경험이 일치하여, 우리에게 아버지와 그의 아들과 성령[이신] 하나님을 드러낸다. 우리는 아버지를 생각할 때 그의 생생한 형상을 보여주는 아들과 그의 힘과 능

---

[216] Joannis Calvin, *Christianae religionis Institutio 1536*(이하 *Institutio 1536*으로 표기), in ed. Petrus Barth, *Joannis Calvini Opera Selecta* vol. I, (München: Chr. Keiser, 1926), 70(영문판 분류 II. A. 4) (볼드체 강조는 필자의 것이다).

> 력을 드러내시는 성령을 배제할 수 없다. 우리의 정신을 온통
> 한 하나님께로 집중시키자. 그러나 그러는 동안에도 아들과 성
> 령과 함께 계신 아버지를 생각하자.[217]

그러나 여기에는 삼신론에 대한 경계는 있지만 『기독교 강요』 초판과는 달리 "삼위일체"란 말은 나오지 않는다. 또한 갑바도키아 교부들처럼 하나 되심과 구별되심을 함께 말하지만 칼빈 이전에 이미 신학사에서 많이 논의된 그 둘 사이의 관계에 대해서는 말하지 않는다.

그러나 『기독교 강요』 초판에서 바울의 에베소서 4장 5절에 근거해서 하나님의 하나 되심을 논증한 칼빈의 시도는 주목할 만하다.

> 우리는 여기서 오직 한 개의 증거만 제시하고자 한다. 그러나
> 그 하나가 천 가지 증거에 해당할 수 있다. 바울은 이 세 가지,
> 곧 하나님, 신앙, 그리고 세례를 연결시켜서(엡4:5), 하나에서
> 다른 하나로 추론될 수 있게 했다. 믿음이 하나이기에 그것으
> 로부터 바울은 한 하나님이 계심을 입증하며, 한 세례가 있기
> 에 그는 또한 한 믿음이 있음을 보여준다.[218]

---

[217] Jean Calvin, tr. by Ford Lewis Battles, "Catechism" (1538), I. John Hesselink, *Calvin's First Catechism*, 21-22. 이 부분에 대해 헤셀링크(Hesselink)는 다음과 같이 주석한다. "그는 계속해서 다른 인격들에 대해 생각하지 않고서는 삼위일체의 어느 한 인격에 대해서 생각할 수 없으며, 따라서 우리가 다른 세 형태들 가운데서 그를 경험할 때조차도 한 하나님에 주목해야만 한다고 주장한다." I. John Hesselink, *Calvin's First Catechism*, 112.

[218] Jean Calvin, *Institutes*, 1536, 44(II, A, 6).

칼빈은 믿음과 세례와 하나님이 서로 밀접하게 연관되어 있음을 보여준다.

믿음이 하나라는 것은 무엇을 의미하는가?

이것은 신앙의 여러 가지 측면들을 부정하는 것이 아니다. 칼빈에게 있어서, 믿음이 여럿이라는 것은 서로 상충될 수 있는 다수의 신들에 대한 이교도의 다신론을 가리킨다면, 믿음이 하나라는 것은 "한 하나님을 찾고 그와 연합하며 그에게 나아가는 것"[219]을 의미한다. 즉 기독교 신앙은 여러 신들을 섬기는 다신론이 아니라는 말이다. 이 설명은 삼위일체론에 있어서 중요하다. 종종 삼위일체론은 "삼신론"이라 비난받기 때문이다.

그러나 칼빈의 설명에서 부족한 부분이 있다. 한 믿음이 한 하나님에 대한 믿음인 동시에 삼위일체 하나님에 대한 믿음임을 설명했어야 진정한 삼위일체론적 설명이다. 기독교 신앙의 "한 하나님"은 삼위일체로 존재하시는 하나님이시다. 이 부분에서 칼빈이 하나의 믿음을 말하면서 아버지에 대한 믿음과 아들에 대한 믿음과 성령에 대한 각각의 믿음이 어떻게 하나의 믿음이 되는지를 설명하지 않았다는 점은 아쉬운 부분이다. 이것은 한 분을 강조하는 서방신학 전통의 영향 아래서 칼빈의 사고가 전개되는 데서 오는 한계이다. 그러나 이 부족한 부분은 세례와의 관련 속에서 조금은 보충되고 있다.

칼빈은, 하나님의 하나 되심을 한 믿음과의 관련 속에서 말한 것이 아니라 한 하나의 세례와도 함께 연결시켜 설명했다. "아버지와 아들과 성령의 이름으로" 베풀어지는(마 28:19) 세례의 일치를 통해 하나님의 하나 되심을 말하는 논지는 좀 더 삼위일체론적이다. 앞서 말했듯

---

219 Jean Calvin, *Institutes*, 1536, 44(II, A, 6).

이 마태복음의 이 구절이 비록 성서신학적으로 예수 그리스도께서 원래 하신 말씀이 아니라는 도전을 받고 있기는 하지만[220] 적어도 성경 속에서 확인되는 초대교회의 신앙이었다는 점에서 이 구절은 긍정적으로 검토될 필요가 있다. 칼빈은 이렇게 말한다.

> 성경이 우리로 하여금 아버지와 아들과 성령의 이름으로 세례 받게 의도했기 때문에, 그것은 동시에 모두로 하여금 아버지와 아들과 성령에 대한 한 믿음을 갖도록 의도했다.
> 그렇다면 이것 보다 더 아버지와 아들과 성령이 한 하나님이심을 입증하는 증거가 있겠는가?
> 우리가 그들의 이름으로 세례받는다면, 우리는 그들에 대한 믿음으로 세례받는 것이기 때문이다. 결국, 그들[아버지와 아들과 성령]이 한 믿음으로 경배 받는다면 그들은 한 하나님이시다.[221]

아버지와 아들과 성령의 이름으로 받는 세례는 아버지와 아들과 성령에 대한 단일한 믿음을 전제로 하며, 이것은 결국 아버지와 아들과 성령께서 하나이시라는 증거가 된다는 말이다.[222] 이 부분에 있어서

---

220   해그너(Donald A. Hagner)는 그리스도의 이름으로 세례를 주라는 것이 더 원래적인 표현이라고 생각한다. *Word Biblical Commentary*, vol. 33B, Matthew 14–28 (Dallas, Texas: Word Books, Publisher, 1995), 887–88.

221   Jean Calvin, *Institutes* 1536, 44(II, A, 6). "Si enim in eorum nomen baptismaor, in eorum fidem baptisamur. *Unus igitur Deus sunt, si una fied coluntur.*" J. Calvin, *Institutio* 1536, 71(볼드체 강조는 필자의 것이다).

222   『기독교 강요』 최종판에서는 "아버지와 아들과 성령"이 하나의 이름이라고 칼빈은 주장한다. 하나의 이름을 가진 하나님은 한 하나님이라는 말이다(Calvin, *Institutes*, I, xiii, 16). 이것은 "아버지와 아들과 성령의 이름으로"에 있는 "이름"이 단수임에

칼빈은 한 하나님을 전제로 하지 않고 아버지와 아들과 성령에 대한 하나의 믿음을 전제로 하고 있기에 그의 삼위일체론은 왜곡된 일신론적 삼위일체론과는 다르다. 그러나 여전히 한 분 하나님을 강조하고 있음이 위 인용문에 이어지는 칼빈의 다음과 같은 말에서 확인 된다.

> 부분적으로는 세 인격들의 단일한 신성에 대해서, 부분적으로는 인격들의 구별에 대해서 말하는 또 다른 분명한 증거들도 있다. 유대인들에 의해 "말로 표현해서는 안 된다"고 일컬어지는 그 이름[야훼]이 예레미야에서는 아들에게 적용되었다.[223]

여기서 칼빈은 "야훼"라는 이름이 아버지에게 뿐만 아니라 아들에게도 적용되는 예를 제시하고 있는 것이다. 이것은 그의 『기독교 강요』 최종판에서 더욱 분명하게 나타나기에 그것을 다룰 때 자세하게 설명할 것이기에, 여기서는 일단 간단하게만 말하겠다.

"야훼 우리의 의"와 "야훼"란 이름은 동일한 이름이 아니다. 예레미야에서 "야훼 우리의 의"라는 이름이 나오는 곳은 23장 6절[224]과 33장 16절[225] 두 곳이다. 아마 칼빈은 전자의 경우에 나오는 구원자를 신적인 하나님의 아들로 간주한 것 같다. 그렇다 하더라도 "야훼 우리의 의"는 구원자가 야훼로부터 오는 것이기에 붙여진 이름이지 그 구원

근거한 것 같다. 이로써 칼빈은 초기의 견해보다 더 강하게 하나님의 단일성을 강조하였다.

[223] Jean Calvin, *Institutes* 1536, 44(II, A, 6).
[224] "그의 날에 유다는 구원을 받겠고 이스라엘은 평안히 살 것이며 그의 이름은 여호와 우리의 공의라 일컬음을 받으리라"(렘 23:6)
[225] "그 날에 유다가 구원을 받겠고 예루살렘이 안전히 살 것이며 이 성은 여호와는 우리의 의라는 이름을 얻으리라"(렘 33:16)

자를 야훼로 부르는 것은 아니다. "야훼 우리의 의"가 야훼 하나님의 구원을 기리기 위해 붙여진 이름이라는 것은 동일한 이름이 예레미야 33장 16절에서는 구원의 대상인 예루살렘에 붙여진다는 사실에서 입증된다.[226]

칼빈의 논지가 한 하나님에 근거해 있다고 해서 칼빈이 단일신론자이거나 양태론자였다고 주장하는 것은 결코 아니다. 그는 하나님이 영이시라는 요한복음 4장 24절에 근거한 성부 단일신론이나, 아버지와 아들과 성령을 동일한 존재의 세 이름이라는 식의 양태론을 분명하게 거부한다.[227] 그러나 이어지는 칼빈의 말 가운데서 그의 삼위일체론을 소위 "삼일론"[228]이라 부를 수 있게 하는 다음과 같은 설명이 제시되고 있다.

> 논쟁을 좋아하지 않거나 고집스럽지 않은 사람들은 아버지와 아들과 성령이 한 하나님(one God)이심을 안다. 왜냐하면 아버

---

[226] 예레미야 23장 6절에 나타난 "야훼 우리의 의"는 신적 존재에게 붙여진 이름이 아니라 하나님의 백성들을 구원할 왕에게 붙여질 이름이다. 그는 의로운 자 혹은 합법적인 다윗 가문의 후손이다. 참고, Peter C. Craigie, Page H. Kelley and Joel F. Drinkard, Jr., *Word Biblical Commantary*(이후 *WBC*라 표기한다), vol. 26 Jeremiah 1–25 (Dallas, Texas: Word Books, Publisher, 1991), 328–31. 물론 칼빈은 다르게 해석한다. 『기독교 강요』 최종판에 나타난 칼빈의 해석과 그에 대한 비판은 뒤에서 다룰 것이다.

[227] Jean Calvin, *Institutes* 1536, 45(II, A, 7).

[228] "삼일론"의 신학적 근거는 소위 "아타나시우스신조"에서 찾을 수 있다. 이에 대해서는 본 장의 마지막 부분(III. F. 4)에서 다룰 것이다. 신학이 전통적으로 사용해 온 "삼위일체론"에 대신하여 사용된 "삼일론"이라는 표현은 하나님의 한 분되심을 강조하면서 논리적 해명 없이 동시에 세 위격들의 구별을 함께 말하려는 정통 기독교 삼위일체론에 대한 새로운 명명이다. 이것은 위트니스 리 계열의 이단인 지방교회가 자신들의 신론을 가리키는 말로 동일하게 사용하고 있는 "삼일론"과는 구별된다. 칼빈의 경우에는 삼과 일의 신비적 연결을 말하여 믿는 자의 신앙의 결단을 요구하지만 후자의 경우에는 양태론적 일신론에 가깝다.

지도 하나님이요, 아들도 하나님이며, 성령도 하나님이시기 때문이다. 즉 오직 한 하나님만이 계실 수 있기 때문이다.
다른 한편으로, 셋이 거명되고, 셋이 묘사되고, 셋이 구별된다.
그러므로 하나와 셋: 한 하나님, 한 본질[이다](*Unus itaque, et tres, unus Deus, una essentia*).²²⁹

이처럼 칼빈은 하나를 강조하면서도 또한 아버지와 아들과 성령의 구별되심을 말하기를 잊지 않지만, 삼과 일 사이의 관계에 대해서는 특별한 해명을 하지 않는다. 단순히 아버지와 아들과 성령이 모두 하나님이기에 "한 하나님이 계신다"고만 말한다. 이런 칼빈의 삼위일체론은 장점과 한계를 동시에 갖는다.

한편으로, 칼빈의 이런 설명 방식은 피조물로서는 도무지 규명할 수 없는 하나님의 신비를 보존하는 한 방편이 될 수 있을 것이다. 이런 식으로라도 세 인격체들의 구별되심을 포기하지 않으면서 자신의 견해가 단일신론이나 양태론이 아님을 동시에 말하는 것, 이것이 칼빈의 삼위일체론의 장점이다. 다른 한편으로, 세 인격체의 구별보다는 한 분 하나님에 대한 강조가 강하며 세 분의 구별되심과 하나 되심의 관계를 설명하지 못하고 그냥 모순된 채로 연결시켜 놓은 것이 그의 삼위일체론의 한계요 단점이다. 이로 인해 개혁교회 신학의 삼위일체론은 '한 분 하나님'을 강조하고, 아버지와 아들과 성령의 구별되심은 소홀히 다루는 경향을 갖게 되었다.²³⁰

229　Jean Calvin, *Institutes* 1536, 45(II, A, 7); *Institutio* 1536, 72(볼드체 강조는 필자의 것이다).

230　하이델베르크 요리문답 25항, 제2 스위스 신앙고백서 제3장, 웨스트민스터 신앙고백서 제2장, 웨스트민스터 소요리문답 5문항. 참고, 이형기 편저, 『세계개혁교회의

(2) 『기독교 강요』 최종판(1559)을 중심으로 본 칼빈의 삼위일체론[231]

삼위일체에 대한 칼빈의 견해는 "영원하고 분해할 수 없는 단일한 본질 안에서의 한 하나님으로서의 그들의 통일성을 계속해서 확증하면서도, 세 인격들 혹은 실존들(subsistences)의 구별을 강조하는 경향을 보인다"고 평가되기도 한다.[232] 그리고 칼빈의 이러한 삼위일체 신앙은 개혁신학에 가장 큰 영향을 미친 그의 『기독교 강요』 최종판에서도 그대로 이어지고 있다.

앞서 언급했듯이 칼빈은 나지안주스의 그레고리의 말을 인용하여 삼위의 구별됨과 그들의 일치를 말했지만,[233] 여전히 칼빈의 견해는 전통적인 서방교회 삼위일체론의 틀을 벗어나지 않고 있다. 그는 삼위일체 하나님의 하나 되심과 구별되심을, 그리고 삼위 안에서의 순서와 신성의 문제를 다음과 같이 요약한다.

> 우리가 한 하나님(one God)을 믿는다고 고백할 때, 이름 그대로 하나님을 **하나의 단일한 본질**이라 이해하며, [본질은] 세 **인격체들**(three persons) 혹은 *hypostasis*들을 함축한다. 따라서 하나님의 이름이 막연하게 사용될 때는 언제나, 아버지만큼이나 아들과 성령(the Spirit)을 의미한다. 그러나 아들이 아버지와 연결

신앙고백서』(서울: 한국장로교출판사, 1991).

[231] 부틴(P. W. Butin)은 『기독교 강요』 최종판을 토대로 하여 칼빈에게 있어서 하나님과 인간 사이의 관계에 대한 이해는 삼위일체론적이라 본다. 이에 대해서는 다음을 참고하라. Philip Walker Butin, *Revelation, Redemption, and Response: Calvin's Trinitarian Understanding of the Divine-Human Relationship*(New York/Oxford: Oxford University Press, 1955).

[232] R. E. Olson and C. A. Hall, *The Trinity*, 72. 이러한 평가 자체가 그의 삼위일체론이 삼과 일을 동시에 말하는 "삼일론적" 경향임을 은연 중에 드러내고 있다.

[233] Calvin, *Institutes*, I, xiii, 17.

될 때에는, 관계가 드러나게 되며, 그래서 우리는 세 인격체들을 구별한다. 그러나 인격적 실존(subsistence)은 그들과 함께 어떤 순서를 동반하기 때문에, 원칙과 근원은 아버지 안에 있다. 아버지와 아들에 대해 언급될 때마다, 혹은 아버지와 성령이 함께 언급될 때마다, 하나님이란 이름은 특별히 아버지에게 주어진다. 이런 식으로 본질의 통일성이 유지되며, 순서도 존중된다. 그러나 그 순서는 아들과 성령의 신성을 조금도 손상시키지 않는다.[234]

여기서 칼빈은 한 분 하나님에 대해서만 강조하고 있지는 않다. 하나님의 통일성이 "한 분 하나님"과 "하나의 단일한 본질"이란 말로 잘 표현되어 있고, 세 인격체들의 구별이 함께 언급되며("세 인격들 혹은 *hypostasis*들"), 그리고 아버지의 근원되심까지 표현되어 있다("… 하나님이란 이름은 특별히 아버지에게 주어진다").

그러나 니케야-콘스탄티노플신조의 관점에서 보면, 이 글이 담고 있는 교리는 여전히 하나님의 단일성을 강조하고 있다. 왜냐하면 여기서 하나님이 하나의 단일한 본질임을 전제로 하며 세 인격체들은 '한 본질'에 함의되어 있을 뿐이기 때문이다. 또한 구별이 드러나는 것은 터툴리아누스의 경우에서처럼 경륜적 차원이지 내재적 차원이

---

[234] Calvin, *Institutes*, I, xiii, 20(볼드체 강조는 필자의 것이다). 한 본질에 대한 칼빈의 계속적인 강조는, 말씀(아들)과 성령의 신성에 대해 규명하려 시도하면서, "여호와"를 아버지와 아들과 성령 모두에게 적용되는 이름으로 설명하는 데서도 드러난다. 이것은 『기독교 강요』 초판 4-45(II, A, 6)에서도 간략하게 언급했던 부분이다. 그러나 아들이 (또한 성령이) 아버지와 함께 하나님으로 고백되는 것은 삼위일체론적 견해로 쉽게 받아들여지지만 아들을 (그리고 성령을) "여호와(야훼)"라 부르는 것이 옳은 지는 의문이다.

아니기 때문이다. 니케야-콘스탄티노플신조는 그러한 형이상학적 전제 없이 아버지를 하나님으로, 아들을 하나님으로, 그리고 성령을 하나님으로 고백한다.

칼빈에 따르면 구약에서 이미 아들이 "여호와(야훼)"로(사 9:6; 렘 23:6) 언급되었다는 것이다.[235] 구원자는 아들을 가리키며 그를 향하여 하나님의 독특한 이름인 "여호와"를 포함하는 "여호와 우리의 의"라는 이름이 붙여졌으므로, 아들은 여호와라는 것이 칼빈의 주장이다. 구약 안에서 삼위일체 하나님을 발견하려는 이러한 시도는 삼위일체론에 있어서 중요한 시도인 것은 분명하다.

여기서 칼빈의 그런 시도 자체를 부정하는 것이 아니다. 다만 그의 논리가 불명확하다는 것이다. 여호와(야훼)를 포함하는 이름을 가졌다고 해서 그를 "여호와(야훼)"라 부를 수 있는가가 문제이다. "여호와(야훼) 우리의 의"라는 이름이 붙여지는 존재가 세속적인 왕으로서의 구원자가 아니라 영원하신 아들이라는 칼빈의 주장에 동의하더라도 문제는 해결되지 않는다. 축약형이 아니라 완전한 형태의 하나님의 이름이 포함되는 것은 구약에서 거의 없는 일이기는 하지만,[236] 앞에서도 간략히 말했듯이 "야훼가 우리의 의다"는 이름과 "여호와(야훼)"라는 이름이 동일한 대상을 지칭한다는 근거는 그 이름 자체에는 없다. 왜냐하면 "야훼가 우리의 의다"는 것이 아들의 이름이라 하더라도,

---

[235] Calvin, *Institutes*, I, xiii, 9. 여호와(야훼)란 이름이 인간이 만든 제단이나 성에 적용될 때에도, 그 제단이나 성 자체가 거룩하기 때문에 그런 이름이 붙은 것이 아니라 야훼께서 그 제단을 통해 높임 받으시고(출 17:15) 야훼께서 그 성에 임재하시기에 (렘 33:16) 그런 이름이 붙는다는 것이 칼빈의 주장이다(Ibid.). 그렇다고 하더라도 그것은 여호와(야훼)를 포함하는 독특한 이름("야훼 우리의 의")으로 불리는 이가 곧 야훼라고 할 만한 근거는 되지 못한다.

[236] Peter C. Craigie, Page H. Kelley and Joel F. Drinkard, Jr., *WBC*, vol. 26, Jeremiah 1-25, 331.

그것은 야훼 하나님의 의로우심을 아들이 전적으로 드러내는 분이심을 계시하며 그 아들의 이름은 야훼가 아니라고 주장할 수 있기 때문이다.

이는 이미 칼빈 자신이 어느 정도 예견한 바이다. 그는 "야훼가 우리의 의다"는 동일한 이름이 메시야에게 붙여질 뿐만 아니라 동일한 선지자에 의해 예루살렘에도 붙여짐을(렘 33:16) 알고 있었다. 그래서 이 부분에서 "더욱 첨예하게 논쟁될 것"[237]이라고 하였다. 그 문제를 칼빈은, 예루살렘을 교회로 이해함으로써 해결하려 한다. 그에 따르면 그 구절은 "교회(the Church)가 그[그리스도]의 참된 이름을 맡는 것을 자랑할 수 있도록 그것을 깨닫고 있어야 할 것임을 선언하고 있다"[238]는 것이다. 이것이 나름대로 해결책이 되는 것은 교회와 그리스도는 서로 무관하지 않으며 교회는 그리스도를 머리로 삼고 있기 때문이다. 즉, "그 머리에 속한 것은 무엇이든 그 구성원들 모두에게 공통되기 때문이다."[239] 그러나 이런 설명은 교회는 그리스도의 몸이라 하더라도 교회를 가리켜 "여호와(야훼)"라 부르지 않는다는 사실을 해명하지 못한다. 머리와 지체가 동일한 이름으로 불리지 않는다는 것은 "여호와 우리의 의"라는 이름이 "여호와"와 동일한 이름이 아니라, 여호와 하나님의 의로우심을 구원자를 통해 그리고 새로운 예루살렘(교회)을 통해 드러내는 별칭이라는 증거이다.

또한 칼빈은 여호와가 삼위일체라고 혹은 삼위일체 하나님이라고 분명하게 말하지 않는다. 단지 아버지가 여호와인 것처럼, 아들도 여

---

[237] Jean Calvin, *Institutes*, I, xiii, 9.
[238] Jean Calvin, *Institutes*, I, xiii, 9. 참고, Jean Calvin, *Commentaries on Jeremiah*, vol. 3, 255-56.
[239] Jean Calvin, *Commentaries on Jeremiah*, vol. 3, 255.

호와이고, 성령도 여호와라고 주장한다. 이것은 아들과 성령의 신성이 아버지의 신성과 동등하다는 삼위일체론의 논지를 위한 논리이다. 그러나 아버지와 아들과 성령이 모두 여호와라고 주장하는 것은, 은연 중에 하나님을 삼위일체 하나님이 아니라 여호와라는 단일신으로 인식되게 할 수 있다는 데서 비판의 여지가 있다.

칼빈은 아버지와 아들과 성령이 동일한 여호와(야훼)라고 말하는 데서 그치지 않는다. 구약과 신약에서 아들과 성령의 신성을 찾아낸 후(I, xiii, 9-15), 칼빈은 다시 한 번 먼저 하나님의 한 분되심을 강조한다. 즉, 하나님의 단일성(oneness)을 말하고(I, xiii, 16), 그 다음에 세 인격들의 구별되심(threeness)을 말한다(I, xiii, 17). 그러므로『기독교 강요』초판에 비해 양적으로 많이 확대 개편된『기독교 강요』최종판에서도 삼위일체에 대한 칼빈의 논지는『기독교 강요』초판의 논지와 크게 다르지 않다고 결론내릴 수 있다.

3) 칼빈의 삼위일체론에 대한 '열린' 삼위일체론적 재해석 가능성

(1) 칼빈의 성령관: 떨어져 있는 것을 연결하시는 성령

칼빈의 삼위일체론을 비판적으로 살펴보았지만, 그의 신론 전체에 문제가 있는 것은 아니다. 특히 성령론 그리고 그것과 밀접한 관계 속에서 다루어지는 성례론은 니케야-콘스탄티노플신조의 삼위일체론과 조화를 이룬다. 여기서는 먼저 칼빈의 성령관을 다루고 그 다음으로 성례론을 다룰 것이다.

얼핏 보기에 칼빈의 성령관은 앞서 이미 비판적으로 고찰되었던 아우구스티누스의 성령관의 영향 아래 있는 것처럼 보인다. 아우구스티누스는 성령을 아버지와 아들을 묶는 끈으로 보았는데, 칼빈 역시 유사하게 성령을 '끈'에 비유하기 때문이다. 그러나 이 부분에 있어서 칼빈은 아우구스티누스보다 니케아-콘스탄티노플신조에 더 가깝게 나아간다. 칼빈은 그러한 성령의 역할을 아버지와 아들 사이에 적용시키는 것이 아니라 그리스도와 그리스도인들 사이에 적용시킨다. 그에 따르면, 우리와 그리스도 사이를 연결하는 "끈은 그리스도의 성령이다. 성령은 우리를 그리스도와 연합시키시는 분이며, 그리스도가 가지고 있는 모든 것과 그리스도의 존재 전체가 우리에게 도달되는 일종의 경로이시다."[240]

이런 견해는 아우구스티누스가 성령을 아버지와 아들 사이의 묶는 끈으로 설명하면서 약화시킨 성령의 인격성을 다시 회복시켜 준다. 아우구스티누스의 성령론의 영향으로 성령론이 은총론으로 변해버린 중세신학에서는 성령의 자리를 교회의 성례전이 차지하고 있었기 때문이다. 칼빈은 은총의 통로가 성례전이 아니라 성령 하나님이심을 밝혀주었다. 그렇다고 이것이 성례전을 무시하는 결과를 초래하지도 않았다. 칼빈에게 있어서 오히려 성령은 성례전과 밀접한 관련이 있다.

이러한 칼빈의 성령관은 그의 신학의 그리스도 중심성을 드러낸다.[241] 예외는 있지만,[242] 우리에게 임하시는 성령은 언제나 성경말씀을 매개로 하여 말씀이신 그리스도와의 연합으로 인도한다. 성령의

---

240 John Calvin, *Institutes*, IV, xvii, 12.
241 이런 견해를 가진 대표적 신학자는 빌헬름 니젤(Wilhelm Niesel)이다. 참고, Niesel, *Theologie Calvins*, 이종성 역, 『칼빈의 신학』 (서울: 대한기독교서회, 1982), 18-19, 159.
242 말씀을 통한 하나님에 관한 지식 전달이 인간을 중생에 이르게 한다는 것이 칼빈의 생각이다. Calvin, *Institutes*, I, ix, 2-3. 그러나 말씀을 듣고 판단할 수 있는 능력이 없는 유아에게 베풀어지는 세례와 관련하여 칼빈은, 하나님의 역사는 우리 이해를 초월하여 구원받을 아이를 먼저 중생시킨다고 한다(*Institutes*, IV, xvii, 17, 19).

'내적 증거는' 다른 어떤 인간의 증거보다 강해서, 성경말씀의 확실성을 보증해준다. 여기서 성령의 사역은 성만찬에서 이루어지는 그리스도인과 그리스도와의 연합에서의 사역과 유사하다. 이러한 그리스도 중심적 성령관은 성령을 독자적 신으로 만드는 위험을 억제하고, 성령에 대한 이해도 그리스도 안에서 충만하게 드러나는 아버지와 아들과 성령의 삼위일체 하나님에 대한 이해와의 연관성 속에 있게 함으로써 '열린' 삼위일체론적 신론의 근거가 될 수 있다.

(2) 칼빈의 삼위일체론적 성례전 신학

칼빈의 성례전 신학도 '열린' 삼위일체론의 근거가 될 수 있다. 흔히, 성례전은 로마가톨릭교회와 동방정교회 등과 밀접하게 연관되어 있고 종교개혁 전통은 그렇지 않다고 말한다. 그래서 다음과 같은 평가가 일반적이다.

> 성례전 위주의 신앙과 신학을 추구하는 전통은 오늘날에도 로마교회와 동방정통교회 안에서 면면히 흘러 내려오고 있다 … 루터, 칼빈 등 16세기 종교개혁자들은 로마교회의 … 중세의 성례전 중심적 종교, 그리고 … 소위 "묵종적 신앙"에 반기를 들었다.[243]

그러나 이런 평가는 성례전 전반에 대해서는 타당하지만, 특정 성례전, 즉 세례와 성찬에 관해서는 의문의 여지가 있다. 종교개혁자들

---

[243] 현요한, 『성령, 그 다양한 얼굴: 하나의 통전적 패러다임을 향하여』(서울: 장로회신학대학교출판부, 1998), 11.

중에는 세례와 성찬의 의미를 상징적 행위로 축소하는 쯔빙글리 같은 부류도 있지만, 세례와 성찬을 하나님, 곧 삼위일체 하나님과 연관시켜 이해하는 루터와 칼빈 같은 부류도 있기 때문이다. 칼빈이 성령과 성례전을 밀접하게 연관시키고 있음을 우리는 이미 확인했다. 그에 덧붙여서 삼위일체와 성례전의 관계도 살펴보자.

칼빈에게 있어서, 아버지와 아들과 성령의 삼위일체되심을 드러내는 성례는 세례다. 칼빈이 비록 그리스도의 이름으로 베풀어지는 세례에 주목하며 "세례에서 제공되는 하나님의 모든 선물들은 그리스도 안에서만 발견된다"고 하여 아버지와 성령을 세례에서 배제시키는 듯하지만, 곧 이어서 그는 "그러나 만일 그리스도 안에서 세례를 베푸는 이가 또한 아버지의 이름과 성령의 이름을 말하지 않는다면 이것은 일어나지 않는다"는 말을 덧붙인다.[244] 즉, 바울 서신에 언급된 아들의 이름으로 베풀어진 세례라는 것은 세례에 있어서 수세자와 그리스도와의 연합을 강조하기 위한 표현일 뿐 실제로 세례는 아버지와 아들과 성령의 이름으로 베풀어졌다는 것이 그의 추론이다. 그에게 있어서 아버지와 아들과 성령은 세례 가운데서 함께 일하신다.

> 왜냐하면 우리의 자비하신 아버지께서 … 우리 가운데 … 이 중보자를 두셨기에 우리는 그의 피로 씻음 받기 때문이다. 우리는 그리스도의 죽음과 부활에 의해 중생을 얻지만, 그것은 오직 우리가 성령에 의해 성화되고 새롭고 영적인 본성을 갖게 될 때에만 가능하다. 이런 이유로 우리는, 우리의 정화와 중생에 대하여 아버지 안에서 원인(*causa*)을, 아들 안에서 질료(*materia*)를, 그리고 성령 안에서 효력(*effectus*)을 얻으며, 말하자

---

244 Calvin, *Institutes*, IV, xv, 6.

면 그런 것들을 분명하게 인식한다.[245]

칼빈에 의하면, 육체로 부활하신 주님을 지금 우리는 볼 수 없지만, "불가사의한 성령의 능력으로 말미암아" 우리는 "그의 몸과 피와 불가사의한 친교를" 맺는다.[246] 즉 우리는 성찬 가운데서 성령에 의해 그리스도와 연합된다. 성령이 역사하지 않는 성찬은 무의미하다.

> 내적인 스승이신 성령께서 동반하실 때에만 성례전은 자신의 직무를 합당하게 수행한다. 성령의 기운이 마음을 뚫고 들어와 마음을 감동시켜 그 성례전들이 우리 영혼으로 들어오게 한다.[247]

(3) 칼빈의 삼위일체론에 대한 평가

전체적으로 보아, 칼빈의 삼위일체론은 서방신학의 입장에서 삼위일체론을 계승하면서 동방교회 삼위일체론을 참고한 것이다. 또한 세 인격체들의 하나 되심과 구별되심의 관계 설명에 관심 갖지 않고 그 둘을 동시에 말하고 있다는 점에서 그의 견해는 앞서 언급한 것처럼 "삼일론"이라 불릴 수도 있다. 전통적으로 하나님에 관한 교리에서 사용되어 온 개념인 "삼위일체론"보다는 "삼일론"이 하나님에 대해 더 적합한 개념이라는 주장을 칼빈의 입장에 근거해서 전개하는 것은 어느 정도의 설득력을 갖는다. 그리고 아버지와 아들과 성령의 '열린' 친교와 일치에 대한 논의가 삼위일체 하나님에 대한 이해의 핵심이라

---

245 Calvin, *Institutes*, IV, xv, 6. 원문출처, *Institutio Christianae Religionis*, 2016. 8. 20 접속, http://www.ccel.org/ccel/calvin/institutio2/Page_369.html.

246 Calvin, *Institutes*, IV, xvii, 26.

247 Calvin, *Institutes*, IV, xiv, 9.

고 본다면, 칼빈의 삼위일체론이 그 핵심을 다루지 못하고 있다고 비판받을 수 있다.

칼빈의 『기독교 강요』 초판과 최종판 모두에서 나타나는 그의 삼위일체론은 한 분 하나님에 대한 강한 강조를 전제로 하면서 세 인격체들의 구별을 함께 말하고 있다. 그로 인해 그가 교회의 전통을 따라 아버지와 아들과 성령의 구별되심을 함께 말하는 것의 타당성을 스스로 약화시키고 말았다. 게다가 그는 한 분 하나님의 존재를 믿는 유일신론적 신앙과 세 인격들의 구별되심과 하나 되심을 고백하는 삼위일체론적 신앙을, 둘 사이의 관계에 대한 해명 없이 함께 전달함으로써 삼위일체론을 이해불가능한 교리인 동시에 무조건적으로 받아들여야 하는 강압적인 교조(教條)로 만들고 말았다.[248] 그로 인해 칼빈 스스로 의도한 것은 아니지만, 칼빈의 삼위일체론은 또 다른 묵종적 신앙[249]의 근거가 될 위험을 안고 있는 것이다.

그러나 앞서 보았듯이, 칼빈의 삼위일체론이 부정적인 평가만을 받지 않는 것도 근거가 있다. 소극적으로 보면, 중요한 종교개혁자들 중의 한 사람으로서 종교개혁 운동에 큰 영향을 미친 칼빈이 적어도 양태론자나 종속론자가 아니었고 삼위일체론을 신앙의 전제로 삼고 있었다는 점에서 긍정적으로 평가될 수 있을 것이다. 적극적으로는 성령론에 있어서, 그리고 삼위일체 하나님과 성례전과의 관련성, 특히 세례와 성찬과의 관련성을 강조한 것이 칼빈의 공헌이라 말 할 수 있다.

---

248 참고, 김명용, "몰트만(J. Moltmann) 신학의 공헌과 논쟁점," 「장신논단」 (2003), 123 이하.

249 중세 가톨릭교회는 성례전을 중심으로 '묵종적 신앙'을 가르쳤다. 이로 인해 신자들은 신앙생활에 있어서 수동적이 될 수밖에 없었다. 종교개혁자들은 그 '묵종적 신앙'에 대한 반기를 들었다.

4) 삼과 일의 신비적 연합 이론("삼일론")의 명시적 근거: "아타나시우스신조"

한국교회에서 삼위일체론을 설명할 때, 양태론적 설명을 제외하면 세 위격들과 하나님의 하나 되심 사이의 관계에 대한 논의 없이 '삼과 일의 신비적 연합'으로만 설명되는 경우가 태반이다. 이것이 곧 "삼일론"이다. 이런 식의 설명 그 자체는 오랜 전통을 갖지만 진정한 삼위일체 하나님을 알아가는 데 걸림돌이 되기도 한다. "삼일(三一)의 교리"는 소위 "아타나시우스신조"에서 구체화되었다.[250] 이 신조는 아리우스와의 논쟁을 주도한 아타나시우스의 이름이 붙어있지만, 현재와 같은 형태를 갖춘 것은 8세기 후이며, 따라서 17세기 이후로는 대부분의 신학자들이 아타나시우스를 그 저작자로 보지 않고 있다.[251] 이 신조는 그 내용이 철저히 아우구스티누스의 삼위일체론이어서 아우구스티누스의 제자나 아우구스티누스 학파의 소산으로 추정된다.[252] 따라서 이 신조는 니케아–콘스탄티노플신조와는 다른 특징을 가질 수밖에 없다.[253]

"아타나시우스신조"는 총 44조 가운데서 제3조부터 제28조까지는 삼위일체와 관련된 내용이며, 제29조부터 제43조까지는 그리스도와

---

[250] 김명용, "삼위일체 하나님에 대한 바른 이해," 『이 시대의 바른 기독교 사상』(서울: 장로회신학대학교출판부, 2001), 54.
[251] 이종성, 『三位一體論』, 59.
[252] 이종성, 『三位一體論』, 275.
[253] 그러나 이 신조의 이러한 아우구스티누스적 성격에도 불구하고 이종성은 이 신조를 동방교회와 서방교회를 포함한 모든 삼위일체 논쟁의 근본정신을 담고 있다고 본다. 이종성, 『三位一體論』, 275.

관련된 내용이고, 제1, 2조는 도입이고 제44조는 마치는 말이다.[254] 하나님 아버지에 대한 내용("21. 아버지는 어떤 것으로 만들어지지도 창조되지도 낳음 받지도 않으셨다")과 성령에 대한 내용("23. 성령은 아버지와 아들로부터 존재하신다. 그는 만들어지지도 창조되지도 낳음 받지도 않으셨다. 그는 나오신다")은 신앙으로 고백되지 않고 삼위일체로 계신 한 분 하나님에 대한 내용 속에서 사변적으로 다루어진다. "아타나시우스신조"는 첫째로 구조상 이전의 신조와 구별된다.

사도신조와 니케아-콘스탄티노플신조는 아버지와 아들과 성령에 대한 세 조항으로 믿음을 차례로 고백한다. 이것은 성경에 나타난 신앙의 일차적 종합이라 할 수 있다. 그러나 "아타나시우스신조"는 그런 신앙고백을 넘어서서 사변적인 삼위일체론과 기독론을 44개 조항으로 구분하여 서술하고 있다.

이전의 신조와 "아타나시우스신조"의 두 번째 차이는 믿음의 내용이다. 이것은 구조의 변화에서 이미 예시되었다. 위에서 언급했지만 니케아-콘스탄티노플신조는, 그리고 부분적으로는 사도신조도 일차적으로는 세 인격체들에 대한 신앙을 고백하며("… 하나님 아버지를 내가 믿사오며 … 예수 그리스도를 믿사오며 … 성령을 믿사오며"), 그 내용에 있어서 세 인격체들의 일치를 고백한다. 그러나 "아타나시우스신조"는 처음부터 한 분 하나님과 삼위일체를 함께 말한다.

3. 우리는 삼위일체로 계신 한 하나님이시며 통일체로 계신 삼위일체께(unum Deum in Trinitate, et Trinitatem in Unitate) 예배드

---

[254] 인용된 "아타나시우스신조" 조항들의 출처는 다음과 같다. Philip Schaff, *The Creeds of Christendom with a History and Critical Notes*, vol. II. (6th edition), 66-67, 2016. 8. 20 접속, http://www.ccel.org/ccel/schaff/creeds2.pdf.

린다. … 27. 삼위일체로 계신 통일체이시며 통일체로 계신 삼위일체께서(Unitas in Trinitate, et Trinitas in Unitate) 예배 받으셔야 한다.

삼위일체 신앙이 '삼일론'으로 바뀐 것이다. 여기서 우리는 '삼'과 '일' 그리고 '일'과 '삼'을 일치시키는 '삼일론'을 발견한다. 제10조에서 제18조까지 신조는 세 페르소나들의 구별과 함께 '하나'를 반복하여 말한다. "한 영원이시다"(제10조), "한 전능자이시다"(제14조), "한 하나님이시다"(제16조), "한 주님이시다"(제18조). 새로운 진술에는 새로운 해명이 필요하지만 이 신조 안에는 어떻게 셋이 하나일 수 있는지에 대한 언급은 나타나지 않는다.[255] 이러한 사변적 삼일론은 5세기까지의 삼위일체론과 기독론 논쟁을 간단하게 정리한 것일 수 있다. 그리고 이것은 칼빈을 거쳐 "웨스트민스터 소요리문답"에까지 이어졌다.

풍부한 성경적 근거를 제시하며 서술한 『웨스트민스터 신앙고백서』와는 달리 "웨스트민스터 소요리문답"은 짧은 문장으로 묻고 답한다. 그러나 많은 장로교인들에게는 좀 더 길고 수많은 성경구절들이 언급되고 있는 『웨스트민스터 신앙고백서』보다 더 대중적이기에 더 큰 영향을 주었다. 그 중에서 삼위일체론과 관련된 문항은 5번과 6번이다.

문5) 한 분 이상의 신(神)들이 계십니까?

---

[255] 보프는 이 신조의 "내적 한계"를 다음과 같이 지적한다. "그 안에는 통일성(unity)과 삼위일체(Trinity) 사이의 연관에 대한 입증 없이 반복적으로 그 둘을 나란히 놓고 있다." L. Boff, *Trinity and Society*, 68.

> 답) 하나님은 오직 한 분이 계실 뿐인바, 이 하나님은 살아 계시고 참
> 되십니다.
> 문6) 한 하나님 안에 몇 위격(位格)이 계십니까?
> 답) 한 하나님 안에 세 위격이 계신바, 이는 성부와 성자와 성령이십
> 니다. 이 셋은 본질과 능력과 영광에 있어서 동등하십니다.[256]

다른 해명은 "소요리문답" 안에 나타나 있지 않다. '일'과 '삼'의 신비적 결합만을 믿으라고 요구하고 있는 것이다.

현실에 있어서 이러한 삼일론의 "3=1"이라는 산술적 난제는 오히려 삼위일체론을 위협하였다.[257] 삼위일체론이 논리를 뛰어넘는 신비적인 명제이기에 무조건 믿어야 한다고 강요되었기 때문이다.

"아테네와 예루살렘이 무슨 상관이 있느냐?"[258]

이 말로 철학과 신학의 구별을 말했던 터툴리아누스 역시 삼위일체 하나님의 신비를 무조건 믿으라고 강요하지 않고 많은 서방 그리스도인들이 읽을 수 있고 이해할 수 있는 라틴어로 설명하여 라틴신학을 출발시켰다.

그러므로 이러한 '삼일론'이 가져다주는 좌절이나 외면을 극복하기 위해서 우리는 이상의 논의를 참고로 하여 이 시대에 선포되고 이해되기에 합당한 '열린' 삼위일체론을 수립하는 발걸음을 내디뎌야 한다.

---

[256] "웨스트민스터 소요리문답서," 이형기 편저, 『세계 개혁교회의 신앙고백서』(서울: 한국장로교출판사, 1991), 331에서 재인용.

[257] Leonardo Boff, *Holy Trinity, Perfect Community*, 4.

[258] Tertullianus, *De praescriptione haereticorum*, 7, *ANF*, vol. 3, 246. 이 말은 이방 철학이 기독교 신앙을 왜곡하는 이단의 모태가 될 수 있다는 지적이지 맹목적인 신앙을 강요하는 것이 아니다.

왜냐하면 닫히고 끊어진 관계들로 인해 생겨나는 갖가지 개인과 사회의 위기를 해소하기 위해 소통의 문제가 이슈로 대두되고 있는 이 시대에 아버지와 아들과 성령의 친교와 일치라고 하는 '열린' 삼위일체론이 근본적인 해답을 제시해 줄 수 있을 것이기 때문이다.

제4장

'열린' 삼위일체론의 개화: '페리코레시스'¹의 재조명

1. 삼위일체론의 르네상스

서구 신학계에서 삼위일체론이 새롭게 주목받게 된 것은 바르트(Karl Barth)와 라너(Karl Rahaner)부터다.² 그들이 등장하기 이전의 서구

---

1 "페리코레시스"(περιχώρησις)에 대한 우리말 번역은 쉽지 않다. 여기서는 주로 원문을 그대로 쓰고 필요에 따라 우리말로 부연할 것이다. 김균진은 "페리코레시스"를 "순환"으로 번역하였다. J. Moltmann, *Trinität und Reich Gottes* 김균진 역, 『삼위일체와 하나님의 나라』, 210. 김명용은 이종성의 번역인 "상호통재"를 번역어로 추천하기도 하며(김명용, "교회를 위한 삼위일체 신학," 「교회와 신학」 [장로회신학대학교, 2001, 겨울], 51) "상호 침투와 순환"으로 번역하기도 한다(김명용, "몰트만 신학의 공헌과 논쟁점," 「장신논단」 [장로회신학대학교, 2003], 125. 그리고 박만은 "통교"로 번역하였다. 박만, 『현대 삼위일체론 연구』, 156).

2 "바르트(Karl Bart, 1886-1968)는 그 부흥(삼위일체론의 부흥)의 막을 열었으며, 그것은 오스트리아 출신 가톨릭 신학자 라너(Karl Rahner, 1904-1984)에 의해 확장되었다." R. E. Olson and C. A. Hall, *The Trinity*, 95. 바르트와 라너(K. Rahner)에 대한 이런 평가는 폭넓게 받아들여지고 있다. 참고, Kevin Giles, *The Trinity & Subordinationism: The Doctrine of God & the Contemporary Gender Debate*(Downers Grove: IVP, 2002), 15, 86-91, 97; 박만, 『현대 삼위일체론 연구』, 19. 톰슨(T. R. Thompson)은 삼위일체론의 부흥의 원인 중 하나로 라너의 중요성에 대해 말한다. Thomas R. Thompson, "Trinitarianism Today: Doctrinal Renaissance, Ethical Relevance, Social Redolence," *Calvin Theological Journal* 32 (1997), 10-12. 또한 발타자르(Hans Urs von Balthassar)의 공헌이 함께 언급되기도 한다. D. S. Cunningham, *These Three*

신학계는 자유주의 물결과 합리주의에 휩쓸렸으며 삼위일체론은 조직신학 과목에서조차 제외될 정도였다.[3] 그런 상황에서 바르트[4]와 라너[5]가 삼위일체론을 강조함으로써 서구 신학계에는 그것을 새롭게 조명하려는 분위기가 싹트기 시작했다. 그들은 전통적인 서방교회 삼위일체론을 20세기에 맞는 언어로 재조명하였다.[6] 이들의 삼위일체론에 대한 강조는 삼위일체론을 이차적이라 하여 등한시한 자유주의 신학을 벗어나는 돌파구가 되었다.

그러나 서방교회 삼위일체론 전통을 그대로 이어받은 그들의 삼위일체론만으로는 오늘날의 삼위일체론 논의의 풍성함을 가져오지는 못했을 것이다. 실제로 또 다른 방향에서 삼위일체론이 논의되었다. 그것은 '관계성'에 대한 관심의 증가였다.[7] 현대 삼위일체론에서 관계성을 중요시하면서 삼위 사이의 관계를 공동체의 원리로 보는 대표적

---

are One, 23.

3 이종성, 『三位一體論』, 614-15.
4 바르트의 삼위일체론은 그의 『교회교의학』 곳곳에서 드러난다. 그것을 정리한 책으로는 다음을 참고하라: Eberhard Jüngel, *The Doctrine of the Trinity: God's Being is in Becoming*(Grand Rapids: William B. Eerdmans Publishing Co., 1976), translation of *Gottes Sein ist im Werden*.
5 K. Rahner, tr. by Joseph Donceel, *The Trinity* (New York: Herder and Herder, 1970); *Foundations of Christian Faith*(New York: Seabury, 1978); "The Mystery of the Trinity," *Theological Investigations*, vol. 16 (New York: Crossroad, 1976), 255-59.
6 바르트는 하나님의 단일성에 대비되는 구별성을 '양식'(mode, Weise)이라는 용어로 설명한다. 특히 *CD*, I/1, 355, 359f.를 보라. 그는 거기서 하나님의 유일성은 하나님의 본질 안에서의 구별을 배제하지 않는다고 하면서, 구별을 드러내기 위해서 사용되는 개념으로는 "인격체"(Person)보다 "존재의 양식"(modes of being, Seinsweise)이 더 적합하다고 말한다. 이에 대한 몰트만의 비판은 다음을 보라. J. Moltmann, *Trinität und Reich Gottes*, 154-166, "삼위일체 하나님의 초대하는 일치성," 『삼위일체와 하나님의 역사』, 171.
7 D. S. Cunningham, *These Three are One*, 25.

인 신학자는 몰트만(Jürgen Moltmann)과 보프(Leonardo Boff)이다. 그들에 의해 삼위일체론은 기독교만의 진리가 아니라 사회와의 연결점을 갖게 되었다. 특히 몰트만은 "건설적이고도 비판적으로 20세기 삼위일체론에 관해 가장 쟁점이 되는 통찰들을 제공했다"는 평가를 받는다.[8]

이들 외에도 캐서린 모리 라쿠냐(Catherine Mowry LaCugna), 엘리자베스 존슨(Elizabeth Johnson), 콜린 군톤(Colin Gunton), 테드 피터스(Ted Peters), 알랜 토랜스(Alan Torrance) 등도 삼위일체론에서 관계성을 중요하게 여긴다.[9] 이러한 관계성에 대한 관심 증가의 요인은 동방교회 신학의 소개와 포스트모더니즘의 등장이며, 이 중에서 전자의 것이 특히 강하게 영향을 주었다.[10]

이들에 대해서는 추후 살피기로 하고 여기서는 먼저 삼위일체론의 르네상스의 출발점으로서 바르트의 삼위일체론을 살펴보려고 한다.

2. 바르트: 더불어 사는 인간성(Mitmenschlichkeit)

1) 삼위일체: 존재의 삼중적인 양식

20세기 들어서 교의학에 있어서 삼위일체론의 중요성을 부각시킨 것[11]은 바르트의 공헌이다.

---

[8] R. E. Olson and C. A. Hall, *The Trinity*, 99.
[9] D. S. Cunningham, *These Tree are One*, 26.
[10] Ibid. 다른 한편으로 동방정교회의 삼위일체 신앙은 에큐메니칼 문서인 "Baptism, Eucharist and Ministry"에도 크게 영향을 미쳤다. 참고, William H. Lazareth, "Holy Trinity and Holy Tradition: Orthdox Contributions to 'Baptism, Eucharist and Ministry,'" *St Vladimir's Theological Quaterly* 27.04, 291-93.
[11] K. Barth, 『교회교의학』, I/1, 389.

무엇이 그로 하여금 삼위일체론에 주목하게 하였을까?

바르트 학자인 토랜스(T. F. Torrance)는 동방교부들에 대한 바르트의 관심과 계승 노력에서 답을 찾는다. 즉, 바르트가 아우구스티누스와 토마스 아퀴나스를 잇는 라틴 전통보다는 아타나시우스와 동방 전통을, 특히 4세기의 니케아 신학을 계승하고 있다고 토렌스는 주장한다.[12] 그리고 그는 더 나아가 라틴 전통의 배후에 이원론이 내재해 있으며 바르트는 그것을 적극적으로 비판하였다고 주장한다.[13] 실제로 바르트는 세상에 있는 '삼위일체의 흔적'(vestigium trinitatis)으로부터 삼위일체 하나님을 발견해내지 않고 하나님의 '계시'에서 출발한다. 그에게 있어서 '피조세계 안에 있는 삼위일체의 흔적'은 보충적 자료이지 삼위일체론의 뿌리는 아니다.

바르트는 서로 연관된 세 가지 질문을 제기하고 그에 답함으로써 삼위일체의 신비를 논구한다.[14]

첫째, "하나님은 누구신가?"

그는 '계시자'(der Offenbarer), 곧 "계시하는 하나님"이시다.[15]

둘째, "하나님이 스스로를 계시하는 것은 어떻게 일어나는가?"

하나님은 '계시'(die Offenbarung)를 통해, 즉 야웨의 천사(구약)와 예수 그리스도(신약)의 현현 등의 "계시 사건"을 통해 스스로를 드러내신다.[16]

---

[12] T. F. Torrance, 『칼 바르트』, 221이하, 228, 235. 참고, Ibid., 221-257.

[13] T. F. Torrance, 『칼 바르트』, 261. 참고, Ibid., 231-257.

[14] 다음의 세 질문들과 각각에 대한 대답들은 별개의 것들이 아니라 첫 질문 '자신을 계시하시는 하나님은 누구신가?'의 확장이다. K. Barth, CD, I/1, 295-298.

[15] K. Barth, 『교회교의학』, I/1, 383, 386, 388.

[16] K. Barth, 『교회교의학』, I/1, 384, 386, 388.

셋째, "계시는 무엇을 가져오는가?"

하나님의 계시는 사람들을 향하며 사람들 안에서 경험되고 전달된다. 이를 바르트는 '계시되어 있음'(das Offenbarsein)이라 부르며, 이는 '인간에게서의 계시 사건의 역사(役事)'이다.[17]

이 질문과 대답 속에서 바르트는 삼위일체를 발견한다. 구별되면서도 통일성을 가진 '계시자와 계시와 계시되어 있음.' 이를 바르트는 "존재의 삼중적 양식"이라 부른다.[18] 하나의 주어(누가? - 계시자)가 술어(어떻게? - 계시)와 연결되는 동시에 목적어(무엇을? - 계시되어 있음)와 연결된다. 성서에 근거해서 볼 때, 이 주어와 술어와 목적어는 질적 감소가 없는 "동일한 것, 즉 하나님의 반복이다."[19] 그리고 이 하나님은 현실적으로 "하나님의 말씀의 삼중적 형태로" 우리에게 다가오신다. '하나님의 계시, 성서, 선포.'[20]

바르트는 하나님의 '존재의 삼중적 양식'에 대해 말하면서 결코 삼위의 복수성에 동의하지 않는다. 그에 따르면, "하나님의 삼위일체는 하나님들의 복수성이라는 의미에서 혹은 한 신성 안에 있는 개별자들 또는 부분들의 복수성의 존재라는 의미에서 삼중의 신성을 의미하

---

17 K. Barth, 『교회교의학』, I/1, 384, 386–87, 388.

18 K. Barth, 『교회교의학』, I/1, 389.

19 K. Barth, CD, I/1, 299. 이러한 바르트의 삼위일체 이해에는 인간의 일반적 인식과정에서 오지 않는다. 인식론적으로 볼 때, 인식의 주체는 인간이다. 인간이 자신의 감각능력을 활용하여 대상을 인지한다. 이 때 그 대상에 대한 인식은 대상 자체와 일치하지 않으나 동시에 그 인식 주체에게 있어서는 그 대상을 대표하며 동일시되기까지 한다. 그러나 바르트가 삼위일체론을 말할 때에는, 주체와 술어와 객체가 모두 인간이 아닌 하나님이시다. 하나님께서 '계시자'이시며(주체) 동시에 '계시'이시고(술어) 인간 안에서의 '계시되어 있음'이다(객체). 참고, K. Barth, 『교회교의학』, I/1, 457.

20 K. Barth, CD, I/1, 347.

지는 않는다."²¹ 그리고 "아버지와 아들과 영의 이름은 하나님이 세 번 반복에서 말해진 한 분 하나님이라는 것을 말한다." 여기서 '반복'이란 "세 '인격들'의 본질의 수적인 통일성의 진리이다."²² 즉 '반복'이란 아버지와 아들과 성령의 본질의 단일성을 표현하는 개념이다. 그러나 그에게 있어서 '반복'이란 유비는 삼위의 통일성을 의미하는 것이지 단일성으로 환원됨을 의미하지는 않는다.²³

바르트에게 있어서 '반복'의 개념은 동방교회 삼위일체론의 "페리코레시스"(περιχώρησις)에 해당된다고 할 수 있다. 바르트의 개념인 독일어 "Seinsweise"가 영어로 "mode of being"(존재의 양태)으로 번역되어 그가 양태론자라는 오해를 받기도 하지만²⁴ 바르트는 자신의 주장

---

21 K. Barth, *CD*, I/1, 350.
22 K. Barth, 『교회교의학』, I/1, 453 이하.
23 "스스로를 계시하는 하나님의 또 그의 계시의 또 그의 계시되어 있음의 통일성을 일위성(一位性)으로 해소시키는 시도란, 따라서 계시에서의 그 하나님 존재의 이미 명명된 세 가지 형태들을 상호 구별시키는 그 경계선들을 지양시키는 시도란, 말하자면 그 형태들을 한 종합적인 넷째의 것에로 또 본래적이라는 것에로 소급시키는 시도란 성서에서는 가능한 것처럼 보이지 않는다." K. Barth, 『교회교의학』, I/1, 388.
24 예를 들어, 이종성, "칼 바르트의 삼위일체론," 한국 바르트학회 편, 『바르트 신학 연구: 바르트 기념 논문집』(서울: 1970), 76. 바르트의 삼위일체론을 양태론적이라고 비판하는 대표적인 학자는 몰트만이다. 그는 "기독교 역사가 보여주듯이, 기독교 삼신론자는 전혀 없었다. 바르트가 삼신론을 반박하지만 그 역시 어떤 이름도 언급하지 않는다 … 실제로 '삼신론'에 대한 표준적인 반박은 어디에서나 자신의 양태론을 은폐시키기 위한 것이다"라고 비판한다. J. Moltmann, *Trinität und Reich Gottes*, 161, n. 41. 참고, Ibid., 154-161. 반대로 테일러(I. Taylor)는 바르트의 삼위일체론이 양태론이 아님을 입증하려 노력한다. Iain Taylor, "In Defence of Karl Barth's Doctrine of the Trinity," 38-40 in *International Journal of Systematic Theology*, vol. 5, no. 1 (March 2003): 33-46. 그에 따르면, 도너(I. A. Dorner)는 더 이상 관계 개념을 설명하지 못하게 된 '인격'(person) 개념 대신에 다마스커스의 요한의 개념인 'τρόπος ὑπάρξεως'(존재의 양식)를 채용하였다. 따라서 존재의 양식(Seinsweise) 개념은 바르트가 도너에게서 가져온 것으로 낯선 것이 아니라 정통 신학 안에 있는 개념이라는 설명이다(Ibid., 36). 바르트 역시 Seinsweise를 'τρόπος ὑπάρξεως'와 연결시킨다. K. Barth, 『교회교의학』, I/1, 466.

이 사벨리우스주의로 이해되기를 원치 않는다.[25] 그에게 있어서 삼위의 통일성은 개별성이나 고립성을 의미하지 않는다.[26] 하나님의 통일성 안에서 "세 '존재양식들'(Seinsweise)"이 구별된다. "아버지와 아들과 영."[27] 이들은 유일한 존재가 시간적으로 모습을 달리하여 나타나는 양태들이 아니라 하나님 안에서의 반복이며, 관계들이다. 곧 하나님 안에는 아버지됨(paternitas), 아들됨(filiatio), 그리고 출현(processio)이라는 관계들이 존재한다.[28] 여기서 드러나듯이, 바르트가 복수성을 거부하였다고 해서 아버지와 아들과 성령을 한 신적 존재의 다른 이름들로(사벨리우스) 간주하지 않았으며, '반복'이 아버지와 아들과 성령의 구별을 제거하지 않도록 노력하고 있다.[29]

> '인격들'(Personen)의 삼위성(Dreiheit)을 통해서 그의 통일성(Einheit)이 지양되지 않았을 뿐만 아니라 오히려 바로 '인격들'의 삼위성에서 그의 통일성이 성립한다는 것이다.[30]

그리고 이러한 삼위의 구별이 삼신론으로 오해되지 않도록 바르트

---

25 K. Barth, 『교회교의학』, I/1, 456-57. 영역판 편집자의 서문을 참고하라, CD, viii. 『교회교의학』의 영어판 출판에 책임적으로 관여한 바르트 학자인 토랜스는 바르트의 삼위일체론은 양태론적 위험을 갖고 있다기보다는 종속론적 요소를 갖고 있다고 평가한다. 왜냐하면 바르트가 니케아—콘스탄티노플신조의 라틴판에 첨가된 필리오케를 인정하고 있기 때문이다. T. F. Torrance, 『칼 바르트』, 235, 238, 253.
26 K. Barth, 『교회교의학』, I/1, 458.
27 K. Barth, 『교회교의학』, I/1, 459. 참고, Ibid., 389, 392, 466.
28 K. Barth, 『교회교의학』, I/1, 473 이하.
29 그러나 바르트는 하나님 안에서의 구별이 강조되는 견해를 "삼신론"으로 비판한 것으로 볼 때(Barth, CD, I/1, 357f), 그가 '하나님의 통일성'을 거의 '하나님의 단일성'에 가깝게 이해하고 있음은 분명하다.
30 K. Barth, 『교회교의학』, I/1, 452.

는 다음과 같이 강조한다.

> '한 하나님은 아버지, 아들, 성령이라는 세 존재양식들에 있어서 한 분이다'라는 명제는 따라서 이러한 것을 의미한다. 즉 한 분 하나님, 즉 실로 한 분 주(主), 따라서 한 분 인격적인 하나님은 그가 하나의 양식으로뿐만 아니라 오히려 그는—우리는 이에 대해서 성서적인 계시개념에 관한 우리의 분석의 결과에 호소하는데—아버지의 양식으로 또 아들의 양식으로 또 성령의 양식으로 존재하는바 그분이다.[31]

그러나 이 말은 그 의도에서 조금 더 나아가 양태론으로 오해받을 만하다. 그래서 바르트 자신도 하나님 안에서의 상이성을 보존하기 위해 이렇게 덧붙인다.

> 이러한 한 분 하나님은 실로 세 번 다르게 하나님이니 … 이러한 상이성이 지양될 수 없는 그러한 양식으로 다르게 하나님이다.[32]

아버지는 아들이 아니며 아들은 성령이 아니며 성령 역시 그러하다는 데 바르트는 계시에 근거해서 동의하면서 다음과 같이 말한다.

> 사람들이 하나님의 유일성에서의 그 삼위성을 부정함에 있어서 곧 성서에 의해서 말해진 계시된 하나님 이외의 다른 신을

31　K. Barth, 『교회교의학』, I/1, 465-466.
32　K. Barth, 『교회교의학』, I/1, 467.

생각하기 때문에—바로 그 때문에 우리는 이러한 삼위성을 해소불가능한 존재양식들로서, 세 존재양식들의 특유성을 삭제 불가능한 것으로 이해해야 한다.[33]

그는 "세 존재양식들의 교류로 이해되어야 하는" 페리코레시스 이론에 의지해서 다음과 같이 분명히 말한다.

아버지는 아들이 아니고 또 영이 아니다. 그것은 *opus ad extra*(외부에로의 역사)에 있어서도 참이고, 그것이 바로 영원부터 영원까지 참된 것처럼 그렇다.[34]

이렇게 삼위성을 말하면서 통일성을 강조하고 통일성을 말하면서 삼위성을 포기하지 않으려는 것은 기독교 삼위일체론이 당연히 가져야 할 태도이다. 그 둘 사이에서 어느 한 쪽으로 치우치지 않으려는 애씀의 흔적이 거기에 담겨있다. 그러나 바르트에게 있어서 통일성은 종종 단일성의 형태로 나타나고 있기 때문에[35] 바르트 자신이 피하려 하였던 삼위성이 단일성으로 환원되는 위험을 내포하고 있다.

2) 관계의 유비

바르트는 아우구스티누스의 '관계의 삼위일체론'을 수용하여 자신

---

[33] Ibid.
[34] K. Barth, *CD*, I/1, 396.
[35] 예를 들어 다음과 같은 말이 그렇다. "우리는 세 신적인 나(I)에 관해서가 아니라, 한 신적인 나에 관해 세 번 말한다." K. Barth, *CD*, I/1, 351.

의 삼위일체론을 전개한다. 그는 '아버지와 아들'이라는 관계를 통해 하나님 안에서의 일치를 설명하였으며 성령을 '아버지와 아들로부터' 나와 그들을 하나로 묶는 끈으로 보았다. 바르트는 필리오케(*filioque*)를 수용하는 이유를 설명하며 이렇게 말한다.

> 필리오케는 아버지와 아들 사이의 공동교류에 관한 인식의 표현이니, 즉 성령은 하나님의 이러한 양 존재양식들 사이의 관계의 본질인 사랑이다.[36]

성령은 아버지의 아들을 향한 사랑과 아들의 아버지를 향한 사랑으로서, 그렇기에 아버지의 영이며 아들의 영으로서 그 둘을 하나로 통일시키는 역할을 하는 것으로 본 것이다. 바르트에게 있어서, 성령은 아버지와 아들의 자신을 드러내며 이루는 통일성이며, 동시에 하나님이 스스로를 인간들에게 드러내는 통일성이다.[37] 이러한 성령이해는 한편으로는 성령의 주체성을 약화시킴으로써 삼위일체가 아닌 아버지와 아들의 이위일체를 말하는 데 그치게 된다.[38] 따라서 하나님 안에서의 사랑의 관계를 말할 때 아버지와 아들은 주체로 언급되지만 성령은 둘 사이의 사랑일 뿐이다.

그러나 다른 한편으로 바르트에게 있어서 삼위일체론은 하나님 안에 있는 관계에 대한 것인 동시에 하나님과 인간 사이의 관계에 대한

---

[36] K. Barth, 『교회교의학』, I/1, 616. 참고, Augustinus, *On the Trinity*, XV, xvii, 27.

[37] "하나님은 스스로를 영으로서 계시하며, … 아버지와 아들의 영으로서 따라서 동일한 한 분 하나님으로서, 또한 이러한 통일성 안에서 또한 실로 인간에 대하여 스스로를 열어주는바 아버지와 아들의 이러한 통일성 안에서 하나님은 스스로를 영으로서 계시한다." K. Barth, 『교회교의학』, I/1, 430.

[38] 참고, 몰트만, *Trinität und Reich Gottes*, 159-160.

것이다. 여기서 바르트는 존재의 유비(*analogia entis*)가 아닌 관계의 유비(*analogia relationis*)를 말한다.[39] 바르트는 이렇게 말한다.

> 두 관계들[하나님 안에서의 관계와 하나님과 인간 사이의 관계] 사이의 상응성과 유사성은 다음과 같은 사실에 있다. 영원한 사랑 안에서 아버지로서의 하나님이 아들을 사랑하고 아들로서의 하나님이 아버지를 사랑하며, 그 안에서 아버지로서의 하나님이 아들에 의해 사랑받으며 아들로서의 하나님이 아버지에 의해 사랑받는다. 그리고 그 영원한 사랑은 또한 하나님에 의해 인간에게 선포된 사랑이다.[40]

위에서 이미 보았던 것과 마찬가지로 여기서도 바르트에게 있어서 아버지와 아들을 하나로 '묶는' 것은 '영원한 사랑'이며 곧 성령이다. 그리고 그는 또한 그 영원한 사랑을 하나님 자신과 인간을 하나 되게 하는 원리로 소개하고 있는 것이다. 아버지와 아들의 관계는 인간 사이의 관계와 유사하다. 그런 의미에서 인간은 하나님의 "형상"(image)이다.[41] 그러나 이 유사성은 고립된 인간에게서 나타나는 것이 아니다. 그러기에 바르트는 인간 안에 있는 하나님의 형상을 다음과 같이 구체적으로 드러낸다.

> 하나님은 관계와 친교 안에서 존재하신다. 아들의 아버지로서

---

39 K. Barth, *CD*, III/2, 220, 324.
40 K. Barth, *CD*, III/2, 220. 이 말에서 우리는 위에서 언급한 '이위일체론'과 관계의 유비가 연결되어 있음을 본다. 성령은 아버지와 아들 사이의 '영원한 사랑'으로만 나타난다는 점에서 이위일체론이라 불릴 수 있다.
41 K. Barth, *CD*, III/2, 220.

그리고 아버지의 아들로서 그는 스스로 나(I)와 너(Thou)이며, 성령 안에서 스스로를 대면하며 언제나 하나이시고 동일한 분이시다. 하나님은 그 자신의 형상을 따라, 즉 그 자신의 존재와 본성에 상응하게 인간을 창조하셨다. … 그가 그 자신 안에서 외톨이가 아니며 따라서 밖을 향한 사역(*ad extra*) 역시 그렇기를 원치 않기 때문에, 사람이 혼자 있는 것은 좋지 않다. 그래서 하나님은 인간을 그 자신의 형상을 따라 남자와 여자로 창조하셨다.[42]

바르트는 하나님 안에서의 사랑이 인간들에게 미친다는 점에서만 하나님의 '형상'에 대해 말하고 있지 않다. 즉, 바르트에게 있어서 '남자와 여자의 특별한 관계'가 인간이 가진 하나님의 '형상'이다. 이를 뒷받침 하는 것은 기독론이다. 이 때 그는 삼위일체론을 직접 언급하지 않는다. 그러나 그에게 있어서, 아버지와 아들을 하나 되게 하는 사랑은 하나님과 인간을 하나 되게 할 뿐만 아니라 사람들 사이의 일치의 원리이기도 하다. '참 하나님이시며 참 인간'이라는 전통적인 기독론 명제를 받아들여 바르트는 인간 예수의 신성을 하나님을 위한 인간을 표현하는 것으로, 인간 예수의 인성을 다른 인간들을 위한 인간을 표현하는 것으로 해석한다.[43]

그리고 그는 예수에게서 나타나는 이 타자를 위한 인간으로서의 인간성을 그에게만 한정시키지 않고 인간성의 기본형식으로 간주하고 그것을 '더불어 사는 인간성'(fellow-humanity, Mitmenschlichkeit)이라 한다.[44]

---

[42] K. Barth, *CD*, III/2, 324.
[43] K. Barth, *CD*, III/2, 208.
[44] K. Barth, *CD*, III/2, 222f.

바르트는 이를 이렇게 정리한다.

> 실제로 인간은 더불어 사는 인간이다. 그는 실제로 나와 너의 만남 안에서 존재한다 … 그는 더불어 사는 인간 이외의 다른 것이기를 선택할 여지가 없다. 그의 존재는 이러한 기본 형식을 갖는다.[45]

바르트에게 있어서, 이 '더불어 사는 인간성'의 가장 최소 단위는 남자와 여자다.[46] 사랑에 의한 아버지와 아들의 일치라는 관계는 남자와 여자의 사랑의 관계에 상응함으로써 삼위일체 하나님의 신비를 드러낸다.

3) 바르트 삼위일체론 비판

바르트는 삼위일체론이 교의학의 중심에서 다루어지지 않던 시기에 삼위일체론을 자신의 교의학 첫 부분에서 교부들의 전통을 계승하려는 입장에서 다룸으로써 삼위일체론의 중요성을 20세기 신학에 알리는 공헌을 하였다. 그러나 그의 삼위일체론은 삼위일체론을 둘러싼 혼란을 해결해주지 못하였으며 동시에 또 다른 혼동을 가져왔다. 하나는 혼동을 주는 용어의 사용 때문이며, 또 하나는 닫힌 계시관 때문이다.

첫째, 바르트가 전통에 입각하여 더 합당한 개념으로 채택한 "존재

---

45 K. Barth, *CD*, III/2, 285f.
46 K. Barth, *CD*, III/2, 288.

의 양식"(Seinsweise)은 가뜩이나 신학사에서 번갈아가며 나타났던 양태론과 종속론의 문제를 해결하지 못하고 다시 전면에 부각시키고 말았다. 정통신앙은 언제나 그 둘을 비판하면서 스스로의 위치를 자리매김해왔다. 그러나 바르트의 의도는 아니라 하더라도 그는 양태론으로 이해되기 쉬운 용어를 사용하여 정통신앙을 설명함으로써 어려움을 자처하고 만 것이다.

둘째, 계시자와 계시와 계시되어 있음을 고정시킴으로써 진정한 아버지와 아들과 성령의 하나 되심을 충분하게 설명하지 못하였다. 토랜스가 바르트에게서 동방 전통을 찾아냈지만 표면적으로 보면 바르트의 삼위일체론에서 삼위성보다는 통일성이 우선하는 서방 전통의 삼위일체론을 유지하고 있다.[47]

계시자는 누구인가?

삼위일체인가?

아버지인가?

아들이 계시인 것은 사실이나 그는 동시에 계시자이기도 하지 않는가?

성령이 계시의 능력이지만 동시에 계시이며 계시자이지 않는가?

'반복'의 개념이 이 질문들에 대한 대답으로 제시될 수 있겠지만, 셋 사이의 연관을 설명하지 못한다. 그 역시 '페리코레시스'를 말하지만 아버지와 아들과 성령 사이의 역동적 일치를 말하는 개념이라기보다는 '셋이 아니라 한 분이심'을 설명하는 개념으로만 사용된다. 바르트에게 있어서 아버지는 고정된 '주어'이며 아들은 고정된 '술어'이며 성

---

47 "하나님의 삼위일체성"(the Triunity of God)이라는 제목 아래 바르트는 "삼위일체 안에서의 통일성"을 먼저 다루고 그 다음에 "통일성 안에서의 삼위일체"를 다룬다. K. Barth, CD, I/1, 348-368. 더욱이 위에서 보았듯이 그는 서방 전통의 아우구스티누스의 삼위일체론을 계승하고 있다.

령은 고정된 '대상'이다.

  그러나 추상적 일원론의 틀을 벗어 버리고 성경을 읽을 때 드러나는 것은 더 많은 내용을 담고 있다. 아버지뿐만 아니라 아들과 성령이 '주어'이기도 하며, 아들뿐만 아니라 아버지와 성령이 '술어'이기도 하고, 성령뿐만 아니라 아들과 아버지가 '대상'이기도 하다. 이러한 모든 관계들을 함께 설명해야 아버지와 아들과 성령께서 페리코레시스를 통해 하나를 이루심이 분명하게 드러나게 된다.

  바르트 삼위일체론이 갖는 이러한 한계에도 불구하고 우리의 논의에 도움이 되는 요소들이 그의 주장 속에 담겨 있다는 사실도 지적되어야 한다. 그가 삼위일체론이 아니라 창조론에서 기독론적으로 다루고 있기는 하지만 인간성의 기본 형식을 '더불어 사는 인간성'으로 규정한 것이 그것이다. 더불어 사는 인간성이 인간성의 핵심은 아버지와 아들과 성령의 친교, 즉 신적 세 위격들의 '페리코레시스(περιχώρησις)를 통한 하나 됨'에서 출발한다. 아버지와 아들과 성령은 친교 안에서 하나 되실 뿐만 아니라, 그 친교를 세상을 향해 여시고 세상을 그 친교 안으로 초청하신다.

  구약과 신약 시대 모두에 있어서 하나님의 현현은 그 초대가 구체적으로 일어나는 자리였다. 구약 시대에 모세와 선지자들은 때로는 음성으로, 때로는 천사를 통해, 때로는 신비한 자연 현상 속에서 하나님을 만났다. 우리는 그것을 아들 혹은 영의 현존으로 이해할 수 있으며 동시에 삼위일체 하나님의 현존으로 이해할 수 있다. 그리고 하나님과 인간 사이의 특별한 사랑의 관계가 거기서 형성되었다. 신약 시대에 사람들은 예수 그리스도에게서 아버지와 성령의 현존을 보았으며, 예수님과의 만남을 통해 사람들을 삼위일체 하나님과의 친교로 들어가게 되었다. 교회의 시대에는 성령님의 임재가 아들을 주로 믿어 하나님과 화해하게 되는 길을 열어 준다.

그리고 교회 안에서 그리스도인들은 삼위일체 하나님의 친교 안으로 통합된다. 그러므로 '더불어 사는 인간성'은 예수님의 인성이 드러낸 인간성의 기본인 동시에 삼위일체 하나님께서 창세 이후로 지금까지, 그리고 하나님 나라가 도래하기까지 계속해서 피조세계를 향해 열어두시며 직접 초청하시는 삼위일체의 적극적인 사역의 결과로 해석할 수 있다.

바르트가 하나님의 단일 주권을 강조하면서 흐려지긴 했지만 이미 그의 주장 안에서 아버지와 아들과 성령의 친교가 사람들 사이의, 그리고 더 나아가서 사람과 피조세계 전체 사이의 친교의 원형인 동시에 원동력이라는 사실이 드러나고 있다. 바르트 자신은 이를 삼위일체론으로 다루지 않았지만, 그의 삼위일체론을 비판하는 몰트만의 '사회적 삼위일체론' 속에서 그 기본 정신이 실현되고 있다는 것은 의미심장하다.

3. 현대 동방정교회의 삼위일체론

1) 로스키와 지지우라스가 서방 삼위일체 신학에 미친 영향

블라디미르 로스키(Vladimir Lossky), 그리고 지지우라스(John Zizioulas)는 20세기에 관계성에 입각한 삼위일체론에 영향을 준 동방정교회 신학자들이다.[48] 이것은 몰트만에게서도 부분적으로 확인된다. 그가 삼

---

48 D. S. Cunningham, *These Tree are One*, 27.

위일체론을 쓰면서 참고한 현대 동방정교회 인물들은 러시아 사상가 니콜라이 베르댜이에프(N. Berdjajew)와 신학자 로스키이다.[49]

로스키는 여타 다른 서구 신학자들에게도 많은 영향을 미쳤다. 그리고 지지울라스의 저술 『친교로서의 존재』(Being as Communion)[50]는 로스키의 삼위일체 신학을 이어가면서 동방정교회 신학에 근거해서 20세기 삼위일체론 발전에 직접적으로 기여하고 본격적으로 서방신학 전반에 걸쳐 삼위일체론의 르네상스를 촉발시켰다.

지지울라스의 삼위일체론은 라너(K. Rahner)의 제자이기도 한 로마 가톨릭 신학자 라쿠냐(C. M. LaCugna)에게 직접적인 영향을 주었다. 지지울라스 신학에 근거한 동방정교회 삼위일체론을 가톨릭 신학 체계 안에 도입해서 삼위일체론을 전개한 라쿠냐의 주저 『우리를 위한 하나님』[51]은 폭넓은 반향을 일으켰다.

---

49 J. Moltmann, *Trinität und Reich Gottes*, 57-63, 74, 183, 185, 192, 196. 삼위일체론과 관련된 이들의 주요 저술들은 다음과 같다. N. Berdjajew, *Der Sinn der Geschichte. Versuch einer Philosophie des Menschengeschicks. Einleitung von Hermann Graf Keyserling*, Otto von Taube trans. (Darmstadt: Vgl., 1925); *Geistund Wirklichkeit* (Lüneburg, 1949); Vladimir Lossky, *The Mystical Theology of the Eastern Church* (London: James Clarke & Co., 1957); *In the Image and Likeness of God*(ET from French, Mowbray, London 1975). 그러나 몰트만이 삼위일체론과 관련하여 동방정교회 학자와의 개인적 만남으로 언급한 사람은 루마니아 신학자 스타닐로애(Dumitru Staniloae)이다. J. Moltmann, *Erfahrungen theologischen Denkens: Wege und Formen christlicher Theologie*(Gütersloh: Kaiser, Gütersloher Verl.-Haus, 1999), 269-70.

50 John Zizioulas, *Being as Communion: Studies in Personhood and the Church*(Crestwood, NY: St. Vladimir's Seminary Press, 1985). 그의 삼위일체론에 대해서는 다음도 참고하라. "Human Capacity and Human Incapacity: A Theological Exploration of Personhood," *The Scottish Journal of Theology*, vol. 28 (1975), 401-47. 또한 그의 저술들에 대한 방대한 목록은 M. Volf, *After Our Likeness*, 305-6을 보라. 우리말 번역은 이세형, 정애성 공역, 『친교로서의 존재』(춘천: 삼원서원, 2014)이다.

51 C. M. LaCugna, *God for Us: the Trinity and Christian Life*(New York: HarperCol-

또한 몰트만의 제자인 볼프(Miroslav Volf)도 삼위일체적 교회론을 다루면서 로마가톨릭 신학자 라찡어(Joseph Ratzinger)와 함께 지지우라스를 토론의 상대자로 삼고 있다.[52] 루터교 신학자이면서 바르트 신학자인 젠슨(Robert W. Jenson)도 볼프와 비슷하게 라찡어와 지지우라스와 대화했다.[53] 또한 과정 신학자인 브랙켄(Joseph A. Bracken S.J.)조차도 일(一, the One)과 다(多, the Many)의 문제를 다루면서 지지우라스와 라쿠냐 등과 대화하고 있다.[54]

이 외에도 많은 신학자들이 삼위일체론에 부정적 태도 혹은 무관심이 지배적인 20세기 신학흐름 속에서 직접적으로 간접적으로 삼위일체론과 관련된 저술들을 여전히 활발히 출판했는데 거기에는 바르트,

---

lins Publishers, 1991). 우리말 번역은 이세형 역, 『우리를 위한 하나님 : 삼위일체와 그리스도인의 삶』(서울: 대한기독교서회, 2008)이다.

52 Miroslav Volf, *After Our Likeness: the Chruch as the Image of the Trinity*(Grand Rapids, Michigan: William B. Eerdmans Publishing Co., 1998), ET of: *Trinität und Gemeinschaft: eine ökumenische Ekklesiologie*(Maiz / Neukirchen-Vluyn: Mattias-Grünewald-Verlag / Neukirchener Verlag, 1996).

53 Carl E. Braaten, "Robert William Jenson — A Personal Memoir," 4, in *Trinity, Time, and Church: A Response to the Theology of Robert W. Jenson*(Grand Rapids, Michigan / Cambridge, U.K.: William B. Eerdmans Publishing Company, 2000), 1-9, edited by Colin E. Gunton. 가톨릭과 동방정교회에 있어서 그의 또 다른 대화 상대자들은 각각 발타자르(Hans Urs von Balthasar)와 로스키(V. Lossky)이다.(Ibid.)

54 Joseph A. Bracken, S.J., *The One in the Many: a Contemporary Reconstruction of the God-World Relationship*(Grand Rapids: William B. Eerdmann Publishing Co., 2001), 40. 과정신학자 브랙켄은 라쿠냐의 신학을 가톨릭 신학 안에서 일어난 상호주체성(Intersubjectivity)으로의 신학의 전이(轉移)로 보고 토론의 상대자로 삼는다(Ibid., 17-18, 38-41, 157). 그러나 그는 동시에 라쿠냐와 지지우라스를 비판한다. 그에 따르면, 그들이 "person"을 "being" 또는 "ousia"와 동일시한 것이 잘못인데, 그 이유는 "being"은 모든 실체, 즉 존재하는 모든 것들을 묘사하는 개념이지 한 인격(a person)의 실체만 가리키는 개념이 아니기 때문이라는 것이다(Ibid.). 이 비판의 정당성 문제는 좀 더 연구되어야 할 것이다. 이 비판은 "being"을 구체적 실체(*hypostasis*)로 볼 것이냐 본질(*ousia*)로 볼 것이냐의 차이에 기인한다. 브랙켄은 후자의 입장이다.

라너, 몰트만, 보프 등의 삼위일체론과 함께 로스키와 지지우라스에 의해 소개된 동방정교회 삼위일체론이 배경으로 깔려있거나 중요하게 다루어지고 있다.[55]

이런 것들은 정교회 신학이 서방교회 신학에 폭넓게 영향을 미쳤음을 분명히 보여주고 있으며 그 중에서도 지지우라스의 삼위일체론의 영향의 큰 폭을 보여준다. 그러므로 여기서는 그런 현대 삼위일체론의 논의에서 중요한 역할을 한 지지우라스의 삼위일체론을 살피고자 한다. 그러나 먼저 20세기 중반에 동방정교회 신학을 서구 기독교계에 소개함으로 지대한 영향을 준 로스키와 서구 신학계 삼위일체론의 르네상스에 직접적인 영향을 끼쳤으며 로스키와도 신학적으로 연결되어 있는 지지우라스의 의의를 각각 간략하게 지적하고 나서, 지지우라스의 삼위일체론을 정리하고자 한다.

2) 일자를 넘어선 삼위일체 이해: 동방정교회 신학의 재조명

20세기 중반부터 동방정교회의 전통이 새롭게 주목받기 시작했다. 정치적 탄압을 피해 서구 사회로 망명한 동구권 정교회 신학자들이 서구 사회의 언어로 정교회에 관한 글을 써서 동방정교회의 신학을

---

[55] 앞서 언급한 길스(K. Giles)도 현대 삼위일체 논의에 영향을 끼친 동방정교회 신학자로 지지우라스를 비판적으로, 그러나 중요하게 여기고 있으며, 지지우라스와 라찡어를 신학적 대화의 상대자로 삼은 볼프의 입장을 지지하고 있다. K. Giles, *The Trinity & Subordinationism*, 99, 110n; 130. 현대 삼위일체론에 있어서 지지우라스 신학의 의미에 대해서는 길스의 책과 함께 다음을 보라. R. E. Olson & C. A. Hall, *The Trinity*, 95, 105, 112-15, 150; Philip Walker Butin, *The Trinity*, in Conjunction with the Office of Theology and Worship, Presbyterian Church(U.S.A.) (Louisville, Kentucky: Geneva Press, 2001), 63.

서구에 알리면서 상황이 변한 것이다.⁵⁶ 동방교회와 서방교회가 공식적으로 서로 갈라진 것은 1054년 여름 훔베르트(Humbert) 추기경과 교황의 다른 두 대리인이 성 소피아 교회의 제단에 출교 문서를 올려놓은 사건부터이다. 그러나 실제로 분열은 11세기 이전에 시작되어 교황의 출교 선언 이후에도 어느 정도는 완결되지 않고 오랜 과정을 거쳐서 일어난 일련의 사건이다.⁵⁷

공식적인 분열 이전부터 동방과 서방은 신학적으로는 필리오케(*filioque*) 문제로,⁵⁸ 교회정치적으로는 교황권 문제로 갈등 중이었으며, 또한 문화적, 정치적, 경제적으로 다른 길을 걷거나 갈등을 빚고 있었다.⁵⁹ 이 오랜 갈등과 공식적인 결별에도 불구하고 동방교회와 서방교회 사이의 관계가 완전히 끊어진 것은 아니었으며 양측 모두가 관계의 회복이 곧 이루어질 것이라 여겼다. 그러나 십자군 전쟁은 그분열을 지금까지 지속시키고 말았다.⁶⁰

동방교회 전통은 20세기 중반에 이르기까지 서방에서 오래 동안

---

56 P. W. Butin, *The Trinity*, 62. 이 상황의 변화에 대해 부틴은 이렇게 요약한다. "동구권 국가들에서의 정치적 변화로 20세기 중반에 가장 유명한 정교회 신학자들의 일부가 서구로 이주했다. 이 신학자들은 서구 유럽의 언어로 글을 쓰기 시작했다. 그리고 이것은 아주 유익하지만 오래 동안 무시되어 온 동방과 서방신학 사이의 융합을 일으켰고 특히 삼위일체라는 주제에 있어서 그러했다"(Ibid.).

57 Timothy Ware, *The Orthodox church*, 43.

58 신학적 문제로 본문에서 언급한 필리오케 이외의 중요한 것들로는 지옥과 연옥을 구별하는 것과 성만찬에서 무교병을 사용할 것인가 유교병을 사용할 것인가의 문제도 있다. Nicolas Zernov, *The Church of the Eastern Christians*(London: Society for promoting Christian knowledge 1942), 10.

59 T. Ware, *The Orthodox Church*, 43. 분열의 배경과 과정에 대해서는 Ibid., 43-61을 참고하라.

60 Timothy Ware, *The Orthodox church*, 59-60.

"무시되었고 오해되었다."⁶¹ 그러나 사실 삼위일체 신학의 고대의 유서 깊은 전통을 간직하고 있기에 신학 연구에 있어서, 특히 삼위일체론 연구에 있어서 무시할 수 없는, 무시해서는 안 되는 기독교 전통이다.⁶²

3) 에큐메니칼 신학을 향한 발걸음: 블라디미르 로스키

블라디미르 로스키(V. Lossky, 1903-1958)는 20세기 들어 서구 신학계 일반에, 적어도 에큐메니칼 운동에 큰 영향을 끼친 러시아정교회 신학자 중의 한 사람이다.⁶³ 프랑스로 이주한 이후에 로스키의 신학은, "특히 프랑스와 영국에서, 처음으로 많은 독자들에게 동방 전통을 소개했다."⁶⁴ 그는 플로로프스키(Florovsky, 1893-1979)와 함께, 다른 러시아 정교회 신학자들의 탈 교부신학의 경향과는 달리 교부신학의 전통으로 돌아가기를 주장했다.⁶⁵ 로스키의 책 『동방교회의 신비신학에

---

61 P. W. Butin, *The Trinity*, 62.
62 동방정교회의 삼위일체론 개관은 다음을 참고하라. John Meyendorff, *Byzantine Theology*(New York: Fordham Press, 1974), 180-190.
63 Sergei Hackel, "Russian Orthodox church," *The Blackwell Dictionary of Eastern Christianity*, edited by Ken Parry, David J. Melling, Dimitri Brady, Sidney H. Griffith & John F. Healey, editorial consultant John R. Hinnells, foreword by Rt Revd Kallistos Ware(Oxford: Blackwell Publishers, 1999), 427. 그 이외에 "불가코프(S. N. Bulgakov, 1871-1944), 플로로프스키(G. V. Florovsky) … 등도 서구 사상가들, 적어도 에큐메니칼 운동에 자극을 주었다"(Ibid.).
64 Jaroslav Pelikan, "Theology, Eatern Christian," *The Blackwell Dictionary of Eastern Christianity*, 486.
65 Sergei Hackel, "Russian Orthodox church," 426. 로스키(V. Lossky)는 메이엔도르프(John Meyendorff)와 함께 팔라마스(Palamas)의 신학을 새롭게 계승한 "신(neo) 팔라마스파"로 분류되기도 한다. Alister E. McGrath, *Christian Theology: An Introduction*(Oxford/Malden, MA: Blackwell Publishers, 2001), 56.

대하여』⁶⁶는 특히 서구 에큐메니칼 진영에 속하는 사람들을 위해 쓰였다.⁶⁷ 로스키 자신은 자기 책의 의도를 이렇게 말한다.

> 동방 영성의 특정한 측면들[신비적 신학]을 정교회 교의 전통의 기본 주제들과의 관계에서 연구하는 것이 바로 우리의 의도이다.⁶⁸

동방정교회 신학이 삼위일체 하나님에 관해 말할 때에, 세 인격체들(아버지와 아들과 성령)에서 시작하고 페리코레시스(περιχώρησις) 개념을 통해 그들의 일치를 설명하는 일반적인 경향이 로스키의 신학에도 반영되었다.⁶⁹ 그는 "실체적 특성들"(hypostatic characteristics) 사이의 구별에 대해 나지안주스의 그레고리가 요약한 말을 인용한다:

---

66 V. Lossky, *Essai sur la Thologie Mystique de l'glise d'Orient*(1944). 이 책의 영어판은 동방과 서방 그리스도인들 사이에 이해를 증진시키기 위한 비공식적인 기구인 The Fellowship of St. Alban and St. Serguis에 속하는 소그룹에 의해 *The Mystical Theology of the Eastern Church*(Cambridge & London: James Clarke & Co. LTD, 1957)라는 제목으로 번역되었다(Ibid., 4). 우리말 번역은 박노양 역, 『동방교회의 신비신학에 대하여』(서울: 한국장로교출판사, 2003)이다.

67 P. W. Butin, *The Trinity*, 62.

68 V. Lossky, *The Mystical Theology of the Eastern Church*, 7. 로스키가 동구권 출신이라면 티모시 웨어(Timothy Ware)는 Westminster School and Magdalen College, Oxford에서 공부한 영어권 출신 동방정교회 신학자다. 그가 쓴 *The Orthodox Church*는 동방정교회의 간략한 역사와 믿음, 그리고 다른 기독교회들에 대한 동방정교회의 시각을 간략하고도 분명하게 제시해준다.

69 P. W. Butin, *The Trinity*, 62. 참고, V. Lossky, *The Mystical Theology of the Eastern Church*, 52-54. 이것은 또한 몰트만 삼위일체론의 경향이기도 하다. "서방 전통은 하나님의 단일성(Einheit)으로부터 시작한 다음에 그의 셋 되심(Dreiheit)에 대하여 질문하였다. 이에 반하여 우리는 인격체들의 셋 되심으로부터 출발한 다음에 단일성에 대하여 질문할 것이다." J. Moltamnn, *Trinität und Reich Gottes*, 34.

나지 않으심(being unbegotten), 혹은 나심(being begotten), 혹은 나오심(being proceeding)의 사실이 바로 첫째에게는 아버지의 이름을, 둘째에게는 아들의 이름을, 그리고 셋째에게는 우리가 그를 부를 때 말하는 성령의 이름을 부여한다. 그리고 세 실체들의 구별은 신성의 한 본성과 위엄 안에서 유지된다. 아들은 아버지가 아니다. 왜냐하면 아버지는 한 분이시기 때문이다 … 성령은 아들이 아니다. 왜냐하면 독생자(the Only-begotten)는 한 분이기 때문이다 … 그 셋(Three)은 신성(the Godhead)에 있어서 하나(One)이며, 그 하나 됨(One)은 특성(properties)에 있어서 셋(Three)이다. 그러므로 일치(the unity)란 사벨리우스주의의 그 것이 아니며, 삼위일체(the Trinity)란 현재의 사악한 분리[즉 아리우스주의]를 허용하지 않는다.[70]

그리고 삼위일체론을 전개하면서 아버지와 아들과 성령을 구별하는 개념으로 "인격체"(person)보다는 "존재의 양태"(mode of being)라는 개념을 사용하기를 원하는 바르트[71]와는 달리, 로스키는 갑파도키아 교부들의 개념인 "실체"(*hypostasis*)와 현대적 개념인 "인격체"(person)를 연결지어 생각하려 했다. 그는 '모든 인간 존재를 독특하게 만드는 인

---

70 Gregory Nazianzen, *Oratio* XXXI (Theologica V), ix, *P.G.*, XXXVI, 144 A, V. Lossky, *Mystical Theology of the Eastern Church*, 52-53에서 재인용.

71 Karl Barth, *CD*, I/1, 355, 359. 그렇다고 바르트가 페르소나(*persona*) 개념을 완전히 버리자고 하는 것은 아니다. 다만 휘포스타시스(*hypostasis*)가 의미하는 바가 'person'보다는 'the mode of being'에 더 가깝다고 말하고 있는 것이다(Ibid., 359). 이점을 커닝햄(D. S. Cunningham)은 이렇게 지적한다. "바르트는 τρόπος ὑπάρξεως라는 개념을 사용했다. 그것은 초대교회가 채택한 문구다. 그러나 그것이 영어로 'the mode of being'으로 번역될 때, 그것은 아주 양태론적으로 들린다." *These Three are One*, 27.

격적 질"이란 의미를 가진 "인격체" 개념은 인간이해에 대한 기독교 신학에서 유래한다고 본다.[72]

즉, 로스키는 삼위일체론에서 세 '인격체'들을 중요시한 것이다. 그러나 곧이어, 로스키는 삼신론적 위험을 피하기 위해, 그 셋은 "오직 한 본성"을 가지며 "오직 단일한 의지, 단일한 능력, 단일한 작용을 갖는다"는 것을 지적했다.[73] 그리고 그 근거는 다마스커스의 요한이 세 인격체들, 곧 아버지와 아들과 성령의 일치를 설명하기 위해 삼위일체론에 도입한 페리코레시스(περιχώρησις) 개념이다.

> 인격체들은 혼합되지 않지만 서로 구분되게 하나가 되어있다. 그리고 그들은 어떤 합체나 혼합됨 없이, 서로 안에 자신들의 존재를 갖는다(τὴν ἐν ἀλλ᾽λαις περιχ᾽ρησιν ἔχοθσι). 아들과 성령은 따로 떨어져 있지 않으며, 그들은 아리우스 이단에서처럼 본질에 있어서 분리되지도 않는다. 왜냐하면, 간단히 말해, 신성(the Godhead)은 나눠지지 않기 때문이다. 그리고 그것은 마치 세 개의 태양이 나뉘어 있지 않고 서로에게 붙어 있어서 합체되고 결합된 빛을 내 비추는 것과 같기 때문이다.[74]

아버지와 아들과 성령은 "나지 않으심, 나심, 그리고 나오심이라는 면을 제외하고는 모든 면에서 하나다."[75] 그 구별을 특징짓는 것은 기

---

72 V. Lossky, *The Mystical Theology of the Eastern Church*, 53.

73 V. Lossky, *The Mystical Theology of the Eastern Church*, 53. 참고, P. W. Butin, *The Trinity*, 63.

74 John Damascene, *De Fide Orthodoxa*, I, 8, *PG*, XCIV, 829, V. Lossky, *Mystical Tehology of the Eastern Church*, 53–54에서 재인용.

75 John Damascene, *De Fide Orthodoxa*, I, 8, *PG*, XCIV, 828 D, V. Lossky, *Mystical*

원의 관계이다. 아버지와 아들과 성령은 기원의 관계에 있어서 구별된다. 그러나 "그렇다 하더라도 이 관계는 부정의(apophatic) 의미로 이해되어야 한다."76

부정의 의미로 이해되어야 한다는 것은, 아버지와 아들과 성령의 일치를 설명하는 어떤 방법도 신비의 베일을 완전히 벗기지 못함을 전제로 하고 있다는 뜻이다. '페리코레시스'라는 개념은 하나님의 신비를 표현하는 개념이지 그것을 완전히 설명하는 개념은 아니라는 것이 로스키의 생각이다. 그는 고대 동방정교회 전통을 따라 세 인격체들을 구분한 후에 그 인격체들의 일치를 말함으로써, 그가 갑파도키아 교부들, 특히 나지안주스의 그레고리가 삼위일체를 세 인격체들의 신비적 결합으로 보는 전통77에서 벗어나 있지 않음을 보여준다.

4) 보편성(Catholicity)을 향한 발걸음

현대 삼위일체론에 있어서 더 중요한 정교회 신학자는 지지우라스(John Zizioulas, b. 1931)이다. 그의 삼위일체론에 대해서는 다음 장에서 본격적으로 다루겠지만 여기서 먼저 간략하게 정리하고자 한다.

지지우라스는 가장 영향력있는 현대 정교회 신학자들 중의 하나로

Tehology of the Eastern Church, 54에서 재인용.

76 V. Lossky, *The Mystical Tehology of the Eastern Church*, 54.

77 "내가 하나님에 대해 말할 때, 너는 한 섬광에 의해 그리고 셋에 의해 한 번에 비추인다. [그들은] 소유들(Properties)에 있어서 혹은 실체들(Hypostases)에 있어서, 혹은 인격체들(Persons)에 있어서 셋(three)이다. 만일 어떤 이가 그렇게 부르고자 한다면 말이다. 왜냐하면, 우리는 동의어들이 동일한 의미에 해당하는 한, 이름들에 관해 논쟁하지 않을 것이기 때문이다. 그러나 οὐσια, 즉 신성(Godhead)에 있어서는 하나(One)이다." Gregory of Nazianzus, *Oration 39* (On the Holy Lights), *PG*, XXXVI, 345.

간주된다.[78] 로스키와 지지우라스는 많은 면에서 유사한 신학적 견해를 갖고 있다. 지지우라스는, 인격체(person)란 개념은 관념의 역사에 대한 초기 기독교 신학의 독특한 공헌이라는 로스키의 주장과 함께 시작한다.[79] 또한 그의 관심 역시 에큐메니칼적이다. 로스키와 유사하게, 지지우라스의 목표는 현대의 신학이 서방과 동방 사이를 종합하는 시각을 갖도록 자극하는 것이며, 이 시대에 교부신학을 전하는 것이다.[80] 또한 로스키가 삼위일체론에 있어서 "인격체"를 중요시한 것처럼, 지지우라스도 마찬가지여서, 초기 기독교의 삼위일체론의 토론에서 존재(being)란 인격체들(persons)과 떨어져서는 무의미하다. 부틴은 그것을 이렇게 요약한다.

> 하나님의 존재(existence)뿐만 아니라 하나님의 정체성—하나님은 누구이신가—도 세 신적 인격체들과 떨어져서 고려될 수 없다. 삼중의 인격성(threefold personhood)은 바로 하나님이 하나님이신 방식이다. 그리고 하나님의 정체성은 세 인격체들의 관계 혹은 교제에 있기 때문에, 신의 형상인 인간의 정체성 역시 인격체들의 관계 혹은 교제에 있다.[81]

---

[78] M. Volf, *After Our Likeness*, 73; Veli-Matti Kärkkääinen, *An Introduction to ECCLESIOLOGY* (Downers Grove, IL: Inter Varsity Press, 2002), 95.

[79] P. W. Butin, *The Trinity*, 63. 참고, K. Giles, *The Trinity & Subordinationism*, 99; Veli-Matti Kärkkääinen, *An Introduction to ECCLESIOLOGY*, 95.

[80] J. Zizioulas, *Being as Communion*, 26. 참고, M. Volf, *After Our Likeness*, 74. 볼프의 관심은 역사적 엄밀성이 아니라 조직신학적 사고이기에 지지우라스의 교부론에 대한 직접적인 비판은 피하지만, 또한 교부들의 글에 대한 지지우라스의 해석에 대한 비판이 강하게 재기되고 있음을 지적하고 있다(Ibid., 75).

[81] P. W. Butin, *The Trinity*, 63. 다음을 보라. J. Zizioulas, *Being as Communion*, 39ff.

지지우라스에 따르면, 이런 통찰은 초대교회의 성만찬 경험으로부터 나왔으며, 초대교회 교사들을 하나님이 누구이신 지에 대해 근본적으로 새로운 이해로 인도했다. 교회 공동체의 이러한 경험이 다음과 같은 중요한 내용을 드러냈다

> 하나님의 존재는 오직 인격적인 관계들과 인격적인 사랑을 통해서만 알려질 수 있을 것이다. 존재는 삶을 의미하고, 삶은 교제(communion)를 의미한다 … 하나님의 존재는 관계적 존재이다. 교제라는 개념 없이는 하나님의 존재에 대해 말하는 것이 불가능할 것이다.[82]

지지우라스는 대부분의 여타 동방정교회 신학자와 마찬가지로 교의학적 저술을 하지 않았고 삼위일체론을 조직신학의 틀로 전개하지도 않았다.
"그의 저술들 대부분은 목회와 사도적 계승과 같은 주제들을 다루고 있다."[83]
그의 책 『친교로서의 존재』도 삼위일체론과 교회론을 중점적으로 다루지만, 여타 서방교회 신학자들이 교의학적으로 그런 주제들을 다루는 것과는 달리 성만찬과 교회를 중심으로 그런 주제들에 대해 진술한다.
그러나 그에게 있어서, 그리고 동방정교회 신학에 있어서 성만찬과 교회는 삼위일체 하나님과 밀접한 관련 속에서 경험되고 신앙되며 설

---

[82] J. Zizioulas, *Being as Communion*, 16, 17.
[83] C. M. LaCugna, *God for Us*, 260.

명되기 때문에 그 책은 그 자체로 동방정교회 삼위일체론을 소개하는 교의학 서적의 역할을 담당하였다.

지지우라스는 『친교로서의 존재』에서 성만찬을 "일치의 성례로서 아주 뛰어나게, 그러므로, 교회 자체의 신비에 대한 표현으로서"[84] 교회론으로 정리될 수 있는 내용들의 중심에 두었다. 그는 이 성만찬적 교회론을 창조적으로 사용할 뿐만 아니라, 또한 이 성만찬적 교회론을 포괄적인 신학적 틀 안에 두려 시도하며, 그것의 신학적인 그리고 인간학적인 전제들을 인격의 존재론의 형태로 다루려 한다.[85] 즉 지지우라스는 목회적 관심에 머물지 않으며, 교의학적 관심으로 교회의 현실을 외면하지 않는다.

메이엔도르프는 지지우라스의 책 『친교로서의 존재』의 서문에서 지지우라스 신학을 이렇게 평가한다.

> 지지우라스의 신학은 역사와 "조직적인" 사고를 함께 정당하게 다룸에 있어서 어느 한 쪽으로 치우치지 않으며, 인간에 대한 그리고 교회에 대한 정교회 교리들은 "신론," "인간론," "교회론" 등의 신학적 학문의 깔끔하게 분류된 구분으로 나뉘어질 수 없으며, 만일 분리되어 접근하면 단지 무의미하다는 것을 보여줌에 있어서 뛰어나다.[86]

---

84 J. Zizioulas, "The Bishop in the Theological Doctrine of the Orthodox Church," *Kanon* 7 (1985), 25. M. Volf, *After Our Likeness*, 73에서 재인용.

85 M. Volf, *After Our Likeness*, 73. 참고, Zizioulas, *Being as Communion*, 23. 사실, 지지우라스에게 있어서, 교회는 한 인격이며, 그리고 모든 인간 인격은 '교회적' 존재 (an 'ecclesial' being)이다(Zizioulas, *Being as Communion*, 15).

86 J. Zizioulas, *Being as Communion*, 11. 볼프(M. Volf)도 유사한 평가를 내린다. "지지우라스는 교회론에 관심을 가지는 신학자 이상이다"(M. Volf, *After Our Likeness*, 74). 본문의 인용문 있는 "신론"과 "인간론"은 각각 "theology"와 "anthropology"를 번

지지우라스 신학의 에큐메니칼적 의도와 교부신학에 근거함과 어느 신학 분과 하나에 치우쳐 있지 않음 등의 특징으로 인해, 현대의 다양한 교파에 속한 여러 신학자들이 그의 저술에 근거해서 삼위일체론과 교회론에 대한 통찰을 얻고 있는 것이다. 예를 들어, 라쿠냐는 지지우라스에게서 삼위일체론의 근거를 찾으며, 볼프는 그에게서 삼위일체론적 교회론의 근거를 찾는다. 그리고 지지우라스의 삼위일체론에서 '인격'(person)개념은 신론과 인간론을 이어주는 중요한 개념이다. 그러므로 다음 절에서는 지지우라스의 삼위일체론을 그의 인격이해를 중심으로 정리하고자 한다.

5) 삼위의 교제 가운데서 하나이신 하나님: 지지우라스

지지우라스의 삼위일체론은 전형적인 동방교회의 삼위일체론이다. 그에 의하면,

> '교제'(communion)이신 하나님에 대해, 즉 성 삼위일체(the Holy Trinity)에 대해 말하기 이전에 '한 하나님'(one God)에 대해 말하는 것은 생각할 수 없는 일이다 … 하나님의 본질(substance), 곧 "하나님"은, 교제와 관련되어 있지 않으면, 어떤 존재론적 내용도, 어떤 참된 존재도 갖지 못한다.[87]

역한 것이다. 이는 각각 "신학"과 "인류학"으로 번역될 수도 있지만, 여기서는 그것들 하나하나가 신학의 분과 학문들을 가리키고 있기에 여기서는 그렇게 번역한다. 지지우라스에게 있어서 신학(theology)은 "문자 그대로 하나님에 관한 말이나 생각"을 가리킨다. 참고, *Being as Communion*, 43.

[87] J. Zizioulas, *Being as Communion*, 17. 그렇다고 해서 지지우라스가 '교제'를 아버지와 아들과 성령의 존재보다 앞서는 것으로 간주한 것은 아니다. "'본질'처럼 '교제'도

이것은 고대 철학의 일원론을 전제로 하는 진술이 아니다. 성경과 헬라 교부들이 말하는 하나님은 아버지와 아들과 성령의 세 인격체들이 친교 가운데서 일치를 이루시는 분이시라는 것이 그의 주장이다.

(1) 존재(being)의 근원인 인격체(person): 인격의 존재론

지지우라스에 따르면, 삼위일체 하나님에 대한 신앙은 원초적인 것이며, 적어도 교회가 생겨난 첫 시기로 거슬러 올라갈 수 있으며, 그것은 세례 예식으로 한 세대에서 다음 세대로 전달되었다.[88] 그것은 일원론적인 헬라 철학과는 조화되지 않는 것이었다. 그런데 바로 헬라 교부들, 특히 갑파도키아 교부들의 삼위일체론적 신학을 정형화시키려는 노력들로 인해 헬라 철학적 사고 안에서 "혁명"에 해당하는 것을 달성했다. 그것은 그 당시까지 혼동되어 사용되던 우시아(ουσια)와 휘포스타시스(ὑπόστασις)에 대한 명확한 개념 규정을 통해 이루어졌다.[89]

그들은 이전까지 우시아의 동의어였던 휘포스타시스를 인격체와 동일시함[90]으로써 일원론적인 해석을 넘어서는 인격의 존재론의 토대를 마련한 것이다. 왜냐하면 본질을 실체라 하는 것이 아니라 인격체를 실체라고 규정하는 것이기 때문이다. 지지우라스에 따르면, 헬라

그 자체로 존재하지 않는다. 그것의 '원인'은 아버지이다 … 어떤 것을 실제로 존재하게 하는 궁극적인 존재론적 범주는 비인격적이고 교체할 수 없는 '본질'도 아니고 스스로 혹은 필연성에 의해 강요되어 존재하는 교제의 구조가 아니다. 그것은 오히려 인격체(person)를 의미한다"(Ibid., 17f).

88 J. Zizioulas, *Being as Communion*, 36.
89 이에 대한 논의는 본서 제3장 4. 1)에서 다루었다.
90 라쿠냐에 따르면, 이 동일시가 바로 지지우라스의 출발점이기도 하다. C. M. LaCugna, *God for Us*, 260.

철학은 철저히 일원론적 사고에 그치기 때문에,[91] "헬라 철학에서는 '휘포스타시스'(*hypostasis*)란 개념과 '인격'(person)이라는 개념이 결코 연결되지 않았다."[92] 즉, 인격이란 개념에는 어떤 존재론적 내용도 들어 있지 않았다. 그러나 갑파도키아 교부들이 휘포스타시스와 인격을 동일시함으로써 다음과 같은 두 가지 중요한 결과가 도출되었다.

> (a) 인격은 더 이상 존재(being)의 부가물이 아니다. 즉 우리가 처음으로 그것의 존재론적 *hypostasis*를 입증할 때 구체적인 실체에 우리가 **부가하는** 어떤 범주(category)가 아니다. **그것은 그 자체로 존재의** *hypostasis*이다.
> (b) 실체들(entities)은 더 이상 그들의 존재를 존재 자체(being itself)에서 규명하지 않는다. 즉 존재(being)는 원래 절대적인 범주가 아니다. 대신에 실체들은 인격에서 그들의 존재를 규명한다. 인격체(person)란 정확히, 존재를 구성하는 것이다. 즉 실체들로 하여금 실체들이게 할 수 있는 그것이다. 다시 말해서, 인격(person)은 존재에 대한 부가물(일종의 가면)에서부터 존재 자체가 되며 동시에, 가장 중요한 점은, 그것이 존재들의 구성적 요소("원리" 혹은 "원인")이다.[93]

즉, 하나님의 관계들에 대한 갑파도키아 교부들의 신학에서, 인격체는 존재에 부가되는 이차적인 것이 아니라 존재를 구성하는 일차적인 것이 되었다. 지지우라스에 따르면,

---

91 J. Zizioulas, *Being as Communion*, 27–31.
92 J. Zizioulas, *Being as Communion*, 36.
93 J. Zizioulas, *Being as Communion*, 39.

헬라 교부들의 신학의 기본적인 존재론적 주장은 다음과 같이 간결하게 정리될 수 있을 것이다. 인격체(person) 혹은 실체(*hypostasis*) 혹은 존재의 양식(mode of existence)이 없이는 본질(substance) 혹은 본성(nature)도 존재하지 않는다. 본질 혹은 본성 없이는 인격도 존재하지 않는다. 그러나 존재론적 원칙 혹은 존재의 "원인"(cause)—즉, 어떤 것을 존재하게 하는 것—은 본질 혹은 본성이 아니라 인격체 혹은 실체(*hypostasis*)이다. 그러므로 존재는 본성이 아니라 인격체에서 유래한다.[94]

이러한 이해를 삼위일체 하나님에 관해 적용시켜 말하면, 지지우라스에게 있어서 '하나님의 존재의 근거는 본성이 아니라 인격체이신 아버지이시다.

> 헬라 교부들에게 있어서 하나님의 일치, 한 하나님, 그리고 하나님의 존재와 삶의 존재론적 "원리" 혹은 "원인"은 하나님의 한 본질(substance)이 아니라 실체(*hypostasis*), 즉 아버지의 인격이다. 한 하나님은 한 본질이 아니라 아버지이며, 아버지는 아들의 나심과 성령의 나오심 모두의 "원인"이다.[95]

그렇다고 해서 갑바도키아 교부들이 하나님 아버지(원인)와 아들과 성령(결과) 사이에 서열을 매기는 것이 아니다. 세 인격체들 사이의

---

94 J. Zizioulas, *Being as Communion*, 41 n. 37.
95 J. Zizioulas, *Being as Communion*, 40f.

인과관계가 존재에 있어서나 시간이나 출현에 있어서의 우위성을 가리키는 것은 아니다. 하나님은 절대적으로 인격적(personal)이시다. 즉 하나님의 존재는 사랑과 황홀함(ecstasis)과 자기확산(self-diffusion)과 생산력 안에서 비롯한다. 이 인과관계의 '결과'(effect)는 하나님에게 있어서 외적인 것도 아니고 하나님 이외의 것도 아니다. 하나님은 하나님으로 하여금 아들과 성령의 인격체 안에 존재하게 '하신다.' 캅파도키아 교부들이 새로 도입한 것은 하나님 아버지를 자발적으로 드러낸, 즉 어떤 다른 인격체나 다른 우선적 원칙에 대한 언급 없이, 나지 않으신 분(Unbegotten)으로 묘사한 것뿐만 아니라, 세상의 *Pantokrator*로, 즉 아들을 낳으시고 성령을 내보내시며, 궁극적으로는 세상을 있게 하신 인격적인 정향 원칙(the personal originating principle)으로 묘사한 것이다.[96]

즉 '하나님 아버지는 아들과 성령의 $\pi\eta\gamma\acute{\eta}$(페게, 원천)일 뿐만 아니라 아들과 성령의 인격적 $\alpha\iota\tau\acute{\iota}\alpha$(아이티아, 원인)이시다'는 말의 의미는, 볼프에 의하면, "하나님의 존재는 하나님의 인격성(personhood)과 동시에 일어난다"는 것이다.[97]

여기서 우리는, 서방신학이 본체(substance)의 단일성에서 출발하여 세 위격들의 구별을 설명하는 것과는 대조적으로 동방신학에서는 세 인격체들의 일치의 근거를 아버지에게서 찾는다는 것을 알 수 있다. 이에 대해 지지우라스는 다음과 같이 말한다.

---

[96] C. M. LaCugna, *God for Us*, 245.
[97] M. Volf, *After Our Likeness*, 76.

> 만일 하나님이 존재하시면, 아버지가 존재하시기 때문에, 즉 그가 사랑으로 자유로이 아들을 낳으시고 성령을 생기게 하시기 때문에 하나님이 존재하신다 … 하나님 (아버지)의 인격적 실존이 그의 본질(substance)을 구성한다. 즉 그것을 실체들(hypostases)로 만든다.[98]

이를 라쿠냐는 "인격성(personhood)은 특히 하나님 아버지의 인격 안에서 드러나며, 그것은 '하나님의 하나님 되심의 양식'(the modality of God's being God)이다"[99] 라고 정의한다. 그러므로 삼위일체 신학(trinitarian Theology)에서 중요한 것은, 하나님은 한 인격체(a person), 즉 아버지로 인해 '존재하시지'(exist), 한 본질(substance)로 인해 존재하는 것이 아니라는 사실이다.[100]

갑파도키아 교부들에게 있어서, 그리고 그들에게 의지하고 있는 지지우라스에게 있어서 아버지의 인격이 아니라 본질에서 하나님의 존재 근거를 찾는 것은 불가능하다.

그리고 더 나아가서 지지우라스는, 하나님의 영원하심 역시 그가 인격체이기 때문이라고 말한다.

> 하나님의 생명은, 그것이 인격적이기 때문에 영원하다. 다시 말해, 그것은 자유로운 교제의 표현으로서, 곧 사랑으로서 실현된다. 생명과 사랑은 인격체 안에서 동일시된다. 인격체는,

---

[98] J. Zizioulas, *Being as Communion*, 41. 여기서 지지우라스는 헬라 교부들의 신학의 기본적인 존재론적 주장에 의지하고 있다.

[99] C. M. LaCugna, *God for Us*, 245.

[100] J. Zizioulas, *Being as Communion*, 42.

오직 사랑받고 사랑하기 때문에 죽지 않는다. 그리고 사랑의 교제 밖에서는, 인격체는 자신의 독특성을 상실하며 다른 존재들처럼 하나의 존재(a being)가, 절대적 "정체성"과 "이름"이 없는, 즉 얼굴 없는 일종의 "사물"(thing)이 된다.[101]

즉, 하나님의 생명은 그의 인격체 안에서 사랑으로 나타난다. 결국, 하나님의 인격 안에서 나타난 사랑으로 인해 하나님께서 하나님으로 존재하신다.

따라서 사랑은 존재(being)의 소유(property)에 권한을 부여하기를 (즉, 이차적이기를) 그치고, 지고의 존재론적 술어가 된다. 하나님의 존재 양태(mode)로서의 사랑은 하나님을 '실체화시키며'(hypostasize), 그의 존재(His being)를 구성한다. 그러므로 사랑의 결과로서, 하나님의 존재론은 본성의 필요에 지배되지 않는다. 사랑은 존재론적 자유와 동일시된다.[102]

하나님에 대해서, 특히 삼위일체 하나님에 대해서 말할 때, 지지우라스에게 있어서 중요한 개념은 '인격체'이다. 그리고 이 인격체가 곧 사랑으로 나타나며, 하나님의 존재 그 자체이다.[103] 그러므로 인격체

---

[101] J. Zizioulas, *Being as Communion*, 49. 라쿠냐는 이를 '존재(being)에 대한 인격체(person)의 우위성'으로 규정한다(C. M. LaCugna, *God for Us*, 260).

[102] J. Zizioulas, *Being as Communion*, 46. 지지우라스의 인격과 존재 개념을 말하면서 라쿠냐는 이렇게 요약한다. "인격됨은 존재에 부가된 어떤 성질이 아니다. 그것이 존재를 구성한다"(*God for Us*, 260).

[103] 볼프에 따르면, "신적 본질(substance)이 신적 인격(person)을 통해 구성된다면, 신성이 인격 개념 안에 들어있어야 한다는 것이 지지우라스의 주장이다. 하나님의 모든 성품들(characteristics)은 그의 인격됨(personhood)으로부터 이끌어낼 수 있어야

와 분리된 본성에 근거한 하나님의 존재란 있지 않다. 또한 사랑으로 나타나는 하나님의 인격체는 필연성에 얽매이지 않는 자유로운 존재이다. 그리고 그렇기 때문에 이와 같이 하나님의 사랑에 대한 사고는, 지지우라스에게 있어서, 자유로이 친교를 이루시는 하나님에 대한 이해로 인도된다.

(2) 인격체들의 자유로운 친교를 내포하는 '인격체' 개념

지지우라스에게 있어서 하나님의 실존은 먼저 한 인격체이신 아버지 덕분이다. 이는 다음의 두 가지를 의미한다.

> a. 그의 "본질"(substance), 그의 존재(being)는 그를 제한하지 않는다(하나님은 존재할 수밖에 없기 때문에 존재하는 것은 아니다)는 것.
> b. 교제는 그의 실존을 위해 제약을 가하는 구조가 아니다(그가 교제와 사랑 안에 있을 수밖에 없기 때문에 하나님이 교제 안에 있는 것도 아니고 사랑하는 것도 아니다)는 것.[104]

그러나 이 말은 지나치게 아버지만을 강조하여 해석되어서는 안

한다. 왜냐하면 하나님 안에서, 성품들은 하나님의 존재(being)을 보증하는 어떤 것이 아니라, 오히려 하나님의 존재와 동일한 것이기 때문이다. 인격됨은 하나님의 본질이며 논리적으로 하나님의 성품들에 앞선다. 즉 하나님의 본질이 인격이다는 것은 하나님은 사랑이시다는 것을 의미한다"(M. Volf, *After Our Likeness*, 77-78). 또한 "하나님은 인격체이시다"(God is person)는 진술은 "인격체가 하나님이시다"고 말할 수 있을 때에만 그 완전한 의미를 얻는다. 엄격히 말해, 인격됨은 오직 하나님께만 속하는 것이다. 그러므로 인간들은 진정한 의미에서의 인격체일 수 없다. 인간들이 인격체일 수 있는 것은 오직 하나님의 인격됨에 참여함에 의해서만 가능한 일이다(Ibid., 78).

104 J. Zizioulas, *Being as Communion*, 18.

된다. 하나님은 그 어떤 필연성에도 얽매어 있지 않는 분이시라는 의미이다. '본질'(substance)이나 '교제'(communion) 모두가 하나님의 존재를 규정하는 상위구조가 아니라는 것이다. 또한 본질이나 교제를 하나님의 존재와 별개의 것으로 해석해서도 안 된다. 인격체이신 하나님은 분명 본질을 가지시며 교제 안에 거하시기 때문이다. 그에게 있어서 '존재,' '교제,' 그리고 '실체'는 유기적으로 연결되어 있는 개념이다. 그것을 지지우라스는 이렇게 표현한다.

> a. 교제 없는 참된 존재(being)는 없다. 어떤 것도 "개별적"으로 존재하지 않으며, 그 자체로 생각될 수 있게 존재하지 않는다. 교제는 존재론적인 범주다.
> b. "실체," 즉 구체적이고 자유로운 인격체로부터 나오지 않은 교제는, 그리고 구체적이고 자유로운 인격체들인 "실체들"로 인도하지 않는 교제는 하나님의 존재의 "형상"이 아니다. 인격체는 교제 없이 존재할 수 없지만, 인격체를 거부하거나 억압하는 모든 형태의 교제도 용납될 수 없다.[105]

아버지의 인격이 하나님의 실존의 근원이라면 어떻게 진정한 친교가 가능할까?

여기에서 지지우라스는 "자유"(freedom) 개념을 도입하여 설명한다. "인격성(personhood)은 자유 없이는 상상할 수도 없다."[106]

삼위일체 하나님의 존재는 하나님의 인격적 자유의 결과이다. 그에

---

[105] J. Zizioulas, *Being as Communion*, 18.
[106] J. Zizioulas, "Communion and Otherness," 2016. 8. 21 접속, http://incommunion.org/2004/12/11/communion-and-otherness/.

게 있어서 "하나님 아버지는 신적 삶의 자유롭고 인격적 행위 안에서 그 자신의 존재를 영원히 확증하시고 구성하신다."[107] 왜냐하면 "하나님, 곧 본질로서의 하나님이 아니라 아버지이신 하나님은 그의 자유로운 의지를 통해 존재함을 영원히 확증"[108]하시기 때문이다. 인격이시며 사랑이신 하나님과 자유는 분리되지 않는다. 라쿠냐에 따르면, 서구 신학계는 자유의 개념을 오해하고 있다.

> 우리는 자유를 완전한 자기 소유(self-possession)의 결과로, 자율과 자기 결정이 아주 강한 것으로, 그리고 무제한적인 선택들의 특권으로 생각하는 서방에 익숙해져 있다. 즉, 자유는 행동하고 처리하며 결정하는 영적 주체의 인식 안에 위치한다.[109]

반면에 지지우라스에게 있어서, 자유는 황홀경(ekstasis)과 자기초월(self-transcendent)의 영역에 속한다. 인격체는 언제나 자신을 넘어 다른 것으로 향해 가려한다. 즉 모든 필연성과 경계를 벗어나려 한다. 그러나 자유를 인간 인격체와 연결시키는 것은 힘들다. 자유를 인격됨에서 찾지만,

> 인간의 경우에, 이 요청은 인간의 피조성과 충돌한다. 피조물로서 인간은 자신의 존재의 '필연성'을 벗어날 수 없다. 결국, 인격은 현세 안에서의 현실 혹은 완전히 인간적인 현실로는 실현될 수 없다. 철학이 인격의 실체를 확인할 수는 있지만, 오직

107　M. Volf, *After Our Likeness*, 77.
108　J. Zizioulas, *Being as Communion*, 41.
109　C. M. LaCugna, *God for Us*, 261.

> 신학만이 참된 인격을, 진정한 인격을 다룰 수 있다. 절대적인 존재론적 자유로서의 진정한 인격은 피조되지 않아야 하며, 그 자신의 실존을 포함해서 어떤 필연성에 의해서도 제한되지 않아야 한다. 그러한 인격이 실제로 존재하지 않는다면 인격 개념은 헛된 공상에 불과하다. 만일 하나님이 존재하지 않는다면, 인격은 존재하지 않는다.[110]

즉 진정한 인격은 인간이 아니라 하나님뿐이라는 것이 지지우라스의 주장이다. 그리고 여기서 본성(nature)과 관련되어 있는 자유에 대한 지지우라스의 개념은, 한 인격만의 독재가 아니라 아버지와 아들과 성령의 자유로운 교제와 연결된다.

> 하나님이 자신의 존재론적 자유를 실현하는 방식은, 즉 정확하게 그를 존재론적으로 자유롭게 하는 그것은 그가 그 본질(substance)의 존재론적 필연성을 초월하고 그것을 폐지하는 방법이다. 이것은 하나님이 아버지로, 즉 아들을 '낳으시고'(beget) 성령을 '생성하시는'(bring forth) 분으로 하나님이 존재하심에 의해서 되어진다. 하나님의 이러한 황홀경적(ecstatic) 성격은, 즉 그의 존재가 교제의 행위와 동일하다는 사실은 그 존재론적 필연성의 초월성을 보증한다. 그의 본질(substance)은 그 존재론적 필연성을 요구할 것이며 (만일 본질이 하나님의 우선적인 존재론적 술어라면) 그리고 신적 실존(existence)의 자유로운 자기확증으로 이 필연성을 대치한다. 이 교제는 하나님의 본질의 결과인

---

110 J. Zizioulas, *Being as Communion*, 42f.

자유의 소산이 아니라 한 인격의 결과로서의 자유의 산물이기 때문이다. 이 인격은 곧 아버지이다. 아버지는 … 신적 본성이 황홀경적[111]이기 때문이 아니라 인격으로서의 아버지가 자유로이 이 교제를 의도하시기 때문에 삼위일체(Trinity)이시다.[112]

즉 하나님 편에서 볼 때, 신적 존재의 이 자유로운 확증은 고립된 자아(self-isolation) 안에서 일어나는 것이 아니다. 그것은 오히려 아들과 성령과의 구성적인 관계들을 통해 일어난다.

"이 확증을 구성하는 것은 바로 그의 삼위일체적 실존(His trinitarian existence)이다."[113]

아버지의 인격은 신적 존재의 근거인 동시에 삼위일체적 일치의 근거다. 이렇게 볼 때, 교제 가운데 계신 하나님과 무관한 한 분 하나님에 대해 말하는 것은 생각할 수 없다.

성 삼위일체는 근본적인 존재론적 개념이지 신적 본질(substance)에 부가된 개념이거나 그것을 뒤따르는 개념이 아니다 … 하나님의 본질은 … 존재론적 내용을 갖고 있지 않으며, 참된 존재도 아니며, 교제와 무관하지도 않다.[114]

종합해 볼 때, 지지우라스에게 있어서, '인격(체),' '실체,' '교제,' '사

---

111 지지우라스가 존재론적 범주로 사용하는 황홀경(ekstasis) 개념은 신비적인 헬라 교부들과 하이데거(M. Heidegger)의 철학에 근거하고 있다(Ibid., 44, n. 40).
112 J. Zizioulas, *Being as Communion*, 44.
113 J. Zizioulas, *Being as Communion*, 41.
114 J. Zizioulas, *Being as Communion*, 17.

랑' 그리고 '자유'라는 개념들은 삼위일체 하나님 안에서 서로 분리될 수 없는 관계를 맺고 있다.

(3) 아버지와 아들과 성령의 교제에 근거한 인간들의 친교

아버지와 아들과 성령이 교제 가운데 계시다는 것이 인간들에게 무슨 의미인가?

볼프에 의하면, 지지우라스는 "삼위일체의 인격적 교제를 인간 친교를 위한 모범으로 간주한다."[115] 그리고 삼위일체가 인간 친교의 가능성의 토대가 되는 이유는 다음의 두 가지이다.

첫째는 삼위일체 하나님께서 무로부터 세상을 창조하셨다는 사실이다.

둘째는 그리스도께서 교회와 동일시된다는 사실이다.[116]

a. 삼위일체의 교제가 인간들의 친교의 근거인 이유: 자유 가운데 창조된 세상

삼위일체 하나님의 교제는 자유로운 사랑의 교제이다. 그런 삼위일체 하나님의 교제가 인간들의 친교의 근거이려면, 인간들의 친교가 삼위일체 하나님의 교제에 직접적으로 근거하고 있어야 하며 또한 삼위일체 하나님의 자유로 인해 자유로워야 한다.

그런데 고대 헬라 철학의 일원론적 존재론에 입각한다면 인간의 자유가 보장될 수 있겠는가?

---

115 M. Volf, *After Our Likeness*, 80. 참고, Ibid., 81-83.
116 M. Volf, *After Our Likeness*, 80.

이 질문에 대해 지지우라스는 부정적이다. 그 존재론은 자유에 상반되는 필연성의 법칙에 지배되기 때문이며, 인간뿐만 아니라 하나님마저도 그러하기 때문에 인간의 진정한 인격됨(personhood)의 가능성이 부정된다는 것이다.[117] 필연성에 사로잡혀 있는 존재는, 하나님이든 인간이든 참된 인격이 될 수 없다.

일자로부터의 유출로 세상의 기원을 말하는 일원론적인 헬라 고대 철학과는 대조적으로, 기독교 신앙은 세상은 무로부터(ex nihilo) 창조되었다고 고백한다. 이 고백이 교부들로 하여금 존재론에 있어서 헬라 철학의 폐쇄된 존재론과는 전혀 다른 것을 도입하게 했다는 것이 지지우라스의 말이다. 그렇게 해서 "그들은 존재, 곧 세계의 실존을 현존하는 것들, 즉 자유의 소산으로 만들었다 … 무로부터라는 창조 교리로 인해, 세상의 '근원'(ἀρχὴ)이라는 헬라 존재론의 '원리'가 자유의 영역으로 바뀌었다."[118] 이것을 볼프는 다음과 같이 설명한다.

> 세상은 하나님께 반대되는 어떤 것으로 창조되었지만 또한 하나님 자신의 자유의지에 의해 그렇게 창조되었기 때문이다 … 만일 피조된 모든 것들이 자유의 소산이라면, 필연성에 의해 지배되는 이 세상의 폐쇄성은 보류되고 피조세계는 자유로울 수 있다. 인격됨을 창조적으로 가능하게 하는 것은 바로 인격적인 한 하나님의 창조적인 자유에 근거된, 피조된 존재의 이 특별한 자유다. 인격됨의 이 근거지움은 헬라 교부들이 실체(hypostasis)와 인격(person)을 동일시한 결과이다. 오직 한 절대적

---

[117] J. Zizioulas, *Being as Communion*, 29.
[118] J. Zizioulas, *Being as Communion*, 39f.

> 인격만이 자유로이 그리고 인간 인격됨을 가능하게 하는 이런 방식으로 세상을 창조할 수 있었다.[119]

하나님의 자유는 자유로운 세상을 창조하였다. 이것이 지지우라스가 인간 인격에 대해 말하면서 하나님의 창조를 말하는 이유이다.

그러나 새로운 문제는 자유롭게 창조된 세상이 여전히 자유로운가에 있다. 실제로 세상은 자유롭지 못하며 세상에서 살고 있는 인간 역시 자유롭지 못하다. 지지우라스는 도스토예프스키(Dostoevsky)의 소설『악령』(*The Possessed*)의 한 인물인 키리로프(Kirilov)의 말에서 그 예를 찾는다.

> 전적인 자유를 열망하는 모든 사람들은 자신의 삶을 끝낼 만큼 충분히 용감해야만 한다 … 이것이 자유의 궁극적인 한계이며, 이것을 넘어서는 것은 아무 것도 없다. 감히 자살하려는 이들은 누구나 하나님이 된다.[120]

인간의 자유의 한계가 자살이라는 이 말은 현 세상에서의 인간 인격의 한계를 보여준다. 이것은 모든 인간 인격이 필연성을 초월하려다 겪는 "가장 비극적인 측면"이다.[121] 즉 지지우라스에게 있어서, 있는 그대로의 인간 인격은 진정한 인격이 아니다. 이것은 임신과 출생에 의해 이 땅에 살아가게 되는 모든 인간의 실체를 가리키며, "생

119　M. Volf, *After Our Likeness*, 80–81.
120　Dostoevsky, *The Possessed*, J. Zizioulas, *Being as Communion*, 42에서 재인용.
121　J. Zizioulas, *Being as Communion*, 42.

물학적 실존의 실체"(the hypostasis of biological existence)로 규정된다.[122] 이런 인간 현존재에 대한 지지우라스의 견해를 볼프는 다음과 같이 표현한다.

"타락 이후에 인간 인격됨은 왜곡되어서, 그것은 오직 '개인들'(individuals)로만 존재한다."[123]

그리고 왜곡된 채 남아있는 인격의 흔적을 인간 안에 있는 '하나님의 형상'으로 보고 이렇게 말한다.

"지지우라스에 따르면, 인간은 인격됨이라는 하나님의 형상을 지녔지만 그것은 파괴된 형태로 그리고 동시에 완성되지 않은 성향으로 존재한다."[124]

사실 창조와 타락은 지지우라스 사고에 있어서 단일한 사건으로 여겨진다. 타락은 단지, 피조물이 원래부터 갖고 있던 한계들과 잠재적 위험들이 실제로 나타나는 것이다. 그는 교부들에 의지해서 이렇게 말한다.

> 헬라 교부들에게 있어서 인간의 타락은 … 새로운 어떤 것을 야기하는 것으로 이해되지 말아야 한다(악에는 어떤 창조적인 힘도 없다). 창조가 그 자체로 남아 있으려면, 오히려 피조성 안에 있는 한계들과 잠재적 위험들을 드러내고 실현한 것으로 이해되어야 한다.[125]

---

[122] J. Zizioulas, *Being as Communion*, 50.
[123] M. Volf, *After Our Likeness*, 80.
[124] M. Volf, *After Our Likeness*, 83.
[125] J. Zizioulas, *Being as Communion*, 101f.

그러면 무엇이 인간을 이처럼 인격이 아니게 하는가?

지지우라스에 의하면 그것은 존재론적 필연성과 개별화 때문이다. 즉, 모든 인간은 두 가지의 "고통"(passion)을 겪는다.

첫째, "존재론적 필연성"이다.

둘째, 그것으로부터의 귀결인 "개인주의의 '고통,' 혹은 실체들의 분리의 '고통'"이다.

그리고 분리의 고통은 인간에게 가장 큰 고통인 죽음을 포함한다.[126] 이런 인간의 비극을 지지우라스는 이렇게 설명한다.

> 이 모든 것은 인간이 고유하게 생물학적 실체(biological hypostasis)로서 비극적 존재임을 의미한다. 인간은 황홀경의 사건(ecstatic fact), 곧 육체적 사랑(erotic love)의 결과로 태어난다. 그러나 이 사건은 자연적 필연성과 혼합되어 있으며 따라서 존재론적 자유를 결여하고 있다. 인간은 실체적 현실(hypostatic fact)로, 즉 육체로 태어난다. 그러나 이 사건은 개체적 존재와 그리고 죽음과 뒤섞여 있다. 인간이 황홀경을 얻으려 시도하는 그 동일한 에로틱한 행위에 의해 인간은 개인주의로 인도된다. 인간의 육체는 타자들과의 친교로 인도하는 비극적인 도구이지만, 동시에 그것은 위선의 가면이며 개인주의의 숲이고 최종

---

[126] J. Zizioulas, *Being as Communion*, 51. 볼프는 지지우라스의 말을 다음과 같이 정리한다. "개별자로서 인간은 인과 관계 안에 있으며 따라서 필연성의 법칙 안에 있다. 그러나 동시에, 그들은 타자들(즉, 다른 인간들과 다른 피조물과 하나님)과 대비하여 스스로를 확증하며, 필연적으로 그들 스스로 사이에 그리고 다른 모든 존재들 사이에 간격을 만든다. 이 간격의 궁극적 귀결은 죽음이다"(M. Volf, *After Our Likeness*, 81).

적인 분리, 곧 죽음의 전달자이다.[127]

이것은 이미, 인간의 기본 문제는 도덕적 수준에 있는 것이 아니라 존재론적 수준에 있음을 보여준다. 이것은 인간이 처해 있는 비극적 현실이다. 그러나 그것은 거역할 수 없는 운명은 아니다. 삼위일체 하나님의 인격됨에 근거하고 있는 인간의 인격됨과 개별자로서의 현실 사이의 간격이 실제로 극복될 수 있기 때문이다. 지지우라스에게 있어서 인간 현존재와 인격 사이의 관계를 볼프는 다음의 세 가지로 정리한다.

첫째, 인격은 "절대적인 존재론적 자유"[128]에 의해 필연성에서 벗어나 있다.

둘째, 인격은 시간과 공간에 의해 결정되지 않는다.

셋째, 인간(human being)은 오직 인격적인 하나님(the personal God)과의 친교 안에서만 인격(a person)으로 불릴 수 있다.[129]

그러므로 인간이 인격체일 수 있는 가능성은 인간 안에 있지 않으며, 인간이 지닌 하나님의 형상에 있지도 않다. 이미 지적했듯이, 그것 역시 왜곡되어 있기 때문이다. 지지우라스에게 있어서, 그 가능성은 그리스도와 교회 안에서만 발견된다.

---

[127] J. Zizioulas, *Being as Communion*, 52. 그러나 또한 지지우라스에게 있어서, 육체는 구원에서 배제되지 않는다. 그에 따르면, 구원이란 에로스와 육체가 필연성과 개인주의와 죽음의 담지자들이기를 그치는 것을 의미한다. 에로스와 육체는 인간(being human)의 필수 불가결한 요소들이기 때문에, 구원은 육체로부터 떠남을 의미할 수 없다. 육체는 하나님의 형상(*imago Dei*)에 참여하며, 하나님은 그리스도 안에서 육체를 가지시고, 마지막 날에 부활하는 것은 바로 육체이다. J. Zizioulas, "Human Capacity and Human Incapacity: A Theological Exploration of Personhood," *Scottish Journal of Theology*, vol. 28 (1975), 423.

[128] J. Zizioulas, *Being as Communion*, 43.

[129] M. Volf, *After our Likeness*, 82f.

b. 그리스도로 인해 교회 안에서 실현되는 친교

지지우라스에게 있어서, 인간이 필연성에 사로잡혀서 개별자로 머물러 있는 것이 타락이며 죄다.[130] 그렇다면 구원은, 인간이 개별자에서 인격체로 변화되는 것을 의미한다.

그런데 피조성과 밀접하게 관련되어 있는 필연성과 개별자의 상태를 어떻게 벗어날 수 있겠는가?

인간 안에 있는 것에 의지해서 그것을 추구하면 자살이라는 비극에 도달할 수밖에 없음을 지지우라스는 이미 지적하고 있지 않은가?

그러므로 우리의 생물학적 실체는 인간 안에 있지 않은 것, 인간의 비극적 운명을 벗어나게 하는 새로운 실체로 변모해야 한다.

"절대적 자유를 위한 인격의 요구는 '거듭남'(a 'new birth'), '위로부터' 태어남(a birth 'from above'), 세례를 필요로 한다."[131]

그리고 세례를 통해 나타나는 새로운 존재의 "고유하고 반복되지 않으며 자유로운 '실체'로서의, 즉 사랑하고 사랑받는 인격체의 영원한 생존이 구원의 진수다."[132] 이렇게 변화된 실체를 가리켜 지지우라스는 '교회적 실존의 실체'(the hypostasis of ecclesial existence)[133] 혹은 줄여서 '교회적 실체'(the ecclesial hypostasis)[134]라고 부르고, 때로는 '성례

---

[130] 참고, J. Zizioulas, *Being as Communion*, 50–51, 53, 101f.

[131] J. Zizioulas, *Being as Communion*, 19. 이 말에서 지지우라스가 거듭남과 세례를 거의 동일시할 수 있을 정도로 밀접하게 연관시키고 있음을 확인한다.

[132] J. Zizioulas, *Being as Communion*, 49. 그리고 이것은 교부들의 개념으로는 '신화'(神化)라고 하고 "하나님의 본성 혹은 본질에 참여하는 것이 아니라 하나님의 인격적 실존에 참여함을 의미한다"(Ibid., 50).

[133] J. Zizioulas, *Being as Communion*, 50, 53.

[134] J. Zizioulas, *Being as Communion*, 56ff.

전적'(sacramental) 실체 혹은 '성만찬적'(eucharistic) 실체라고 부른다.[135] 구원에 있어서 일어나야 하는 것은, 에로스와 육체가 인격으로 하여금 존재론적 필연성을 초월하고, 사랑 안에서 자유로우며, 친교의 참된 사건이게 하는 실존의 새로운 양태로 변화되는 것이다.

구원이 그리스도로 말미암는다는 기독교 기본 진리를 따라서, 지지우라스에게 있어서도, 이러한 인간의 탈개별화와 인격화는 그리스도로 인하여 일어난다.

> 예수 그리스도 구원자라는 호칭에 합당한 것은 그가 아름다운 계시를, 즉 인격에 관한 최고의 가르침을 세상에 가져왔기 때문이 아니라, 그가 역사 안에서 **인격의 참된 실재**(*reality*)를 실현하며 그것을 모든 인간을 위한 인격의 근거와 "실체"(*hypostasis*)로 만들기 때문이다.[136]

그래서 그는 예수 그리스도를 둘러싼 교회 초기의 논쟁들을 중요하게 다루면서 하나님에게만 적용되는 '인격'이 예수 그리스도를 통해 어떻게 인간들에게 적용될 수 있는지를 말하고 있다.[137] 그에게 있어서 예수 그리스도 안에서 나타난 참된 인격적 실체는, 인간이 인격적 실체가 될 수 있다는 보증의 의미를 갖는다. 볼프의 정리에 따르면, 그것은 예수 그리스도의 두 가지 정체성에 기인한다. 지지우라스에게

---

135 J. Zizioulas, *Being as Communion*, 59. 새로운 실체가 이렇게 다양한 이름으로 지칭되는 이유는, 지지우라스에게 있어서 세례는 새로운 실체로의 변화를 드러내는 동시에 성만찬과 연관되어 있어야 참된 의미가 드러나며 다른 성례전들 역시 마찬가지이기 때문이다.

136 J. Zizioulas, *Being as Communion*, 54(볼드체 강조는 필자의 것이다).

137 J. Zizioulas, *Being as Communion*, 54-56.

있어서, 그리스도의 "정체성은 아버지에 대한 아들의 관계와 그의 몸 [교회]에 대한 머리의 관계라는 이중적 관계에 의해 구성되기 때문에" 그리스도는 개별자에 대립되어 있으며 가장 뛰어난 인격체이시다.[138]

> 아들이 홀로 존재하는 것이 아니라 아버지와 관계성 속에서 존재하는 것과 마찬가지로, 성육하신 아들이신 예수 그리스도는 단지 자기 혼자 서 있는 것이 아니다. 그는 개별자가 아니다 … 그는 한 분(the one)인 "동시에 다중성(multiplicity)을 드러내시는 분"[139]이시다. 그리스도의 이 탈개별자화는 친교의 종말론적인 영을 통해 생겨나며, 그 친교 안에서 그리스도의 전체 실존이 발산된다.[140]

즉, 그리스도로 인한 인간의 인격화, 곧 구원이 일어나는 구체적인 장소는 교회다. 왜냐하면 교회는, 오직 그것이 성령론적으로 구성된 그리스도의 몸이기 때문에 그러하다.[141] 그런 이유로 인해, 바로 교회에서 인간은 세례를 통해 인격체가 될 수 있으며 성만찬을 통해 인격체로 살 수 있다.[142] 다시 말해 인격화는 개별자의 노력을 통해 이루어지는 것이 아니라 그리스도로 인해 교회 안에서만 가능한 것이다.

그리고 지지우라스에게 있어서, "세례의 본질은 하나님께서 인간

---

[138] M. Volf, *After Our Likeness*, 84.
[139] J. Ziziulas, "Die pnematologische Dimension," *Internationale Katholische Zeitschrift* "Communio" 2 (1973), 136, M. Volf, *After our Likeness*, 85에서 재인용.
[140] M. Volf, *After Our Likeness*, 84-85.
[141] M. Volf, *After Our Likeness*, 83.
[142] M. Volf, *After Our Likeness*, 84.

을 양자로 삼으심, 곧 인간의 실체를 하나님의 아들의 실체와 동일시 하심이다."[143] 세례를 통해 그리스도인들은 그리스도의 실체와 하나가 됨으로써 진정한 인격체로의 변화를 경험한다. 따라서 이러한 세례는 세례받는 이만의 개인적인 경험에 머무는 것이 아니다. 왜냐하면 세례받는 이와 동일시되는 그리스도 자신이 개별자가 아니기 때문이다. "그리스도는 교회의 머리이시고 교회는 그의 몸이다"(엡 1:22, 23).

그래서 그리스도와 교회는 뗄래야 뗄 수 없는 관계이다.[144] 세례는 세례받는 이에게 새로운 실체를 부여하며, 지지우라스에게 있어서 그것이 곧 인간이 태어나면서 갖는 '생물학적 실체'에 대비되는 새로운 '교회적 실체'이다.

지지우라스가 이 실체를 "'교회적'(*ecclesial*)이라 부르는 것은, '우리가 어떻게 역사 안에서 실현된 이 새로운 생물학적인 인간의 실체를 보느냐?'고 물을 때의 대답 '교회 안에서'(In the Church)이기 때문이다."[145] 세례를 통해 교회는 새로운 실체를 '낳는다.' 이 거듭남으로 인해 그리스도인들은 육체적 혈연관계를 뛰어넘은 초월적인 관계를 얻게 된다. 따라서 초대교회 그리스도인들에게는 새롭게 얻은 교회적 실체가 분명했기에, 그들에게 있어서 "'아버지'는 육신의 어버이가 아

---

143 J. Zizioulas, *Being as Communion*, 56.

144 그리고 또한 "그리스도는 만물 위에 계시다"(엡 1:22). 그러므로 그리스도는 자신의 몸인 교회 안에서 만물을 완성시키시는 분이시다. '여럿'이 어떻게 한 분 그리스도와 연관되는지에 대한 자세한 지지우라스의 견해는 *Being as Communion*, 145-49를 참고하라.

145 J. Zizioulas, *Being as Communion*, 56. 이 인용문 속에서 "인간의 이 새로운 **생물학적 실체**"(this *new biological* hypostasis of man)란 말에 유의하라. 인간이 나면서부터 갖는 생물학적 실체에 대비되는 새로운 실체가 세례를 통해 교회적 실체로 바뀔 때, 마치 어머니가 아기를 생물학적으로 낳는 것처럼 교회가 그 실체를 '낳는다'고 표현한 초기 교부들의 견해에 의지해서 지지우라스는 '교회적 실체'를 "새로운 생물학적 실체"라고 표현한 것이다.

니라 '하늘에 계신' 그분이었고 '형제들' 가족의 구성원이 아니라 교회의 구성원들이었다."[146]

되짚어 말하면, 교회 안에서 그리스도와 한 사람이 연결되는 이 시점, 곧 한 개별자가 교회적 실체로 변화되는 시점을 지지우라스는 세례라고 말하는 것이다. 그리고 그에게 있어서, 세례는 단순한 예식에 그치는 것이 아니라 그리스도와의 연합을 의미하며, '새로운 실체'를 생겨나게 한다.[147] 세례에서 예수와 같이 된 사람들은, 세상에서 존재의 새로운 양식을 얻어 인격적인 존재가 된다.

왜냐하면 세례에서 그리스도와 연합하여 새 실체로 바뀌는 것은 단순히 한 개별자의 사건이 아니기 때문이다. 그 변화는 개별자를 인격체로 바꾸는 변화이며, 새로운 실체로서의 인격은 하나님의 인격을 닮는다.

> 교회적 존재로서 인간은 하나님께 있어서 타당한 것이 또한 인간에게도 타당함을 입증한다. 본성이 인격을 결정하지 않으며, 인격이 본성(nature)이 존재할 수 있게 만든다. 그리고 자유는 인간 존재와 동일시된다.[148]

---

[146] J. Zizioulas, *Being as Communion*, 56-57.
[147] 동방정교회와 마찬가지로 로마가톨릭은 개신교보다 성례전을 구원의 은혜와 연결시킨다. 그러므로 가톨릭 신학자 라쿠냐는 지지우라스의 세례관에 의지해서 '세례의 성례가 존재론적 변화를 일으킨다'는 전통적인 로마가톨릭의 성례전 신학을 지지우라스의 신학의 빛에서 재조명한다. 라쿠냐에 따르면, 세례시에 일어나는 "어떤 종류의 존재가 다른 종류의 존재가 된다(수박이 하프가 된다)는 의미는 아니지만 이 변화는 사실 존재론적이다. 세례에 의해 생성된 새로운 존재는 새 인격체, 새로운 관계처 존재(being-in-relation), 자기 초월을 위한 새로운 능력, 에로틱한 자기표현을 위한 새로운 능력, 친교를 위한 새로운 능력, 자유의 참된 실례이다"(C. M. LaCugna, *God for Us*, 263).
[148] J. Zizioulas, *Being as Communion*, 57.

그러므로 아버지와 아들과 성령께서 교제 안에서 하나가 되시면서 그 삼위일체 하나님께서 피조물을 하나님과의 친교로 부르시는 것처럼, 세례에서 세례받는 이는 하나님과의 친교뿐만 아니라 자매요 형제인 다른 그리스도인들과의 친교 속에 있게 된다. 즉 세례는 하나님과의 친교로 들어가는 자리인 동시에 인격체들 사이의 참된 친교를 위한 진정한 근거가 된다. 이 점을 라쿠냐는 "세례는 고립과 분리를 친교로 변형시킨다"는 말로 요약한다.[149]

그런데 그렇게 변형된 실체가 현 세상에서 가시적이며 또한 지속적으로 드러나는가?

세례는 각 사람에게 있어서 일회적 사건이다. 세례가 인격적 변화의 완성이라면 현실 교회의 모습과 그리스도인의 모습 속에서 그것이 분명하게 드러나지 않음은 무슨 이유인가?

세례 받았다고 해서 그가 필연성이라는 피조물의 한계를 벗어나지 않음은 분명하다. 이미 그는 교회적 실체이지만, 그것은 종말의 때까지는 아직 완전하게 나타나지 않는다. 세례 받은 이의 교회적 실체는 세례 자체만으로 드러나지 않는다. 이에 대해 라쿠냐는 다음과 같이 정리한다:

> 교회가 불완전하게나마 인격체들의 친교인 것은 경험적으로 분명하다. 교회는, 하나님과의 친교와 서로 간의 친교를 위한 모든 인격체들의 운명의 종말론적 표징일 뿐만 아니라 부분적인 역사적 실현이다. 교회적 인격체들은 종말론적이어서, 그들 자신을 넘어서서 그들이 그들에게 예정된 것이 될 그들의 미래

---

149 C. M. LaCugna, *God for Us*, 263.

를 가리킨다. 그 때까지는, 생물학적 실체들과 교회적 실체들은 서로와의 긴장 안에서 존재한다. 인격체들은 언제나 자유의 조건들과 필연의 조건들 사이의 갈등으로 고통을 겪는다. 예수 그리스도로 살려는, 완전히 자유롭고 인격적이려는, 완전히 인격적인 방식으로 에로스를 표현하려는, 배타성의 수단으로가 아니라 포괄성의 수단으로 육체성을 경험하려는 부단한 갈등이 존재한다. 교회적 실체—은총을 입은 인격체—는 개인주의와 배타주의를 초월하며 보편적인 친교의 미래적 실현을 가리키는 참된 친교의 수단으로 경험한다.[150]

즉, 위에서 언급했듯이 지지우라스에게 있어서 세례는 존재론적 변화를 가져오는 사건이다. 그러나 종말에 그것이 완전히 드러날 때까지, 현실 속에서 그 존재론적 변화가 계속해서 드러나고 재확인될 필요가 있다. 지지우라스는 그것을 성만찬에서 찾는다.

"성만찬 가운데서, 교회는 자신의 종말론적 본성을 완성할 것이며, 거룩하신 삼위일체의 참된 생명을 맛볼 것이다."[151]

그러나 지지우라스에게 있어서 성만찬은 세례와 무관한 새로운 어떤 것을 가리키는 것이 아니다. 세례와 성만찬, 그리고 교회적 실체와 성만찬의 관계를 그는 이렇게 말한다.

> 내가 앞에서 교회적 실체를 생물학적 실체와는 다른 어떤 것으로 묘사하기 위해 했던 모든 것은 역사적으로 그리고 경험적으

150　C. M. LaCugna, *God for Us*, 264.
151　J. Zizioulas, *Being as Communion*, 21.

로 오직 거룩한 성만찬에만 상응한다. 생물학적 실체에 수반되는 존재론적 필연과 배타성의 초월은 성만찬에 의해 제공되는 경험을 구성한다. 그것이 그것의 올바르고 근본적인 의미에서 이해될 때 … 성만찬은 첫째로 회합(synaxis), 공동체, 관계들의 네트워크이며, 그 안에서 인간은 생물학적 혹은 사회적인 종류의 모든 배타성을 초월하는 한 몸의 구성원으로서 생물학적인 것과는 다른 방식으로 "존재한다."[152]

이러한 성만찬은 "여러 성례전들 중의 하나로 간주되지, 교회에 의해 '사용'되거나 '집행'되는 객관적 행위 혹은 '은총의 수단'으로" 간주되지 않는다.[153] 그렇게 된다면 그것은 하나의 "도구"에 불과하며, 그런 성만찬 신학은 본질과 인과관계라는 개념들에 의해 지배될 것이다.[154]

그렇다고 교회가 성만찬을 임의로 만들어 낸 것도 아니었다. 처음부터 성만찬은 "이미 존재하고 있는 교회의 행위가 아니었다. 그것은 교회의 존재를 구성하는, 즉 교회를 있게 한 사건이었다. 성만찬이 교회의 존재를 구성한다."[155] 또한 성만찬은 고립된 것도 아니다. "교회는, 우리가 '성례들'이라 부르는 그런 행동들 같은, 교회의 모든 행동들을 성만찬과 연결시키는데," 이는 교회적 실체는 "그것의 역사적인

---

[152] J. Zizioulas, *Being as Communion*, 59f.
[153] J. Zizioulas, *Being as Communion*, 20.
[154] J. Zizioulas, "Die Eucharistie in der neuzeitlichen orthodoxen Tehologie," in *Die Anrufung des Heiligen Geistes im Abendmahl*, Ökumenische Rundschau Beiheft 31(Frankfurt: Limbeck, 1977), 166, M. Volf, *After Our Likeness*, 98에서 재인용.
[155] J. Zizioulas, *Being as Communion*, 21.

실현에 있어서 결국 성만찬적이기 때문이다."[156]

지지우라스에게 있어서 '성만찬과 교회' 그리고 '성만찬과 그리스도인'은 불가분의 관계를 갖는다. 성만찬은 "하나의 회합, 하나의 공동체, 관계들의 한 연결망이며, 사람은 그 안에서 '살아간다.'"[157] 즉, 성만찬과 성만찬적 친교는 같은 것이다.

"초대교회에 의한 성만찬의 거행은, 무엇보다도, 하나님의 백성의 … 모음이었다. 즉 교회의 징후이며 동시에 실현이었다."[158]

마찬가지로, 성만찬적 공동체가 성만찬이 집례 될 때마다 받는 것은 단순히 그리스도의 말씀과 행동이 아니다. 오히려 그것은 총체적인 그리스도의 인격이다.[159] 그리고 지지우라스에게 있어서, 교회와 그리스도의 성만찬적 일치는 성령 안에서 일어난다.[160]

---

[156] J. Zizioulas, *Being as Communion*, 61.

[157] J. Zizioulas, *Being as Communion*, 60. 그에게 있어서, 성만찬은 교회와 인간과 하나님의 형상을 연결시켜 준다. 즉, 성만찬 가운데서 "교회는 하나님 자신의 존재의 형상으로서의 인간의 참된 존재를 실현할 것이다"(Ibid., 21).

[158] J. Zizioulas, *Being as Communion*, 20f. 그러나 지지우라스에게 있어서, 교회가 하나님과 그리스도인들 하고만 관련 있는 것은 아니다. "교회의 신비는 … 인간의 존재와, 세상의 존재와, 그리고 하나님의 참된 존재와 깊이 연관되어 있다. 이런 관련으로 인해 … 교회론은 신학의 모든 측면들뿐만 아니라 모든 세대의 인간의 실존적 필요를 위해서도 현저하게 중요하다"(Ibid., 15).

[159] J. Zizioulas, "L'eucharistie: quelques aspects bibliques," in *L'eucharistie*, by J. Zizioulas, J. M. R. Tillard, and J. J. von Allmen, Églises en Dialogue 12(Paris: Mame, 1970), 55, M. Volf, *After Our Likeness*, 98에서 재인용.

[160] M. Volf, *After Our Likeness*, 100.

4. 몰트만의 사회적 삼위일체론: 사랑의 삼위일체

1) 몰트만의 '사회적 삼위일체론'이 갖는 의의

위르겐 몰트만(Jürgen Moltmann)은 체계적인 삼위일체론을 펼치지 않는다. '삼위일체'를 주제로 삼고 있는 『삼위일체와 하나님의 나라』[161]와 『삼위일체와 하나님의 역사』[162]에서조차도 삼위일체론이 교의학적 방식으로 다루어지고 있지 않다. 대신에 삼위일체론은 그의 신학 전반에 걸쳐 신학적 전제로 작용하고 있다.

물론 그가 처음부터 삼위일체 신학을 출발점으로 한 것은 아니다. 그의 출발점은 정치신학이었다.[163] 『십자가에 달리신 하나님』[164]에서부터 십자가의 신학이 전개되었으며, 이것은 그에게 있어서 필연적으로 삼위일체 신학으로 이어졌다.[165]

그래서 초기 저술들 이후에 『삼위일체와 하나님의 나라』로부터 시

---

[161] J. Moltmann, *Trinität und Reich Gottes: Zur Gotteslehre* (1980).

[162] J. Moltmann, *In der Geschichte des dreieinigen Gottes: Bieträge zur trinitarischen Theologie* (München: Chr. Kaiser, 1991).

[163] J. Moltmann, *Erfahrungen theologischen Denkens*, 266-67, "삼위일체 하나님의 초대하는 일치성," 『삼위일체와 하나님의 역사』, 184, 주 1. 그의 신학 전체를 '정치신학'이라 할 수도 있다. 이 때 '정치'는 단순히 정치적 행위만을 의미하는 것이 아니라 인간 삶의 핵심을 대표하는 말이다. 참고, J. Moltmann, "Politische Theologie," (1969), 전경연 역, "정치신학," 『정치신학』, 복음주의 신학총서 제12권 (서울: 대한기독교서회, 1974), 67-69.

[164] J. Moltmann, *Der gekreuzigte Gott: Das Kreuz Christi als Grund und Kritik christlicher Theologie* (München: Chr. Kaiser Verlag, 1972).

[165] J. Moltmann, "Why am I a Christian?" (1979), 전경연 편, "나는 왜 크리스챤인가?" 『하나님 體驗』 복음주의신학총서 제 26권 (서울: 대한기독교서회, 1982), 22-22. 참고, J. Moltmann, *Der gekreuzigte Gott*, 7, 222-236; *Erfahrungen theologischen Denkens*, 267-269.

작되어『생명의 영』¹⁶⁶에서『신학의 방법과 형식』¹⁶⁷으로 완결되는 몰트만이 쓴 일련의 "조직신학을 위한 기여"에는 삼위일체론이 신학 전개의 배경이 되고 있다.

(1) 성경과 전통, 그리고 신조에 근거한 삼위일체론

몰트만의 '조직신학을 위한 기여'를 위한 일련의 저작들 이전부터 시작되어 그 일련의 저작들을 통해 전개된 그의 삼위일체론은 "사회적 삼위일체론"¹⁶⁸이다. 그는 자신의 삼위일체론에 대해 이렇게 말한다.

---

166 몰트만은『생명의 영』에서 자신의 삼위일체론적 성령론을 말하면서 자신의 입장과 대비되는 헨드릭 베르크홉, 헤리버트 뮐런의 삼위일체론을 소개한다. "베르크홉은 '세 가지 상이한 존재양식 안에 계신 한 분 하나님'에 관한 칼 바르트의 초기 양태론적 삼위일체론을 받아들이고 하나님의 세 가지 존재양식을 하나님의 세 가지 '활동양식'에 대한 표현으로 적용한다. 즉 아버지 하나님으로부터 하나의 통일된 창조적 활동이 그리스도를 통하여 성령의 능력 가운데 세상으로 나온다. '성령'은 … 간단히 말하여 '활동하는 하나님'을 가리키는 이름이다 … 삼위일체 대신에 그는 아버지와 아들의 이위일체를 주장한다 … 뮐런은 … '인격주의적 삼위일체론'을 발전시켰다 … 아버지는 신적 나(ICH)라면, 아들은 신적인 너(DU)이며, 성령은 양자의 사랑과 평화의 끈으로서 신적 우리(WIR)이다 … 하나님 안에는 사실상 이위일체가 존재하며, 이 이위일체는 단지 밖을 향하여 일위일체로 나타나며 이로써 삼위일체를 나타낸다." Jürgen Moltmann, *Der Geist des Lebens*: *Eine ganzheitliche Pneumatiologie* (München: Chr. Kaiser Verlag, 1991), 김균진 역,『생명의 영』(서울: 대한기독교서회, 1992), 29-31.

167 J. Moltmann, *Erfahrungen theologischen Denkens*.

168 J. Moltmann, *Trinität und Reich Gottes*, 35. 그런데 "사회적 삼위일체론"(eine soziale Trinitätslehre)이라는 용어 자체가 혼동을 가져다 줄 수도 있다. 부틴(P. W. Butin)에 따르면, 몰트만보다 앞서서 영국과 미국에서 활동한 신학자들의 삼위일체론은 삼위일체에 대한 사회적 이론(the "social theory of the Trinity")이라 불린다. 이들은 19세기말경에 사회주의가 세계관에 있어서 두드러진 시기에 미국과 영국에서 등장했으며, 인간 본성에 대한 사회적 이해(개인적 이해와 대조되는)에 기초하여 삼위일체론을 전개하였다. 대표적 인물로는 영국의 리치몬드(Wilfred Richmond)와 미국의 홀(Francis J. Hall)을 들 수 있다. 이들에게 있어서 '인격성'(personality)은 홀로 존재하지 않는다. 그것은 타자들과 우리의 관계를 통해 규정된다. 그러나 이 견해는 사회이론을 하나님에게 적용시킨다는 점에서 동방교회나 몰트만의 삼위일체론과 구별된다. P. W. Butin, *The Trinity*, 61, 64. 이종성 박사는 이런 흐름의 삼위

> 실체–삼위일체(Substanztrinität)나 주체–삼위일체(Subjekttrinität)
> 와 구별되게 우리는 사회적 삼위일체론(eine soziale Trinitätslehre)
> 을 발전시키려고 한다.[169]

이 사회적 삼위일체론은 하나의 흐름이 되어 20세기 후반부 이후의 삼위일체론 논의에서 중요한 위치를 차지하고 있다. 그러나 몰트만의 삼위일체론이 중요한 것은 단순히 신학 사조에 있어서 새로운 유행을 창출했기 때문이 아니다. 몰트만의 삼위일체론은 오히려 성경과 전통과 신조에 근거한 삼위일체론이면서도 동시에 현대 사회를 향해 다가가며 그것을 변화시키려는 역동적 원리이기에 의미가 있다.

앞서 말한 바와 같이, 기존 서방 전통의 삼위일체론은 성경의 정신과 니케야–콘스탄티노플신조의 삼위일체론을 버리고 유일신론적 삼위일체론으로 교리화되고 사변화되고 말았다. 그리고 그것은 신학과 신앙의 관심을 삼위일체론에서 떠나게 만들었다. 뿐만 아니라 삼위일체론은 더 이상 이 세계에 적합하지 않고 무의미하기에 폐기해야 하는 낡은 이론으로 평가되어 왔다.

그래서 몰트만은 스스로를 향해 신학에 있어서의 삼위일체론의 의미를 질문한다.

"교회의 삼위일체론으로의 발전은 신약 성경 안에 이미 잠재되어 있는가, 아니면 그것은 기독교의 추가적인 교리화의 산물인가?"[170]

이에 대해 몰트만은 이렇게 답한다.

일체론을 "사회학적 삼위일체론"이라 이름 붙여 구별하고 있다. 이종성, 『三位一體論』, 575–580.

169 J. Moltmann, *Trinität und Reich Gottes*, 35.
170 J. Moltmann, *Trinität und Reich Gottes*, 77.

> 신약 성서의 증언에 있어서 예수는 '아들'로서 나타난다. 그의
> 역사는 아버지와 아들과 성령의 공동작업으로 이루어진다. 그
> 의 역사는 아버지와 아들과 성령의 상호적이며 자기를 변화시
> 키고, 따라서 살아있는 관계의 역사이다.[171]

그에 의하면, "그리스도 예수의 역사는 신약 성서에서 삼위일체론적으로 기술되고 있다. … 즉, 신약 성서는 이야기 가운데서 아버지와 아들과 성령의 관계들을 선포함으로써 하나님에 관해서 말하는데, 그 관계들은 사귐의 관계들이며 세상을 향하여 열려져 있는 관계들이다."[172]

몰트만에 따르면 "초대교회 삼위일체론은 흔히 주장되는 바와 같이 철학적 로고스 이론과 신플라톤주의의 삼체론(Triadologie)[173]에서 연유

---

171 J. Moltmann, *Trinität und Reich Gottes*, 80. 몰트만에 의하면, "그리스도를 통해 계시된 것은 하나님의 구체적인 자기계시이며 … 그것은 삼위일체의 구조를 갖는다." 이 말은 '하나님은 단일성 가운데 있는 계시자요 계시요 계시의 능력이다'는 바르트의 견해에 대한 해석이다. 몰트만은 바르트의 삼위일체론의 일신론적 경향을 비판하지만 그것이 갖는 긍정적인 면까지 부정하지는 않는다. J. Moltmann, *Trinität und Reich Gottes*, 79.

172 J. Moltmann, *Trinität und Reich Gottes*, 80.

173 신플라톤주의의 창시자로 불리는 플로티누스(Plotinus, 204-269)는 일자(一者)에서 누우스(nous)가, 누우스에서 영혼이 유출되었다고 설명한다. 이 셋은 연관되면서도 서로 독립적으로 존재한다고 하였다. 이것이 대표적인 신플라톤주의의 삼체론이다. 하르낙(Adolf von Harnack)은 이 이론이 기독교 삼위일체론에 직접적 영향을 주었다고 하여 삼위일체론을 비판한다. 그러나 몰트만은 거기에 동의하지 않는 것이다. 플로티누스에 대해서는 다음을 참고하라. 요하네스 힐쉬베르거, 강성위 역, 『서양철학사 (상)』(대구: 이문출판사, 1992), 360-373, 스털링 P. 램브레히트, 김태길, 윤명로, 최명관 공역, 『서양철학사』(서울: 을유문화사, 개정판, 1992), 148-156. 신플라톤주의의 영향을 받은 대표적인 사람으로 지목되는 이는 아우구스티누스이다. 그가 신플라톤주의의 영향을 받은 것은 사실이지만 그것을 기독교적으로 수정하였으며 삼위일체론도 신플라톤주의의 것과는 분명하게 구별된다. 에티엔느 질송, 김기찬 역, 『중세기독교 철학사 (상)』(서울: 크리스챤다이제스트, 1994) 110-

한 것이 아니라, 아들의 삼위일체적 사건에 대한 신약 성서의 증언, 그리고 삼위일체 되신 하나님의 이름으로 베푸는 교회의 세례에서 연유한다."[174]

삼위일체론은 사변과 헬라 철학에 근거한 것이 아니다. 그것은 성경과 전통과 신조가 어우러져 이루어진 결과이다. 게다가 그것은 화석화된 전통의 고수가 아니다. 그에게 있어서 삼위일체론은 하나님의 나라가 어떠한 지를 가르쳐 주며[175] 세상으로 하여금 그 자유의 나라를 향하여 나아가도록 하는 원동력이다.[176] 전통에 대한 그의 애착은, 어느 부분에서는 그가 전통에 너무 열중해서 희생되고 말았다는 평가를 얻을 정도이다.[177]

그러나 몰트만이 단순히 전통을 반복하고 있거나 전통을 고수하기 위해 억지를 쓰는 것이 아니다. 그가 전승과 신조에 근거한 삼위일체론을 전개하는 이유는 모든 기독교 전통들이 다 수용할 수 있는 삼위일체론을 전개하기 위해서이다.

(2) 에큐메니칼적 삼위일체론: 하나님의 역사 속에 나타난 '열린' 친교

앞서 언급하였듯이, 20세기에 들어와 서방교회 전통 속에서 삼위

---

113. 이종성, 『三位一體論』, 367-364, 526-531.
174 J. Moltmann, *Trinität und Reich Gottes*, 144. 그는 같은 책의 앞부분에서도 비슷하게 다음과 같이 말한다. "교회의 전통적 삼위일체론은 특별히 기독교 전통(Überlieferung)과 선포(Verkündigung)에서 유래한다. 하나님의 아들 예수 그리스도의 역사에 대한 신약 성서의 증언을 이해하기 위하여, 신학은 삼위일체 되신 하나님의 개념을 발전시켜야 했다"(Ibid., 31).
175 J. Moltmann, *Trinität und Reich Gottes*, 226-29.
176 J. Moltmann, *Trinität und Reich Gottes*, 236-39.
177 Richard Bauckham, *The Theology of Jürgen Moltmann* (Edinbrugh: T&T Clark, 1995), 168.

일체론의 중요성을 부각시킨 신학자는 칼 바르트와 칼 라너이다.[178] 그들은 삼위일체론이 갖는 의미를 서방 전통의 범위 안에서 재해석하고 의미를 드러냈다. 이것은 삼위일체론이 사변적 논의에 그치거나, 신조의 조항에 머물거나, 부록으로 다루어지거나 심지어는 포기되기까지 하는 상황보다는 긍정적 현상이다.

그러나 서방교회 전통 안에서의 논의라는 것이 또한 그들의 한계가 되고 말았다. 기독교 전통 전체를 두고 볼 때, 서방 기독교 전통은 기독교 전통 전체의 절반이지 전부가 아니기 때문이다. 몰트만이 그들의 삼위일체론을 전형적인 서방교회 삼위일체론의 현대판으로 비판한 것은 바로 그런 이유 때문이다.[179]

몰트만은 그 한계를 인식하고 그들의 삼위일체론을 비판적으로 넘어서며 그 근거를 "교회일치의 사귐"에서 찾고 있다. 그에게 있어서 삼위일체론은 유대교와 동방정교회 신학과의 연결 고리이다.[180] 동방

---

[178] 바르트, 라너, 몰트만 이외에 "삼위일체 교리를 조직신학의 중심으로 높인 사상가"로 판넨베르크(W. Pannenberg)도 거론된다. Stanley J. Grenz, *Theology for the Community of God* (1994), 65. 20세기 삼위일체론 연구 동향에 대해서는 다음을 참고하라: R. E. Olson and C. A. Hall, *The Trinity*(Grand Rapids, Nichigan: Wm. B. Eerdmans, 2002); P. W. Butin, *The Trinity*(Louisville, Kentucky: Geneva Press, 2001), 57-118; Catherine Mowry LaCugna, "Philosophers and Theologians on the Trinity," Modern Theology 2:3 (1986), 169-81; John Thompson, "Modern Trinitarian Perspectives," *Scottish Journal of Theology*, Vol 44 (1991), 94-102; 이종성, 『三位一體論』, 614-721; 박만, 『최근 신학연구: 해방 신학에서 생태계 신학까지』(서울: 나눔사, 2002), 145-171; 『현대 삼위일체론 연구』(서울: 대한기독교서회, 2003).

[179] J. Moltmann, *Trinität und Reich Gottes*, 79-80, 154-61, 161-66.

[180] J. Moltmann, *Trinität und Reich Gottes*, 13-15. 또한 몰트만은 이에 앞서 케노시스를 삼위일체 전체의 사역으로 인식하는 동방교회의 신학을 신-인 양성론에 대한 비판 근거로 삼았다. J. Moltmann, *Der gekreuztigte Gott*, 191f. 몰트만은 *Trinität und Reich Gottes*, 15에서 필리오케 문제 해결을 통한 동서 교회의 일치를 언급하며, 같은 책 194-206에서 이 문제를 본격적으로 다루면서 서방교회의 필리오케를 비판

교회의 전통을 염두에 둔 전체적 신학적 검토가 있어야 하지만, 가장 중요한 신론에 있어서 삼위일체론을 중심으로 교회일치의 신학을 전개한 것이 몰트만 삼위일체론의 의의이다.

따라서 『삼위일체와 하나님의 나라』를 포함한 몰트만의 "신학을 위한 기여"의 기본 취지는 교회일치(에큐메니칼)이다.[181] 그는 이 일련의 저서들을 통하여 "개신교 전통과 가톨릭 전통, 서방과 동방 전통을 받아들이고, 그것을 들어보며, 그리고 비판적이면서 또한 자기 비판적으로 그것과 토론하여 보고자 한다."[182] 또한 더 나아가서 교회일치를 향한 신학적 대화를 이스라엘과의 신학적 대화로 확대시키고자 한다. "왜냐하면 하나님의 백성은 '한' 백성이기 때문이다."[183]

『삼위일체와 하나님의 나라』는 "특히 동방교회와 서방교회의 분열을 극복하기 위하여 집필되었다."[184] 이러한 몰트만 자신의 말들은 그의 "신학을 위한 기여"의 성격이 일차적으로는 교회일치(에큐메니칼)를 지향하고 있음을 드러낸다. 이러한 몰트만의 입장은 선언적이거나 상징적인 차원에 머무르지 않는다. 그는 실제로 동방정교회 신학과 유

하고 동방교회의 아버지의 단일체계의 위험성을 지적하고 삼위일체론적 해결을 모색한다. 이것은 몰트만이 루마니아의 정교회 신학자 스타닐로애(D. Staniloae)를 만나면서 더욱 폭넓게 사고하게 된 결과이다. J. Moltmann, *Erfahrungen theologischen Denkens*, 269-270.

[181] 이를 몰트만 신학이 가진 '개방성'이라고 한다면, 그것은 몰트만의 후반기 저작들뿐만 아니라 전반기 저작들에서도 나타난다. 보캄에 따르면, 전반기 "몰트만 신학은 대화를 향한 그것의 개방성에 의해 특징져진다 … 이 개방성은 처음부터 그의 신학 안에 있는 구조적인 개방성이다. 왜냐하면 그것은 그의 희망의 신학의 종말론적 관점으로부터 유래하기 때문이다." R. Bauckham, *The Theology of Jürgen Moltmann*, 7.

[182] J. Moltmann, *Trinität und Reich Gottes*, 14.

[183] J. Moltmann, *Trinität und Reich Gottes*, 15.

[184] J. Moltmann, *Trinität und Reich Gottes*, 14f.

대교 신학을 참고하여 자신의 신학을 전개한다.

(3) 서방교회 전통에 있어서 영향력을 상실한 삼위일체론의 재확립을 통한 삼위일체론의 실천적 의미 정립

몰트만의 삼위일체론이 서방교회 신학에서 갖는 의미를 적극적으로 평가하여 그의 삼위일체론이 칼 바르트와 칼 라너와 레오나르도 보프의 삼위일체론과 함께 "삼위일체론의 재건"에 일익을 담당했다는 평가를 받는다.[185]

실제로 몰트만의 신학 저술들은 전통적인 삼위일체론을 새롭게 하려는 의도를 담고 있다. 삼위일체론은 전통적으로 중요한 교리로 인정되었지만 교리적 선언이나 신학적 사변에 그치고 말아 대다수 그리스도인의 삶과 신앙에 있어서는 그리 중요한 역할을 하지 못하였다. 오히려 헬라 철학의 영향을 받은 비기독교적 요소 혹은 비성경적 교리로 치부되기조차 하였다.

이것이 전반적인 서방 기독교의 현상이었다. 따라서 그것을 극복하기 위해 몰트만은 체계화된 신학이 아니라 화석화된 전통 교리에 생명을 불어넣는 자극제와 촉매제로서의 신학을 시도한다.[186] 그러한 작

---

[185] 이종성, 『三位一體論』, 614-701.

[186] 체계적 신학이 아니라 "자극제와 촉매제"로 자신의 신학을 규정하는 이 점이 그의 사회적 삼위일체론의 약점이 될 수도 있다. 몰트만은 그의 일련의 저술들을 시작하는 첫 책인 『삼위일체와 하나님의 나라』의 머리말에서 앞으로의 저술들 안에 있는 진술들이 서로 모순되거나 불일치할 수도 있음을 선언하였고, "신학적 체계의 유혹과 교의학적 명제의 강요를 피하고자 한다"고 선언하였다. J. Moltmann, *Trinität und Reich Gottes*, 12. 따라서 그의 저술들은 체계적인 하나의 신학으로 구성되지 않았다. 전체적으로는 신론으로부터 신학방법론에 이르기까지 거의 모든 전통적 조직신학적 주제들을 다루고 있으며 '삼위일체론적 하나님 나라 신학'이라는 주제 아래서 그 책들이 서로 연관을 맺고 계속 발전하였지만, 그 진술들이 모여 상호모순 없는 하나의 체계를 이루고 있지는 않다.

업을 통해 그리스도인의 삶과 교회의 삶, 그리고 나아가서 사회 전체의 삶에 끼치는 분명한 의미를 제시하려는 것이 바로 몰트만의 '사회적 삼위일체론'이다. 그리고 이것은 신학 전반에 영향을 미쳤으며 해방신학, 여성신학 등에 직접적인 영향을 주었다.

> 나[몰트만]는 1980년도에 쓴 『삼위일체와 하나님의 나라』에서 바르트에게 나타난 하나님의 '삼위일체론적 군주론'에 반해 하나의 '사회적 삼위일체론'을 제시했다. 레오나르도 보프(Leonardo Boff)는 해방신학을 위하여, 파트리치아 윌슨-카스트너(Patricia Willson-Kastner)는 여성신학을 위하여 이를 받아들였다. 정통주의 신학도 이미 이런 길을 들어서고 있었다.[187]

또한 20세기 말의 신학적 상황에 있어서의 사회적 삼위일체론의 위치에 대해 몰트만은 다음과 같이 요약한다.

> 지난 십여 년 동안 삼위일체론을 위해 기여한 논문들 가운데서 '사회적 삼위일체론'(soziale Trinitätslehre)이라는 사고는 폭넓은 기반을 갖게 되었다는 인상을 받는다. Michael Schmaus Augustinus란 이름붙인 '심리적 삼위일체론'(die psychologische Trinitätslehre)은 뒷전으로 밀려났다. 칼 바르트와 칼 라너가 대변한 하나님의 초월적 주체성의 삼위일체론은 많은 사람들에게 부적합한 것으로 여겨지고 있다. 물론 그 가치가 부정되는 것은 아니다. 삼위-일체 하나님이란 세 신적인 위격[인격체]들

---

187 J. Moltmann, "창조, 계약 그리고 영광: 칼 바르트의 창조론에 관한 대화," 『삼위일체와 하나님의 역사』, 261.

자신에 의해 이루어지는 유일독특한 사귐(Gemeinschaft)이라는 생각이 관철되고 있다.[188]

이런 현상은 비단 개신교 신학에 국한되는 것이 아니라 가톨릭 신학에서도, 정교회 신학에서도, 영국 신학에서도 나타나고 있다는 것이 몰트만의 분석이다.[189] 이러한 영향력을 가진 몰트만의 '사회적 삼위일체론'은 그의 초기 저작들에서는 잠재적으로, 그리고 그의 일련의 "신학적 기여"를 통해서는 명시적으로 전개되었다.

그러나 사회적 삼위일체론이 20세기에 처음 등장한 것이 아니다. 몰트만에 의하면, '사회적 삼위일체론'은 고대교회가 하나님의 신비에 대해 말하기 위해 받아들인 두 가지 유비 중의 하나이다.

> 그리스도교 신학은 하나님과의 사귐 안에 있는 인간의 비밀을 이해하기 위하여 역사 속에서 두 개의 서로 다른 유비들을 받아들였는데, 그것은 몸을 지배하는 영혼의 유비와 남자와 여자의 통전적인 사귐의 유비, 즉 개인적 유비와 사회적 유비이다. 전자는 아우구스티누스 이래로 서방에서 심리적 삼위일체론을 형성하게 하였고, 후자는 동방에서 일종의 사회적 삼위일체론을 형성하게 하였다.[190]

---

[188] J. Moltmann, 『삼위일체와 하나님의 역사』, 10(볼드체 강조는 필자의 것이다). 그에게 있어서 삼위일체 하나님은 일자(一者)가 아니다. 삼위일체 하나님은 하나의 사귐을 이룬다. 그래서 아버지와 아들과 성령은 하나이시다. 몰트만은 이미 『성령의 능력 안에 있는 교회』에서 세 인격체들의 일치를 조심스럽게 "코이노니아"(koinonia)로 묘사하였다. J. Moltmann, *Kirche in der Kraft des Geistes* (1975), 박봉랑 외 4인 역, 『聖靈의 能力 안에 있는 敎會』(서울: 한국신학연구소, 1980), 75.

[189] J. Moltmann, 『삼위일체와 하나님의 역사』, 11-12.

[190] J. Moltmann, "'성령의 사귐': 삼위일체적 성령론," 『삼위일체와 하나님의 역사』,

고대교회의 대표적인 사회적 삼위일체론의 유비는 나찌안주스의 그레고리에게서 발견된다.

> 나찌안주스의 그레고리(Gregor von Nazianz)는 원초적인 핵가족인 아담, 이브와 셋 안에서 땅 위의 삼위일체 하나님의 유비와 형태를 발견했다. 인간의 개체 그 자체가 아닌 인간 공동체의 이 원세포가 삼위일체 하나님과 상응한다. 이 세 인격들도 하나의 육체와 피로 이루어져 있고, 하나의 가족을 형성한다. 남자, 여자와 자녀의 원초적인 인간의 공동체 안에서 삼위일체 하나님은 자신을 재인식한다.[191]

그러나 이 유비가 무비판적으로 신학에 수용된 것은 아니다. 대표적인 서방교회 신학자 아우구스티누스는 이 사회적 삼위일체와 논쟁했으며, 이를 배격했다.[192] 몰트만은 아우구스티누스의 입장을 다음과 같이 정리하고, '영성'의 입장에서 아우구스티누스의 논지를 지지하는 슈마우스를 비판한다.

> 아우구스티누스는 1. 하나님의 형상은 일종의 영혼의 성질(eine Qualität der Seele)이고, 그래서 성(性)과 무관한 것이라는 점과, 2. 여자는 오로지 그의 머리인 남자 아래서만 하나님의 형상으

133.

191 Gregor von Nazianz, *Fünf theologische Reden*(Düsseldorf, 1963), 239(XXXI, Rede 11), J. Moltmann, "'성령의 사귐': 삼위일체적 성령론," 『삼위일체와 하나님의 역사』, 133-134에서 재인용.

192 Augustinus, *De trinitate*, XII. v. 5, *NPNF*, 1st Series, vol. 3, 156-157.

로 간주될 수 있다는 점을 주장했다. 미하엘 슈마우스(Michael Schmaus)는 이것을 하나의 '사려깊고 풍부한 영성을 갖는' 문제 해결로 여겼다(M. Schmaus, *Die psychologische Trinitätslehre des hl. Augustinus*[Münster: 1927], 199). 그렇지만 이 해결은 문자적인 의미에서 '영성'이 없는 해결이다. 왜냐하면 이것은 '성령의 사귐'이 없는 해결이기 때문이다. … 만약 전체적이고 현실적 인간이 하나님의 형상으로 규정된다면, 전체적으로 그리고 현실적으로 살아가는 인간의 사귐, 즉 성의 사귐과 세대의 사귐도 그렇게 규정되어야 한다.[193]

아우구스티누스의 논지는 '성령의 사귐'을 배제하기 때문에 영성을 갖는 문제 해결이 아니며, 인간이 하나님의 형상이라면 하나님에 대한 유비는 인간의 모든 사귐의 측면들을 담고 있어야 한다는 것이 몰트만의 주장이다. 이런 사회적 유비와는 대비되는 유비가 아우구스티누스가 그의 『삼위일체론』 후반부에서 집중적으로 사용한 심리학적 유비이다.

> 아우구스티누스는 하나님의 형상을 인간의 영혼으로 축소시켰다. 몸을 지배하는 영혼은 세계를 지배하는 하나님과 상응한다 … 영혼은 몸의 형상이다(*anima forma corporis*). 영혼은 몸에게 영향을 미치지만, 몸은 영혼에게 영향을 미치지 못한다. 영혼은 인간 안에서 하나님과 유사한 측면이다 … 오로지 몸을 지배하는 영혼만이 하나님의 형상(*imago Dei*)이다. 복종하는 몸

---

[193] J. Moltmann, "'성령의 사귐': 삼위일체적 성령론," 『삼위일체와 하나님의 역사』, 134-135.

은 단지 하나님의 흔적(*vestigia Dei*)을 나타낼 뿐이다. 영혼은 모든 개별적 인간 안의 주체이기 때문에, 모든 인간은 그 자신으로서 이 땅 위의 하나님의 형상이다. 이것은 아우구스티누스의 이른바 '심리적 삼위일체론'의 내용이다. 영-인식-사랑을 통하여 인간적 주체는 신적 주체와 상응한다."[194]

또한 사회적 유비의 거부와 이러한 심리학적 유비의 사용에도 불구하고 아우구스티누스가 사회적 유비를 전적으로 배제할 수는 없었다는 것을 몰트만은 지적한다.

> 물론 그는 하나님의 형상을 인간의 영혼으로 축소시켰지만, 몸으로부터 완전히 후퇴한 것은 아니다. 그는 여자가 갖는 하나님의 형상을 자신의 '머리'이고자 하는 남자의 지배로 축소시켰다. 아우구스티누스는 그리스도가 남자의 머리이고 하나님이 그리스도의 머리이듯이 남자가 여자의 머리라고 하는 바울의 머리의 신학(고전 11:3 이하)을 따랐다. 하나님-그리스도-인간으로 이어지는 이러한 신학적 계급주의는, 고대교회의 개념들에 의해 판단하건대, 아직도 삼위일체론적으로 전개되지 못한 신학이다.[195]

아우구스티누스가, 그리고 칼 바르트 역시, 남자와 여자의 사회적

---

[194] J. Moltmann, "'성령의 사귐': 삼위일체적 성령론," 『삼위일체와 하나님의 역사』, 135.

[195] J. Moltmann, "'성령의 사귐': 삼위일체적 성령론," 『삼위일체와 하나님의 역사』, 137.

관계를 인정하기는 했지만 그것을 남자에 의한 여자의 지배적 관계로 봄으로써 세 인격체들 사이에 지배관계가 존재하지 않는 완전히 삼위일체적인 사고에는 도달하지 못했다는 지적이다.

2) 사랑의 삼위일체

(1) '하나님' 개념의 재해석

몰트만이 이해하는 성경에 계시된 하나님은 헬라 철학이 제시하는 제일원인으로서의 부동(不動)의 동자(動者)가 아니다.[196] 그러한 하나님 이해는 철학적 개념으로 하나님을 규정하는 것일 뿐이지 예수 그리스도의 사역에서 드러나는 하나님이 아니라는 것이다. 몰트만에게 있어서 "십자가에 달린 예수가" 보이지 않는 하나님을 우리에게 드러내는

---

[196] "우리는 하나님의 본질에 대한 철학적 공리를 버리지 않으면 안 된다." J. Moltmann, 『성령의 능력 안에 있는 교회』, 75. 기독교의 헬라화에 대한 비판은 몰트만 자신만의 사고는 아니다. 여러 신학자들이 그것을 주장했다. 그러나 몰트만은 그러한 신학의 헬라화를 극복하려 하지만 그렇게 된 신학의 가치를 완전히 부정하는 것은 아니다. 그 당시의 세계관에 있어서는 나름대로 의미가 있는 신학이었지만, 이제 세계관이 달라졌기에 그것들은 맞지 않다는 것이다. J. Moltmann, *Trinität und Reich Gottes*, 26-35. 그래서 그것들을 넘어서서 사고하는 것을 통해 기독교의 기본 진리에 가깝게 나아가면서도 새로운 세계관과 조화되는 신학을 전개하려고 하는 것이 몰트만의 시도이다. 기독교의 헬라화에 대해 곤잘레스는 그것의 역기능을 인정하면서 동시에 실제로 극단적으로 헬라화된 신학은 '이단들'에 의해 이루어졌으며, 이에 대응하여 결의된 신조들은 오히려 헬라적 개념들을 배격하는 입장에 있었다고 한다. 그리고 그 과정에서 어느 정도 정통 신학도 헬라화되었으나 그것은 피할 수 없는 시대적 한계였다고 곤잘레스는 결론 내린다. J. L. González, 『基督敎思想史 I』, 454-455. 이러한 몰트만의 시도와는 달리 동양사상의 입장에서 헬라적 신 개념을 극복하려는 시도도 있다. 이정용의 신론이 그 한 예이다. 그는 변화를 의미하는 중국 유학의 역(易) 개념을 신에 적용시켜 이해하면서 역으로서의 신은 '부동의 동자'가 아니라 '동의 동자'(Moving mover)요 '불변의 변자'(changeless changer)이기보다는 '변의 변자'(changing changer)라 규정한다. Jung Young Lee, 『易의 신학』, 120-21.

'하나님의 형상'이기 때문에,[197] 그는 무감동의 공리를 해체하면서 십자가 사건에서 드러나는 고통당하는 하나님을 기독교의 하나님 이해의 출발점으로 삼는다.[198]

"하나님을 하나님의 버림을 받은 채 십자가에 달린 그분 안에서 파악하는 것은 '하나님 개념에 있어서의 혁명'을 요구한다."[199]

몰트만에게 있어서 하나님은 유일한 창조자이기 이전에, 초월적 실체나 절대 주체이기 이전에, 십자가 사건 속에서 드러나는 삼위일체 하나님이다.

> 십자가의 사건 전체를 하나님의 사건으로 이해하면 할수록 단순한 하나님 개념[200]은 점점 더 거부된다. 이 개념은 인식하는 자에게 있어서는 마치 삼위일체론적으로 전개된다. 우리는 '하나님'이라 불리는 신비의 바깥에서부터 삼위일체적인 그의 내실로 들어가게 된다. 그것은 십자가에 달리신 그분이 드러내는 '하나님의 개념에 있어서의 혁명'이다.[201]

이는 십자가 사건 속에서 드러나는 그런 하나님 이외의 다른 하나

197　J. Moltmann, *Der gekreuztigte Gott*, 190.
198　Daniel Munteanu, *Der tröstende Geist der Liebe*: Zu einer ökumenischen Lehre vom Heiligen Geist über die trinitarischen Theologien Jürgen Moltmanns und Dumitru Stăniloaes(Neukirchener Verlag, 2003), 32.
199　J. Moltmann, *Der gekreuztigte Gott*, 145. 참고, Ibid., 135.
200　'단순한 하나님 개념'의 예를 몰트만은 바르트의 신론에서 찾는다. 그에 따르면, 바르트가 "하나님의 죽음"을 말할 수 있었던 것은 그가 '하나님 자신'을 강조함으로써 "삼위일체적으로 전개되지 않은, 단순한 하나님 개념을 사용했기" 때문이다. J. Moltmann, *Der gekreuztigte Gott*, 188.
201　J. Moltmann, *Der gekreuztigte Gott*, 189.

님은 없으며, 하나님에 대한 모든 언급들은 십자가 사건에 비추어 검토되어야 함을 의미한다. 즉, 십자가 사건이 모든 신론의 규범이라는 선언이다.

몰트만은 "십자가 사건을 하나님의 고통당할 수 있으면서 온전케 하는 사랑의 시금석이며 동시에 그 사랑의 계시로 이해한다."[202]

이것을 몰트만 자신은 다음과 같이 표현하고 있다.

> 기독교 신학이 '하나님'에 관하여 말하는 모든 것은 이 그리스도의 사건에 있는 핵심에 근거해 있다. 십자가에서의 그리스도의 사건은 하나님의 사건이다. 거꾸로 하나님의 사건은 부활하신 분의 십자가에서의 사건이다.[203]

이러한 몰트만의 사고는 전통적인 모든 신 개념에 대한 회의를 불러일으키며, 다음과 같이 묻게 된다.

"그렇다면 '하나님'이란 말은 누구를 혹은 무엇을 의미하는가?"[204]

몰트만은 전통적인 신 개념을, 특히 형이상학적 신 개념을 부정한다. 그것에 따르면 고통당하지 않고 죽을 수 없는 존재를 신이라 부르며, 그러한 신 개념은 십자가에 달린 그리스도에게는 해당되지 않기 때문이다. 이러한 형이상학적 신 개념을 몰트만은 "철학적 유신론"이라 부르고, 그러한 신 개념이 기독교의 하나님 이해에 적용될 수 있는지 의문을 제기한다.[205]

---

[202] D. Munteanu, *Der tröstende Geist der Liebe*, 32.
[203] J. Moltmann, *Der gekreuztigte Gott*, 190.
[204] J. Moltmann, *Der gekreuztigte Gott*, 189.
[205] J. Moltmann, *Der gekreuztigte Gott*, 199-201.

> 기독교 신학이 그 자신을 스스로 포기하지 않고 그 정체성을 상실하지 않으려면, 하나님의 존재를 고통과 죽어감(Sterben) 가운데서, 종국적으로는 예수의 죽음(Tod) 가운데서 생각해야 한다.[206]

이러한 점을 기독교 역사 속에서 신학이 부정한 것은 아니다. 실로 신학의 역사는 몰트만이 말한 바로 그 점을 해명하기 위한 역사이다. 예를 들어, 예수 그리스도를 하나님으로 섬기는 것과 그의 십자가 죽음이 어떤 연관이 있는 지가 신학의 주요 주제 중에 속하였다. 그리고 신-인 양성론은 예수의 신성을 고난을 받을 수 있는 그의 인성과 구별하여 고난 받을 수 없는 것으로 설명함으로써 이를 해결하려 시도한 것이다.[207]

그런데 몰트만이 보기에 그러한 모든 시도는 결국 '하나님의 수난 불가능성'이라는 철학적 공리 아래에서 전개되었기 때문에 문제를 안고 있다는 것이다.[208] 몰트만이 비판하는 전통적 신 개념은 또한 '최고

---

[206] J. Moltmann, *Der gekreuzigte Gott*, 200. 여기서 나타나듯이 몰트만은 죽어감(Sterben)과 죽음 자체(Tod)를 구별한다. 몰트만에게 있어서 전자가 진정한 고난이며 후자는 예수 그리스도의 고난 전체를 대표하는 표상으로 사용된다. 이에 대한 몰트만의 자세한 논의는 *Der gekreuzigte Gott*, 230을 참고하라.

[207] 신-인 양성 교리는 인간인 예수와 신이신 그리스도(로고스)를 분리시키고 인간 예수만의 고난을 말하는 근거가 되었다고 몰트만은 보고 있기 때문이다. 그에 의하면, 예수의 인성은 고난당할 수 있으나 그리스도의 신성은 수난당하지 않는다는 식의 해명은 십자가 사건의 참 의미를 드러내지 못한다.

[208] 몰트만과 대화한 정교회 신학자 스타닐로에(D. Staniloae)의 신론에 있어서는, 하나님의 수난 불가능성(impassibility)과 하나님의 고난(suffering)은 역설적으로 연결되어 있다. Kallitos Ware, Foreword to Dumitru Staniloae, *The Experience of God*, vol. 1, Revelation and Knowledge of the Triune God(Holy Cross Orthodox Press, 1998), xix. 복음주의자인 블러쉬(Donald G. Bloesch)도 하나님의 수난 가능성을 말하고 있다. 그는 *The Christian Life and Salvation*(Eerdmans,

실체로서의 하나님'과 '절대주체로서의 하나님'으로도 표현된다.[209] 그에 의하면, 이러한 개념들은 삼위일체론과 연결되어 고대의 실체의 삼위일체론이나 근대의 주체의 삼위일체론으로 전개되었다.[210]

아우슈비츠의 생존자인 비이젤(E. Wiesel)이 수용소에서 경험한 한 소년의 교수형을 목격하면서 그 죽어가는 소년과 함께 매달린 하나님을 발견하는 장면을 묘사한 『밤』(*Night*, 1969)의 한 단락을 인용한 후 몰트만은 이렇게 말한다.

> 여기서 수난당할 수 없는 하나님에 대해 말하는 것은 하나님을 악마로 만드는 것과 같을 것이다. 여기서 절대적인 하나님을 말하는 것은 하나님을 무화시키는 무로 만드는 것과 같을 것이다. 여기서 무관심한 하나님을 말하는 것은 인간을 중요하지 않은 것으로 선고하는 것과 마찬가지이다.[211]

그럼에도 전통적인 하나님 개념들 역시 철학적 배경을 갖고 있지만 그러한 철학적 배경들이 더 이상 받아들여지지 않는 한 그것에 근거한 하나님 개념도 받아들여지기 힘들게 되었다고 비판하고 몰트만은 자신의 삼위일체론, 곧 '사회적 삼위일체론'을 제시한다.[212]

1967), 유태주, 정원범 역, 『그리스도인의 삶과 구원』(서울: 한국장로교출판사, 1995), 58에서 이렇게 말한다. "만약 우리가 갈보리 언덕에서의 희생을 인간 예수뿐만 아니라 하나님 자신의 고난당하심으로 보지 않는다면, 우리는 그것의 충분한 의미를 파악하지 못한다."

[209] J. Moltmann, *Trinität und Reich Gottes*, 26–31.
[210] J. Moltmann, *Trinität und Reich Gottes*, 31–34.
[211] J. Moltmann, *Der gekreuzigte Gott*, 262.
[212] J. Moltmann, *Trinität und Reich Gottes*, 34–35.

이러한 몰트만의 신학적 시도가 표면적으로 우리에게 하나님에 관한 명쾌한 이해를 가져다주지는 못한다. 왜냐하면 그는 전통적인 형이상학적 신 개념을, 혹은 최고실체 혹은 절대주체로서의 신 개념을 부정하지만 그 자신의 하나님 이해를 개념화하지 않기 때문이다. 이는 개념화를 비판적으로 보는 것을 명시화한 일련의 '조직신학적 기여' 이전의 저술에서도 마찬가지이다. 그래서 우리는 몰트만 자신을 향해 다시 질문할 수밖에 없다.

　"그렇다면 '하나님'은 누구를 혹은 무엇을 의미하는가?"[213]

　그럼에도 불구하고 몰트만의 하나님 이해는 전체 기독교 신학 역사 속에서 끊임없이 제기되어온 중요한 신학적 난제들(예수 그리스도의 신-인 양성론과 삼위일체론)[214]에 대한 해결책을 갖고 있다는 점에서 의미가 있다. 그리고 그 해결의 실마리는 하나님을 철학적 개념으로 설명하지 않고 사건 속에서, 혹은 사건 자체로 설명하는 데 있다.

(2) 사랑의 사건이신 '하나님'

　신약 성경에서 선포되고 초대교회에 의해 확립된 아버지와 아들과 성령에 대한 신앙과 구약과 유대교 전통의 유일신 사상을 어떻게 조화시킬 것인가?

　이것은 삼위일체론 발전에서 중요한 역할을 한 질문이다. 결과적으로 볼 때, 교회는 먼저 아버지와 함께 아들의 하나님 되심을 고백하였고, 다음에는 아버지와 아들과 함께 성령을 하나님으로 고백하였다. 또한 '세 인격체들과 한 본성'(μια ουσια τρεισ υποστασεις)이라는 삼위일

213　J. Moltmann, *Der gekreuztigte Gott*, 189.
214　신-인 양성론에 대한 몰트만의 해명은 여기서 다루지 않는다.

체론의 도식을 교회의 신앙으로 고백하게 되었다. 그러나 아우구스티누스의 심리적 삼위일체론을 본격적으로 받아들인 중세 서방교회는 삼위일체론을 일신론적 전제를 가진 철학적 사고의 틀 안에서 발전시켰다.

이로써 삼위일체론은 공식적으로 고백되면서도 '하나 안에 있는 셋,' 혹은 '셋으로 나타난 하나'라는 이성적으로는 이해되지 않는 난해한 교리가 되고 말았다. 몰트만은 이 점을 근본에서부터 해소시키려 한다. 몰트만의 삼위일체론이 본격적으로 등장하기 시작하는 『십자가에 달리신 하나님』에서, 그는 예수 그리스도의 십자가 사건에 주목한다. 여기서 삼위일체론의 난해함을 해결할 수 있는 실마리를 우리는 얻게 된다.

a. 삼위일체의 사건 혹은 자기전달인 '하나님': 십자가 사건 속에서 드러나는 아버지와 아들과 성령의 구별됨과 하나 됨

몰트만의 삼위일체론을 이해하는 출발점은, 그가 브라운(H. Braun)의 표현을 제한적으로 받아들여 '하나님'을 하나의 '사건(Geschehen)으로 표현했다는 사실이다.[215] 특히 예수 그리스도의 십자가 사건 속에서 그는 삼위일체의 사건을 발견한다. 몰트만에 의하면, "삼위일체론

---

[215] J. Moltmann, *Der gekreuzigte Gott*, 234, n. 105. 그러나 여기서 몰트만은 H. Braun의 견해가 지나치게 나아가 "통속적 리츨주의"에 빠졌다고 비판한다. 몰트만에게 있어서 '사건'으로서 '하나님'이라 할 수 있는 것은 예수의 십자가 사건으로 한정된다. J. Moltmann, "The Crucified God"(1972), 전경연 역, "십자가에 달리신 하나님," 『정치신학』, 60, 각주 38. 문테아누(D. Munteanu)는 몰트만이 하나님을 사건으로 이해하는 것을 헤겔 철학의 영향으로 설명한다. D. Munteanu, *Der tröstende Geist der Liebe*, 33. 몰트만 삼위일체론이 헤겔의 변증법적 구조를 가진다는 것은 이미 보캄이 지적한 바이다. R. Bauckham, *The Theology of Jürgen Moltamann*, 154f.

의 내용적 원리는 그리스도의 십자가이다. 십자가 신학의 형식 원리는 삼위일체론이다."²¹⁶ 형이상학적 하나님 개념을 포기한 몰트만은 신약 성경이 전해 주는 예수 그리스도에게 집중한다. 아버지와 아들의 구별됨은 예수 그리스도에 의해 확실히 계시되었다.

> 우리들이 모든 전제된 그리고 형이상학적인 하나님 개념을 먼저 버린다면, 예수가 '아버지'라 불렀고 그와의 관계에서 자기를 '아들'이라 이해한 그분에 대하여 얘기할 수밖에 없다. 그렇게 할 때 우리는 버리는 아버지와 버림받은 아들 사이에 일어난 사건의 치명성과, 반대로 사랑하는 아버지와 사랑하는 아들 사이에 일어난 이 사건의 생동성을 이해하게 된다.²¹⁷

즉, 형이상학적 신 개념을 버리고 예수에게 주목하면 십자가 사건의 엄청남과 생동성이 드러난다는 것이다. 그러므로 "삼위일체적 십자가 신학은 전제된 형이상학적 혹은 도덕적 신 개념의 틀에서 그리고 그런 개념의 이름으로 십자가 사건을 해석하지 않는다."²¹⁸

철학적 개념의 '부동의 일자'를 전제로 하거나 유대교적 일신론을 전제로 하면서 그런 하나님이 어떻게 아버지와 아들과 성령으로 나타나는가를 질문함으로써 삼위일체론은 무조건적 신앙을 강요하는 딱딱한 교리가 되었다. 그것을 해결하려는 시도는 전통적으로는 양태론적 혹은 종속론적 형태로 나타났고, 합리주의 이후에는 예수를 오직

---

216 J. Moltmann, *Der gekreuzigte Gott*, 228. "십자가 신학은 삼위일체론이어야 하며 삼위일체론은 십자가 신학이어야 한다"(Ibid.).

217 J. Moltmann, *Der gekreuzigte Gott*, 231f.

218 J. Moltmann, *Der gekreuzigte Gott*, 233.

인간으로만 보려는 일원론적 경향으로 나타났다.

우리가 이런 결과들에 이르지 않으려면 그런 식으로 전제된 '하나님' 개념을 버려야 한다. 그러고 나서 예수 그리스도의 십자가 사건에 직면하였을 때 우리는 거기서 '하나님'에 대한 신앙이 생겨난다는 것이 몰트만의 주장이다.

"골고다의 십자가에서 일어난 아버지와 아들과 성령의 긴장으로 가득한 변증법적 **역사의 통일체**(*Einheit*)를, 소급해서 말해 '하나님'이라 표현할 수 있다."[219]

즉, **십자가에서 일어난 삼위일체적 사건이 '하나님'으로 표현된다.**

> 오히려 삼위일체적 십자가의 신학은 '하나님'이란 개념이 의미하는 바를 이 사건[십자가 사건]으로부터 전개시켜 나간다. 하나님에 관하여 기독교적으로 얘기하는 사람은 예수의 역사를 아들과 아버지 사이의 역사로 이야기해야 한다. '하나님'은 어떤 다른 본성이나 하늘의 인격체나 도덕적 요청을 의미하는 것이 아니라, 사실 하나의 "사건"(Geschehen)을 의미한다. 이것은 일반 인간성의 역사가 아니라, 골고다의 사건, 즉 **아들의 사랑과 아버지의 고통**의 사건이다. 거기에서부터 미래를 열어 주고 삶을 창조하는 **영**(*Geist*)이 나온다.[220]

몰트만이 여기서 말하는 '하나님'은 주변 민족들의 거짓 신들에 대비되는 참 신으로 존재하는 유대교의 유일신으로 제한되지 않으며,

---

219 J. Moltmann, *Der gekreuzigte Gott*, 233(볼드체 강조는 필자의 것이다).
220 J. Moltmann, *Der gekreuzigte Gott*, 233f(볼드체 강조는 필자의 것이다).

제4장 | '열린' 삼위일체론의 개화: '페리코레시스'의 재조명   **243**

만물이 거기서 흘러나오는 부동의 동자로서의 일자로 규정되지도 않는다. 아버지와 아들과 성령의 공통된 본성을 의미하지도 않는다. '하나님'은 아버지와 아들과 성령의 세 인격체들이 함께 어우러져 역사 속에서 일으키는 '사건'[221]이다. 그 사건 안에는 사랑하는 아버지와 아버지의 사랑을 받는 아들이 있다.

그러나 십자가 사건은 그 둘 만의 사건이 아니다. 거기에는 또 한 참여자가 있다. 십자가 사건은 "사랑하는 아버지와 사랑받는 아들 사이에서 일어나지만 또한 그것은 **삶을 창조하는 현존하는 영 안에서**" 일어나는 사건[222] 내지는 "**버림받음과 헌신의 영 가운데 있는 예수와 그의 아버지 사이의 사건이기 때문이다.**"[223] 몰트만에게 있어서, 이 십자가 사건은 삼위일체적이며 영 안에서 종말론적으로 정당화된 역사를 하나님 자신 안에서 열어준다.[224]

십자가의 고난 속에 있는 영의 현존을 드러내기 위해 몰트만은, 랍비 신학이 고난당하는 이스라엘과 함께하면서 하나님 자신과 구별되는 하나님을 말하기 위해 사용한 하나님의 '거하심'(쉐히나, *Schekhinah*)이라는 개념을 하나님의 거하시는 영이라는 의미로 언급한다.[225] 이스

---

[221] '사건'이란 말이 내포하는 우연성이 또 다른 문제이다. 이와 관련된 진술이 『십자가에 달리신 하나님』에서는 명확히 나타나지 않지만, 같은 이름의 논문 "십자가에 달리신 하나님"에서는 사건으로서의 하나님을 십자가 사건으로만 한정하여 우연성의 문제를 피한다. "나는 우리의 평범한 인간성의 사건을 위한 표현을 사용하는 것이 아니고 다만 예수의 죽음의 사건을 표시하는 말만 사용한다"(J. Moltmann, "십자가에 달리신 하나님," 『정치신학』, 61, 각주 38). 그래서 몰트만은 우연성과 밀접한 "사건"이란 개념 대신에 『삼위일체와 하나님의 나라』에서는 "자기전달"(Selbstmitteilung)이란 개념을 사용한다. J. Moltmann, *Trinität und Reich Gottes*, 72-75.

[222] J. Moltmann, *Der gekreuzigte Gott*, 234(볼드체 강조는 필자의 것이다).

[223] J. Moltmann, *Der gekreuzigte Gott*, 192(볼드체 강조는 필자의 것이다).

[224] J. Moltmann, *Der gekreuzigte Gott*, 254.

[225] J. Moltmann, *Der gekreuzigte Gott*, 263. 그의 다음의 말들 속에서 쉐히나우 성

라엘의 고난 가운데 거하시며 아우슈비츠의 교수대에 함께 하시는 하나님의 영에 대해 말함으로써, 간접적으로 십자가 사건 속에서 아버지와 아들의 고난에 참여하고 있는 성령을 말하려는 것이다.

그러나 이것은 몰트만 자신에게 있어서도 십자가 사건에서의 성령의 역할에 대한 명쾌한 해명이 되지 못하는 듯하다. 그렇기에 몰트만은 후에 "십자가 사건을 삼위일체론적으로 해석하는 데 확실한 어려움을 주는 것은 성령에 대한 침묵이다"[226]고 말하면서 라일 데브니(Lyle Dabney)의 박사 논문에서 연구된 '십자가의 성령론'으로 보충한다. 몰트만에 의하면, 데브니는

> 겟세마네의 예수의 "아바 기도"에서 그리고 하나님에게서 버림 받아 죽어가는 그리스도를 위하여 "말할 수 없는 탄식으로" 간구하는 영의 활동에서 영의 임재를 발견했다. "영은 부재 중에 나타나는 하나님의 임재이다"라고 그의 논제는 말한다.[227]

이렇게 십자가 사건을 '하나님'이라 부르는 것은 전통적인 신 개념인 인격적 하나님에 대한 부정처럼 들릴 수 있다.

그래서 몰트만 스스로도 다음과 같이 질문한다.

령 사이의 일치가 더욱 분명하게 드러난다. "신학적 전통을 따라, 우리는 이 실제적이면서 그 자신을 넘어서 지시하는 하나님의 현존을 먼지를 통한 하나님의 쉐히나의 역사로, 곧 모든 육체 위에 오시는 성령의 역사로 이해할 수 있다"(J. Moltmann, *Der gekreuzigte Gott*, 315). "사랑의 신학은 쉐히나의 신학이며 성령의 신학이다"(J. Moltmann, *Trinität und Reich Gottes*, 73).

226 J. Moltmann, 『삼위일체와 하나님의 역사』, 19.
227 J. Moltmann, 『삼위일체와 하나님의 역사』, 19. 몰트만이 참고한 논문은 다음과 같다. Lyle Dabney, *Die Kenonsis des Gesites. Koninuität zwischen Schöpfung und Erlösung im Werk des Heiligen Geistes*. thel. Diss. (Tübingen, 1989).

"만일 그렇다면 '인격적 하나님'은 없는가?"

"만일 하나님께서 하나의 사건을 의미한다면 어떻게 우리는 그에게 기도드릴 수 있는가?"

그리고 이에 스스로 답한다.

> 하나의 '사건'을 향하여 우리가 기도할 수는 없다. 실제로 하늘에 투영된 인격으로서의 '인격적 하나님'은 없다. 그러나 하나님 안에는 인격체들이, 곧 아들과 아버지와 성령이 있다. 그렇다면 우리는 단순히 하늘에 있는 당신(Du)인 하나님께 기도하지 않고 하나님 '안에서' 기도한다. 우리는 한 사건에게 기도하는 것이 아니라 이 사건 '안에서' 기도한다. 우리는 아들을 통하여 아버지께 성령 안에서 기도한다. 예수의 형제됨 안에서 그의 아버지의 아버지 되심에 기도자가 다가갈 수 있으며 희망의 영을 얻게 된다. 비로소 이때에 기도의 기독교적 성격이 명료해진다. 신약 성서는 기독교의 기도에 있어서 아들과 아버지를 대단히 분명하게 구분하였다. 우리는 더 이상 구별 없이 단순히 '하나님'에 관하여 얘기하지 않도록, 그렇게 해서 무신론에 문을 열지 않도록 하기 위하여 이것을 받아들여야한다.[228]

사건이 '하나님'이라 표현되지만 사건 자체는 인격적인 하나님이 아니다. 하나님을 하나의 인격체로 인식하면, 전통적 삼위일체론이 갖는 한계와 이해불가능성을 벗어날 수 없다. 그래서 몰트만은 십자가 사건을 '하나님'이라 부르지만, 그 사건을 인격화 시키지 않고 그

---

[228] J. Moltmann, *Der gekreuzigte Gott*, 234.

사건 안에서 완전한 조화를 이루고 있는 세 인격체들을 발견한다. 즉 하나의 인격체로 존재하는 하나님이 계신 것이 아니라, 세 인격체들이 이루어내는 한 사건이 있다는 것이다. 그리고 하나님이라는 한 인격체 안에 세 위격들이 있는 것이 아니라 세 인격체들의 한 사건이 있다는 것이 몰트만의 주장이다.

그러나 몰트만은 이런 입장으로 계속 나아가지 않고 종종 '하나님'을 아버지를 가리키는 말로 쓴다.[229] 게다가 몰트만 자신이 비판하는 전통적 교리의 내용과 비슷하게 말하는 것처럼 보이기도 한다.

> **하나님이 나사렛 예수 안에서 인간이 되었다.**[230]

이 말은 마치 선재(先在)하는 신적 로고스의 성육신을 말하는 고전적 기독론의 문장처럼 보인다. 그러나 이 말이 의도하는 바는 그것이 아니다.

> **하나님은 하나의 종교가 되지 않는다.** 그러므로 인간은 이에 상응하는 종교적 사고나 감정을 통하여 그에게 참여할 수 없다. **하나님은 율법이 되지 않는다.** 그러므로 인간은 율법에 복종함을 통해 그에게 참여할 수 없다. **하나님은 하나의 관념이 되지 않는다.** 그러므로 인간은 항상 추구하는 노력을 통해서 그의 공동체 안으로 들어갈 수 없다.[231]

---

229 '하나님'을 아버지를 가리키는 의미로 쓰는 것은 성경 자체의 표현이기에 몰트만에게도 거부감이 없었을 것이다.
230 J. Moltmann, *Der gekreuzigte Gott*, 265.
231 J. Moltmann, *Der gekreuzigte Gott*, 265(볼드체 강조는 필자의 것이다).

"하나님이 인간이 되셨다"는 말은 뒤에 따라오고 있는 "하나님은 하나의 종교가 되지 않으며 … 율법이 되지 않으며 … 관념이 되지 않는다"는 것에 비추어 이해해야 한다. 이것을 몰트만 자신의 '사건으로서의 하나님 이해'의 관점에서 재 진술한다면 다음과 같을 것이다.

"사건으로서의 하나님은 예수 그리스도에게서 구체적으로 드러난다. 율법을 통해서나, 관념을 통해서 하나님이 드러나는 것이 아니다. 왜냐하면 율법이나 관념은 사건이 아니기 때문이다. 예수의 삶과 그의 십자가 죽음의 사건에서 하나님의 어떠하심이 드러나신다." 또는 "예수 그리스도를 통해 우리는 하나님 안에 있게 된다. 율법에 의해서 혹은 관념을 통해서 우리가 사건으로서의 하나님 안에 있게 되는 것은 불가능하다."

즉 예수 그리스도 안에서, 특히 그의 십자가 사건 안에서 아버지와 아들과 성령의 삼위일체가 인간을 향해 개방된다는 것이 몰트만이 말하려는 바이다.[232]

이것은 이어지는 몰트만의 말에서 확인된다.

> 인간이 되신 하나님은 모든 인간의 인간성과 충만한 인간적 생동성을 지니고 있으며 경험할 수 있다 … 그러나 십자가에 달린 하나님은 이를 넘어서 모든 인간의 버림받은 상태 속에서 바로 그 곁에 계신다.[233]

---

[232] 몰트만의 논증이 철저한 것은 아니다. "하나님"이 아버지만을 가리키는 말로 사용되기도 하는 사례가 그 인용문 바로 앞 문장에 들어있기 때문이다. '아들을 버리는 하나님은 아들의 아버지이시다'고 말할 때의 "하나님"은 삼위일체의 사건이라기보다는 전통적 의미에서 사용되는 아들의 아버지이신 하나님을 의미한다.

[233] J. Moltmann, *Der gekreuzigte Gott*, 265.

즉, 나사렛 예수 안에서 하나님이 경험되지만 더 구체적으로 예수의 십자가 사건 안에서 인간은 삼위일체 하나님께 가까이 가게 된다는 것이 몰트만의 생각이다.

이런 하나님 이해의 근거를 몰트만은 신약 성경 요한일서 4장 16절에서 발견한다.[234] 하나님은 "사랑이시다. 그의 존재는 예수가 십자가 상에서 버림을 받고 자기 포기를 한데서 본 사랑의 사건 가운데 성립한다."[235] 십자가에서 나타난 사랑을 몰트만은 다음과 같이 표현한다.

> 그러므로 지금까지 언급한 모든 것에 비추어 볼 때, 삼위일체론은 그 사랑 안에서 죽음의 심판을 받은 자가 삶의 새로운 가능성을 발견하는 그런 사랑의 근거와 사건과 경험에 대한 해석이라 이해될 수 있다. 왜냐하면 그는 이 사랑 안에서 배척의 죽음을 불가능하게 하는 은혜를 발견하였기 때문이다. 이것은 어떤 관념으로서의 사랑이나 하늘의 능력으로서의 사랑이나 혹은 계명으로서의 사랑에 대한 해석이 아니라, 사랑이 없고 율법적인 세계 속에서 일어나는 사건으로서의 사랑에 대한 해석이다.[236]

이 사랑은 추상적인 것이 아니라 십자가 사건이며, 선의 자기 전달

---

[234] J. Moltmann, *Der gekreuzigte Gott*, 234; "십자가에 달리신 하나님," 『정치신학』, 58; *Trinität und Reich Gottes*, 72.

[235] J. Moltmann, "십자가에 달리신 하나님," 『정치신학』, 58.

[236] J. Moltmann, *Der gekreuzigte Gott*, 234. 동방정교회 신학자 스타닐로애(D. Staniloae) 또한 삼위일체적 신론의 마지막에서 "삼위일체: 지고한 사랑의 구조"라는 제목으로 사랑에 근거해서 삼위일체 하나님을 설명한다. D. Staniloae, *The Experience of God*, vol. 1, 245-280.

이다.²³⁷ 즉, 몰트만에게 있어서 삼위일체론은 언제나 공허한 사변적 개념이 아니다. 그것은 예수 그리스도에게서 드러난 아버지와 아들과 성령께서 빚어내는 사랑의 사건에 대한 해석이며 삼위일체의 자기 전달에 대한 해석이다. 몰트만은 이 사랑을 『삼위일체와 하나님의 나라』에서는 아우구스티누스의 견해를 따르는 듯이 다음과 같이 해석하였다. "하나님이 사랑이시라면, 동시에 그는 사랑하는 자이며 사랑받는 자요 또한 사랑 자체이다."²³⁸

이로 인해 몰트만이 『삼위일체와 하나님의 나라』에서는 아우구스티누스의 영향 아래 있었다고 평가받기도 한다.²³⁹ 그러나 보캄은 아우구스티누스와 몰트만의 견해를 구별한다. 몰트만에게 있어서 "성령은 단순히 아버지와 아들 사이의 사랑이 아니라, 그 자신이 세 분의 상호적 사랑의 주체이며 객체이다."²⁴⁰

왜냐하면 이미 『삼위일체와 하나님의 나라』에서도 몰트만은 사랑과 성령을 동일시할 뿐만 아니라 사랑과 쉐히나를 동일시하여 성령

---

237 참고, J. Moltmann, *Der gekreuzigte Gott*, 232–236과 *Trinität und Reich Gottes*, 72–76. 몰트만은 『십자가에 달리신 하나님』에서 사건(Geschehen)으로 파악하던 것을 『삼위일체와 하나님의 나라』에서는 '자기전달'(Selbstmitteilung)로 바꾸어 표현하였다. Józef Niewiadomski, *Die Zweideutigkeit von Gott und Welt in J. Moltmanns Theologien*(Innsbruck/Wien/München: Tyrolia-Verlag, 1982), 81.

238 J. Moltmann, *Trinität und Reich Gottes*, 73. 그는 자신의 이 말을 뒷받침하기 위해 아우구스티누스의 말을 발췌 인용한다. "그대가 사랑을 볼 때에 삼위일체를 보는 것이다. 왜냐하면 사랑하는 자, 사랑받는 자 그리고 사랑은 셋이기 때문이다"(Augustinus, *De Trinitas*, VII, 12, 14, J. Moltmann, *Trinität und Reich Gottes*, 73에서 재인용. 몰트만이 각주 97에서 표기한 『삼위일체론』의 권수 VII은 PL에서의 분류이다. *NPNF*, 1의 분류로는 VIII권이다). 참고, "성령은 … 아버지와 아들이 서로 사랑하는 그 상호적 사랑을 시사한다"(Augustinus, *De Trinitas*, XV, xvii, 27).

239 D. Munteanu, *Der tröstende Geist der Liebe*, 87.

240 R. Bauckham, *The Theology of Jürgen Moltmann*, 161이하.

의 인격성을 드러내고 있기 때문이다.²⁴¹ 사랑의 사건이며 삼위일체의 자기 전달인 예수 그리스도의 역사 속에서 아버지와 아들뿐만 아니라 성령도 구별된 인격체로 나타난다. 아버지로부터 나와 아들에게 향하는 사랑은 하나님의 쉐히나이며 이것이 곧 성령이다. 그러므로 몰트만의 사랑의 삼위일체는 아우구스티누스의 사랑의 삼위일체론을 넘어서는 내용을 그 안에 담고 있다. 다른 곳에서 그는 분명하게 "성령이 아버지와 아들 간의 사랑의 끈이라고 가르치는 아우구스티누스에 반대한다."²⁴²

후에 몰트만은 『생명의 영』(Der Geist des Lebens)에서 예수의 역사 속에서 쉐히나와 성령의 연관성을 좀 더 분명하게 드러낸다. 쉐히나는 예수의 세례 사건에서부터 드러난다.

"예수 위에 성령이 '내려 오심'과 그의 위에 성령이 '머무심' 등의 표현은 성령을 하나님의 쉐히나로 이해하고 있음을 시사한다."²⁴³

쉐히나로서의 성령은 예수를 인도하며 그의 사역에 동반하며(막 1:12; 눅 4:1,14), 함께 고난당하고 아들의 죽음으로 고난당한다.²⁴⁴ 몰트만에 의하면, 고난의 현장인 십자가뿐만 아니라 예수의 역사 전체가 하나님의 쉐히나를 통해 삼위일체의 고난이 확인된다. 이는 하나님의 수난불가능성을 넘어서는 것일 뿐만 아니라 하나님은 사랑과 자유 가운데서 존재하는 분이심을 보여준다. 그리고 추상적이지 않으며

---

241 J. Moltmann, *Trinität und Reich Gottes*, 73, "사랑의 신학은 하나님의 쉐히나의 신학이요 성령의 신학이다."

242 J. Moltmann, "'성령의 사귐': 삼위일체적 성령론,"『삼위일체와 하나님의 역사』, 141. 몰트만에게 있어서의 성령의 인격성에 대해서는 뒤에서 다시 다룰 것이다.

243 J. Moltmann, *Der Geist des Lebens: Eine ganzheitliche Pneumatiologie*(München: Chr. Kaiser Verlag, 1991), 74.

244 J. Moltmann, *Der Geist des Lebens*, 74-78.

삼위일체의 자기 전달인 사랑과 하나님의 자유는 하나님의 고통을 수반한다.[245]

b. 아버지의 품에서 죽으신 아들, 그리고 성령의 소리 없는 고통

루터는 십자가 신학을 전개하면서 '하나님의 죽음'을 말하였으며, 몰트만은 이런 루터의 신학을 비판적으로 계승한다. 몰트만에 의하면 루터의 십자가 신학은 신성의 고난불가능성을 넘어서는 것이지만 아버지와 아들의 구별을 흐리게 해서 삼위일체론적 신학이 되지는 못하였다. 십자가에서 당한 예수의 고난과 아버지의 고난을 구분하지 못하고 둘을 동일시했기 때문이다.[246]

> 예수의 죽음은 "하나님의 죽음"으로 이해되어서는 안 된다. 오

---

[245] 사랑과 고난의 연결에 대해 블러쉬도 동의한다. "하나님은 고난받으실 필요가 있었던 것이 아니라 자유로이 그의 아들 안에서 고난받기를 원하셨다는 사실이 인식되어야 한다. 고난은 그의 본질적 본성의 일부가 아니다. 오히려 그가 순전히 그의 끝없는 사랑(compassion)으로 고난을 자신에게 걸머지우신 것이다"(D. G. Bloesch, 『그리스도인의 삶과 구원』, 58).

[246] 몰트만은 『십자가에 달리신 하나님』에서 삼위일체론적 십자가 신학을 말하지만, 이때까지는 몰트만이 균형 잡힌 삼위일체론적 십자가 신학을 전개한 것은 아니다. 『십자가에 달리신 하나님』에서 전개되는 그의 삼위일체론적 신학은 아버지와 아들의 구별에 집중되고 있다. 아버지와 아들과 성령에 대한 균형 잡힌 진술은 『삼위일체와 하나님의 나라』에서 본격적으로 전개된다. 문테아누(D. Munteanu)는 성령론의 측면에서 『십자가에 달리신 하나님』이 가진 문제점들을 다음과 같이 지적한다. 이위일체적 경향, 십자가에 대한 강조와 상대적인 부활에 대한 소홀함, 신정론에 대한 대답의 미흡함, 십자가의 성령론(pneumatologia crucis)의 결여 등(D. Munteanu, *Der tröstende Geist der Liebe*, 37f). 그러나 『삼위일체와 하나님의 나라』 역시 그의 삼위일체론이 발전하는 도중에 있는 저작이기에 여전히 문제점을 갖고 있다. 그 중의 하나가 몰트만이 인격체로서의 성령과 아버지와 아들을 묶는 사랑의 띠로서의 성령을 함께 말한 점이다(Ibid., 75). 이는 아우구스티누스의 사랑의 삼위일체를 자신의 입장에서 분명하게 비판적으로 보지 못했기 때문이다.

히려 하나님 **안에서의** 죽음으로 이해되어야 한다. 비록 그 구호가 어떤 올바른 것을 암시해 주지만 "하나님의 죽음"은 기독교 신학의 기원이라 불릴 수 없다. 오히려 하나님 안에서의 십자가의 죽음과 이러한 예수의 죽음 안에 있는 하나님만이 기독교 신학의 기원이 될 수 있다.[247]

 예수의 죽음이 '하나님의 죽음'이 아니라는 것은 예수가 신적인 분이 아니라는 의미가 아니다. 그것이 곧 하나님 아버지의 죽음은 아니라는 말이다. 몰트만에게 있어서 '하나님'이 사건으로 이해되고 있음은 이미 말하였다. 그것이 이 인용문에서도 그대로 나타난다.
 "하나님 '안에서의' 죽음"이 무슨 의미인가?
 하나님이 아버지와 아들과 성령을 포괄하는 하나의 유(類)적 인격이라는 말인가?
 그것은 몰트만이 동의하지 않는 바이다. 그러한 이해는 아버지와 아들과 성령의 세 인격체들 이외에 '하나님'을 제4의 인격체로 상정하는 것과 마찬가지이기 때문이다. 그렇다면 **"하나님 안"**이라는 말은 '아버지와 아들과 성령이 이루어내는 **사건 안**'으로 이해해야 한다. "하나님 안에서 일어난 십자가 죽음"이라는 표현 역시 동일한 의미이다. 즉 이 표현은, 십자가 죽음은 예수만의 사건이 아니라 아버지와 아들과 성령의 사건임을 말하는 것이다. 하나님 아버지는 아들의 죽음을 경험하며, 아들은 십자가에서 죽음을 경험하며, 그리고 성령께서는 아들의 죽음을 경험하는 아버지와 아들 자신의 죽음 경험 가운데 침묵으로 동참하신다.

---

247 J. Moltmann, *Der gekreuzigte Gott*, 192.

예수의 생애 자체를 가능케 하였고 능력으로 예수와 동행하셨던 성령께서는 그 예수께서 십자가에 달리시는 그 순간에는 그 어떤 성령의 놀라운 능력도 드러내지 않고 침묵하셨다. 그러나 그 가운데서도 여전히 함께 하셨다. "다 이루었다"(요 19:30)는 예수 그리스도의 십자가 상에서의 선포는 이미 이루어졌지만 아직 드러나지 않은 저 창조의 완성에 대한 선포이다. 창조는 하나님 아버지 혼자의 사역이 아니라 아버지와 아들과 성령의 사역이다.[248] 성령은 새 창조의 영이시다.[249] 즉, 예수 그리스도의 십자가 사건은 아버지와 아들과 성령께서 창조 사역을 완성하시는 사건이다.

"예수의 죽음 안에 계신 하나님" 역시 "삼위일체 하나님께서 이루시는 사건으로서의 '예수의 십자가 죽음'"의 또 다른 표현이다. 즉 그것은, 예수의 죽음이 예수 홀로 당한 죽음이 아니며 그 안에 아버지와 아들과 성령의 고난이라는 삼위일체적 사건이라는 의미이다.[250] 성령의 고난은 『생명의 영』에서 분명하게 언급된다. 십자가 사건에서 아버지와 아들과 함께 성령도 고난당한다.

---

[248] "하나님의 말씀이 있는 곳에는 하나님의 영도 있다 … 창조의 공동체를 볼 때, 말씀과 영은 서로를 보완한다. 말씀은 세분화하고 차별화한다. 영은 결합하고 일치를 형성한다." J. Moltmann, "'성령이여 오소서, 온 피조물을 새롭게 하소서," 『삼위일체와 하나님의 역사』, 157.

[249] 참고, J. Moltmann, *Gott in der Schöpfung*: *Ökologische Schöpfungslehre* (München: Kaiser Verlag, 1985), "삼위일체의 역사에 관하여," 『삼위일체와 하나님의 역사』, 163-66.

[250] 몰트만은 『십자가에 달리신 하나님』에서 지나치리만큼 십자가에만 관심을 기울인다. 하나님의 사랑도 오직 십자가 사건으로만 설명한다. 그러나 십자가에 달리신 분은 동시에 부활하신 분이시기도 하며, 하나님의 사랑은 부활사건에서도 분명하게 드러난다. 이러한 측면은 『삼위일체와 하나님의 나라』 이후 하나님의 사랑에 대한 설명에 그리스도의 부활을 포함함으로 보완되었다. 참고, J. Moltmann, *Trinität und Reich Gottes*, 109-106.

> 골고다에서 성령은 아들의 고난과 죽음으로 고난당한다. 그러나 그 자신은 아들과 함께 죽어간 것은 아니다. 성령이 경험한 것은 … 죽어가는 예수에게서 그가 '떠나감'이며 '포기함'이다 (마 15:37; 더 강하게는 요 19:30).[251]

(3) 사회적 삼위일체론: 만유를 향해 열려진 삼위일체[252]론

몰트만의 '사회적 삼위일체론'은 사회 혹은 공동체에 대한 관심이 우선하여 그것을 역으로 기독교 신학에 적용한 19세기 말에서 20세기 초의 영국과 미국에서 나타난 '사회적 삼위일체론'과는 구별됨을 앞서 지적하였다. 몰트만의 '사회적 삼위일체론'은 "아버지와 아들과 성령 상호간의 거함(Einwohnung)이고 이 거함을 통하여 나타난 영원한 사귐을 순환이라는 개념을 통하여 표현한다."[253]

몰트만의 사회적 삼위일체론에 따르면, 아버지와 아들과 성령의 상호 개방과 상호 내주는 먼저 그리스도인들을 향해 개방되어 그들을 품으며 다음으로는 만유를 향해 개방되어 만유를 삼위일체 안에 품는 것을 궁극적 목표로 삼는다. 따라서 그의 삼위일체론은 단순히 개인이 아니라 사회라는 패러다임을 신학에 적용한 '사회적 삼위일체론'이 아니라 '사회를 향하여, 만유를 향하여 열려있는 삼위일체 하나님에 대한 이론'이다.

---

251 J. Moltmann, *Der Geist des Lebens*, 77.
252 전통적인 원형적 삼위일체나 삼각형적 삼위일체에 대립하여 몰트만이 제시하는 삼위일체 像. J. Moltmann, "삼위일체 하나님의 초대하는 일치성," 『삼위일체와 하나님의 역사』, 179, 180.
253 몰트만, 『창조 안에 계신 하느님』, 31.

a. 아버지와 아들과 성령의 사귐

몰트만의 사회적 삼위일체론의 출발점은 '한 분 하나님'이 아니라 예수 그리스도의 십자가 사건에서 구체적으로 나타난 아버지와 아들과 성령의 사건이다. 그러나 몰트만은 그 세 인격체들의 구별만 말하는 것이 아니라 동시에 그들의 일치에 대해서도 말하고 있다.

> 나는 나의 삼위일체론이 신학에서 성서에 나타난 그리스도의 역사로부터 출발했으며, 세 주체들, 즉 메시야적인 아들 예수, 그가 부르는 아바 하나님 그리고 예수를 아버지와 결합시키고 아버지를 통해 아들을 세상 안으로 보내는 성령의 구별과 사귐으로부터 출발했다. 만약 우리가 세 주체들의 삼위일체적 역사로부터 출발한다면, 그리스도의 역사의 이 세 주체들의 일치성에 대해 질문해야 하며, 이 일치를 삼위일체론적으로 파악해야 하지, 일원론적으로 파악해서는 안 된다. 나는 아들 예수와 아버지의 일치를 요한복음에 따라서 순환론적 일치, 다시 말하면, 상호적인 줌과 받음 그리고 참여하고 나누는 생명 가운데 있는, '주체적 우리'(Wir)와 '객체적 우리'(Uns) 가운데 있는 '나'(Ich)와 '너'(Du)의 사회적 일치로 이해했다. 요한 다마스커스(Johannes Damascenus)가 삼위일체론 안으로 이끌어들인 순환(Perichoresis, circuminsessio)의 개념은 세 위격[인격체]들의 일치를 가장 잘 파악하고 있다. 이 세 위격[인격체]들은 그들의 상호적인 사랑을 통하여 서로 안에서 전적으로 함께 느끼며 존재하기 때문에, 그들은 완전히 하나이다. 그들은 자신의 에너지를 열렬히 교환함으로써, 상대방 안으로 온전히 침투하며, 서

로를 온전히 함께 나눈다.[254]

몰트만이 먼저 주목하는 것은 요한복음에 나타난 아버지와 아들의 일치이다.

> 내가 아버지 안에 거하고 아버지께서 내 안에 계심을 믿으라 (요 14:11).

> 아버지여, 아버지께서 내 안에, 내가 아버지 안에 있는 것 같이 … (요 17:21).[255]

그리고 로스키(V. Lossky)가 그랬던 것처럼[256] 다마스커스의 요한이 삼위일체론에 도입한 "페리코레시스"(περιχώρησις)를 성경의 내용인 세 인격체들의 사귐과 일치를 잘 표현한 개념으로 보고 수용한 것이다.

> 이 개념[perichoresis]으로 영원한 신적인 삶의 순환이 이해된다. 삼위일체 하나님 안에서 에너지들의 교환을 통하여 영원한 삶의 과정이 일어난다. 아버지는 아들 안에서 존재하고 아들은 아버지 안에, 아버지와 아들은 성령 안에 존재한다. 그리고 성령은 아버지와 아들 안에 존재한다. 이들은 서로 안에 살

---

[254] J. Moltmann, "창조, 계약 그리고 영광," 『삼위일체와 하나님의 역사』, 263.
[255] J. Moltmann, "삼위일체 하나님의 초대하는 일치성," 『삼위일체와 하나님의 역사』, 176.
[256] V. Lossky, *Mystical Theology of the Eastern Church*, 54.

며 영원한 사랑의 힘으로 서로에게 거하므로 그들은 하나이다 … 그들을 서로 구분하는 개체적 특성을 통하여, 아버지와 아들과 성령은 서로 안에 거하며 영원한 삶을 스스로에게 전한다.[257]

몰트만은 또한 "페리코레시스"의 의미를 잘 설명하기 위해 원무(圓舞)라는 은유[258]를 가지고 설명한다.

> 파트리치아 윌슨-카스트너는 *Perichoresis*를 *Perichoreusis*로 이해하고, 원무(圓舞)로 묘사했다. 이 은유에 따르면, 세 위격[인격체]들은 완전한 운동 안에서 결합되어 있다. 삼위일체 하나님의 일치는 격렬한 생동성, 진동하는 운동 그리고 운동 안의 완전한 안식이다. 삼위일체 하나님의 이 일치는 자신 안에서 만족하는 폐쇄적인 일치가 아니라, 요한복음 17장 21절이 말하듯이('… 저희도 우리 안에 있게 하사'), 열려 있고 초대하는 일치이다. 또한 성령의 나눔 가운데 있는 삼위일체 하나님의 이러한 영원한 생동성은 전염하고 살리는 생명이다. 그리고 삼위일체 하나님의 본질인 영원한 사랑은 아들의 헌신 가운데에서 모

---

257 J. Moltmann, *Trinität und Reich Gottes*, 191.
258 "페리코레시스"의 동사 원형인 페리코레오(*perichōreō*)는 '둘러싸다'를 의미하고, 페리코레우오(*perichōreuō*)가 '원무를 추다'를 의미한다(LaCugna, *God for us*, 312, n. 94). 따라서 어원 연구에 따르면 페리코레시스를 원무라고 말할 수 있는 근거는 빈약하다. 그럼에도 불구하고 페레코레시스를 '신의 춤'으로 비유하는 것은 그 비유가 삼위가 이루는 하나 됨을 잘 표현하는 동시에 그들의 인격성과 역동성을 잘 전달해 주기 때문이다(Ibid., 271f). "페리코레시스" 개념에 대한 어원적 연구 개관은 다음을 참고하라. George Leonard Prestige, *God in Patristic Thought*(London: SPCK, 1952), 291-99.

든 세상에게 자신을 나누어주는 사랑이다. 순환(론)적인 일치의 개념은 '삼신론'(三神論)만이 아니라 '양태론'(樣態論)의 '위험들'도 극복한다. 왜냐하면 이 개념은 삼위성을 단일성으로 환원시키거나 단일성을 삼위성으로 환원시키지 않으면서, 삼위성과 단일성을 결합하기 때문이다. 상호성의 개념은 이러한 순환(론)적 삼위일체론 개념의 구성요소이며, 이 개념을 통하여 내용적으로 규정된다.[259]

아버지와 아들과 성령이 함께 어우러져 하나가 되시며, 이 하나 됨은 그 자체로 닫혀있는 것이 아니라 타자를 향해 열려있는 하나 됨이라는 설명이다. 그리고 이렇게 말할 수 있는 근거는 성경이다.[260]

여기서 우리는 다시 한 번 질문한다.

"교리가 먼저인가? 신앙의 경험이 먼저인가?"

몰트만에 의하면 그것은 결코 해답을 찾기 힘든 순환론적 질문이 아니다. 신앙의 경험이 교리에 우선한다.

---

[259] J. Moltmann, "창조, 계약 그리고 영광: 칼 바르트의 창조론에 관한 대화," 『삼위일체와 하나님의 역사』, 263-64. "페리코레시스"가 어원 분석적으로 원무와 연결된다는 증거가 희박함은 이미 지적한 바 있다. 여기서 몰트만이 페리코레시스라는 단어를 어원을 따져 '원무'라 하지 않고 살피지 않고 "은유"라고만 말한 것은 그 역시 "페리코레시스"의 어원이 "원무"라는 주장의 어원 분석적 근거가 희박함을 인정하고 있기 때문인 듯하다.

[260] 페리코레시스를 통해 나타나는 단일성은 일원론적이 아니라 삼위일체론적으로 이해되어야한다. 몰트만은 이를 다음과 같이 정리한다. "삼위일체의 단일성은 아버지에 의하여 구성되고, 아들에게로 집중되며, 그리고 성령을 통하여 드러난다." J. Moltmann, *Trinität und Reich Gottes*, 194. 몰트만에 의하면, 아버지와 아들과 성령의 순환과 상호적 일치에 대한 이해는 현대에 있어서 그 혼자만의 것이 아니라 바르트와 융엘과 여성신학자들도 동의하는 바이다. J. Moltmann, "삼위일체 하나님의 초대하는 일치성," 『삼위일체와 하나님의 역사』, 185, 각주 13.

> 제1계명에 따르면, '하나님은 주님이시다'는 진술은 이스라엘의 엑소더스 경험의 요약이지, 통치의 투사가 전혀 아니기 때문이다. 이와 마찬가지로 사회적 삼위일체론은 예수와 교회의 삼위일체적 하나님 경험의 요약이지, 사회적 투사가 결코 아니다. 포이에르바하의 종교비판은 하나님 경험의 역사적 중재를 간과하며, 실제적 경험이라는 사실들 앞에서 무너진다.[261]

그리고 이 신앙의 경험은 '개념'으로 대표되는 교리에서 기원하는 것이 아니라 삼위일체 하나님의 역사에 근거하고 있다.

b. '개념'에 우선하는 세 주체들의 역사

앞서 몰트만 삼위일체론에 나타나는 하나님 개념의 변화에서 보았듯이, 몰트만은 하나님 '개념'이 아닌 하나님의 '역사'에서 삼위일체론을 출발한다.

> 그리스도교의 하나님 '이론'(신론)은 경험되고 이야기된 하나님의 '역사'로부터 생겨나기 때문에, 그 과제는 이 역사 안으로 들어가는 것에 있으며, 그 위험은 이 역사를 개념 안으로 폐기하는 것에 있다. 만약 삼위일체적 구원사가 삼위일체론의 착안점이라면, 이 삼위일체론은 이 역사와 관계를 맺게 됨으로써 이 역사에서 자신을 입증하고, 이 역사 안에 자리잡아야 한다. 거기서 사용되는 개념들은 아버지, 아들 그리고 성령 사이의 삼

---

261 J. Moltmann, "창조, 계약 그리고 영광," 『삼위일체와 하나님의 역사』, 265.

> 위일체적 역사로부터 취해져야 하며, 늘 이에 적용될 수 있어
> 야 한다. 이것은 무엇보다도 삼위일체론이 이 역사의 분명한
> 세 주체들로부터 출발해야 함을 뜻한다."262

개념이 중요한 것이 아니라, 아버지와 아들과 성령의 세 인격체들의 역사가 중요하다는 것이 그의 주장이다. 요한복음의 구절들에 근거해서 몰트만은 이렇게 말한다. 아버지와 아들과 성령의 삼위일체 하나님은 "'한 분'이 아니라 '하나'이다. 다시 말하면, 그들은 하나를 이룬다. 이 사실은 '우리가'와 '우리를'에 의해 표현된다."263

이런 표현들은 세 인격체들의 구별을 너무도 분명하게 드러내고 있기에, 전통적 삼위일체론의 '한 분'에 대한 강조는 근거를 잃게 된다. 그리고 그것을 약간 변형시켜 현대화 하는 것도 위험하다. 그 사실은 예수 그리스도의 말씀과 십자가 사건을 통해 극명하게 드러났다는 것이 몰트만의 주장이다.

> 하나님의 개념은 위격[인격체]들의 주체적인 구별을 폐기해서
> 는 안 된다. 왜냐하면 그렇지 않으면 이 개념은 아버지, 아들
> 그리고 성령의 위격[인격체]들 사이에서 세상의 구원을 위해
> 이루어지는 역사를 폐기하게 될 것이기 때문이다. 만약 우리가

---

262 J. Moltmann, "삼위일체 하나님의 초대하는 일치성," 『삼위일체와 하나님의 역사』, 175-176.

263 J. Moltmann, "삼위일체 하나님의 초대하는 일치성," 『삼위일체와 하나님의 역사』, 176. 인용문의 마지막 문장은 다음과 같은 예수의 말씀에 근거한다. "아버지께서 내 안에 내가 아버지 안에 있는 것같이 저희도 다 하나가 되어 우리 안에 있게 하사 세상으로 아버지께서 나를 보내신 것을 믿게 하옵소서. 내게 주신 영광을 내가 저희에게 주었사오니 이는 우리가 하나가 된 것같이 저희도 하나가 되게 하려 함이니이다" (요 17:21-22, 볼드체 강조는 필자의 것이다).

'하나님 안의 한 본성, 한 인식, 한 의식'이라는 신스콜라주의의 명제를 칼 라너와 칼 바르트의 의미로 받아들여서, '한 하나님은 분명한 세 실재방식 안에 실재한다'거나 '세 존재방식 안에 존재한다'고 말한다면, 삼위일체적 구원사는 그 구체적 매개체를 상실하게 될 것이다. 왜냐하면 겟세마네에서 더불어 행동하는 자는 한 유일한 주체의 분명한 실재방식들이 아니기 때문이다. 그리고 골고다의 십자가에서도 한 '위격적인 하나님'의 한 '존재방식'이 다른 존재방식을 향하여 소리치는 것이 아니기 때문이다.[264]

그렇기에 '한 분이신 하나님'이 아닌 '하나이신 하나님'이 "아버지와 아들과 영으로부터 비로소 계시된다."[265] 이러한 주장에도 불구하고 몰트만이 성경에 근거하여 전통적인 삼위일체론의 개념들을 전적으로 무의미하다고 폐기하는 것은 아니다.

> 그러므로 삼위일체론에서 위격[인격체], 관계, 순환 그리고 조명과 같은 삼위일체론적 개념들의 상호보충성이 주목되어야 한다. 삼위일체적 구원사를 주목할 때, 전통적 삼위일체론의 개념들은 상호보충적으로 이해될 수 있다. 한 개념이 다른 개념을 포괄해서도 안 되고, 다른 개념들의 상위개념이 되어서도 안 된다.[266]

---

[264] J. Moltmann, "삼위일체 하나님의 초대하는 일치성," 『삼위일체와 하나님의 역사』, 176.

[265] J. Moltmann, "삼위일체 하나님의 초대하는 일치성," 『삼위일체와 하나님의 역사』, 177.

[266] J. Moltmann, "삼위일체 하나님의 초대하는 일치성," 『삼위일체와 하나님의 역사』, 177.

즉, 그 개념들은 세 인격체들의 구별과 하나 됨을 설명하는데 도움이 된다는 것이다. 예를 들어, 몰트만은 '인격체'와 '관계'라는 개념을 삼위일체 하나님에 대한 설명에 적극 수용한다.

> 위격[인격체]과 관계는 상호보충적으로 이해될 수 있다. 왜냐하면 위격성[인격성]과 관계성은 동시에 생겨나기 때문이다. 위격[인격체]과 관계는 동일한 기원을 갖는다.[267]

그리고 "페리코레시스"와 '관계' 개념들 역시 그에게 있어서 유용하다.

> 삼위일체적 일치는 신적 위격[인격체]들의 이차적인 '사귐'이 아니고, 이 위격[인격체]들은 한 하나님의 '존재방식'이나 '반복'이 아니다. 삼위일체의 내재적 관계와 삼위일체적 순환은 서로 상호 보충적 관계를 이룬다. 순환적 일치가 분명한 관계들을 폐기하지도 않고, 후자가 전자를 침해하지도 않는다. 삼위일체적 일치의 순환적 개념은 삼신론과 마찬가지로 양태론의 위험도 다 같이 극복한다. 왜냐하면 순환이론은 삼위성과 일치성을 결합하면서도, 삼위성을 일치성으로 환원시키거나 일치성을 삼위성으로 환원시키지도 않기 때문이다. 순환적 일치성은 신적 위격[인격체]들과 함께 신적 관계들로부터도 나온다고 동시에 생각할 수 있다. 만약 삼위일체의 내재적 생명이 순환(론)적으로 이해된다면, 아버지, 아들 그리고 영의 삼위

---

267 J. Moltmann, "삼위일체 하나님의 초대하는 일치성,"『삼위일체와 하나님의 역사』, 177.

일체적 역사와 마찬가지로 신적 생명도 단지 한 주체에 의해서만 영위되지 않는다. 순환(론)적 일치의 개념은 삼위일체론적 삼위성-일치성(Dreieinigkeit)의 개념이다.[268]

즉, 삼위일체적 일치의 순환적 개념과 관계 개념의 상호 작용으로 삼신론과 양태론 모두의 위험을 극복한다는 것이 몰트만의 주장이다.

c. 삼위일체론적 성령론

몰트만의 사회적 삼위일체론이 초기에는 아버지와 아들의 하나 됨에 대해 집중되었지만, 이후에 성령론의 확충을 통해 균형잡힌 삼위-일체론이 되었다. 『생명의 영』에서 몰트만은 "성령의 경험과 성령의 신학으로부터 '삼위일체론적 성령론'을 전개하고자 한다."[269] 또한 그 이후의 논문 "'성령의 사귐': 삼위일체적 성령론"은 성령이해의 축소화와 협소화의 원인이 되는 군주론적인 감독직의 성령론을 하나님의 공동체 전체의 삼위일체적 성령론 안으로 포용함으로써 극복한다.[270]

몰트만이 삼위일체적 성령론을 전개함에 있어서 주목하는 것은 '성령의 어머니 됨'이다. 그런 유비가 가능한 것은, 우리가 하나님의 자녀로 '새로운 삶'을 사는 것을 '태어남' 혹은 '새로 태어남'으로

---

268 J. Moltmann, "삼위일체 하나님의 초대하는 일치성," 『삼위일체와 하나님의 역사』, 177-78.
269 J. Moltmann, *Der Geist des Lebens*, 28.
270 J. Moltmann, "'성령의 사귐': 삼위일체적 성령론," 『삼위일체와 하나님의 역사』, 139.

경험하며, 이것은 '성령 안에서' 이루어지며 '성령으로 말미암기' 때문이다.[271] '성령의 어머니 됨'의 의미를 몰트만은 다음과 같이 정리한다.

> 신자들이 성령으로 말미암아 새로 "태어난다면" 성령은 하나님 자녀들의 어머니이며, 따라서 이런 관점에서 이 어머니는 "여자 성령"(Geisten)이라 불릴 수 있다. 성령이 "위로자"(Paraklet)라면, 그는 "어머니가 위로하는" 것처럼 위로하신다. 이러한 점에서 그분은 신자들의 여성 위로자(Trösterin)이다. 언어적으로 볼 때 히브리어 '야훼의 루아흐'의 면모가 거기에 다시 적용된다.[272]

성령은 우리를 하나님의 자녀로 태어나게 하시고 어머니처럼 위로하신다는 의미에서 '어머니'라 불릴 수 있다는 것이다. 이러한 사고는 시리아 교부들에게서 기원한다.

> 성령이 아버지로부터 나온다고 가르치는 바실리우스(Basilius)에 반해, 그리고 성령이 아버지와 아들 간의 사랑의 끈이라고 가르치는 아우구스티누스에 반해, 시리아 교부들과 후기에는 에디오피아 교부들도 삼위일체적 성령론에 대한 논쟁 안으로 성령의

---

[271] J. Moltmann, *Der Geist des Lebens*, 171.
[272] J. Moltmann, *Der Geist des Lebens*, 171. 히브리어에서 "루아흐"(ruah)는 여성명사이다. 성령의 어머니 됨에 대한 기독교 전통 안에 나타난 예들에 대해서도 171-74를 보라.

모성(母性)과 그의 모성직과 '가족'의 상을 이끌어 들였다.[273]

몰트만에 따르면 이처럼 성령을 어머니로 인식하는 것은 단순히 성령의 사역을 이해하는 유비에 그치는 것이 아니다. 그러한 인식은 실제로 우리에게 도움을 준다. '성령의 어머니 됨'을 말하는 것은 신학과 교회 안에 있는 성차별적 요소를 극복하는 동시에 성령의 인격성을 이해하는 데 도움을 준다. 먼저, 과거의 인격적 단일체 하나님이 가진 모호한 모성성보다는 삼위일체 하나님 안에서 구별된 인격체인 성령의 어머니 됨이 성차별적 요소의 위험성을 뚜렷하게 드러낸다.

> 성령의 사귐 안에서 지배나 종속의 질서가 없는 인간들의 사귐, 사랑에 의해 해방된 남자들과 여자들의 사귐이 이루어진다. 이러한 사귐을 이전보다 더 잘 이해할 수 있기 위해서는 오래되었지만 종종 억압되고 자주 망각된 성령론적 사상, 즉 성령의 모성직을 다시금 받아들이는 게 유익할 것이다.[274]
>
> 이 사상[성령을 어머니로 부르는 사상]은 하나님 상 안에 있는 가부장주의와 교회에서의 남자지배를 극복하는 데 도움을 준다. 이것은 바울이 갈라디아서 3장 28절 이하에서 동일한 세례와 하나님 나라에서의 동일한 종말론적 상속권을 근거로 하여 바라보았던 것과 같은, 여자들과 남자들의 해방된 형제자매적 공동체를 정당화하는 데 유용하다.[275]

---

273 J. Moltmann, "'성령의 사귐': 삼위일체적 성령론," 『삼위일체와 하나님의 역사』, 141.

274 J. Moltmann, "'성령의 사귐': 삼위일체적 성령론," 『삼위일체와 하나님의 역사』, 139.

275 J. Moltmann, "'성령의 사귐': 삼위일체적 성령론," 『삼위일체와 하나님의 역사』,

즉, 성령을 어머니로 비유하는 것은 남성에 의한 여성의 지배와 억압을 극복하게 돕는다. 그리고 더 나아가서, 성령을 포함해서 "삼위일체가 하나의 사귐(Gemeinschaft)을 형성한다면, 남자들과 여자들의 참 인간적 사귐이 삼위일체에 상응한다. 하나님의 상에 있어서 일종의 탈남성화는 또한 교회의 탈남성화와 탈계급화를 야기한다."[276]

그렇지만 성령의 어머니 됨을 말함으로써 삼위일체가 아버지와 어머니와 자녀로 이루어진 '신들의 가족'으로 오해되어서는 안 된다. '성령의 어머니 됨'이 "의도하는 것은 하나님의 부성적 본성에 온당하게 걸맞은 하나님의 모성적 본성이다. 이것은 모성적 성격을 하나님의 형상의 가치 안으로 온전히 그리고 독자적으로 통합하는 것을 정당화하며, 단지 '형제의' 공동체만이 아니라 형제자매의 공동체를 모으게 한다."[277]

또한, 일신론적 하나님 안에서 흐려지는 성령의 인격성이 여기에서 분명하게 드러나게 된다. 구약에서 뿐만 아니라 신약에서도 성령이 비인격적으로 표현되고 있는 것이 사실이다. 그러나 보혜사로서의 성령의 인격성 역시 신약에서 표현되고 있으며, 세 인격체들을 말하면서 성령을 비인격적인 에너지나 능력으로만 이해하는 것은 진정한 삼위일체론이 아니다. 그래서 몰트만은 이렇게 말한다.

> 어머니 상은 다른 상들보다 더 분명하게 성령의 인격성을 파악할 수 있게 한다. 어머니 상은 삼위일체의 유일독특한 사귐을

141.

[276] J. Moltmann, *Der Geist des Lebens*, 174.
[277] J. Moltmann, "'성령의 사귐': 삼위일체적 성령론," 『삼위일체와 하나님의 역사』, 140.

다른 성령 표상들보다 더 잘 이해시킬 수 있다.[278]

성령의 인격성과 삼위일체 하나님 안에서의 비종속성은 삼위일체적 찬미론에 의해 더욱 분명히 드러난다. 그 예를 성령을 '아버지와 아들과 같이 동일하게 경배되고 찬양받는' 분으로 표현하는 니케아신조에서 찾을 수 있다. 그러나 몰트만은 성령의 인격성과 함께 아버지와 아들과 성령의 인격성의 차이를 동시에 말한다.

> 우리가 성령으로부터 아버지의 인격성과 동일한 인격성을 기대한다면, 우리는 성령의 독특한 인격성을 놓치게 된다. 우리가 성령 안에 아들의 인격성과 동일한 인격성을 전제한다면, 우리는 성령의 독특한 인격성을 놓치게 된다. 아버지를 향하여, 아들을 향하여 그리고 성령을 향하여 기도할 때, 우리는 간구와 부름과 경배의 상이한 양식들을 통하여 즉시 이 차이들을 발견하게 된다.[279]

이처럼 몰트만에게 있어서 성령은 인격적인 분인 동시에 아버지와 아들의 인격성과는 다른 인격성을 보여주시는 분이다. 그렇기에 성령에 대한 경험과 관련하여 성경에 나타나는 그 많은 비인격적 표현들이 가능한 것이다.

하나님을 경험하는 일은 하나님에 대한 찬양으로 이어진다. "경배와 찬양은 분명히 경험된 구원과 표현된 감사로부터 나온다.

---

[278] J. Moltmann, "'성령의 사귐': 삼위일체적 성령론," 『삼위일체와 하나님의 역사』, 141.

[279] J. Moltmann, *Der Geist des Lebens*, 26.

그러나 전자는 후자를 넘어선다. 경배와 찬양 속에서 삼위일체 하나님은 자기 자신 때문에 사랑받고 찬양받는다."[280]

그리고 이 삼위일체적 찬미론은 영원한 삼위일체 자체를 올바로 이해하게 해 준다.

> 삼위일체적 찬미론은 구원의 역사를 넘어서 삼위일체 자체의 영원한 존재를 바라본다. 삼위일체의 이러한 영원한 존재 안에서 영은 더 이상 그 시간적 질서에서 아들과 아버지의 뒤에 혹은 아래 나타나지 않고, 그의 영원한 사귐 안에서 아버지와 아들과 함께 나타난다. … 군주론적 형태 안에서 **삼위일체는 창조물과 그 구원에 대해 자신을 개방시킨다**. 찬미론적 형태 안에서 삼위일체는 구원받은 창조물을 그의 영광 안으로 **받아들인다**. 삼위일체적 송영론 안에서 삼위일체는 그의 영원한 완전성 안에서 **나타난다**. 하나님 때문에 이루어지는 이러한 하나님 찬양 안에서 모든 삼위일체적 성령론은 완성된다.[281]

구원의 역사 속에서 우리에게 다가오시는 삼위일체 하나님에 대한 경험이 찬미로 이어질 때 삼위일체론적 성령론이 완성된다는 것이다. 따라서 몰트만은 다음과 같이 말할 수 있었다.

"우리는 구원사를 삼위일체적 역사로 이해했다. 그러므로 그 종말론적 완성을 우리는 삼위일체적 찬미론 안에서 볼 수 있게 될 것이다.

---

[280] J. Moltmann, "'성령의 사귐': 삼위일체적 성령론," 『삼위일체와 하나님의 역사』, 148.

[281] J. Moltmann, "'성령의 사귐': 삼위일체적 성령론," 『삼위일체와 하나님의 역사』, 148.

삼위일체적 역사 안에서 일어나는 것은 삼위일체를 찬양하는 가운데서 그 목표에 이른다."[282]

이와 같은 삼위일체론적 성령론을 통해 몰트만은, 기독교가 그리스도 일원론으로 축소되거나 열광주의적 성령론으로 환원되려는 위험을 제거하고 우리의 삶의 전 영역에서 하나님이 중심이 되기를 소망한다.[283] 몰트만에 따르면, "성령으로 말미암아 형성된 사람들 사이의 이 사귐은 교회 너머까지 이르며, 교회를 실현하며, 교회의 한계들을 넘어선다."[284] 하나님께서는 "만유의 주로서 만유 안에 계시려 하신다"(고전 15:28).

5. 보프의 삼위일체론: 평등의 삼위일체

라틴 아메리카 브라질의 로마가톨릭 사제이며 해방신학자인 레오나르도 보프(Leonardo Boff, 1938생)는 『해방하는 은총』(1976)에서 이미 삼위일체론에 있어서 하나님의 내재를 해석하는 다른 여러 흐름들을 형이상학적 추상주의로 비판하고, "대화적 차원"을 강조하는 "우정의 범주"로 삼위일체의 내재를 해석하는 것을 긍정적으로 서술함으로써[285] 평등

---

282   J. Moltmann, "삼위일체 하나님의 초대하는 일치성," 『삼위일체와 하나님의 역사』, 175.
283   참고, J. Moltmann, *Der Geist des Lebens*, 85.
284   J. Moltmann, *Der Geist des Lebens*, 243.
285   L. Boff, *Liberating Grace*, 김정수 역, 『해방하는 은총』(서울: 한국신학연구소, 1988), 319-20. 그러나 이것 자체가 사회적 삼위일체론은 아니다. 여기서 문제되는 것은 세 인격체들 사이의 대화가 아니라 삼위일체 하나님과 인간 사이의 대화이다. 물론 하나님이 삼위일체이심은 특별한 설명 없이도 전제되고 있으며(Ibid., 319), 보프에게 있어서 삼위일체론은 기독교 신앙의 핵심이다. "그리스도교 신앙에

을 지향하는 그의 삼위일체론의 씨앗을 보여주고 있다. 보프의 삼위일체론은 『삼위일체와 사회』(*Trinity and Society*, 1986)[286]와 『성 삼위일체, 완전한 공동체』(*Holy Trinity, Perfect Community*, 1988)[287]에서 본격적으로 전개되었다.

여기서 보프는 해방신학의 삼위일체론을 전개하면서 '세 신적 인격체들의 친교를 협동과 평등에 기초한 인간 사회의 모델로 제시했다.'[288] 그러므로 거기에 나타난 보프의 삼위일체론은 몰트만의 삼위일체론처럼 '사회적 삼위일체론'으로 분류된다.[289] 또한 보프는 몰트만의 삼위일체론을 참고로 자신의 삼위일체론을 전개했고[290] 몰트만은 보프의 사회적 삼위일체론을 긍정적으로 평가한다.[291] 또한 그는

서는, 삼위일체 없는 하느님은 존재할 수 없기 때문에 하느님과 관련을 가진다는 것은 언제나 삼위일체와 관련을 가진다는 것을 의미한다"(Ibid., 312).

[286] Leonardo Boff, tr. by Paul Burns, *Trinity and Society*(New York: Orbis Books, 1988), published originally in Brazil, under the title *A Trindade, a Sociedade e a Libertaçao* (1986, third edition, 1987, *A Trindade, a Sociedade*). 이 책이 나오기 전까지 해방신학에서는 삼위일체론을 소홀히 하였다(Ibid., 13 그리고 243, n. 3).

[287] Leonardo Boff, tr. by Phillip Berryman, *Holy Trinity, Perfect Community*(New York: Orbis Books, 2000), published originally in Brazil, under the title *Santíssima Trindade é a melhor communidade* (1988).

[288] Ed. by Alister E. McGrath, "Boff, Leonardo," *The Blackwell Encyclopedia of Modern Christian Thought*(Oxford, UK / Massachusetts: Blackwell Publishers Ltd., 1993), 58.

[289] 박만, 『현대 삼위일체론 연구』, 144. 몰트만과 보프는 사회적 삼위일체론의 근대적 형태를 동일하게 쉐에벤(M. J. Scheeben)에게서 찾는다. J. Moltmann, 이신건 역, 『삼위일체와 하나님의 역사』, 11; L. Boff, *Trinity and Society*, 119. 참고, M. J. Scheeben, *Handbuch der katholischen Dogmatik* I (Freiburg: 1873).

[290] L. Boff, *Trinity and Society*, 119-20.

[291] J. Moltmann, *In der Geschichte des Dreieinigen gottes*, 이신건 역, 『삼위일체와 하나님의 역사』, 12-13, 351, 각주 43. 두 사람의 삼위일체론의 관계에 대해서는 다음을 참고하라. Thomas R. Thompson, "Imitatio Trinitatis: The Trinity as Social Model in the Theologies of Jürgen Moltmann and Leonardo Boff" (Ph.D. disserta-

몰트만과 마찬가지로 주체라는 측면에서 일치를 설명하려는 바르트와 라너의 주체의 삼위일체론이 가진 한계를 넘어서려 한다.[292]

이를 위해 보프는 몰트만처럼 "페리코레시스"(περιχώρησις) 개념을 사용하여 아버지와 아들과 성령의 구별과 일치를 설명한다. 그러나 구별해서 말한다면, 몰트만이 드러내는 삼위일체 하나님은 '사랑의 삼위일체'이고, 보프가 보여준 삼위일체 하나님은 '평등의 삼위일체'이시다.

1) 일신론적 신관 배격

보프에 의하면 삼위일체[293] 하나님에 대한 신앙을 연구하는 주된 동

---

tion of Princeton Theological Seminary, 1996).

[292] L. Boff, *Trinity and Society*, 117-118, 137. 참고, J. Moltmann, *Trinität und Reich Gottes*, 154-166. 그러나 삼신론에 대한 보프의 견해는 몰트만과 조금 다르다. 보프는 삼신론의 흔적을 피오레의 요아킴(Joachim of Fiore, d. 1202)의 가르침에서 발견한다(Ibid., 49-50). 반면에 몰트만은 요아킴의 주장에서 삼위일체적 신국론의 근거를 찾았다. J. Moltmann, *Trinität und Reich Gottes*, 221-26.

[293] 보프는 "삼위일체"(Triad, Trinity)라는 개념을 종속론적인 군주론적 이단인 2세기 중반의 테오도투스(Theodotus)가 먼저 사용했고 그 다음에 안디옥의 테오빌루스에 의해 사용됨으로써 정통신앙에 받아들여졌다고 말한다. L. Boff, *Trinity and Society*, 46; *Holy Trinity, Perfect Community*, 5. 이는 "삼위일체"에 해당하는 헬라어 "트리아스"가 안디옥의 테오빌루스에 의해 기독교에서 처음 사용되었다는 일반적인 지적(예를 들어, J. L. González, 『基督敎思想史 I』, 145)과는 일치하지 않는다. 역동적 군주신론의 선구자격인 비잔틴의 테오도투스는 약 190년 경에 비잔티움에서 로마로 왔던 것으로 추정되며 로마 감독 빅토르에 의해 출교되었다. 그리고 '은행가'라고 하는 또 다른 테오도투스도 그의 제자 중 하나이다. W. Walker 외, 『기독교회사(上)』, 100. 보프는 이 두 테오도시우스 중에서 누가 어디서 그 말을 썼는지 정확히 밝히지 않았으며 그 구체적 용례도 제시하지 않았다. 또한 비슷한 시기를 살았던 비잔티움 출신 테오도투스와 안디옥의 감독 테오빌루스 사이의 연관도 불분명하다. 참고, J. L. González, 『基督敎思想史 I』, 144, 179; Stanley J. Grenz, *Theology for the Community of God*, 57. 그리고 "트리아스"의 기독교적 개념 수립이 안디옥의 테오빌루스에 의한 것임을 보프 역시 인정한다. L. Boff, *Trinity and Society*, 157.

기는 다음과 같이 세 가지이다.

첫째, 하나님이 어떤 분인지를 우리가 연구할 필요가 있으며,

둘째, 우리는 아들과 성령께 더 가까이 가길 원하고 있으며,

셋째, 하나님의 계획에 부합된 사회 형태를 우리가 알아야 하기 때문이다.[294] 특히 "삼위일체 하나님의 친교는" 보프에게 있어서 "사회 영역에 대한 영감의 원천이다."[295]

보프에게 있어서 하나님은 "셋 즉, 삼위일체이시고, 혼자 있지 않는 셋이기에 분리를 극복하며 배타성을 넘어선다 … 여기서 '셋'이란, 하나님의 이름은 구별을 의미한다는 확신으로 이해되어야 한다."[296] 그리고 아버지와 아들과 성령의 일치는 수적 단일성이 아니라 세 구별된 존재들의 일치이다. 보프는 그 근거를 신약 성경 요한복음 10장 30절("나와 아버지는 하나이니라")과 38절("아버지께서 내 안에 계시고 내가 아버지 안에 있음을 깨달아 알리라")에 수적 단일성을 의미하는 남성형 헬라어 헤이스(εἷς)가 아니라 통일성 혹은 일치를 의미하는 중성형 헨(ἕν)이 사용되었다는 데서 찾는다.[297] 그는 "일치는 구별됨을 전제한다"[298]고 했다.

성경이 한 하나님, 한 주님, 한 성령에 대해서 말하고 있음을 보프는 인정한다. 그러나 각각을 수식하는 '한'(one)은 "숫자 '일'이 아니라 모든 수에 대한 부정이며 '유일함'(the only)을 의미한다. 아들과 성령

---

[294] L. Boff, *Trinity and Society*, 10-11. 보프는 둘째 동기에서 남성과 여성이라는 '성'(性)적 차원에 주목한다. 아들이신 예수의 남성성과 성령의 여성성이 삼위일체적 교제와 연관됨을 언급한다(Ibid.).

[295] L. Boff, *Trinity and Society*, 151. 그러나 삼위일체 신앙이 사회적 문제를 설명하기 위해 생겨난 것이 아니다. 삼위일체 신앙은 하나님의 어떠하심에 대한 하나님의 계시의 결과물이다. 참고, Ibid., 3.

[296] L. Boff, *Trinity and Society*, 3.

[297] L. Boff, *Trinity and Society*, 5.

[298] L. Boff, *Trinity and Society*, 5-6.

이 그러신 것처럼, 아버지는 '유일'하시다. 이 '유일한 분들'(onlies)은 하나로 합해질 수 없다."[299] 이런 식의 사고가 삼신론으로 빠질 위험이 있지만 "페리코레시스를 통해서, 세 인격체들 사이에 영원 전부터 존재하는 영원한 친교를 통하여 삼신론을 피하게 된다 … 그들은 언제나 함께 계시며, 결코 다른 인격체와 떨어져 존재하지 않으신다."[300]

자신의 삼위일체론을 전개하기 위해 보프는 먼저 일신론적 경향에 도전한다. 보프는 "역사적–사회적 질서"(근대의 집중화 특성)와 "종교적 질서"(권위의 원리 위에 선 교회들의 조직화)가 계속해서 끼쳐 온 일신론적 영향이 매우 강하여서 삼위일체 하나님에 대한 바른 이해를 방해한다고 지적한다.[301] 따라서 보프 역시 몰트만처럼 일신론을 강하게 비판한다. 이 때 보프가 사용한 개념들은 그 근원에 따라 구별된다. 기독교 밖으로부터의 일신론적 영향을 말할 때에는 "전삼위일체적" 혹은 "무삼위일체적"이라는 독특한 수식어들을 사용하며, 그런 것들로부터 영향받은 기독교 삼위일체론의 오류들은 전통적인 표현 그대로 "양태론" 또는 "종속론"이라 하였다.

그에 의하면, 기독교 초기에 일신론적 영향을 준 것은 유대교 전통과 그리스 철학이다. 야훼 하나님을 한 분 유일하게 참되고 살아계신 신으로 고백하는 유대교 전통은 기독교의 출발점이었다. 게다가 초기 기독교인들은 그리스–로마 문화의 다신론의 환경에 들어가면서 역으로 유대교적인 일신론적 설명에 더 강조를 둘 수밖에 없었다. 기독

---

299 L. Boff, *Trinity and Society*, 157. 보프에게 있어서 "onlies"는 각각 유일하신 분(the only)인 아버지와 아들과 성령을 총칭하는 말이다. 그래서 여기서는 "유일하신 분들"로 번역했다.

300 L. Boff, *Trinity and Society*, 5.

301 L. Boff, *Trinity and Society*, 16.

교가 처한 이런 환경은 기독교의 진정한 삼위일체 하나님을 이해하는 데 걸림돌이 되었다.[302] 이 유대교를 포함한 고대 종교의 신관을 보프는 삼위일체론 성립 이전의 이론이라는 의미에서 "전(前)삼위일체적"(pre-trinitarian) 신관이라 부른다.[303]

그러나 성경은 아버지와 아들과 성령이 계심과 그들이 함께 이루어 가는 사역을 증언한다. 그러므로 하나님의 단일성이 아니라 세 신적 인격체들의 통일성을 강조하는 삼위일체적 이해가 필요하다는 것이다. 보프는 신을 불변하는 궁극적 원인(the ultimate Cause) 혹은 지고자(the Supreme Being)로 보는 그리스 철학의 일신론은 특히 중세 서방 교회 신학에 큰 영향을 주었음을 인정하지만 그것이 신정론의 문제와 구약의 고난 받는 종의 신학과 상충됨을 지적한다.[304]

보프는 또한 근대 사상은 인격체들의 삼위일체를 고려하지 않는 "몰(沒)삼위일체(a-trinitarian) 일신론"을 강화시킨다고 보았다.[305] 그에게 있어서 이 무삼위일체적 일신론은 정치적으로 위험하다. 왜냐하면 그것이 정치와 종교를 망라한 모든 독재 권력의 전횡을 합리화할 수 있기 때문이다.[306] 좀 더 구별하여 말한다면, 정치에서는 전체주의(totalitarianism)를, 종교에서는 권위주의(authoritarianism)를, 사회에서는 온정주의(paternalism)를, 그리고 가족에서는 남성우월사상(machismo)를 합리화시킬 수 있다.[307]

---

[302] L. Boff, *Trinity and Society*, 16-17. 참고, Ibid., 77.
[303] L. Boff, *Trinity and Society*, 23.
[304] L. Boff, *Trinity and Society*, 17-19.
[305] L. Boff, *Trinity and Society*, 19.
[306] L. Boff, *Trinity and Society*, 20-23.
[307] L. Boff, *Holy Trinity, Perfect Community*, 7-9.

따라서 "하늘에는 한 하나님 그리고 땅에는 한 지도자(head)라고 말하는 것은 위험하다."[308] 오히려 "우리는 한 분(the One)의 고독으로부터 떠나 신적인 세 분(the divine Three), 곧 아버지와 아들과 성령의 친교로 나아가야 한다."[309] 왜냐하면, "신약의 계시에 따르면, 실제로 존재하는 것은 아버지와 아들과 성령이시기" 때문이다. 즉, "하나님은 삼위일체이시다. 하나님은 신적인 세 분의 친교이시다."[310] 그러나 동시에, 아버지와 아들과 성령은 세 신들이 아니다. "각자가 다른 인격들 안에 충만하고 완전하게 거하신다."[311] 그러므로 세 인격체들의 '친교'를 빠뜨리고 아버지와 아들과 성령에 대해서만 말하는 것을 보프는 거부한다.

> 인격체들 각자는 "시작이 없으시며" 따라서 동시에 계시되신다. … 이렇듯, 한 하나님이신, 친교 가운데 있는 아버지와 아들과 성령, 혹은 좀 더 공식적으로 말해서, 페리코레시스 가운데 있는 세 개별자들의 공존이 일차적 실제이다. 이러한 문구는 하나님 안에서의 종속론적 계층화의 위험(제일이 아버지이고, 그 다음이 아들이며, 그 이후에 성령이라는)과 아버지는 모든 것을 가지면서 다른 이들로부터 아무 것도 받지 않으시며, 아들은 아버지로부터만 받으시며, 성령은 아버지와 아들로부터, 혹은 아들을 통해서 아버지로부터만 받는다고 하는 불평등한 종속의 위험을 피한다.

---

308 L. Boff, *Holy Trinity, Perfect Community*, 7.
309 L. Boff, *Holy Trinity, Perfect Community*, 1.
310 L. Boff, *Holy Trinity, Perfect Community*, 2.
311 L. Boff, *Trinity and Society*, 83.

그것은 또한 신들의 계보론이나 양태론을 피한다.³¹²

그러므로 보프는 "우리는 삼위일체로부터, 즉 영원한 페리코레시스로 계시는 아버지와 아들과 성령으로부터 출발해야 한다. 하나님은 사랑과 친교 가운데 서로 뒤얽혀있는 세 인격체들의 삼위일체(a Trinity)이다"고 주장한다.

> 세 분 모두 영원하시며 다른 인격에 앞서지 않으신다. 그들의 관계는 실체적 파생이라기보다는 상호적 참여와 같은 것이며 생산(production)과 발현(procession)이라기보다는 상호관계와 친교와 같은 것이다.³¹³

2) 페리코레시스로 하나 된 아버지와 아들과 성령

(1) 일치와 평등의 원리: 페리코레시스(περιχώρησις)

보프에 의하면 삼위일체론이 나타나기 이전의 고대 종교나 유대교의 전삼위일체적 신관이나 삼위일체를 받아들이지 않는 무삼위일체적인 신관의 위험을 피하기 위해서는 기독교의 진정한 삼위일체적 신관을 회복해야만 한다.³¹⁴ 세 인격체들의 존재를 인정하면서 출발할 때 문제는 그들의 일치를 어떻게 설명하느냐이다.³¹⁵ 세 신적 인격체

312　L. Boff, *Trinity and Society*, 146.
313　L. Boff, *Trinity and Society*, 146.
314　L. Boff, *Trinity and Society*, 23-24.
315　세 인격체들과 그들의 일치는 산술적 문제가 아니다. 그러므로 '3=1'의 도식으로 설

들의 구별만 말하면 삼신론이 되어 버리기 때문이다. 세 신적 인격체들의 구별이 성경의 계시임을 전제로 한 보프는 세 인격체들의 일치에 대한 전통적인 해석을 두 가지로 요약한다.

첫째, 헬라 교부들이 취하는 아버지의 근원성에 의거한 설명이다. 아버지는 근원이 없는 분으로서 아들과 성령의 기원이라고 말한다. 그러나 보프는 이것이 신들의 계보를 따지는 헛된 흐름으로 빠져들 위험이 있고, 아버지와 아들과 성령의 평등적 관계를 보여주지 못하고 결국 아들과 성령을 아버지에 종속되어 있는 것으로 이해하려는 유혹에 빠지기 쉬움을 보프는 지적한다.[316]

둘째, 라틴 교부들의 견해로, 신의 본성에서 출발하는 설명이다. 이것은 신들의 계보를 따지지 않지만 지나치게 추상적이고 형이상학적인 설명을 함으로써 의미를 전달하는 데 실패하며, 일종의 양태론에 빠질 위험이 있다고 보프는 비판한다.[317] 그는 제3의 방법을 제시한다. 즉, 문서들이 드러내고 예수 그리스도의 역사적 행위들에서 분명해지는 아버지와 아들과 성령의 삼위일체로부터 그들의 일치를 설명하고자 한다.

아버지와 아들과 성령의 구별은 그들 사이의 일치와 함께 언급되어야 한다. 왜냐하면 세 인격체들은 세 신들이 아니라 친교 가운데서 일치를 이루시기 때문이다. 그 일치를 헬라 전통의 개념인 "페리코레시스"[318]를 통해 설명한다.

명될 수 없다. "처음에, 삼위일체(아버지와 아들과 성령)는 숫자에 관한 것이 아니다." L. Boff, *Holy Trinity, Perfect Community*, 5.

316 L. Boff, *Trinity and Society*, 4, 234.
317 L. Boff, *Trinity and Society*, 4, 234.
318 보프는 이 헬라어 페리코레시스(περιχώρησις) 개념을 번역할 적절한 말이 없음을 지적하고 헬라어 그대로 쓰고 있다. Ibid.; L. Boff, *Holy Trinity, Perfect Commu-*

> 인격체들 각각은 다른 두 인격체들을 포함하며, 각각이 다른 인격체들 안으로 들어가며 다른 인격체들이 들어오게 하며, 한 인격체는 다른 인격체 안에 살며 반대의 경우도 마찬가지이다.[319]

이것이 페리코레시스이다. 아버지와 아들과 성령께서는 서로 안에 거하시며 서로 서로에게 들어가시며 들어오게 하시면서 하나가 되신다. "삼위일체 안에서는, 모든 것이 페리코레시스적이다."[320]

그러므로 아버지와 아들과 성령의 삼위일체는 한 분(*hen*)이 아니라 하나(*heis*)이시다. 보프는 이렇게 구별을 말하고 일치를 말하는 것 역시 또 다른 오류, 즉 삼신론의 위험을 안고 있지만 보프는 두 가지 이유에서 이 견해의 정당성을 발견한다.

> 첫째로, 그것은 신앙의 자료들로부터 출발하기 때문이다. 즉, 구별되면서도 친교 가운데 계신 아버지와 아들과 성령에 대한 경험에서 출발하기 때문이다.
> 둘째로, 그것은 우주와 인간 사회에 대한 더 나은 이해를 허용하기 때문이다. 즉, 우주와 인간 사회를 피조물 상호 간의 상호 침투(페리코레시스)를 통한 상호 전달(communication)과 함께 함(*communion*)과 연합(union)의 과정으로 이해하게 하기 때문이다.[321]

---

nity, 14.
[319] L. Boff, *Trinity and Society*, 5.
[320] L. Boff, *Trinity and Society*, 5.
[321] L. Boff, *Trinity and Society*, 235.

즉, 세 신적 인격체들의 구별과 그들의 일치는 초대교회 때부터 예수를 그리스도로 고백하는 이들이 경험한 바이며, 동시에 그러한 하나님 이해는 세상을 더 잘 이해하게 하는 실마리라는 것이다.

페리코레시스를 통해 아버지와 아들과 성령은 하나 되시며 "이 연합은 영원하며 무한하기 때문에, 우리는 한 하나님에 대해 말할 수 있다."[322] 보프에 의하면, 세 인격체들은 동시에 존재하고 동일하게 영원하다. 그럼에도 그들이 하나인 것은 세 인격체들 사이에 친교가 있기 때문이다.

> 그 셋의 통일성은 어디에서 발견되는가?
> 세 신적 인격체들 사이의 친교(communion) 안에서 이다. 친교는
> '함께 하나 됨'(union with, communio)을 의미한다.[323]

이 친교는 시간의 발생 이후에 생겨난 것이 아니다. 그래서 보프는 과감하게 말한다.

> 태초에 한 분, 영원한 존재(an eternal Being)의 고독이 있었던 것이 아니다. 오히려, 태초에 세 분들(the three Unique Ones)의 친교가 있었다.[324]

세 신적 인격체들의 존재와 함께 그들의 일치에 대해서 보프는 이렇게 정리한다.

---

322 L. Boff, *Trinity and Society*, 235.
323 L. Boff, *Trinity and Society*, 4-5.
324 L. Boff, *Holy Trinity, Perfect Community*, 3. 참고, L. Boff, *Trinity and Society*, 9.

> 상호 친교 안에 있는 아버지와 아들과 성령이 하나님이시다 (God is …). 그들은 영원부터 함께 계시며, 누구도 다른 이보다 앞서거나 뒤서지 않으며 우월하거나 열등하지 않으신다. 각 인격체는 다른 인격체들을 둘러싸고 있으며, 모두가 서로를 허용하며 서로 안에 있다. 이것이 삼위일체적 친교의 실제이며 이는 매우 한량없으며 심오하여 신적인 세 분이 연합되어 있으며, 따라서 홀로 하나이신 하나님(one sole God)이시다.[325]

즉, 보프에게 있어서 하나님은 영원한 친교 가운데 계신 세 인격체들의 긴밀한 연합이다. 이것이 삼위일체 신비의 본질이라는 것이다. 게다가 거룩한 세 인격체들 사의의 일치는 닫혀있지 않으며 피조물들 사이의 친교를 가져올 뿐만 아니라 피조세계를 향해 열려 있으며 스스로를 거기에 내어주신다.

> 기독교의 하나님은 성 삼위 사이의 영원하고 본질적인 친교이고, 하나님의 내적 삶을 넘어서는 친교이며, 역사 속의 인간들로 하여금 서로 친교를 추구하면서 친교하면서 살도록, 즉 가정과 사회를 추구하고 그 속에서 살도록 그들 위에 자기 자신을 넘겨주시는 친교이다. 우리는 인간 사회, 사회 구성원 사이의 사회적 관계, 나눔과 친교와 공존에 대한 만족할 줄 모르는 추구를 가장 거룩하신 삼위일체께서 역사 속에 부어주신 충동들로, 즉 삼위일체 자신의 내적 친교의 반영들로 보아야 한다.[326]

---

[325] L. Boff, *Holy Trinity, Perfect Community*, 3.
[326] L. Boff, *Nova Evangelização* (1990), translated from the Portuguese by R. Barr, *New Evangelization: Good News to the Poor* (Maryknoll, New York: Orbis Books,

그리고 그에게 있어서 세 인격체의 존재와 그들의 하나 됨은 일신론이나 삼신론이 아니다. 보프에게 있어서 그것은 생태계가 하나의 사슬로 연결되어 있는 것의 원형이며 마치 하나의 영원한 관계의 놀이와 같다.

> 그리스도교는 초창기부터 하느님이 성부이고 성자이고 성령임을 고백한다. 이 삼위는 영구히 공존하고 서로 구별되면서도 결국 하나이며 또한 영원하고 무한하다. 삼위는 동시적이고 따라서 삼위 사이에 어떤 선재성, 종속성 또는 후재성도 존재하지 않는다.
> 이것은 얼핏 보면 삼신론이나 완화된 형태의 다신론같이 보인다. 그러나 사실은 그게 아니고 재미난[흥미로운] 신적 표현이다. … 이 셋 사이에는 생명의 연계, 사랑의 교차, 셋을 하나로 통일하는 영원한 관계의 놀이가 있다. 이 세 신은 일치의 신, 관계의 신, 사랑의 신으로서 단 하나의 신이다.³²⁷

여기서 그는 삼신론을 부정하면서 삼위의 구별을 "세 신"이라 표현하며 동시에 일신론을 배격하면서 삼위의 하나 됨을 "단 하나의 신"이라 표현한다. 이는 단순히 삼과 일을 등치시키는 삼일론이 아니다. 그것은 인류의 구별성과 일치성을 말하는 그의 다음 말에서도 분명히 드러난다.

"우리는 서로 다르게 실현되는 단 하나의 생명이고 친교이다. 즉

1991), 69.

327 L. Boff, *Ecologia Mundialização Espiritualidade* (1993), 김항섭 역, 『생태 신학』(서울: 가톨릭출판사, 1996), 55-56.

셋이면서 동시에 하나인 하느님 신비처럼 하나이면서 동시에 여럿이다."[328]

보프에게 있어 '하나님'이란 이름은 "세 인격체들의 일치(Tri-Unity), 즉 아버지와 아들과 성령의 일치로서의 삼위일체(Trinity)를" 가리킨다.[329]

> 하나님은 삼위일체이며, 하나님은 신적인 세 분의 친교이다. … 존재하는 것은 세 신적 인격체들의 연합이다. 그 연합은 아주 심오하고 근본적이어서 그들은 한 하나님(a single God)이시다.[330]

이러한 보프의 '하나님' 개념 이해는 몰트만이 『십자가에 달리신 하나님』에서 시도했다가 이후로는 발전시키지 않은 '사건으로서의 하나님' 개념의 완성이다.

세 신적 인격체들의 일치를 설명하기 위해 기독교 역사 가운데서 도입된 여러 개념들 중에서 보프는 "페리코레시스"에 주목한 또 하나의 이유는 그것이 내포하고 있는 평등성 때문이다. 각 인격체들은 다른 인격체들을 품고 있으며, 각자가 다른 인격체들 안으로 뚫고 들어가면서 다른 인격체들이 뚫고 들어오게 하며, 한 인격체는 다른 인격체 안에 거하고 그 인격체 역시 다른 인격체 안에 거한다.

> 인격체들 사이에는 생명의 완전한 순환과 완전한 공동의 평등성(co-equality)이 존재한다. 여기에는 다른 보다 앞섬이나 뛰어 남이

---

328 L. Boff, 『생태 신학』, 56.
329 L. Boff, *Trinity and Society*, 5.
330 L. Boff, *Holy Trinity, Perfect Community*, 2.

없다 … 이것은 차이를 존중하는 평등의 유토피아의 원천이다.[331]

아버지와 아들과 성령 사이에 존재하는 구별과 일치는 절대로 수직적 관계를 만들어내지 않는다는 것이 보프의 입장이다. 절대적 일자 안에 세 위격들이 있다는 견해나 아버지의 근원성에 근거하여 아들과 성령의 종속적 위치를 말하는 것은 원래의 삼위일체 신앙에 위배된다. 그래서 보프는 스피리투케와 파트레케란 개념을 함께 사용함으로써 전통적으로 성령의 종속적 위치를 말하는 것으로 해석될 수 있는 필리오케를 오히려 평등의 차원에서 확대하여 해석한다. 보프에게 있어서, 아버지와 아들과 성령은 페리코레시스를 통해 일치를 이루며 동등하게 영원하고 전능한 사랑의 인격체들이시다.

(2) Filioque, Spirituque, 그리고 Patreque

'처음부터 페리코레시스 안에서 하나가 되시는 아버지와 아들과 성령'이라는 삼위일체 신앙을 기독교 신앙의 핵심으로 보는 보프는 다음과 같이 말한다.

> 함께 영원하시며 모두가 동등하신 인격체들은 상호 간에 계시되며, 그리고 그들은 서로를 인식하고 각자 안에서 그리고 서로에 의해 인식된다. 따라서 아버지는 아들을 통해 성령 안에서 계시된다. 아들은 성령의 능력으로 아버지를 계시한다. 성령은 아버지로부터 나오고 아들 위에 머무신다.[332]

---

331 L. Boff, *Trinity and Society*, 93.
332 L. Boff, *Holy Trinity, Perfect Community*, 60.

이 내용을 보프는 몰트만처럼 다양한 페리코레시스의 순서들을 보여주는 방법으로 설명하지 않는다. 그는 오히려 전통적으로 서방교회가 주장한 '필리오케' 개념을 성령의 출원이라는 측면에서가 아니라 삼위일체적 관계라는 측면에서 적극적으로 수용하면서 페리코레시스를 설명한다. '필리오케'는 서방교회와 동방정교회의 일치에 대한 걸림돌이며, 삼위일체론적 성령론의 발전을 막았다고 몰트만은 지적했다.[333] 필리오케는 실제로 내적 삼위일체의 관계를 설명하는 것이 아니라 구원사에서 나타나는 것이며 삼위일체 하나님의 한 측면만을 보여준다는 것이다.[334] 몰트만은 교회일치를 위해 니케아신조에서 필리오케를 제거하는 것이 마땅하다고 여기지만, 성령이 "아들의 아버지로부터" 나온다고 규정함으로써 필리오케 문제로 갈등해 온 서방신학과 동방신학을 화해시키려 하였다.[335]

보프 역시 필리오케에 대한 동방정교회의 비판을 수용하여 교회일치적 방향을 추구한다.[336] 그러나 그는 필리오케를 삼위일체의 경륜적 차원에서만 말하지 않는다. 필리오케 개념을 전통적으로 '성령이 아버지와 아들로부터 나온다'는 것만 의미하는 것은 삼위일체의 진정한 모습을 잘 드러내지 못한다는 입장에서 보프는 사실상 필리오케(*Filioque*)를 재규정하며 그것과 함께 스피리투케(*Spirituque*)와 파트레케(*Patreque*)를 동시에 말하고 있다.[337]

그에 따르면 필리오케는 아리우스주의의 종속론에 대한 반박으로

---

333 J. Moltmann, *Trinität und Reich Gottes*, 194f.
334 J. Moltmann, *Der Geist des Lebens*, 84.
335 J. Moltmann, *Trinität und Reich Gottes*, 194-201.
336 L. Boff, *Trinity and Society*, 204.
337 L. Boff, *Trinity and Society*, 146. 참고, Ibid., 84, 146-147, 204, 205.

아들과 성령의 신성을 고백하기 위해 신조에 삽입된 것이다.[338] 동방정교회가 그것을 신조에 대한 중대한 변조로 보고 정죄하였지만 다마스커스의 요한의 말을 통해 정교회 역시 아들과 성령이 무관하다고 하지 않고 아버지의 유일한 근원되심이 보증되는 선에서 성령은 아버지로부터 아들에 의해 나오신다고 고백했음을 보프는 지적한다.[339] 서방교회와 동방정교회가 필리오케를 주장하거나 반대한 것은 모두 아버지와 아들과 성령의 삼위일체적 관계를 설명하기 위해서라는 것이 보프의 해명이다. 그러므로 보프는 이렇게 결론짓는다.

> '성령이 아버지 그리고 아들로부터 나오신다'는 표현(라틴)과,
> '성령이 아버지로부터 아들에 의해[혹은 통하여] 나오신다'는
> 표현(헬라)은 완전히 하나의 동일한 사실을 의미할 수 있다.[340]

그러므로 보프는 필리오케를 "성령이 마치 한 원천으로부터 나오듯 아버지로부터 **그리고 아들로부터** 나온다는 이론"으로 규정한다.[341]

또한 '그리고 성령으로'를 뜻하는 '스피리투케'는 몰트만이나 지지우라스 역시 사용한 개념이지만 보프는 그것을 더 확대하고 있다. 지

---

338 L. Boff, *Trinity and Society*, 71f.

339 L. Boff, *Trinity and Society*, 72. 요한은 다음과 같이 정교회의 입장을 요약했다. "성령은 아버지의 영이시지만 … 또한 아들의 영이시다. 이는 그가 아들로부터 나오시기 때문이 아니라 그가 아들에 **의해**(*by means of*) 아버지로부터 나오시기 때문이다. 왜냐하면 오직 한 근원만 있기 때문이다. 그것은 아버지이시다." John Damascene, *De fide orthodoxa* I, 12: *PG* 94, 832–33, L. Boff, *Trinity and Society*, 72에서 재인용(볼드체 강조는 보프의 것이다).

340 L. Boff, *Trinity and Society*, 72f.

341 L. Boff, *Trinity and Society*, 239(볼드체 강조는 보프의 것이다); *Holy Trinity, Perfect Community*, 120.

지우라스는 동방교회와 서방교회의 대화 가능성을 모색하며 스피리투케를 말한다. 그에게 있어서 성령의 출원에 대한 필리오케와 함께 아들의 나심에 대한 스피리투케는 함께 아버지를 유일한 근원이라 말하는 근거가 된다. 따라서 보프와는 달리 지지우라스는 파트레케를 동시에 말하지 않는다.[342]

몰트만 역시 그리스도의 구원의 역사 속에서 필리오케와 함께 발견되는 스피리투케를 말한다. 필리오케는

> 승천하신 주님을 통한 성령의 파송에 근거하는 공동체의 성령경험에서만 인식될 수 있다 … 이에 반하여 … 성령은 아버지로부터 나와 아들을 규정하며, 그의 위에 머물며, 그를 통해 퍼져나가신다 … 그리스도는 아버지와 성령으로부터(*a patre spirituque*) 온다.[343]

여기서 몰트만은 기독론적 성령론에 근거한 필리오케를 영기독론(Sprit-Christology)에 근거해서 스피리투케로 바꾼 것이다. 즉 구원사에 있어서는 필리오케와 스피리투케가 다 가능하다는 것이다. 즉, '그리스도 일원론이 포기되고 열광주의적 성령론이 회피되고, 성령론이 기독론적 성령론으로 발전한 것처럼 기독론도 영기독론을 통해 양자를 포괄하는 삼위일체 구조의 틀 안에 놓여있어야 한다'는 것이 그의 주장이다.[344] 이를 강태용은 이렇게 요약한다.

"몰트만은 삼위일체적 역사의 틀 안에서 필리오케와 스피리투케를

---

[342] J. Zizioulas, "One Single Source: An Orthodox response to the Clarification on the Filioque," 2005. 3. 2 접속, http://www.praiseofglory.com/zizioulis.htm.

[343] J. Moltmann, *Der Geist des Lebens*, 84.

[344] J. Moltmann, *Der Geist des Lebens*, 85.

함께 묶어 생각함으로써 필리오케 문제를 해결하려 시도했다."[345]

그런데 보프에게 있어서는 스피리투케가 지지울라스나 몰트만에게서 보다 더 확대되어 설명된다. 두 사람에게 있어서 스피리투케는 구속사에 있어서의 아들의 성육신 사건에 아버지와 함께 하신다는 의미이다. 반면에 보프에게 있어서 스피리투케는 아들의 출생에 관련될 뿐만 아니라 아버지를 인식하게 함에 있어서 아들과 함께 일하신다는 측면을 포함한다. 즉, 스피리투케란 "문자적으로는 '그리고 성령으로부터도'란 의미이다. 삼위일체에 있어서 관계들은 언제나 셋이 한 쌍을 이루기(triadic) 때문에, 아버지는 성령과 함께 아들을 낳으신다고 말할 수 있으며, 아들은 성령과 함께 아버지를 인식하게 한다고 말할 수 있다."[346]

보프는 이렇게 말할 수 있는 근거를 러시아 신학자 보리스 볼로토프(Boris Bolotov)에게서 발견한다. 볼로토프는 성령이 아버지로부터만 나온다고 했지만 아들은 아버지와 연합되어 있어 성령이 아버지로부터 나오는 논리적 전제요 객관적 조건이라고 하였다(필리오케). 더 나아가서 그에게 있어서 성령은 아버지께서 아들을 낳는 것에 대한 삼위일체적 조건이다(스피리투케).[347] 이에 근거해서 보프는 삼위일체 하나님에게 있어서 필리오케는 물론이고 다음과 같이 스피리투케를 말할 수 있게 된다. "삼위일체 안에서의 관계들은 언제나 삼위일체적

---

345 Tae-Young Kang, "Geist und Schöfung: Eine Untersuchung zu Jürgen Moltmanns pneumatologischer Schöfungslehre," *Inauguraldissertation zur Erlangung des Doktorgrades der Theologischen Fakultät der Ruprecht-Karls-Universität*(Heidelberg: 2003), 122.

346 L. Boff, *Trinity and Society*, 242; *Holy Trinity, Perfect Community*, 124.

347 참고, L. Boff, *Trinity and Society*, 23-24; J. Moltmann, *Trinität und Reich Gottes*, 196-197.

이다. 필리오케는 스피리투케에 의해 보충되어야 한다."[348]

그리고 그에게 있어서 필리오케와 스피리투케는 경륜적 차원에서뿐만 아니라 삼위일체의 내적 관계에서도 타당하다.

> 세 분은 한 의지와 한 분별력과 한 사랑을 가지신다.
> 우리는 그들을 친교와 일치로 모인 세 개별자들로 상상해서는 안 된다. 이는 삼신론을 피할 수 없을 것이다 … 그들이 인격체로 존재하는 것은 바로 그들 상호 간의 생명과 사랑의 수여 때문이다 … 그들의 일치는 … 그들 사이의 상호 친교라는 원인에 의한 인격들의 일치일 것이다. 그러므로 **필리오케는 스피리투케**를 첨가하는데 도움이 된다. 아버지와 아들과 성령 사이의 이 사랑과 생명의 **영원한 페리코레시스**는 삼위일체의 형상으로 만들어진 피조세계 안에 있는 모든 사랑과 생명과 친교의 원형이다.[349]

즉, 보프는 필리오케와 스피리투케를 페리코레시스와 동일시하고 있으며 이는 구속사에만 나타나는 것이 아니라 "영원한" 페리코레시스라 말하고 있다.

스피리투케와는 달리 파트레케는 삼위일체론에서 거의 언급되지

---

348 L. Boff, *Trinity and Society*, 204. 보프는 이러한 사고를 정교회 신학자 에프도키모프(Paul Evdokimov)와 개혁교회 신학자 몰트만이 이어받고 있다고 주장한다. L. Boff, *Trinity and Society*, 204-205. 그러나 여기서 보프는 몰트만을 루터파로 잘못 소개하고 있다(Ibid., 204). 또한 몰트만은 볼로토프가 필리오케를 거부하였음을 분명하게 지적한다. 대신에 서방교회가 필리오케를 통해 말하려 한 바에 접근하려는 정교회 쪽의 시도였다는 점을 긍정적으로 평가한다. J. Moltmann, *Trinität und Reich Gottes*, 197.

349 L. Boff, *Trinity and Society*, 84 (볼드체 강조는 필자의 것이다).

않았다. 오히려 개혁교회 신학에 있어서 성령께서 아들에게서 나오신다는 것이 강조되어 "성령은 아버지로부터 그리고 아들로부터 나온다"(ex Patre Filioque procedit)가 "성령은 아들로부터 그리고 아버지로부터 나온다"(ex Filio Patreque procedit)로 대치된 것처럼 보일 정도라고 윌리스는 비판하였다.[350] 그런데 보프는 파트레케를 스피리투케만큼 강하게 설명하고 있지는 않지만 파트레케와 필리오케와 스피리투케를 함께 말함으로써 세 신적 인격체들의 평등과 일치를 함께 말하고 있다. 그에게 있어서 그 세 개념들은 더 이상 신들의 계통도를 설명하는 것이 아니며 "아버지와 아들과 성령 사이의 변함없는 삼위일체적 관계"[351]를 드러내는 표현이다.

> 하나님 안에 있는 모든 것은 삼위일체적(triadic)이다. 즉, 모든 것이 파트레케이고 필리오케이며 스피리투케이다. 등위접속사 '그리고'는 세 인격체들에 절대적으로 적용된다. 즉, '그리고'는 항상 어디에나 있다.[352]

그러므로 그가 말하는 파트레케란 "문자적으로는 '그리고 아버지를 통해'라는 의미이다. 삼위일체 안에서 모든 관계들은 셋이 하나를 이룬다. 그렇기에 아들은 아버지와 함께 혹은 아버지를 통하여 성령과 관계를 맺는다. 마찬가지로 성령은 아버지를 통하고 아버지와 함께

---

[350] David E. Willis, "Report on Reformed Theology," *Theology Today*, vol. 21, no. 4 (January, 1965), 505.

[351] L. Boff, *Trinity and Society*, 145.

[352] L. Boff, *Trinity and Society*, 146.

아들을 사랑하신다."[353]

삼위일체 안에서는 모든 것이 셋이 하나를 이루고 있기 때문에, 신적 인격체들의 페리코레시스로부터 출발한다면 필리오케뿐만 아니라 스피리투케와 파트레케도 말할 수 있다는 것이 보프의 주장이다.[354]

보프에게 있어서 필리오케와 스피리투케와 파트레케는 아버지와 아들과 성령의 세 신적 인격체들이 맺는 모든 내적 관계들을 망라하는 표현들이며, 페리코레시스 개념에 대한 또 다른 해명이다. 보프에게서 명시적으로 나타나는 필리오케와 스피리투케와 파트레케를 요약하면 다음과 같다.

"아버지는 아들과 함께 성령을 내보내신다(필리오케). 아버지는 성령과 함께 아들을 낳으시며, 아들은 성령과 함께 아버지를 인식하게 한다(스피리투케). 그리고 아들은 아버지와 함께 혹은 아버지를 통하여 성령과 관계를 맺으며, 마찬가지로 성령은 아버지를 통하고 아버지와 함께 아들을 사랑하신다(파트레케)."

그런데 스피리투케와 파트레케의 경우에서와는 달리 필리오케에 있어서 보프는 성령에 대한 필리오케를 말할 뿐 또 하나의 방향, 즉 '성령을 통해 그리고 아들을 통해 아버지에게로 향하는 방향'에 대한 언급은 명시적으로 하지 않는다. 그러나 보프는 포괄적으로 이를 말하고 있다.

> 우리는 삼위일체로, 즉 영원한 페리코레시스 안에 있는 아버지와 아들과 성령으로 시작해야 한다. 하나님은 사랑과 친교

---

353 L. Boff, *Trinity and Society*, 241; *Holy Trinity, Perfect Community*, 23.
354 L. Boff, *Trinity and Society*, 236.

안에서 꼬아 짜인 인격체들의 삼위일체(a Trinity)이다. 그 셋의 기원은 영원하며, [셋 중]어떤 분도 다른 분들보다 앞서지 않는다.[355]

경륜적 차원에서 아버지를 향한 성령의 관계에 아들도 함께 연관된다. "성령께서는 우리로 하여금 아들을 받아들이도록 인도하시며 우리로 하여금 아버지를 경애하도록 독려하신다."[356]

그러므로 "우리는 지금 성령의 사역 아래 살고 있다. 이 사역은 언제나 아들의 사역과, 그리고 아버지의 사역 안에 있는 그것의 최종적 내용과 변증법적 관계 안에 있다."[357] 즉, 아버지는 성령에 의해 그리고 아들에 의해서(필리오케) 영화롭게 되신다. 따라서 우리는 다음과 같이 보충적으로 말할 수 있다.

"성령은 아버지로부터 그리고 아들로부터(필리오케) 나오며, 아버지는 성령에 의해 그리고 아들에 의해(필리오케) 계시된다."

보프에게 있어서, 일치의 원리인 페리코레시스는 평등의 원리이기도 하며 필리오케와 스피리투케와 파트리케에 의해 확인된다.

"아버지는 아들과 성령 안에 충만히 계시며, 아들은 아버지와 성령 안에 충만히 계시고, 성령은 아버지와 아들 안에 충만히 계신다."

이것은 아버지와 아들과 성령 사이의 평등적 일치를 의미한다. 그러

---

355 L. Boff, *Trinity and Society*, 146.
356 L. Boff, *Trinity and Society*, 102.
357 L. Boff, *Trinity and Society*, 207. 이와 비슷하게 몰트만은 삼위일체의 '안을 향한 사역'을 "성령이 아들을 통하여 아버지에게로 수렴되는 삼위일체적 활동"으로 규정한다. 이는 성령께서 아들을 통하여 아버지로부터 성령이 파송되는 삼위일체적 활동을 '밖을 향한 사역'에 대응하는 것이다. 성령의 임재로 말미암아 "만물이 우두머리 되신 머리되신 그리스도 아래로 수렴되고, 모든 혀들은 그를 주라 고백하며, 이는 아버지의 영광을 위해서이다." J. Moltmann, *Trinität und Reich Gottes*, 143.

므로 "이것은 차이를 존중하는 평등의 유토피아의 원천이다."[358] 그러기에 보프는 삼위일체 하나님의 일치와 평등에 근거하여 사회의 일치와 평등을 말하고 있다.

3) 공동체 구성의 원동력이신 삼위일체 하나님

필리오케와 스피리투케와 파트레케, 즉 영원한 페리코레시스 안에서 아버지와 아들과 성령의 하나 되심, 곧 삼위일체는 무슨 의미를 갖는가?

보프에게 있어서 그것은 공동체와 밀접한 관련이 있다.

> 아버지와 아들과 성령의 연합으로서의 거룩한 삼위일체에 대해 사고함 없이, 한 분 하나님에 대한 믿음에만 지지하는 것은 사회에, 정치적 삶에, 그리고 교회에 위험하다. 하나님은 언제나 세 신적 인격체들의 친교이시다라고 말하는 것이 오히려 가족과 공동체와 교회의 다양한 구성원들 사이의 협력과 좋은 관계와 연합을 장려할 수 있다.[359]

이처럼 보프에게 있어서 이러한 사회적 삼위일체론, 즉 아버지와 아들과 성령의 세 인격체들 사이에 존재하는 평등과 참여(일치)는 인간 사회의 평등과 참여(일치)의 원형이며 그것을 가능케 하는 원동력이다. 즉, "삼위일체의 세 구별된 분들의 친교에 대한 숙고는 인간성과 공동체와 사

---

[358] L. Boff, *Trinity and Society*, 93.
[359] L. Boff, *Holy Trinity*, *Perfect Community*, 7.

회와 교회에 대한 비판적 태도를 만들어낸다."360

왜냐하면 태초부터 존재하는 세 인격체들의 친교는 자신들만의 교제로 끝나지 않기 때문이다.

> 성 삼위일체의 친교는 그 자체로 닫혀 있지 않다. 그것은 밖을 향해 열려 있다. 모든 창조는 세 신적 인격체들의 생명과 친교의 넘쳐남을 의미한다. 그들은 모든 피조물들을, 특히 인간 피조물들을 초청하여 그들 사이의 친교와 신적 인격체들과의 친교의 활동으로 들어가게 하신다. 예수께서 직접 이렇게 말하셨다.
> "아버지여, 아버지께서 내 안에, 내가 아버지 안에 있는 것 같이 그들도 다 하나가 되어 우리 안에 있게 하사"(요 17:21).361

즉, 보프에게 있어서 아버지와 아들과 성령은 페리코레시스를 통하여 하나를 이루시면서 동시에 피조물들을 향해 스스로를 열어 두신다. 그러므로 삼위일체의 흔적은 가정과 사회와 교회라는 공동체들 속에 나타나며, 그 공동체들은 삼위일체 하나님의 삶을 본받아 평등과 일치의 삶을 살아야 한다.

보프는 가정을 삼위일체의 상징이라 말하는 나지안주스의 그레고리, 메소디우스(Methodius), 에프램(Ephraim) 등과 같은 헬라 교부들의

---

360 L. Boff, *Trinity and Society*, 148. 이는 사회의 구성원리에 입각해서 삼위일체론을 전개한 20세기 초의 '삼위일체에 대한 사회적 이론'의 명제와 구별해야 한다. 본서 제4장 4. 1) (1) 각주168을 참고하라.

361 L. Boff, *Holy Trinity, Perfect Community*, 4.

전통을 수용한다.[362] 동시에 그는 아버지와 아들과 성령의 일치를 결혼 생활의 핵심 원리로 규정한다. 일치는 사랑의 표현이란 점에서 "가정의 일치는 성 삼위일체의 일치와 유사하다."[363] 그러나 있는 모습 그대로의 가정이 삼위일체의 상징이라 보프가 주장한 것은 아니다.

> 삼위일체의 상징이기 위해서, 가정은 완전함을 추구해야 한다. 역사의 흐름 속에서 인간의 가정은 죄와 분열의 상처로 점철되어 왔다. 그러나 가정이 철저하게 사랑으로 살아가는 것과 융합을 추구할 때는 언제나, 그것은 역사 안에 있는 삼위일체 하나님의 표징이 된다.[364]

보프는 가정뿐만 아니라 사회 역시 삼위일체의 상징이라 말한다. 사회를 움직이는 세 가지 주요한 힘인 경제력과 정치력과 문화력은 분명히 구별되는 힘들이면서도 한 사회 안에서 함께 연결되어 있다.[365] 이 세 힘들(또는 구조들) 사이에는 "실제적인 페리코레시스가 존재한다." 보프에 의하면 "이것이 우리가 성 삼위일체에 대해 말하는 바이다. 세 인격체들은 구별되지만 그들은 언제나 함께 행동하신다."[366] 그러므로 "한 사회가 상호 작용의 구조들을 발전시키면 발전

---

362   L. Boff, *Trinity and Society*, 106.
363   L. Boff, *Holy Trinity, Perfect Community*, 40.
364   L. Boff, *Holy Trinity, Perfect Community*, 40f.
365   L. Boff, *Holy Trinity, Perfect Community*, 41-42. 사회 안에서 얽혀 있는 이 세 힘들에 대해 *Trinity and Society*에서는 경제적, 정치적, 상징적 구조들이라 표현한다. L. Boff, *Trinity and Society*, 107.
366   L. Boff, *Holy Trinity, Perfect Community*, 42.

시킬수록 … 그것은 삼위일체를 더 많이 반영하게 된다."[367]

보프는 교회를 다른 어떤 것들보다 중요한 삼위일체의 상징이라 말한다.[368] 그는 "아버지와 아들과 성령께서 계신 곳에는 교회도 있으며, 교회는 그 세 분의 몸이다"(*De baptismo*, VI, 1 CCL: 1, 282)라고 한 터툴리아누스의 말을 인용하면서 삼위일체 하나님과 교회를 연관 짓는다.[369] 그에게 있어서 "삼위일체의 일치, 곧 세 신적 인격체들의 영원한 일치는" 교회를 포함해서 "한 공동체를 이루는 여러 사람들의 일치에 반영되어 있다."[370]

교회가 "'그 세 분의 몸'이 되는 것은 교회로 존재하거나 스스로를 그렇게 부름에 의해서가 아니라, 신앙과 찬양과 섬김의 공동체가 되려는 교회의 부단한 노력을 통해서이다."[371] 그에게 있어서 "교회의 일치는 예배에 한정되지 않는다."[372] 왜냐하면 교회의 "일치는 신앙, 예배, 그리고 내적 결합과 상호적 사랑과 선교를 위한 조직화라는 세 축을 중심으로 이루어지기"[373] 때문이다. 여기서 세 번째 측면은 교회의 타자를 위한 사역, 특히 가난한 자들과 교회의 선포를 듣지 못했던 이

---

367 L. Boff, *Trinity and Society*, 108.
368 L. Boff, *Holy Trinity, Perfect Community*, 43. "삼위일체의 신비는 각 사람 안에, 가정 안에, 그리고 사회 안에 반영되어 있다. 그러나 이 친교와 생명의 존엄한 신비가 역사 안에서 가장 분명하게 드러나는 것은 바로 교회 안이다."
369 L. Boff, *Trinity and Society*, 106. 참고, L. Boff, *Holy Trinity, Perfect Community*, 43–44.
370 L. Boff, *Trinity and Society*, 107.
371 L. Boff, *Trinity and Society*, 107.
372 L. Boff, *Trinity and Society*, 107.
373 L. Boff, *Trinity and Society*, 106. 그렇다고 해서 "이 세 축들이 교회의 세 부분들은 아니다. 교회의 역사적 구현체의 이 세 특별한 국면들 안에서 하나의 유일한 교회가 발전한다"(Ibid., 107).

들을 향한 사역에 속한다.[374] 그리고 이것은 보프의 삼위일체론의 해방적 특징을 드러낸다.

삼위일체 하나님에 대한 신앙은 철학적 사변도 아니며 처음의 그리스도인들이 이미 예수 그리스도를 통해 갖게 된 하나님에 대한 확장된 계시이다.

이것이 보프에게 무슨 의미인가?

보프는 이를 아버지와 아들과 성령의 세 인격체들의 평등적 페리코레시스로부터 접근하였으며 삼위일체론을 세상의 평등적 사회의 구성 원리로 제시했다. 다시 말해서, 보프에게 있어서 삼위일체 하나님의 어떠하심을 밝히는 일은 하나님의 신비에 가까이 감인 동시에 그 신비에 힘입어 우리의 공동체적 삶을 변화시켜 평등과 일치의 사회를 이루는 것을 목표로 하고 있다. 세 신적 인격체들은 페리코레시스를 통해 평등의 일치를 이루시며 그 상태는 필리오케와 스피리투케와 파트레케를 함께 말함으로써 표현된다. 이러한 삼위일체 하나님의 평등의 일치는 공동체를 통해 드러낼 수 있다. 그러나 있는 모습 그대로 삼위일체 하나님이 공동체를 통해 드러나는 것이 아니라 공동체 안에서의 상호 평등의 일치의 관계들이 확대될 때 삼위일체 하나님의 모습이 더욱 분명하게 드러나는 것이다.

따라서 사회의 원리가 삼위일체 하나님을 규명해내는 것이 아니라 삼위일체 하나님의 일치의 원리가 사회를 구성하는 원리가 되어야 한다는 것이다. 보프는 공동체 중에서 교회에 더 큰 비중을 둔다. 지지우라스가 동방정교회의 가르침을 따라 교회의 성례전적 삶, 특히 세례와 성찬이 우리로 하여금 삼위일체 하나님을 얼마나 분명하게 만

---

374 L. Boff, *Trinity and Society*, 106f.

나게 하는지를 집중해서 말했다면, 보프는 삼위일체 하나님을 세상에 드러내는 일에 가장 적합한 교회 공동체의 사회적 삶에 있음을 주장하였다. 우리는 여기서 취사선택을 할 것이 아니라 그 둘의 입장을 함께 취하여야 한다. 이제 이러한 보프의 견해와 몰트만의 삼위일체론과 동방정교회의 삼위일체론을 총괄할 수 있는 삼위일체론, 그러면서도 성경과 초기 기독교의 니케아-콘스탄티노플신조의 삼위일체론과 조화를 이룰 수 있는 삼위일체론을 구상해 볼 단계이다.

제5장

삼위일체의 '열린' 친교
-만유 위에 계시고 만유를 통일하시고 만유 가운데 계시는 아버지와 아들과 성령의 일치와 친교-

20세기 말 미국의 하나님에 대한 경험의 부재를 배경으로 하여 콕스(H. Cox)는 다음과 같이 말했다.

"만일 신이 돌아오신다면 우리는 그를 하나의 교리로 정립하기에 앞서 그를 춤으로 맞이하여야 한다."[1]

몰트만 역시 춤의 유비를 세상에 적용시켜 '춤으로서의 세계'를 말한다.[2] 피조물의 '춤'은 하나님의 춤에 의해 유발된 춤이리라. 아버지와 아들과 성령께서 이루시는 페리코레시스의 일치는 원무 가운데서 일어나는 일치로 비유될 수 있다. 하나님은 자신 안에 폐쇄되어 있지 않으며 피조세계를 향해 스스로를 열어 두실 뿐만 아니라 만유 위에 계시면서 동시에 스스로 만유 안으로 들어오셔서 만유와 춤추시는 삼

---

1 Harvey Cox, *The Feast of Fools* (1969), 김천배 역, 『바보제』(서울: 현대사상사, 1977), 52. 이는 신 경험의 부재와 종교의 위기 속에 있는 미국의 상황을 배경으로 한 말이기는 하지만 우리의 논의에 시사하는 바가 크다.

2 J. Moltmann, "Anhang: Symbole der Welt," *Gott in der Schöpfung*, 306-309.

위일체 하나님이시다. 그러기에 춤추는 하나님과의 만남은 우리를 움직여 우리로 하여금 삼위일체의 춤사위와 조화를 이루는 삼위일체적 삶의 춤을 추게 할 것이다.

1. 열린 친교: 사랑과 평등의 페리코레시스

1) 세 인격체들의 일치로서의 페리코레시스

아버지와 아들과 성령에 대한 기독교 전통 속에서의 여러 논의를 살펴보았다. 그것을 통해 우리는 성경과 전통에서 아버지와 아들과 성령이 각각 구별되어 기술되며, 전통적으로 신학은 아버지와 아들과 성령을 '세 인격체들'(혹은 '세 위격들')이라 불려왔음을 확인하였다. 그래서 "우리는 한 분 전능하신 아버지 하나님을 … 한 주 예수 그리스도를 … 주님이시며 생명의 시여자이신 성령을 믿는다"(니케아-콘스탄티노플신조). 세 가지 다른 믿음이 있는 것이 아니다. 아버지에 대한 믿음과 아들에 대한 믿음과 성령에 대한 믿음은 서로 분리되지 않는다. "하나의 믿음이다."

그러므로 우리는 우리의 신앙이 되는 이 세 신적 인격체들을 서로 별개로 존재하는 '세 신들'이라 부르지 않으며, '**세 인격체들은 하나이시다**'라고 고백한다. 즉, 삼신론에 반대한다. '셋'은 아버지와 아들과 성령의 구별을, 그리고 '하나'는 그들의 일치를 표시한다. '세 인격체들'은 페리코레시스(상호 침투와 상호 내주)를 통하여 서로 안에 거하시며 하나를 이루신다.

2) '페리코레시스'의 유비적 확대

성자의 신성과 인성의 두 특질의 상호 교류를 설명하기 위해 사용되었던 "페리코레시스"(περιχώρησις)를 다마스커스의 요한이 삼위일체 하나님을 설명하기 위해 사용하면서부터 페리코레시스는 세 인격체들의 하나 되심을 설명하는 주요 개념으로 사용되었다. 그러나 사실, 아버지와 아들과 성령의 페리코레시스는 삼위일체를 설명하기 위한 가장 좋은 비유인 동시에 설명하기 힘든 또 다른 개념이기도 하다. 왜냐하면 페리코레시스가 아버지와 아들과 성령의 모두의 행위로 설명되기보다는 대부분의 경우 아들과 아버지를 행위자로 하고 성령은 피행위자로 하는 사건으로 먼저 이해되며, 따라서 세 인격체들 사이에 일종의 불균형을 내포한 채 설명이 마쳐지기 때문이다.

그 이유는 페리코레시스에 대해 사변을 전개시키지 않고 아버지와 아들과 성령의 일치에 대해 성경에 나타난 방식으로만 설명하려 했기 때문이다. 이로써 페리코레시스 이론이 비유로서 기능을 하면서도 추상적 사변에 빠지지 않은 것은 사실이지만, 그 자체로 전달 가능한 내용에는 이르지 못했다. 페리코레시스가 현대 삼위일체론에서도 중요한 비유가 된 것은 '원무'(圓舞)로 이해될 수 있기 때문이다. 여러 사람들이 어울려 하나의 춤을 이루는 원무를 떠올리면 아버지와 아들과 성령의 사회적 삼위일체가 쉽게 이해된다.

그러나 앞서 언급한대로 어원 분석적 연구는 페리코레시스(*perichoresis*)의 어원이 '둘러싸다, 원을 이루다' 등의 의미를 가진 "페리코레오"(*perichōreō*)이며 '원무를 추다'의 뜻인 "페리코레우오"(*perichōreuō*)가 아

니라는 것을 밝혔다.³

그러나 원무는 여전히 페리코레시스를 이해하기 위한 중요한 비유이다. 왜냐하면 아버지와 아들과 성령의 '상호 침투'나 '상호 통재' 등의 우리말 번역⁴은 그 말 자체의 추상성으로 인해 의미 전달에 한계가 있기 때문이다. 여기서 우리는 순서에 유의해야 한다. 우리가 목표로 하는 것은 아버지와 아들과 성령은 하나 되심을 이해하고 전달하려는 개념을 찾는 것이지, 반대로 "페리코레시스"라는 말의 의미를 찾는 것이 아니기 때문이다. 그러므로 여기서는 아버지와 아들과 성령의 하나 되심은 앞서 살핀 것처럼 사랑과 평등의 페리코레시스를 통해 이루어진다는 것에서 출발해서, 그리고 페리코레시스라는 말이 갖는 의미에서 원무의 유비를 배제하지 않고 살핌으로써 삼위일체론을 정리하고자 한다.

3) 아버지와 아들과 성령의 사랑과 평등의 일치로서의 페리코레시스

페리코레시스는 아버지와 아들과 성령의 사랑의 일치를 우리에게 가르쳐주는 개념이다. 페리코레시스는 '서로에게 들어감'이나 '서로 함께 거함'이나 '함께 원무를 춤' 등으로 이해될 수 있다. 아버지와 아들과 성령은 서로의 안으로 들어가며, 서로의 안에 거하며, 함께 하나의 멋진 원무를 추시는 하나님이시다. 이것은 세 인격체들의 능동성과 수동성을 동시에 내포하고 있다. 그러므로 세 인격체들은 수동적

---

3 참조, 본서 제4장 4. 2) (3) a 각주 258.
4 참조, 본서 제4장. 각주 1.

으로 각각 자기 안에 다른 두 인격체들을 받아들이며, 그들을 자신 안에 거하게 하며, 다른 두 인격체들이 자신과 어우러져 아름다운 춤사위를 이루는 것을 허락하신다. 또한 세 인격체들은 각각 능동적으로 다른 두 인격체들 안으로 들어가 거하며 다른 두 인격체들과 함께 하나의 원무를 이루신다.

이렇게 능동성과 수동성이 가장 잘 어우러져 하나가 되는 일은 아버지와 아들과 성령 사이의 '사랑'이다. 진정한 사랑은 사랑하는 이와 사랑받는 이의 구별을 없앤다. 사랑하는 이는 동시에 상대방의 사랑을 허용함으로써 능동성과 함께 수동성을 내포한다. 어느 한쪽만의 일방적인 사랑함과 다른 편의 일방적인 사랑받음은 사랑의 관계에 불균형을 가져오며 결국 사랑 자체가 이루어지지 않게 된다.[5] 능동성과 수동성을 동시에 가진 사랑은 또한 자기희생을 통해서 이루어진다. 능동적이기만 하면 일방적으로 상대편의 희생과 손해를 야기시키지만, 사랑하는 동시에 사랑받음은 사랑하는 인격체들 서로의 희생을 통해서만 이루어지며 사랑하는 이들 모두의 삶을 넘치는 기쁨으로 가득 채운다.

그리고 또한 어느 한쪽만의 일방적인 사랑함과 다른 편의 일방적인 사랑받음은 사랑하는 둘 사이에 평등을 해치게 된다. 아버지와 아들과 성령의 페리코레시스는 아버지와 아들과 성령 어느 한 편의 절대적 우위를 거부하는 표현이다. 물론 전통적으로 기독교는 어떤 식으

---

5 하나님의 피조세계를 향한 사랑에 비추어 볼 때 이 말이 틀렸다고 볼 수도 있다. 결코 동등할 수 없는 하나님과 인간 사이의 사랑에 있어서는 하나님의 일방적인 사랑이 사랑 자체를 불가능하게 하지 않으며 아들의 희생을 통해 오히려 그 사랑을 완성시킨다. 그러나 여기서 언급하는 것은 동등하신 아버지와 아들과 성령 사이의 사랑이다. 동등한 존재 사이에서 아들은 일방적으로 사랑 받기만 하는 존재가 아니라 사랑하는 존재이기도 하다는 의미이다.

로든 아버지의 우위성을 전제로 해 온 것이 사실이다. 서방교회의 양태론적 경향의 삼위일체론은 아들과 성령을 "하나님"의 이름 아래 언급하면서 동시에 하나님과 아버지를 동일시하였다.

동방교회는 아버지와 아들과 성령의 구별을 강조하면서 그들의 일치를 말하지만 근원에 있어서의 아버지의 우위성을 인정하며, 그것을 교회론에서는 감독의 권위의 근거로 삼는다. 그러나 사랑과 평등의 원무로 이해되는 페리코레시스 속에서는 아버지와 아들과 성령 가운데 어느 한 편의 우위를 말하지 않고도 세 인격체들의 하나 되심을 표현할 수 있다. 아버지와 아들과 성령은 근원에서부터 함께 계셨으며 영원부터 페리코레시스 가운데서 하나이셨다.

이러한 이해에 걸림돌이 되는 하나의 요인은 우리말 "하나님"이라는 표현이 갖는 뉘앙스이다. "하나님"이란 말이 헬라어 "테오스"(Θεός)와 영어 "God"의 번역어로 채택되면서 문제가 시작된다. 흔히 이 말은 한 분을 의미하는 "하나"와 존칭어미 "-님"이 합쳐진 말로 인식되고 있다. 그러나 어원적으로는 그렇지 않다는 지적이 있다. 기독교의 신앙 대상을 가리키는 헬라어 "테오스"와 영어 "God"이 처음에 천주교 전래를 통해 上帝(상제)[6]로 번역되었음에 주목할 필요가 있다. 이는 유교 경전에 등장하는 용어를 기독교의 예배 대상에다 적용시킨 것이다. 즉 헬라어 "테오스"와 영어 "God"은 하늘과 연관된 이미지를 갖고 번역되었던 것이다.

그런데 개신교가 우리나라에 전래되면서 그것이 우리말로 표현될 때는 "하나님"과 "하느님"이 함께 사용되었다.[7] '하늘'의 옛 형태는

---

6 조선 후기 천주교에서의 신명(神名)은 상제(上帝, 샹데)에서 천주(天主, 텬쥬)로 바뀌었다.
7 참고, 이익섭. "하느님과 하나님," 「철학과 현실」 (1996.12): 273-280.

"하늘"이다. 상제(上帝)를 염두에 두고 '하늘'에 존칭접미어 '-님'을 붙이면서 ㄹ이 탈락되어 '하ᄂ님'이라 해야 하는데 모음 '아래아'가 사라지면서 "하나님" 혹은 "하느님"으로 번역된 것이다. 따라서 어원으로 보면, "하나님"이란 우리말 표현이 원래 유일신적 표현이었다고 주장하지 못한다.[8] "하나님"은 "하느님"과 동일한 신적 존재를 표현하는 우리말이다. 그러므로 '아버지와 아들과 성령은 하나님이시다'는 말은 엄밀히 말해 일신론적 표현이 아니다. 아버지와 아들과 성령은 피조물이 아닌 천상의 존재요 함께 지고한 신이시다.

그러나 이러한 설명만으로는 아버지와 아들과 성령의 삼위일체를 온전히 드러내지 못한다. 왜냐하면 세 분의 신들을 말하는 것처럼 여겨져 '삼신론'이라는 비판을 피하지 못하기 때문이다. 구약과 신약 속에서 그리고 니케아-콘스탄티노플신조에서 아버지와 아들과 성령은 서로 갈등하고 완전 독립된 주체들로만 존재하거나 서열 관계 아래서 어느 한 편이 다른 둘을 지배하지 않는다. 아들과 성령은 태초부터 하나님 아버지와 함께 계셨으며(창 1:2; 요 1:1), 서로 안에 거하시며(요 17:21상), 서로를 통하여 드러나시기(요 14:9) 때문이다. 또한 아버지도 주님이시지만, 아들도 주님이시며(고전 12:3; 빌 2:11), 성령도 주님이시다(고후 3:17-18). 그러므로 아버지와 아들과 성령은 사랑과 평등의 "페리코레시스" 가운데서 하나 되신 삼위일체 하나님이시다.

---

[8] 그러나 개신교 초기부터 '하나님'을 유일신적 의미로 사용한 것 역시 사실이다. 선교사 '마펫은 1895년 최명오와 공동 집필한 『구세론』에서 "하ᄂ님은 홀노 ᄒᆞ나이시고 둘이 업스시니 하놀도 아니요"라고 하였다.' 주재일, "신의 이름, '하느님'인가 '하나님'인가," 『복음과 상황』 155호 [book on-line] (승인 2005.05.16 17:46), 2005. 5. 17 접속, http://www.newsnjoy.co.kr/에서 재인용. 이것은 "하나님" 개념에 'ᄒᆞ나'(하나, 1)의 의미를 추가하여 해석한 것이다.

4) 페리코레시스의 모든 방향들

"삼위일체"란 아버지와 아들과 성령께서 페리코레시를 통해 하나 이심을 가리킨다. 이는 셋이 어울려 이루는 원무로 비유될 수 있다. 거기에는 수직적 상하관계가 아니라 수평적 관계가 나타난다. 모든 순서가 다 가능하다. 따라서 페리코레시스는 다음과 같이 세 인격체들 각각을 출발점으로 하는 총 여섯 가지의 순서로 표현될 수 있다.

① 아버지-성령-아들
② 아버지-아들-성령
③ 성령-아들-아버지
④ 성령-아버지-아들
⑤ 아들-아버지-성령
⑥ 아들-성령-아버지

몰트만은 이 중에서 앞의 세 순서들에 대해서만 언급하였다.[9] 이는 '아버지-아들-성령'의 순서만 생각해온 서방교회의 모델에서 한 발자국 더 나아간 것이 분명하다. 그러나 그 나머지 순서들에 대해서는 말하지 않음으로써 페리코레시스를 충분하게 설명하지 못하였다. 여기서는 위의 페리코레시스들에 대해 설명하려고 한다.

먼저 아버지를 출발점으로 하는 페리코레시스를 생각해 볼 수 있다.

'아버지-성령-아들'의 순서는 어디에서 나타나는가?

---

[9] J. Moltmann, *Trinität und Reich Gottes*, 110.

분명히 이것은 아들의 성육신 사건과 내어준바 됨과 부활 속에서 나타나는 페리코레시스이다.[10] 아버지께서는 성령으로 아들이 육신을 입게 하셨다(눅 1:35). 예수의 세례는 또 하나의 분명한 예이다. 세례 때에 하늘이 열리고 성령이 비둘기의 형체로 그의 위에 임하시며 "너는 내 아들이라"는 아버지의 음성이 들린다(눅 3:21-22). 이제 아들은 성령의 담지자이시다.[11] 그리고 아버지께서는 성령을 통하여 아들을 내어주셨다(히 9:14). 아버지께서는 성령을 통하여 아들을 죽은 자들로부터 살리셨다. 즉, 보프에 의하면, "아버지 안에서 우리는 '온전한 진리에로' 나아가는 것이며 그 진리를 향하여 성령의 숨결이 우리를 인도하여 예수의 뒤를 따라 걷는 것이다."[12]

'아버지-아들-성령'의 순서는 어디에서 나타나는가?

그것은 성령의 파송과 부어줌에서 나타나는 페리코레시스이다.[13] 아버지는 부활한 아들을 아들의 나라의 주로 선포하시며(빌 2:11), 아들은 그리스도의 영이신 성령을 자신을 따르는 이들에게 보내신다(요 15:26). 하나님께서는 "우리 구주 예수 그리스도로 말미암아 우리에게 그 성령을 풍성히 부어 주신다"(딛 3:6).

---

10 J. Moltmann, *Trinität und Reich Gottes*, 91, 99, 104.
11 예수는 "성령에게 이끌리어" 시험받으러 광야로 가셨으며(마 4:1), "하나님의 성령을 힘입어" 귀신을 쫓아내셨다(마 12:28). 그러나 예수의 승귀 후에는 아들이 성령을 보내시어 그리스도인들에게 불과 성령으로 세례를 베푸시며(눅 3:16) 그들이 성령의 담지자가 된다(마 10:20).
12 Gustavo Gutiérrez, 『해방신학의 영성』, 148.
13 J. Moltmann, *Trinität und Reich Gottes*, 142. 참고, Ibid., 105f. 몰트만은 아들이 영을 "아버지로부터 보낸다고 표현한다. 이는 의식적으로 필리오케 문제에 대한 자신의 중재안 "아들의 아버지로부터 나오는 성령"(Ibid., 201)을 의식하고 이렇게 표현한 듯하다. 그러나 이는 논리적으로 맞지 않는다. 아들이 영을 아버지로부터 보낸다면 이것은 '아버지-아들-성령'이 아니라 '아들-아버지-성령'을 보여주는 것이다. 여기서는 이 순서를 구분하여 설명하려고 한다.

성령의 파송에는 '아들–성령–아버지'의 페리코레시스도 함께 나타난다. 아들은 성령을 보내시며 성령께서는 그리스도인들과 교회 안에서 세상을 향한 아버지의 사랑을 드러내신다. 또한 그리스도인이 예수 그리스도를 따르는 삶을 살 때에도 경륜적 차원의 '아들–성령–아버지'의 페리코레시스가 나타난다. 한 사람이 그리스도인이 되는 첫 출발점은 예수를 만나는 일이다. 그 만남으로 인해 그는 그리스도의 뒤를 따르게 되며 그 여정은 성령 안에서의 삶이다. 그리고 그 여정은 아버지께로 나아가는 길이다.[14] 이 셋은 각기 다른 길이 아니다. 출발과 여정과 목적지를 이루는 하나의 길이다. 아들과의 만남과 성령 안에서의 삶과 아버지를 찾는 그 길을 걸으며 그리스도인들은 삼위일체 하나님을 예배하고 닮아가게 된다.

'아들–아버지–성령'의 페리코레시스는 예수 그리스도의 역사 속에서 나타난다. 예수께서는 자신을 아버지의 아들로 인식했으며 자신을 본 자는 아버지를 보았다고 말씀하셨다. 즉 아들을 통하여 아버지가 계시된다. 또한 아들의 아버지께서는 하나님의 영이신 성령을 보내셔서 아들의 사역이 교회를 통해 이어지게 하신다. 성령은 아들의 아버지로부터 나오신다.[15] "성령은 영화롭게 하는 하나님이시다 … 성령은 아버지나 아들로부터 나오는 능력이 아니라 하나의 주체이시다."[16]

그러므로 성령을 출발점으로 하는 페리코레시스가 가능하며 그것 역시 두 가지 방향으로 나타날 것이다. '성령–아들–아버지'의 페리코

---

14   Gustavo Gutiérrez, *BEBER EN SU PROPIO POZO: En el itinerario espiritual de un pueblo* (Lima: CEP, 1983), 이성배 역, 『해방신학의 영성: 우리는 우리 자신의 우물에서 마신다』 (왜관: 분도출판사, 1987), 67–148.

15   J. Moltmann, *Trinität und Reich Gottes*, 201.

16   J. Moltmann, *Trinität und Reich Gottes*, 142.

레시스는 성령을 통한 영화의 과정 속에서 나타난다.[17]

"성령은 아들 예수를 영화롭게 하며 그를 통하여 아버지 하나님을 영화롭게 하신다."[18]

성령은 그리스도인으로 하여금 그리스도를 주님으로 고백케 한다(고전 12:3). 또한 이것은 예수 그리스도의 함께 하심에 대한 믿음(임마누엘 신앙)이 제기하는 물음에 대한 해답이기도 하다. 예수께서는 "임마누엘"이시며(마 1:23) 마지막으로 제자들에게 "너희와 항상 함께 있으리라"(마 28:20)고 약속하셨지만 현실적으로 예수께서는 그들을 떠나셨기 때문이다.

이 질문에 대한 대답은 사도행전과 요한일서에서 찾을 수 있다. 누가에 의하면, 예수께서 떠나가시고 나서 약속된 보혜사 성령이 그들에게 내려오셨다(행 2:1-4). 그리고 성령에 감동된 베드로는 십자가에서 죽으시고 부활하신 예수께서 곧 "주와 그리스도"이심을 증언하였다(행 2:22-36). 왜냐하면 성령은 그리스도의 구원 사역을 증언하시는 분이시기(요일 5:6) 때문이다. 이것은 또한 성만찬 안에서도 나타난다. 즉 떡과 포도주를 받을 때 성령께서는 그것을 통해 우리를 예수 그리스도와 연합시키며 동시에 우리가 하나님의 자녀로 받아들여졌음을 확인시켜 준다.

'성령-아버지-아들'의 페리코레시스는 성경에서 제일 찾기 힘든

17　J. Moltmann, *Trinität und Reich Gottes*, 110, 142. 몰트만은 아버지로부터 아들을 통하여 성령이 파송되는 것을 '밖을 향한' 삼위일체의 사역으로 규정하고, 성령이 아들을 통하여 아버지에게로 수렴되는 삼위일체의 활동은 '안을 향한' 사역으로 규정한다(Ibid., 142). 그러나 밖을 향한 사역은 안을 향한 사역의 외화라고 한다면 여섯 가지 페리코레시스 모두가 삼위일체의 안을 향한 사역인 동시에 밖을 향한 사역이라 할 수 있을 것이다.

18　J. Moltmann, *Trinität und Reich Gottes*, 141.

것이다. 그러나 그것은 그리스도인의 신앙의 삶 속에서 발견된다. 성령의 임재를 경험하는 그리스도인은 그 가운데서 하나님 아버지를 만나게 되며, 그 아버지가 우리를 위해 아들을 보내주셨음을 깨닫고 감사하게 된다.

이처럼 신약 성경과 그리스도인의 삶 속에서 아버지와 아들과 성령의 여섯 가지 페리코레시스가 나타난다. 그러나 이것은 단순하게 여섯이라는 수에 제한된 것이 아니다. 이 여섯 가지 페리코레시스는 아버지와 아들과 성령께서 서로 안에 거하시며 서로를 통해서 함께 계시되는 모든 방법들을 열거한 것이다.[19] 그리고 그것들은 내적 삼위일체와 무관하지 않다. 이미 몰트만은 내적 삼위일체와 외적 삼위일체 사이에 구분하는 것은 논리적 편의성 이외에 다른 의미가 없음을 밝혔다. 삼위일체 하나님은 아버지와 아들과 성령 어느 인격체로부터 출발하든 다른 두 인격체들 안으로 들어가 그 안에 거하면서 하나의 아름다운 원무를 보여준다.

2. 하나님의 역사 속에 나타난 '열린' 친교

1) 창조와 언약을 통해 보이신 '열린' 친교

하나님은 단독자 혹은 일자(一者)가 아니시다. 아버지와 아들과 성령, 세 신적 인격체들은 서로 안에 거하시고 서로를 자기 안에 받아들

---

19 보프가 삼위일체 하나님에 대해 필리오케와 스피리투케와 파트레케를 동시에 말하는 것은 이 여섯 가지 방향을 설명하는 또 다른 방식이다. 참고, 본서 제4장 5. 2) (2).

이시다(페리코레시스). 뿐만 아니라 삼위일체 하나님은 스스로를 개방하여 세상을 만드시고 세상과 친교 하신다.

> 하나님이 지으신 그 모든 것을 보시니 보시기에 심히 좋았더라 (창 1:31).

하나님께서는 창조 후 세상을 자기와 무관한 것으로 만들지 않으시고 관계를 맺고 계신다. 보시고 좋다고 하셨다는 것은 하나님께서 피조세계를 긍정하시고 피조세계는 하나님에 의해 긍정되는 관계가 형성된 것이다. 하나님의 아름다움이 아름다운 세상을 창조하셨다. 그리고 하나님께서 자기 형상을 따라 사람을 창조하시되 남자와 여자로 창조하셨다(창 1:27). 남자와 여자가 이루어내는 친교가 곧 하나님의 형상이라고 바르트는 주장하였다.[20]

그러나 하나님의 형상은 '남자와 여자 사이의 관계'가 아니라 '친교 그 자체'라 하는 것이 더 성경에 부합될 것이다. 왜냐하면 하나님께서 아담(인간)이 혼자 사는 것을 좋지 않게 여기신 하나님께서 각종 들짐승들과 새를, 그리고 다른 인간, 즉 여자를 돕는 배필로 지으셨기 때문이다(창 2:18-25).

> 내가 그를 위하여 돕는 배필을 지으리라(창 2:18).

하나님께서 친히 사람과 사람 사이에 그리고 사람과 자연 사이에

---

[20] 바르트의 삼위일체론은 재해석될 필요가 있으나 그의 인간론은 '열린' 삼위일체론과 조화를 이룰 수 있다.

친교를 맺어주셨다.

> 그것들을 그에게로 이끌어 가시니 … 그를 아담에게로 이끌어
> 오시니(창 2:19-22).

세상의 모든 친교의 출발이 하나님이며, 그렇기에 인간 안에 있는 하나님의 형상은 '친교'이다. 삼위일체 하나님의 친교는 피조물에 모사되었다. 창조 때와 홍수 후에 두 번 주어진 "생육하고 번성하며 땅에 충만하라"(창 1:28; 9:7)는 말씀은 인간이 피조세계를 마음대로 짓밟아도 좋다는 허가장이 아니다. 오히려 그 말씀은 인간이 다른 존재들과 관계를 맺으며 살아야 한다는 의미이다. '생육'은 남자-여자 관계를 전제로 하며, '번성'이란 그 남녀 관계에 더해지는 부모-자식 관계를 의미하며, '땅에 충만하라'는 것은 '모든 다른 존재들과의 관계 맺음'을 의미한다. 즉, 삼위일체 하나님께서는 자신 안에서의 친교가 세상 속에서 나타나기를 원하신 것이다. 창세기 1장 28절에 등장하는 "정복하라 … 다스리라"는 말 역시 인간에 의한 자연의 지배를 허용하는 의미라기보다는 인간과 자연 사이의 '관계설정'을 인간 중심적으로 표현한 것일 뿐이다.

하나님의 형상으로서의 인간의 타락이라는 현실은 원래의 관계들 모두를 왜곡시켰다. 인간과 하나님 사이의 관계만이 아니라 인간과 인간 사이의 관계와 인간과 자연 사이의 관계도 친교가 아닌 경쟁과 갈등과 반목으로 채색시켰다. 이것이 아담과 하와의 범죄와 그에 따르는 하나님의 심판이 전하는 메시지이다(창 3장). 그럼에도 불구하고 삼위일체 하나님께서는 한 민족을 택하셔서 자신과의 친교를 열어두셨다. 아브라함이 세 사람을 접대하다 야훼와 대면한 사건은 두 가지

방향에서 의미가 있다.

첫째, 삼위일체 하나님께서 아브라함에게 찾아오셨다. 물론 아브라함이 세 사람을 보고 그들을 청함으로 만남이 일어났지만 하나님께서 먼저 의도적으로 아브라함에게 가까이 오셨다. 그래서 성경은 "여호와께서 … 아브라함에게 나타나시니라"(창 18:1)고 표현하였다. 하나님의 친교가 아브라함을 향해 열리는 순간이다.

둘째, 하나님의 형상으로 지음받았으며 하나님의 택함을 받은 아브라함은 자청하여 세 사람과의 친교 속으로 들어가기를 원했다. 그가 그들을 보자 달려가 영접하고 자기 집으로 초대하여 음식을 대접하였다(창 18:2-8). 이렇게 아브라함은 하나님과 친교의 자리에 들어감으로써 소돔과 고모라의 멸망에 대한 하나님의 뜻을 들을 수 있었고, 그 도시들이 멸망하지 않도록 하나님께 거듭 기도할 수 있었다(창 18:17-33). 아브라함을 택하신 하나님은 그의 후손 이스라엘과 시내산에서 언약을 맺으시고 그들의 대표자들과 친교를 나누신다.

> 하나님이 이스라엘 자손들의 존귀한 자들에게 손을 대지 아니하셨고 그들은 하나님을 뵙고 먹고 마셨더라(출 24:11).

2) 그리스도, 새 언약을 통해 맺으신 '열린' 친교

삼위일체 하나님의 친교는 예수 그리스도에 의해서 완전하게 세상을 향하여 열렸다. 예수께서는 하나님 나라를 선포하시고, 사람들을 그 나라로 초대하셨으며, 직접 그 나라로 향하는 길을 열어 주셨다.[21]

---

[21] 예수께서 십자가에서 죽으실 때 성소 휘장이 위로부터 아래로 찢어져 둘이 된 사건

삼위일체의 친교가 가진 의미를 잘 보여 주는 것은 식탁의 친교이다. 식사를 하는 자리는 단순히 육체를 위한 영양분을 공급받는 자리가 아니다. 예수님께 있어서 식탁은 아버지와 성령과의 친교 자리이다. 예수께서 받으신 첫째 시험(마 4:3-5)이 그것을 보여주는 간접적인 증거이다. 예수께서는 성령의 이끌림을 받아 광야로 가셨으며(마 4:1), 돌들을 떡덩이로 변화시켜 먹으라는 시험을 받으실 때 "사람이 떡으로만 살 것이 아니요 하나님의 입으로부터 나오는 모든 말씀으로 살 것이라"는 신명기 8장 3절의 말씀으로 시험을 이기셨다. 예수께서는 사람이 음식을 먹는 것 역시 성령의 인도하심 가운데서 하나님 아버지와의 관계 속에서 이루어져야 함을 보여주신 것이다.

　예수께서 가지신 식탁의 친교는 또한 사람들을 삼위일체의 친교 안으로 초대하는 자리이며 삼위일체 하나님께서 스스로를 개방하여 사람들을 초대하신 자리였다. 예수께서 부활하신 후 엠마오로 가던 두 제자들과 가졌던 식탁의 친교를 예로 들 수 있다(눅 24:30-32). 여기서도 초대하는 분은 아버지와 아들과 성령, 곧 삼위일체 하나님이시다. 예수께서는 떡을 들고 아버지께 감사의 기도를 드리셨다. 제자들을 그 자리에 초대하는 또 다른 주인이 하나님 아버지이심을 드러내는 행동이었다. 하나님 아버지께 감사드리는 것과 함께 성령의 능력이 그 자리에 나타났다. 예수님께서 말씀하시고 성경을 풀어주실 때에 그들의 마음을 뜨겁게 만드셨고 예수님께서 나누어 주신 떡을 받은 제자들에게 자신들 앞에 계신 분이 부활하신 예수님이심을 깨닫게 해 주신 분은 성령이시다(참고, 요 14:26).

　(마 27:51)은 삼위일체 하나님의 친교가 예수님의 사역을 통해 세상을 향해 완전히 개방되었음을 상징적으로 보여준다.

그리고 예수님이 나누셨던 그 모든 식탁의 친교와 이후 교회에서 행해진 모든 성만찬의 근거는 예수님께서 친히 세상을 위해 나누어 주신 그 몸과 피로 맺은 "새 언약"(눅 22:20)이다. 삼위일체 하나님의 친교의 원리인 페리코레시스는 예수님에게서 '섬김'의 원리로 나타난다. 하나님의 아들이 세상을 섬기셨음으로(눅 10:45), 그리스도인은 삼위일체 하나님을 섬겨야 할 뿐만 아니라(참고, 마 28:19; 요 17:3) 서로 섬기며(눅 10:43-44) 세상을 섬겨야 한다(참고, 마 28:9; 요 17:18). 아버지와 아들과 성령의 사랑과 평등의 '열린' 친교는 예수 그리스도 안에서 하나님의 백성이 되는 이들 사이의 평등을 보장한다.

예수께서 제자들과 맺으신 '새 언약'은 이스라엘에 집중되었던 옛 언약과는 달리 지위고하를 가리지 않으며 남녀를 구별하지 않고 누구에게나 열려있다(참고, 마 22:9). 이미 예수님의 제자 공동체 안에서는 여자도 있었고[22] 높은 자가 따로 없었다.[23]

이것은 예수님께서 행하신 친교가 세상의 것이 아니라 삼위일체 하

---

[22] 나사로의 누이 마리아는 예수님의 '제자'였다. 마리아가 예수님의 발 아래("at the Lord's feet," NRSV) 앉았다는 표현(눅 10:39)은 예수님과 마리아가 스승과 제자의 관계였음을 의미한다. 사울이 자신을 가말리엘의 제자였다고 할 때의 표현("at the feet of Gama'li-el," RSV, 행 22:3)을 참고하라. 또 다른 부유한 여인들은 예수님의 일행을 위해 직접 재정을 지원하였다(눅 8:2-3). 이렇듯 예수님께서는 삼위일체 하나님의 친교를 열어주셔서 따르는 무리들로 하여금 삼위일체 하나님의 사랑과 평등의 친교를 가장 가까이서 체험하게 하셨고, 그들은 그러한 삶으로 자연스럽게 들어갈 수 있었다.

[23] 예수께서는 제자들에게 '높아지려 하지 말고 섬기는 자가 되라'고 하셨다. 그것은 바로 하나님의 아들이 피조세계로 들어오심으로 사람들을 하나님의 친교로 초대하러 오신 이유이다(막 10:43-45). 예수님의 제자들 중에서 대체로 베드로가 두드러진 역할을 하지만, 그 역시 제자들의 우두머리는 아니었다. 역할에 따라 대표자가 달라진다. 예수님을 그리스도라 고백할 때는 베드로가(마 16:16), 제자들과 함께 하지 않으면서도 주의 이름으로 귀신 쫓는 이를 금한 일에는 요한이(눅 9:49) 제자들을 대표하였다. 심지어는 가롯 유다가 재정 부분의 대표자 역할을 수행했다(요 12:6; 13:29).

나님의 사랑과 평등의 친교임을 드러낸다.

3. 교회, 땅에서 누리는 '열린' 친교

1) 신약의 교회

   삼위일체 하나님의 개방성은 하나님의 교회를 통해 이 땅에서 구체화된다. 그리스도 안에서 거룩하여 진(고전 1:2) 교회는 그리스도의 몸이며(엡 5:23; 골 1:24) 성령께서 임재하는 자리이며[24](참고, 고전 3:16; 벧전 4:14) 하나님께서 피로 사신 하나님의 교회이기에(행 20:28) 삼위일체 하나님과 연결되어 있다.

   그리스도인들은 교회를 통해 사랑과 평등의 삼위일체 하나님의 친교 안으로 편입된다. 교회 안에 다양한 은사가 있지만 교회의 구성원들은 누구나 평등하다. 그 다양한 은사들을 나누어 주시는 분은 한 성령이시며 아버지와 아들과 성령 역시 동등하시기 때문이다(고전 12:4-30). 모든 은사들은 지배 권력을 제공하지 않는다.

   오히려 그것들은 섬김과 자기희생의 사랑에 근거해야 한다(고전 12:31; 고전 13장). 예수님의 열 두 제자단이 재구성되었지만(행 1:15-26) 그들은 군림하는 집단이 되지 않았다. 그들의 말은 존중되었지만 복종을 강요하는 억압적 힘을 갖지는 않았다. 가진 자에 의한 갖지 못한 자의 차별은 재산을 모아 필요에 따라 사용케 함으로써 타파

---

24 현실 교회가 부패해 있더라도 성령은 그 교회를 통해 다소 명확하게 알려진다. 참고, Michael Welker, *Gottes Geist: Theologie des Heiligen Geistes*, 신준호 역, 『하나님의 영: 성령의 신학』 (서울: 대한기독교서회, 1995), 425.

되었다(행 2:44-45; 4:32-35). 기근과 그리고 재산을 처분했기에 곤궁하게 된 예루살렘 교회를 위해 "힘에 지나도록" 연보한 이방 교회들은 이미 삼위일체 하나님과의 친교 안에서 서로 하나였다(고후 8-9장). 삼위일체 하나님의 사랑 안으로 초대된 교회는 자연히 사랑의 친교를 나누는 장이 되었다.

2) 삼위일체 하나님과 연합하는 자리: 교회

기독교 신앙이 고백하는 하나님은 '아버지와 아들과 성령께서 사랑과 평등의 페리코레시스를 통한 친교 가운데서 하나가 되신' 삼위일체이시다. 이 삼위일체 하나님과 인격적으로 만나 신앙을 갖게 된 사람은 먼저 삼위일체 하나님과의 친교로 인도된다. 그리고 그 사람은 동일한 친교 안에 있는 사람들이 모인 교회와 관계를 맺게 된다.

그렇다면 그리스도인과 교회 사이는 어떤 관계가 있는가?

자유교회 전통에서 구원의 비사회성을 주장하는 것과 로마가톨릭과 동방정교회가 교회의 "구원의 본질적인 사회성"을 주장하는 것을 지적하고 나서[25] 볼프는 교회와 구원의 연관성을 이렇게 주장한다. "기독교의 하나님은 고독한 신이 아니라 세 인격체들의 친교이기 때문에, 신앙은 사람을 신적 친교(*communio*)로 인도한다."[26]

더 나아가서 그리스도인은 교회로 부름 받은 사람들이다. 왜냐하면 "이 하나님과의 친교는 즉각 동일한 하나님에 대한 믿음에 스스로를 맡기는 다른 사람들과의 친교이기도 하기"[27] 때문이다.

---

25 M. Volf, *After Our Likeness*, 172.
26 M. Volf, *After Our Likeness*, 173.
27 M. Volf, *After Our Likeness*, 173.

그럼에도 삼위일체 하나님과의 친교는 여전히 한국교회의 삶에서 중심이 되지 못하고 있는 것이 현실이다. 오늘날 서구 신학에서 일어나고 있는 삼위일체론의 "르네상스"가 한국 신학에나 교회의 삶에 큰 영향을 주지 못하고 있다. 개 교회 강단에서 선포되는 설교는 유일신 하나님이나 예수 그리스도 또는 성령 중의 어느 하나에 집중되어 있다.

한국교회가 함께 사용하는 『(통일)찬송가』에서도 삼위일체 하나님에 대한 찬양이라 할 수 있는 곡은 558곡 중에서 20여 곡뿐이며, 『(21세기)찬송가』(2006)에서도 645곡 중에서 30여 곡뿐이다.[28]

이처럼 삼위일체 신앙이 교회의 삶에서 체험되지 않고 신학 책이나 신학 토론의 논쟁거리에 머물거나 아예 토론의 관심사에서 제외되는 것은 올바른 삼위일체론이 전개되고 있는 상황이 아니라는 반증이다. 삼위일체 하나님에 대한 신학적 질문만이 중시되고 삼위일체 하나님에 대한 신앙은 맹목적 수용의 대상이거나 추상적이고 이론적인 것, 아니면 이 시대에 어울리지 않아 버려야 할 것이라는 인식에 머무르고 있다. 그렇기에 무엇보다도 먼저 삼위일체 하나님과의 인격적 만남이 교회 안에서 있어야 한다.

삼위일체 하나님과의 친교로 초대된 그리스도인들로 이루어진 교회는 삼위일체적 교회여야 한다. 교회와 삼위일체 하나님 사이의 관계에 대해 볼프는 다음과 같이 말한다.

역사 안에서의 하나님의 새 창조에 참여하는 그리스도의 영이

---

[28] 『(통일)찬송가』(1985)에서 아버지와 아들과 성령을 함께 언급하거나 "삼위일체"를 언급하는 찬송은 다음과 같다: 1, 2, 3, 4, 5, 6, 9, 10, 22, 30, 33, 34, 42, 53, 57, (66), 68, 118, 198, 216, 286, 362, 516장. 『(21세기)찬송가』(2006)에서는 다음과 같다: 1, 2, 3, 4, 5, 7, 8, 9, 10, 11, 12, 13, 14, 16, 17, 43, (58), 59, 69, 72, 118, 130, 133, 217, 264, 318, 424, 427, 599, 601, 602, 613, 628.

> 교회론적으로 구성적인 활동 안에 현존하는 곳이면 어디든지
> (롬 8:23; 고후 1:22; 엡 1:14을 보라), 교회가 존재한다. 성령은 모
> 여진 회중을 삼위일체 하나님과 연합시키며 회중을 그리스도
> 로부터, 사실 구약의 성도로부터 묵시론적 새 창조로 뻗어 나
> 가는 역사 속으로 회중을 통합시킨다. 성령은 삼위일체 하나님
> 과의 관계와 하나님의 백성의 전체 역사와의 관계를 매개하며,
> 이 영이 매개하는 관계는 집회를 교회가 되게 한다.[29]

즉, 성령께서 사람들의 모임을 삼위일체 하나님과 연합된 교회가 되게 하신다. 그러나 모든 모임들이 다 그렇게 되는 것은 아니다. "교회됨의 필수 조건은 사람들이 그리스도의 이름으로 모이는 것이다."[30]

여기서 중요한 것은 그리스도를 구원자로 믿는 "모인 사람들의 **신앙**(*faith*)"과 "그 모인 사람들이 자신들의 삶을 예수 그리스도께서 결정하도록 허용하는 **위임**(*commitment*)"이다.[31] 이 신앙과 위임은 신앙고백을 통해 표현된다. 이 신앙고백은 "더욱이 개인적이고 사적인 것을 의미하지 않는다. 그것은 언제나 '다른 이들 앞에서' 일어나며(마

---

29 Miroslav Volf, *After Our Likeness*, 129. 따라서 볼프의 교회론의 "궁극적 목표는 삼위일체 하나님의 형상으로서의 교회라는 비전을 상세히 설명하는 것이다." Miroslav Volf, *After Our Likeness*, 2.

30 Miroslav Volf, *After Our Likeness*, 145. 볼프는 그 근거로 마태복음 18장 20절을 제시한다.

31 Miroslav Volf, *After Our Likeness*, 147(강조는 볼프의 것이다). 이 두 가지에 입각해서 볼프는 각각 다음과 같이 선언한다. "그리스도를 구원자로 믿지 않으면 교회는 존재하지 않는다."(Ibid.), "그리스도를 주님으로 인정하지 않으면 교회는 존재하지 않는다"(Ibid., 148).

10:32-33), 본질적으로 **사회적이고 공적인 차원**을 갖는다."³² 그리고 이 공적 차원의 신앙고백은 구체적으로 성례전, 특히 세례와 성만찬을 통해 실행되고 표현된다.³³

3) 삼위일체적 삶(trinitarian life)의 원동력: 세례와 성만찬³⁴

그리스도인이 삼위일체 하나님을 인식하고 아버지와 아들과 성령과의 만남이 일어나는 자리는 일차적으로 세례와 성만찬이다. 세례는 "성부와 성자와 성령의 이름으로" 집례된다. 이는 마태복음 28장 19절에 기록된 예수 그리스도의 가르침에 의한 것이다.

> 그러므로 너희는 가서 모든 민족을 제자로 삼아 아버지와 아들과 성령의 이름으로 세례를 베풀고 …(마 28:19).

볼프는 삼위일체적 교회론을 전개하면서 세례에 근거해서 삼위일체 하나님과 교회의 연관성에 대해 말하고 있다. 삼위일체 하나님과의 친교와 교회의 친교 사이의 일치는 "기독교 세례에 근거하고 있다 … 세례를 통해, 하나님의 영은 신자들을 삼위일체적 친교 속으로 그

---

32 Miroslav Volf, *After Our Likeness*, 149(강조는 볼프의 것이다).
33 Miroslav Volf, *After Our Likeness*, 152f: "세례와 주의 만찬이 없으면 교회는 존재하지 않는다"(Ibid., 153).
34 중세 로마가톨릭의 세례와 성만찬에 대한 지나친 강조는 개신교의 말씀의 전례에 대한 강조를 낳았다. 예배에서 하나님의 말씀이 선포되는 일은 성만찬과 함께 초기부터 기독교 예배의 중요한 구성요소이다. 여기서 세례와 성만찬을 말함은 말씀 선포의 중요성을 포기하는 것이 아니라, 말씀 선포와 함께 개신교 전통에서 상대적으로 소홀히 다루어진 세례와 성만찬의 회복이 그리스도인에게 있어서 삼위일체적 삶의 원동력이 될 수 있다는 의미이다.

리고 교회적 친교 속으로 동시에 인도하신다."[35]

또한 셀리어스(Don E. Saliers)에 의하면, 그리스도인이라면 마땅히 그리스도의 삶에 참여하고 삼위일체 하나님의 인도를 따라 살아가야 하는데, 이것은 예배 가운데서 세례를 기억하는 것에서 출발한다.

> 이 참여는, 그 자체로 예배를 위한 모든 신실한 모임의 본질이다. 모든 말씀의 전례와 성만찬의 전례에서 우리는 성령 안에서 이 삶을 향해 재정립된다. 그러한 참여는 그리스도의 현존의 충만함을 향한 은혜 안에서의 회심과 성장을 포함한다. 따라서 참여하는 것은 우리의 세례를 기억하고 감사하는 것이다. 즉, … 우리가 아들과 딸로 입양되어서 하나님의 백성의 살아있는 역사에 접붙여졌음을 기억하는 것이다. "지식이 기억하기 이전에 기억 자체가 믿는다(Memory believes before knowledge remembers)."[36]

세례는 일회적 사건으로 끝나는 것이 아니라 세례에 대한 기억이 그리스도인으로 하여금 계속해서 그리스도의 삶에 참여하게 이끈다는 것이다.

세례와 함께 성찬식은 삼위일체 하나님의 사귐이 확인되는 자리이다. 미하엘 벨커(Michael Welker)에 의하면,

> 성찬식에서 우리는 삼위일체 하나님과 만나게 된다. 사람들은

---

35 Miroslav Volf, *After Our Likeness*, 195.
36 Don E. Sailers, *Worship and Spirituality* (Philadelphia: Westminster Press, 1984), 57.

> 사람을 창조하고 생명을 보존케 하는 살아계신 하나님, 죄의 권세에서 우리를 자유롭게 한 해방자인 예수 그리스도 안에서 계시하고 사람들을 높이는 살아계신 하나님을 만난다. 또한 사람들은 사람들을 자유롭게 하며, 신실하며, 우리 영혼을 살리는 하나님을 만나며, 또한 사람들을 그런 하나님의 임재하심을 보여주는 자기의 증거자들로 만드는 성령으로서의 살아계신 하나님을 만난다.[37]

성만찬은 빵과 포도주를 나누면서 예수 그리스도만을 기억하는 자리가 아니라 아버지와 아들과 성령을 함께 만나는 자리라는 것이다. 그리고 이런 그리스도 중심적 성찬식 이해를 넘어선 삼위일체론적 성찬식 이해는 성만찬에 대한 최근의 교회일치적 대화를 통해, 특히 동방정교회와의 대화를 통해 확대된 것이다.[38] 뿐만 아니라 "성찬식은 본질적으로 사귐의 식사"[39]이다. 즉 삼위의 사귐이 그리스도인들에게까지 확대되는 자리이다.[40] 그러므로 성만찬은 교회를 교회 되게 하는 표징이다. "정교회에 있어서, 교회는 성만찬 안에 그리고 성만찬을 통

---

[37] Michael Welker, *Was geht vor beim Abendmahl,* 임걸 역, 『성찬식에서 무엇이 일어나는가?』 (서울: 한들, 2000), 229.

[38] "그러한 방향 전환에 중요한 역할을 한 것은 정교회 신학이었다." M. Welker, 『성찬식에서 무엇이 일어나는가?』, 231. 이는 정교회 스스로도 자부하는 바이다. William H. Lazareth, "Holy Trinity and Holy Tradition: Orthodox Contributions to "Baptism, Eucharist and Ministry," *St. Vladimir's Theological Quarterly* 27.04 (1983), 291.

[39] M. Welker, 『성찬식에서 무엇이 일어나는가?』, 61.

[40] 그러나 대부분의 한국교회에서 성만찬은 일 년에 2-4 차례에 그치고 있으며, 그렇게 행해지는 성만찬도 예수 그리스도 중심적으로만 진행되어 삼위일체 하나님을 인식하기가 쉽지 않다.

하여 존재한다"⁴¹는 지지우라스의 말은 모든 지역 교회들이 염두에 두어야 할 명제이다.

사랑과 평등의 삼위일체 하나님을 믿는 그리스도인들은 세례와 성찬을 통해서 삼위일체 하나님과의 교제 안으로 들어가게 된다. 세례와 성찬은 개신교의 거룩한 예식, 곧 성례전이면서, 그리스도인들이 그들의 고유한 삶의 원동력을 제공받는 통로이다. 세례를 받는 이는 예수께서 구주라는 고백에 근거하여 세례 받으며, 성령의 임재를 통해 자신도 하나님의 자녀로 인정받게 됨을 확인하게 된다. 이때 그가 받는 세례와 예수 그리스도의 세례가 겹쳐지면서 삼위일체 하나님의 친교 안으로 들어가는 경험을 하게 되는 것이다. 그런데 세례는 일생에 한 번 받게 되고, 유아세례를 받는 경우에는 자신이 그 사건을 개인적으로 체험한다고 보기는 어렵다. 그럼에도 불구하고 세례가 중요한 것은 다른 사람들의 세례를 통해 자신의 세례를 간접 체험하고 반복 체험할 수 있기 때문이다.⁴²

그러므로 세례식은 세례받는 이들뿐만 아니라 그 예식에 참여한 그리스도인들 모두를 삼위일체 하나님과의 친교로 초대하고 받아들이는 자리이다. 또한 세례를 통해 세례받는 이와 이미 세례 받은 이들 사이의 친교가 형성된다. 세례는 세례받는 이의 개인적 사건인 동시

---

41 J. Zizioulas, "Die Welt in eucharistischer Sachau und der Mensch von heute," *Una Sancta* 25 (1970): 342, Veli-Matti Kärkkäinen, *An Introduction to Ecclesiology*, 96 에서 재인용.

42 이를 직접 체험으로 하면서도 반복될 수 있게 할 수는 없는가? 이 문제에 답하려는 시도가 견진례의 반복실행이다. 참고, Robert L Browning and Roy A. Reed, *Models of Confirmation and Baptismal Affirmation*: *Liturgical and Educational Issues and Designs*(Birmingham, Alabama: Religious Education Press, 1995), 111-160, "Part III: Confirmation/Affirmation of Baptism as Repeatble: Educational Issues and Designs." 그러나 개혁교회전통에서 견진례 자체가 낯설다는 어려움이 있다.

에 세례를 베푸는 공동체의 사건이기 때문이다. 세례를 통해 그리스도인이 지역 기독교 공동체의 일원이 되는 것은 하나님의 구원 사건이 개인 차원의 사건에 그치는 것이 아니라 하나님의 백성이라는 공동체를 이루는 우주적 사건임을 보여주는 증표이다.

성찬을 통해 그리스도인은 예수 그리스도의 살과 피를 받는다. 그것이 상징적이든(쯔빙글리), 영적이든(칼빈), 공재적이든(루터), 실제적이든(로마가톨릭) 그리스도인이 받는 빵과 포도주는 예수 그리스도와 어떤 식으로든 연결되어 있다. 그러나 삼위일체 하나님이라는 측면에서 볼 때 앞서 살폈던 동방정교회의 삼위일체론과 함께, "성령께서 빵과 포도주를 믿음으로 먹고 마시는 이들을 하나님의 우편에 계신 예수 그리스도와 연합시키신다"[43]는 칼빈의 성찬론을 긍정할 수 있다. 성령께서는 성찬의 빵과 포도주를 받는 그리스도인들을 삼위일체의 친교 안으로 들어 올리신다.[44]

동시에 성찬은 그리스도인들의 공동체인 교회에서 베풀어진다. 이것은 성찬을 받음이 하나님과 각 개인 사이의 연합이 아니라 삼위일체 하나님과 하나님의 백성들의 공동체적 결합을 드러내며 확인시켜 준다. 따로 병자에게 성찬이 베풀어지는 특별한 경우조차도 그것은 교회에서의 성찬의 연장이지 독립적인 것이 아니다. 평등과 사랑의 페리코레시스 안에서 하나이신 아버지와 아들과 성령께서는 성찬을 통해 그리스도께서 우리를 사랑하셔서 자신을 내어주셨던 것처럼 우

---

43 J. Calvin, *Institute*, IV. xvii. 2, 11, 12. 이점을 제2 스위스 신조는 이렇게 표현한다. "성령은 우리로 하여금 그리스도를 받아들이게 하심으로 그리스도께서 우리를 위한 영적 음식과 음료, 곧 우리의 생명이 되게 하신다." 제2 스위스신조, 제 21항, 이형기 편저, 『세계개혁교회의 신앙고백』 (서울: 한국장로교출판사, 1991), 202에서 재인용.

44 J. Calvin, *Institute*, IV. xvii. 31.

리도 서로 사랑하라 명하신다.[45] 이러한 성찬을 통해 삼위일체 하나님의 평등의 페리코레시스가 그리스도인들에게까지 확장된다.

4) 사랑과 평등의 삼위일체적 삶

삼위일체 하나님의 페리코레시스는 교회의 삶 가운데서 특히 세례와 성찬을 통해 그리스도인들을 향해 열려지고 확대된다. 하나님께서는 그리스도인들을 아버지와 아들과 성령의 친교로 초대하시며 받아들이시며, 이 열려진 삼위일체의 삶은 먼저 교회 안에서 그리스도인들 사이의 평등과 사랑의 친교를 이루신다. 그리고 이 평등과 사랑의 페리코레시스는 그리스도인들을 통해 만유를 향해 열려지고 확대된다.

(1) 그리스도인들 사이의 사랑과 평등의 삶

보프(L. Boff)는 다음과 같이 말했다

"태초에 친교가 있었다."

아버지와 아들과 성령은 철저하게 서로를 향해 자신을 개방함으로써 사랑과 평등의 일치를 이루신다. 따라서 이 사랑과 평등의 삼위일체 하나님을 믿는 그리스도인들이 이루는 친교는 그 하나님을 닮은 사랑과 평등의 친교여야 한다.[46] 원래 우리는 하나님의 형상으로 지음 받았기에(창 1:26-27) 삼위일체 하나님을 닮아야 하지만 현재 인간 자

---

45 참고, J. Calvin, *Institute*, IV. xvii. 38.
46 보프는 요한문서들 안에서 "믿음 있는 사람들의 삶 속에 살아있는 성 삼위에 관한 증언을"(요일 3:24; 4:13, 15, 16; 요 17:20-22 등) 발견한다. L. Boff, 김정수 역, 『해방하는 은총』(서울: 한국신학연구소, 1988), 312-13.

신의 모습은 그렇지 못하다. 이는 스스로 하나님의 자리에 앉으려 하기 때문이며(창 3:5), 우리 자신을 위하여 우상들을 만들어내어 섬기고 있기 때문이다(출 20:3).

우상을 만들어 섬기는 것 역시 인간이 그것을 자신의 세력 안에 포함시키려는 의도에서 나온 것이므로 인간의 교만이 근원적인 인간의 죄이다. 하나님과의 관계를 파기하는 것은 '친교로서의 하나님의 형상'을 왜곡시키고 훼손시킨다. 그러나 하나님의 아들 예수 그리스도로 말미암아 이제 우리가 삼위일체 하나님을 닮아 갈 수 있는 길이 열려졌다. 그리스도인들은 예수 그리스도를 따라 그리스도처럼 살도록 부름 받은 사람들이다. 즉, 삼위일체의 사랑과 친교로 부름 받은 사람들이다.

사랑과 평등의 삼위일체 하나님께서 우리에게 요구하시는 우리의 친교의 모습은 당연히 삼위일체 하나님의 친교를 닮은 것이어야 한다. 따라서 삼위일체 하나님의 교회의 구조와 삶 역시 그것을 닮아야 한다. 그러므로 어떤 형태로든 수직적 구조는 그리스도인들의 친교의 구조가 될 수 없다.[47] 장로교를 포함한 개혁교회가 채택하는 대

---

[47] 몰트만은 삼위일체론과 구조(국가와 교회 모두의 구조)가 밀접한 연관이 있다고 주장했다. J. Moltmann, *Trinität und Reich Gottes*, 207-220. 그러나 어떤 이는 삼위일체론과 사회 구조가 상관없다고 주장하기도 한다. 한 분 하나님을 강조하는 일원론적 삼위일체론을 가진 서방교회 세력권 안에 있던 서유럽에서 민주주의가 발달했고 세 인격체들의 페리코레시스를 통한 일치를 강조하는 삼위일체론을 가진 동방정교회의 세력권 안에 있던 동유럽에서는 공산독재가 이루어졌었다. 역사적 사실을 근거로 그렇게 주장하는 것이다. 게다가 동방정교회가 덜 수직적이면서 수평적인 교회 구조를 갖고 있기는 하지만 삼위일체에 있어서의 아버지의 근원성에 근거해서 감독의 우위를 주장하고 있는 면에서는 완전한 수평적 교회 구조를 갖고 있다고 보기도 어렵다. 따라서 바르트의 삼위일체론을 포함한 서방 삼위일체론에 대한 몰트만의 비판은 지나친 면이 있다. 그러나 민주주의는 헬라 철학으로부터 이어져 내려온 합리주의와 산업혁명의 소산이며, 기독교 전통과는 간접적으로만 관련을 가진다. 삼위일체론과 정치 구조 사이의 관계는 인과 관계가 아니다. 그럼에도 몰트만이 그 둘을 연결시키는

의정치의 가치는 부정할 필요가 없다. 그것은 규모의 문제이며 효용성의 문제이다. 그럼에도 불구하고 현재 우리의 교회의 모습은 사랑과 평등의 삼위일체 하나님께 비추어 볼 때 바람직하지 못한 면들이 있다. 극단적 예들이기는 하지만 목사의 권위가 필요 이상으로 강조되는 경우나, 이에 반발하여 장로들의 권위를 최고 우위에 두는 태도나, 그 두 가지 모두에 반대하여 교직제도를 아예 없애려는 시도, 이 모두가 삼위일체 하나님의 사랑과 평등의 친교를 의식적이든 무의식적이든 거부하는 것이다.

어떤 형태로든 교직제도가 갖는 유익은 인정되어야 하며 모두다 장단점을 갖고 있다. 그러나 중요한 것은 그러한 교직제도가 사랑과 평등의 친교를 방해하느냐 장려하느냐이다. 목회자와 평신도의 구분은 직무의 구분이지 친교에 있어서의 우위를 가리는 것이 아님을 잊지 말아야 한다. 그리스도인들의 친교에는 서로 사랑하며, 서로의 입장이 되어 생각하고, 서로를 있는 모습 그대로 받아들이는 것이 요구된다. 왜냐하면 아버지와 아들과 성령은 서로 사랑하며, 서로의 입장에서 생각하고 판단하였으며, 서로의 구별됨을 폐기하지 않으셨기 때문이다. 뿐만 아니라 기독교 신앙형태의 다양성과 차이를 넘어설 수 있는 근거 역시 삼위일체 하나님께 있다.

이 문제를 다루면서 진킨스(Michael Jinkins)는 "교회의 통일의 신학적 근거는 삼위일체 하나님의 행위이다"라고 말했다.[48]

것은 삼위일체 하나님의 친교가 정치 구조의 이상적 모델이기 때문이다. 현실 정치 구조가 그것을 어떻게 반영하느냐는 또 다른 과제이다.

48 M. Jinkins, "Mutuality and difference: trinity, creation and the theological ground of the church's unity," *Scottish Journal of Theology*, vol. 56, no. 2 (2003), 149.

너희가 서로 사랑하면 이로써 모든 사람이 너희가 내 제자인
줄 알리라(요13:35).

(2) 만유 안에서 이루어지는 사랑과 평등의 삶

삼위일체 하나님의 개방성은 교회를 세상을 향해 열어두게 한다. 끊임없이 자신을 개방하여 세상을 변화시키려는 삼위일체 하나님께서는 교회를 변화시키시는 동시에 교회를 동반자로 부르신다. 진킨슨은 지지우라스의 삼위일체론에 동의하며 이렇게 말한다.

> 하나님은 삼위일체이시며, 예수 그리스도 안에서 성령의 능력을 통하여 우리와 만나시며, … 하나님의 참 존재는, 지지우라스가 말한 것처럼, 친교 안에 있으며, 하나님은 하나님 자신의 삼위일체적 형상을 따라 친교 안에서 그리고 친교를 향하여 우리를 창조하신다.[49]

그렇기에 "끊임없이 개혁되어가는 과정 속에 존재하는 교회"라는 모토는 개혁교회만의 전유물이 아니라 모든 교회의 것이다. 교회는 하나님을 향해 스스로를 열어 두어야 하며, 세상을 향하여 열려진 공동체여야 한다. 세상을 적극적으로 삼위일체 하나님의 다스림 안에 편입시키기 위해 애쓰는 것이 교회의 사명이다.

그리고 교회는 스스로를 개방하시되 피조세계를 자기 안으로 받아들여 변화시키시는 삼위일체 하나님을 따라 항상 스스로를 개방하되

---

[49] M. Jinkins, "Mutuality and difference: trinity, creation and the theological ground of the church's unity," *Scottish Journal of Theology*, vol. 56, no. 2 (2003), 151.

자기 안에서 교회와 세상을 변화시켜야 한다. 우주의 창조와 유지는 우연의 소산이 아니라 삼위일체 하나님의 사랑에 기인한 자기 비움(Zimzum)의 결과이다. 세상의 변화에는 하나님의 은혜와 인간의 죄악이 함께 작용하고 있다. 이 말은 세상의 변화를 하나님께서 수용하고 있다는 것을 전제로 한다.

그러나 이것은 세상의 악에 의해 삼위일체 하나님이 변화된다는 의미는 아니다. 삼위일체 하나님은 아들의 성육신과 십자가의 죽음을 통해 세상의 악을 자신이 몸소 받아들였다. 그러나 그로 인해 사랑과 평등의 코레시스를 통해 하나 되신 삼위일체 하나님이 다르게 변한 것이 아니다. 오히려 하나님의 인내와 희생을 통해 세상의 악을 패퇴시키고 굴복시키신 것이다. 하나님께서는 세계의 변화를 인내로 기다리고 계시며, 직접적인 사역과 그리스도인들을 통한 간접 사역을 통해 그 변화를 하나님께 합당한 것으로 바꾸어 가고 계신다.

4. 피조물과 누리는 '열린' 친교: 삼위일체 하나님에 대한 생태학적 이해

하나님은 어떤 분이신가?

우리의 논의의 귀결에 따르면, 삼위일체 하나님께서는 아버지와 아들과 성령의 친교를 구원사역을 통해 인간에게 개방하시며, 동시에 그렇게 삼위일체 하나님의 친교 안으로 초대된 그리스도인들을 통해 모든 사람들과 만물을 향해 스스로를 개방하신다. 사랑과 평등의 페리코레시스는 그리스도인들뿐만 아니라 만물을 향해 열려있다. 한마

디로 말하면 하나님은 '생태학적인[50] 삼위일체 하나님'이시다.

그러나 먼저 우리는 그 내용을 더 분명히 하기 위해 다음과 같이 차례로 질문하고 답해야 한다. 생태학적 신학이란 무엇인가?

교회에 의해 선포되고 교회 안에서 경험되고 교회를 통해 고백되는 삼위일체 하나님은 어떤 의미에서 생태학적이라 할 수 있는가?

1) 생태학적 신학

우리는 무엇보다도 "생태학적"이란 말의 의미를 규정해야 한다. "생태학적"이란 말은 일차적으로 문명비판적이면서 환경 친화적이란 의미를 갖는다. 그러나 여기서는 "삼위일체 하나님"과 연결되어 있기에 그 일차적 의미를 넘어선다. 그리고 이러한 삼위일체론은 신학(神學)을 전제로 하고 있으므로 '생태학적 삼위일체론'은 '생태학적 신학'[51]을 전제하고 있다. 그러므로 먼저 '생태학적 신학'이 무엇인지가

---

50 그런데 왜 하필 '생태학적' 이해를 추구하는가에 대해 의문이 제기될 수 있다. "생태학적"이라는 개념은 20세기 말에 와서야 그리스도교 신학의 역사 속에서 사용되었기 때문이다. 단지 시대의 조류이니까 그렇게 설명하는 것 아니냐는 비판도 가능하다. 그러나 몰트만을 위시로 몇몇 신학자들의 기여를 통해 하나님은 생태계가 심각한 위기 상황에 빠져 있는 지금에 와서야 그 위기에 응답하시는 분이 아니라 원래부터 생태학적인 분이심이 드러나고 있으며, 그렇기에 우리는 여기서 생태학적 삼위일체 신관을 말할 수 있는 것이다. 참고, J. Moltmann, *Gott in der Shöfung*, 1985, 김균진 역, 『창조 안에 계신 하느님』, 1986. 추가적인 참고문헌은 김명용, 『현대의 도전과 오늘의 조직신학』, 제8장 각주 1을 참고하라.

51 김명용은 "기독교와 창조의 보존"이라는 논문에서 '생태학적 위기'는 언급하지만 '생태학적 신학'이란 말 대신에 창조의 보전을 말하는 "새로운 창조신학"을 전개한다. 김명용, "기독교와 창조의 보존: 창조의 보전과 새로운 창조신학," 『현대의 도전과 오늘의 조직신학』(서울: 장로회신학대학교출판부, 1997), 187-212. 이것은 생태학적 신학이 신학인 한, 굳이 신학 이외의 학문에 의해 신학을 규정하지 않으려는 시도로 보인다. 그 시도를 인정함에도 여기서 "생태학적 신학"이라는 용어를 사용함은 20세기에 부각된 '창조신학'의 새로운 면을 부각시키기 위함이다. 생태학적 신학은 또한 '자

밝혀져야 한다.

  표면적으로 보면, 생태학적 신학은 생태학적 위기에 대한 신학적 응답이다. 지금의 지구는 총체적으로 병들어가고 있다. 인간 기계문명의 발달은 자연환경의 파괴와 자원의 고갈과 생태계의 파괴로 인한 각종 동식물의 멸종을 초래했다. 이것이 생태학적 위기이다. 이러한 생태학적 위기에 직면해서, 그리고 그 위기를 일으킨 인간 중심주의가 그리스도교에 근거하고 있다는 비판[52]에 대항하여, 성경적으로 볼 때 그리스도교는 인간 중심주의가 아니며 따라서 그리스도교가 생태학적 위기의 주원인이 될 수 없음을 밝힌다. 더 나아가 오히려 그리스도교 신앙은 세속적인 인간 중심주의가 불러일으킨 생태학적 위기를 극복할 수 있는 근거임을 드러내는 것이 생태학적 신학의 주요한 작업들이다. 이와 같이 생태학적 신학은 생태학적 위기와 밀접히 관련을 맺고 있기 때문에 "생태학적"이란 말은 우리가 처한 '생태학적 위

    연신학'과도 연관이 있다. 이때의 자연신학은 전통적 의미에서의 자연신학이 아니라 창조신학의 주제를 그대로 자신의 주제로 삼는 '자연의 신학'이다. H. Dembowski는 자연을 통해 하나님을 이해하는 '자연신학'이 아니라 하나님이 자연을 어떻게 대하시는가를 밝히는 '자연의 신학'을 시도하였다. "Ansatz und Umrisse einer Theologie der Natur," in: *Evangelische Theologie* 37 (1977). 이는 1943년에 브룬너가 바르트와 논쟁하며 "진정한 자연신학"을 주창한 것을 계승했다고 할 수 있다. 또한 헨드리(G. S. Hendry)는 1978년 프린스턴신학교에서 행한 워필드 강연에서 생태학과의 연관 속에서 자연신학을 논하였다. George S. Hendry, *Theology of Nature*(Philadelphia: The Westminster Press, 1980), 강성두 역, 『자연신학』(서울: 대한기독교서회, 1993). '자연신학'에 대한 추가적인 참고 문헌은 김명용, 『현대의 도전과 오늘의 조직신학』, 제8장 각주 1을 참고할 것. 판넨베르크도 *Toward a Theology of Nature: Essays on Science and Faith*(Louisville, Kentucky: Westminster/John Knox, 1993)에서 이 주제를 다루었다.

52 대표적으로, 린 화이트 2세는 인간 중심적인 그리스도교가 이 생태학적 위기의 주된 원인이라고 지적했다. 린 화이트 2세, "생태계 위기의 역사적 뿌리들," 프란시스 쉐퍼, 김진홍 역, 『환경오염과 인간의 죽음』(서울: 생명의말씀사, 1995), 81-98(부록1).

기의 극복'을 지향하는 개념이다.

그러나 그것만이 전부가 아니다. 생태학적 신학은 그때그때마다 새롭게 나타나는 위기에 대응하는 대중요법에 머무르지 않는다. 왜냐하면 앞서 말했듯이 하나님은 처음부터 생태학적인 분이어서 그가 만드신 세계의 보존과 완성을 원하신다는 것이 밝혀지고 있기 때문이다. 그리스도교가 믿고 고백하는 하나님은 처음부터 생태학적 조화를 염두에 두고 창조하셨으며, 자연 만물 가운데 그 질서가 보전되기를 원하시고, 역사 속에 나타나는 제약과 한계를 하나님의 나라 안에서 철폐하시고 창조를 완성하시는 분이시다. 삼위일체 하나님의 사역은 만물을 향해 열려 있으며 만물을 그의 사랑과 평등의 친교 안에 품길 원하신다(엡 4:6).

그러므로 "생태학적"이란 말은 '창조질서의 보전' 혹은 '자연의 생태학적 회복'과 그리고 '창조의 완성'을 지향하는 개념이 될 수 있다. 또한 생태학적 신학은 "생태학적"이란 개념을 알지 못한 채로 지난 2000년 동안 발전해온 신학 전통을 전적으로 무시하는 부정적 개념이 아니다. 그것은 이제껏 발전해 온 그리스도교 신학의 맥락 속에 있으면서 새롭게 발견된 영역까지 포함하는 포괄적인 개념이다.

그런데 이 '생태학적 신학'은 일반 인문과학이 아니기에, 생태학적 신학은 '생태학적인' 문제를 인간과 인간과의 관계 그리고 인간과 인간 이외의 자연과의 관계를 생태학적으로 밝히는 것으로는 그치지 않는다. 즉 생태학적 위기의 극복이나 창조질서의 보전과 회복이 인간의 노력만으로 이루어질 수 있다고 선언하지 않는다. 그것은, 하나의 신학으로서, 자연의 생태학적 회복은 오직 하나님에 의해서만 이루어진다고 선언한다. 따라서 "생태학적"이란 우주 만물의 조화로운 상태를 지향하며, 그것은 하나님 안에서 이루어질 것임을 내포하고 있다.

그것이 하나님 안에서 이루어지는 이유는 바로 뒤에서 설명하겠지만, 간단히 말해 하나님 자신이 바로 그런 조화의 근원이시기 때문이다.

그러므로 "생태학적"이란 말은 생태학적 위기에 처한 지금에 와서 하나님을 현대에 맞게 새롭게 규정하는 것이 아니라 처음부터 하나님에 대한 '서술어'이다.[53] 또한 '생태학적 신학'은 기존의 신학을 전면적으로 거부하고 신학을 생태학이라는 새로운 사조에 맞추어 새롭게 만들어낸 유행신학이 아니다. 그러므로 생태학적 신학을 따라 전개되는 삼위일체 하나님에 대한 이해는 생태학적이면서 동시에 삼위일체적일 수밖에 없다.

2) 삼위일체 하나님은 생태학적이시다

생태학적 신학은 자연의 생태학적 회복은 오직 만물의 창조자이시며 보존자이시고 완성자이신 하나님에 의해서만 이루어진다고 선언한다. 그리고 "삼위일체 하나님은 생태학적이시다"라는 말은 바로 "교회에 의해 선포되고 교회 안에서 경험되고 교회를 통해 고백되는 하나님은 어떤 분이신가?"라는 질문에 대한 대답이다. 우리는 이 대답을 성경을 통해서 확인하면서 그 의미를 파악하고자 한다.

---

53 "생태학적"이란 말은 아니지만 그에 해당하는 말을 하나님에 대한 서술어로 사용한 예를 이안 브래들리(Ian Bradley)에게서 찾을 수 있다. '환경주의적 성경해석'이란 우리말 부제가 붙은 그의 저작의 제목은 『녹색의 신』(*God is green*)이다. "green"이라는 단어는 '환경주의적' 또는 '생태학적'이란 말로 바꾸어 쓸 수 있다. 그러므로 『녹색의 신』이라는 브래들리의 책제목은 '하나님은 생태학적이시다'라고 번역할 수도 있다. 이안 브래들리, 이상훈, 배규식 공역, 『녹색의 신』(서울: 따님, 1996).

(1) 창조주 하나님: 만물의 아버지

삼위일체 하나님은 생태학적인 분이라는 선언의 근거는 그의 사역과 관련되어 있다. 우리는 아버지와 아들과 성령에 대해 생태학적이라 부를 수 있는지를 살펴보려고 한다.

a. 창조주 하나님

하나님 아버지는 만물을 창조하신다. 창조주 하나님은 만물을 창조하고 보전하시며 자신이 친히 만물의 아버지가 되신다. 창조주 하나님에 대한 이해를 성경에서 찾을 때, 전통적으로 우리는 창세기 1장에서 3장까지의 창조-타락 구조에 집중했다. 이것의 문제점을 베스터만은 다음과 같이 지적한다.

> 단지 창조에서 타락으로, 타락에서 구속으로 이어지는 노선만이 실제로 관건이 되는 식으로 이렇게 지나치게 협소한 시각은 기원들에 관한 성서의 기록이 세계와 인간을 위한 토대로서 제시하는 그 외의 다른 일체의 것들에 대해서는 관심을 기울이지 않는다. 그처럼 협소한 시각에는 어떤 여지가 없다. 하지만 성서 기록은 인간과 세계를 더 넓고 더 명료한 전망 안에 위치시켜 놓고 있다.[54]

---

[54] Claus Westermann, 황종렬 역, 『창조』(서울: 분도, 1991), 31. 그러므로 여기서는 베스터만과 같이 창세기 1-11장을 단일한 통일체로 보고 각 구절들을 상호 보완적으로 인용할 것이다. 이러한 통찰은 창세기 4:17-26의 내용을 긍정적으로 보는데 큰 영향을 미치며, 6-9장의 홍수 이야기를 창조의 보존이라는 측면에서 창조와 밀접한 연관 속에 두게 된다(Ibid., 35, 36). 창세기 1-11장의 통일적 구조에 대한 구조적 분석은 『창조』, 38-44를 참고하라.

성경은 "태초에 하나님이 천지를 창조하셨다"(창 1:1)고 선언한다. 이 구절이 의미하는 바는 창조의 재료가 되는 최초의 물질 창조를 의미한다기보다는 하나님께서 만물을 존재케 하신 이후로 계속해서 유지, 보전하시며, 궁극적으론 완전케 하시는 하나님의 전 창조 사역에 대한 선언이다. 베스터만은 1절과 2절을 '하나님의' 창조에 대한 선언으로 보고, 3절 이하와 구분하고 있다.[55]

그러나 구약학자 에드워드는 창세기 1장 1절과 2절 이후를 구분해서 "제1절은 창조 사실을 광범위하고 포괄적으로 표현한 것이라고 확언할 수 있다"[56]라고 말했다.

어찌 되었든 창세기 1장 1절은 하나님의 창조에 대한 일반적 선언이라는 점에서는 일치한다. 즉 성경은 하나님을 창조주로 선포하면서 시작한다. 몰트만 역시 비슷한 견해를 취하면서 이것을 "바라"(bara)와 "아사"(asah) 동사의 용례를 들어 설명한다.

> 본문은 '창조하다'(Schaffen, bara)와 '만들다'(Machen, asah)를 분명히 구분한다. 창세기 1장 1절에서 '창조하다'는 창조 전체를 묘사한다. 이에 비해 '만들다'는 2절과 함께 시작하여 안식일과 함께 끝난다.[57]

---

[55] Claus Westermann, *Genesis: a practical commentary*, tr. by David E. Green(Michigan: Grand Rapids, 1987), 6-8.

[56] 에드워드 J. 영, 이정남 역, 『창세기 제1장 연구』(서울: 성광문화사, 1982), 29.

[57] J. Moltmann, *Gott in der Schöpfung: Ökologische Schöpfungslehre*(München: Kaiser, 1985), 86. 그에 따르면, 동사 '바라'는 제사장 문서 전통에서 하나님의 창조에 대해서만 배타적으로 사용된다. '바라'는 무엇을 만들어 낼 수 있는 재료를 한 번도 수반하지 않는다. 이것은 하나님의 창조가 절대적이며 전제조건 없는 창조임을 말한다.

이것은 피조세계가 하나님의 자유로운 의지를 통하여 존재하게 되었음을 말한다. 다시 말하여 세계는 "그[하나님]의 자유로부터 창조되었으며(Creatio e libertate Dei) … 그의 전제 없는 사랑의 전달(Creatio ex amore Dei)이다."[58]

하나님은 만물을 창조하시고 안식하신다(창 1:2-2:4a).[59] 시편 기자는 하나님의 창조를 노래하였다.

> 주의 손가락으로 만드신 주의 하늘과 주께서 베풀어 두신 달과 별들을 내가 보오니(시 8:3).

그래서 베스터만은 다음과 같이 말한다:

> 성서의 첫 페이지가 하늘과 땅, 해, 달, 별, 그리고 새, 고기, 동물에 관해서 이야기하고 있다는 단순한 사실은 우리가 신조에서 예수 그리스도의 아버지로 인지하고 있는 하나님은 단지 인간에게만 관심을 갖고 계신 것이 아니라, 모든 피조물에 대해서 관심을 갖고 계신다는 확실한 표가 된다. 인류의 신만으로 이해된 하나님은 더 이상 성서의 하나님이 아니다.[60]

하나님은 척박한 땅에 물이 흐르게 하시고, 인간을 창조하시고, "보

---

58 J. Moltmann, *Gott in der Schöpfung*, 88f.
59 단락 구분은 베스터만을 따른다. C. Westermann, 『창조』, 63.
60 C. Westermann, *Genesis 1-11*, 176; 제임스 A. 내쉬, *Loving Nature: Ecological Integrity and Christian Responsibility*, 이문균 역, 『기독교 생태윤리: 생태계 보전과 기독교의 책임』(서울: 한국장로교출판사, 1997), 154에서 재인용.

기에 아름답고 먹기에 좋은 열매를 맺는 온갖 나무를" 자라게 하시고 그곳을 돌보게 하셨다. 그리고 인간과 사귀도록 동물을 창조하셨으며 또 남자와 여자를 진정한 짝이 되게 하셨다(창 2:4b-25). 이 창조에 대한 두 번째 이야기는 베스터만에 따르면 제사장 문헌에 속하는 창세기 1장 1절-2장 4a절보다 오래된 기사이며[61] 하나님을 "야훼"(יהוה, YHWH)라 기록하는 "야휘스트 문헌"에 속한다.[62] 야휘스트 문헌의 인간 창조의 기사는 인간 중심적 해석의 주 근거로 잘못 사용되어 온 제사장 문헌의 창조 기사보다 더 생태학적이며, 다른 피조물들과 지배와 복종이 아니라 서로를 돕는 관계를 맺고 있는 것으로 묘사된다.

> 주 하나님이 땅의 흙(히. 아다마)으로 사람(히. 아담)을 지으시고, 그의 코에 생명의 기운을 불어넣으시니, 사람이 생명체가 되었다(창 2:7).

이것은 인간 역시 하나님의 피조물이라는 선언이며, 인간은 자연(흙)과 뗄 수 없는 관계에 있는 존재라는 선언이다. 또한 하나님에 의해 피조된 인간을 가리키는 "네페쉬 하야"(נפשׁ חיה)는 '살아있는 혼'으로 번역될 수도 있지만, 그것은 흙으로 지어진 육체 속에 들어온 하나의 살아있는 혼을 의미하지 않는다. 그것은 단지 "생명체"를 가리키며 동일한 말이 창세기 2장 19절에서는 동물에도 적용됨에서 그것을 확인할 수 있다. 물론 인간은 하나님의 형상[63]을 따라 창조되었다는 점에서 분명히 다른 피조물과 다르다. 그러나 그런 구별이 인간과 다른

---

[61] C. Westermann, 『창조』, 72-74.
[62] Westermann, *Genesis: a practical commentary*, 18.
[63] '하나님의 형상'이 구체적으로 무엇이냐에 대한 논의는 이 글에서 다루지 않는다.

피조물 사이의 연대와 관계성을 없애지는 못한다.

또한 제사장 문헌 기사에서, 인간은 땅의 들짐승과 길짐승과 같은 날에 창조되는 것으로 나타나고(창 1:24-31), 먹을거리인 식물은 인간뿐만 아니라 모든 생명체에게 함께 주어진다(창 1:29-30).[64] 야휘스트 문헌 기사에서 식물과 동물과 인간의 관계는 더욱 밀접하게 나타난다. 인간은 자연을 돌보며, 식물들은 그의 먹을거리로 주어졌다(창 2:15,16). 무엇보다 중요한 것은 동물이 동료 인간보다 먼저 인간(아담)의 동역자로 등장하는 것이다(창 2:18, 19).

그래서 인간은 동물을 돌보면서 밀접한 관련을 맺으나 동물은 인간의 진정한 동역자는 되지 못했고(창 2:20) 결국 인간은 다른 인간을 진정한 동역자로 만나게 되지만(창 2:23) 인간과 자연이 생태학적 연관을 갖고 있음이 여기서 드러난다. 이렇게 창세기의 기사들은 하나님의 창조 사건을 기술하면서, 인간이 하나님의 유일한 피조물이 아니며 다른 피조물들과 함께 조화를 이루며 살아야 함을 우리에게 알려 준다.

b. 보존자 하나님

하나님은 만물을 보존하시는 분이시다. 하나님의 피조세계는 인간의 타락으로 왜곡되었다. 하나님의 뜻을 어김으로 인간에게 악이 찾아 왔고 인간은 고통을 겪게 되며, 땅(자연)은 인간으로 인해 저주를

---

64 물론 인간에게 먹을거리로 주어진 식물은 '씨 맺는 모든 채소와 씨 있는 열매를 맺는 모든 나무'이고(29절), 다른 짐승과 새와 땅 위에 사는 모든 것들에게는 '푸른 풀'이 먹을거리로 주어짐으로써(30절) 인간과 동물의 구별이 나타난다. 그러나 하나님은 인간만을 돌보지 않으시며 이 땅에 모든 살아있는 것들을 돌보신다는 사실은 여전히 변치 않는다.

받게 되었다고 창세기는 기록하고 있다:

> 남자에게는 이렇게 말씀하셨다.
> "네가 아내의 말을 듣고서, 내가 너에게 먹지 말라고 한 그 나무의 열매를 먹었으니, 이제, 땅이 너 때문에 저주를 받을 것이다. 너는, 죽는 날까지 수고를 하여야만, 땅에서 나는 것을 먹을 수 있을 것이다.
> 땅은 너에게 가시덤불과 엉겅퀴를 낼 것이다. 너는 들에서 자라는 푸성귀를 먹을 것이다. 너는 흙에서 나왔으니, 흙으로 돌아갈 것이다. 그 때까지, 너는 얼굴에 땀을 흘려야 낟알을 먹을 수 있을 것이다. 너는 흙이니, 흙으로 돌아갈 것이다."[65]

그러나 이와 같이 죄에 대해 하나님께서 피조세계를 징계하시면서도 하나님은 창조의 조화를 보전하셨다. 땅은 가시덤불과 엉겅퀴를 내지만 동시에 인간에게 먹을 것도 제공한다. 또한 인간은 노동으로 인해 수고하고 땀 흘리지만 에덴에서처럼 여전히 땅을 돌보는 일을 맡고 있다. 즉, 자연은 인간을 도우며 인간은 자연을 돌보아야 한다는 것이다. 결국 하나님의 뜻을 어긴 인간들에게 주신 노동의 명령은 인간과 자연 사이의 관계의 왜곡과 파괴를 전제로 하면서도 둘 사이에 여전히 밀접한 관련이 있게 하시는 창조의 보전 명령, 곧 생태학적 명령이다.

이 생태학적 보전의 은혜는 죄로 인하여 아담과 하와가 에덴에서 추방되면서도 이어진다. 에덴에서 쫓겨났지만 그들은 하나님으로부

---

[65] 새번역, 창 3:17-19(이텔릭체 강조는 필자의 것이다).

터 영영 버림받지 않았으며, 다른 피조물과의 공존의 관계도 유지되었다. 에덴을 벗어나는 그들에게 하나님께서는 동물 가죽옷을 입히신다(창 3:21). 인간은 하나님의 형상을 가진 존재로서 땅과 다른 생물들을 돌보는 존재일 뿐 아니라 식물을 그 먹을거리로 삼고 동물의 가죽으로 옷을 지어 자신을 보호함으로 다른 피조물들의 도움을 받는 존재가 되었다. 피조세계를 보전하려는 이러한 하나님의 뜻은 인간의 죄가 강해질수록 더 분명하게 드러났다. 왜냐하면 홍수 사건으로 인간의 죄를 벌하신 후에 하나님께서는 동물마저도 인간의 먹을거리로 주고 계시기 때문이다.

우리는 하나님께서 그렇게 허락하신 이유를, 인간에게 동물이 먹을거리로 주어지지 않으면 인간들뿐만 아니라 온 세계가 보전되기 어려웠기 때문이라 생각해 볼 수 있다. 그것이 비록 처음의 창조질서와는 다르지만(창 1:29), 인간의 자의적인 일이 아니라 창조를 보존하시려는 하나님의 허락 가운데 일어난 일인 것이다.

또한 아담과 하와는 자녀를 낳았다. 가인의 범죄로 아벨을 잃기도 했지만 계속해서 많은 아들 딸을 낳았다(창 3:22-4:2; 5:1-4).[66] 형제를 죽인 가인에게 하나님께서 그 책임을 묻지만 그에게도 여전히 하나님의 보호가 따르며(창 4:9-16), 그도 자녀를 낳았고 그의 자손이 계속 이어지는 은혜를 입는다(창 4:17-22).

결국 인간의 범죄에도 불구하고 인간들은 계속해서 하나님의 보호 가운데서 있으며 새 생명들이 이 땅에 태어났다. 그리고 농경(창 4:1), 도시의 건설(창 4:17), 가축 사육과 유목생활, 금속을 다루는 작업, 그

---

[66] 베스터만에 따르면, 창세기 1장 28절의 축복이 5장의 족보에서 실현되고, 창세기 9장 1절의 축복이 10장의 족보에서 실현되는 구조는 의도적인 것이다. C. Westermann, 『창조』, 39.

리고 음악의 발달(창 4:18-22) 등이 인간들에게서 나타났다. 이 모든 것은 땅을 지배하여 다스리라는 명령에 연계된 하나님의 축복과(창 1:26-28) 인간에게 그 동산을 경작하고 돌보라는 사명이 실제로 드러난 결과이다.[67] 하나님의 이와 같이 만물이 죄 가운데 있으면서도 '생육하고 번성하는' 것은 하나님께서 자신의 피조세계를 계속 보전하시는 결과이며 피조세계 전체에 주시는 하나님의 축복이다.

그런데 "생육하고 번성하라"는 하나님의 축복은 인간에게만 주어진 것도 아니며 또한 그것은 전통적 의미에서의 최초의 칠일간의 창조[68] 때에만 주어진 것도 아니다. 그것은 인간 아닌 다른 생물들에게 먼저 주신 축복이고, 홍수 이후에도 하나님은 그 축복을 다시 확인하신다. 하나님은 '다섯째 날'에 물에 사는 생물들과 새들에게 축복하셨고,[69] 그 다음에 하나님은 그 축복을 '여섯째 날'에 다시 인간들에게 주셨다(창 1:28). 그리고 홍수 후에도 그 축복이 인간 이외의 피조물에게 계속된다는 것은 거듭 확인되고 있다.

> 너와 함께 한 모든 혈육 있는 생물 곧 새와 가축과 땅에 기는 모든 것을 다 이끌어내라 **이것들이 땅에서 생육하고 땅에서 번성하리라** 하시매(창 8:17, 볼드체 강조는 필자의 것임).

하나님은 인간의 생육과 번성을 말씀하신 것이 아니라 동물들의 생

67　C. Westermann, 『창조』, 34, 35.
68　하나님의 창조 사역은, 창조가 직접적으로 언급된 처음의 육일 동안만을 가리키는 것이 아니며 하나님께서 안식하신 제 칠일까지 포함한다.
69　"하나님이 이것들에게 복을 베푸시면서 말씀하시기를 '생육하고 번성하여 여러 바닷물에 충만하여라. 새들도 땅 위에서 번성하여라' 하셨다"(창 1:22, 새번역).

육과 번성을 먼저 말씀하면서 그것의 책임을 인간에게 맡기고 있다. 그리고 나서야 인간을 향해 "너희는 생육하고 번성하며 땅에 가득하여 그 중에서 번성하라"(창 9:7)고 축복하셨다. 그러나 무엇보다도 중요한 것은, 창세기 8:22-23의 창조의 보존 약속이다.

여기에 언급된 "대구들을 모든 생물이 의존하는 자연의 계절적 순환을 언급하는 것으로 받아들이는 것이 최선일 것이다. 이러한 순환들이 유지될 것이라는 하나님의 보증은 세계에 대한 그의 계속적인 섭리적 축복의 표시가 된다."[70]

"이 보존은 '땅이 이어가는 동안' 지속될 것이다."[71]

c. 아들의 아버지이신 하나님

하나님 아버지는 직접적으로 만물의 아버지가 되시는 것이 아니라 아들을 통해 만물의 아버지이심을 선포하신다. 하나님은 만물을 창조하셨으며 그 세계를 보전하신다. 그러나 그것 때문에 하나님이 "만물의 아버지"라 불리는 것은 아니다. 바울은 그것을 잘 말해준다.

> 그러나 우리에게는 아버지가 되시는 하나님 한 분이 계실 뿐입니다. 만물은 그분에게서 났고, 우리는 그분을 위하여 있습니다. 그리고 한 분 주님이신 예수 그리스도가 계십니다. 만물이 그분

---

70 Gordon J. Wenham, *Word Biblical Commentary*, vol. 1, Genesis 1-15(Waco, Texas: Word Books, 1987), 박영호 역, 『WBC 성경주석: 창세기(상)』(서울: 솔로몬, 2000), 368.
71 C. Westermann, 『창조』, 37.

으로 말미암아 있고, 우리도 그분으로 말미암아 있습니다."[72]

이 구절은, 만물이 하나님에 의해 창조되었으나 그것은 모든 것의 주님이신 그리스도를 통해 되어진 것이며 하나님을 아버지라 부르는 것도 그리스도께 그 근거가 있다는 말이다. 예수께서는 하나님을 부를 때 어린아이가 아버지를 부르듯 "아바"(abba)라 불렀으며, "예수의 아바는 어머니와 같이 버림받은 자들에게 '긍휼을 베풀고' 언젠가 '그들의 눈에서 모든 눈물을 씻겨 내실'(계 21:4) 하나님이다."[73] 예수께서 하나님에 관하여 다른 이들에게 말할 때는 "나의 아버지"라 했다. 그렇기 때문에 몰트만은 다음과 같이 말한다.

> 그[하나님]는 보편적인 "하늘의 아버지 하나님"이 아니며, 또한 항상 이미 "우리의 아버지"도 아니다. 오히려 그는 완전히 배타적으로 이 아들 예수의 아버지, 그의 나라의 메시아의 아버지이다 … 이 아버지의 "아버지됨," 그의 "지배"와 "나라"로 이해될 수 있는 바로 그것은 오로지 아들을 통해서만 규정된다 … 예수의 아버지는 가난한 자들과 버림받은 사람들에 대한 예수의 헌신을 통하여 참으로 "고아들과 과부들의 아버지"가 된다.[74]

---

[72] 고전 8:6(새번역).
[73] J. Moltmann, "나는 하나님 아버지를 믿습니다," 『삼위일체와 하나님의 역사』, 42-47.
[74] J. Moltmann, 『삼위일체와 하나님의 역사』, 48-49. 그는 이미 『삼위일체와 하나님의 나라』에서 다음과 같이 말하였다. "이 아들에 비추어 하나님은 '아버지'라 불리어야 한다. 그의 아버지 되심은 이 아들에 대한 관계를 통해서, 그리고 이 아들 예수 그리스도와 그와의 관계를 통하여 결정된다. 아버지 하나님에 관한 기독교적인 이해에 있어서 '만유의 아버지'가 아니라 오직 예수 그리스도 '아들의 아버지'가 중요하다." J. Moltmann, *Trinität und Reich Gottes*, 180.

> 아들을 보는 자는 아버지를 본다(요 14:9).

이렇게 그 아들이 드러내는 아버지를 바울은 "우리 주 예수 그리스도의 아버지"(롬 15:6; 고전 1:3; 고후 11:31; 엡 3:14)라 지칭한다. 여기서 하나님을 드러내는 예수는 그리스도이신 것과 그의 주되심의 두 가지 방향에서 하나님을 드러낸다.[75] 그리고 그 때에 그 아들을 통해 하나님은 만물의 아버지가 되신다.

"메시아 예수의 통치영역 안에서 예수의 아버지는 우리의 아버지가 되며, 만물 위의 아버지가 된다(롬 1:7; 갈 1:1; 엡 4:6)."[76]

마가복음 10장은 예수 그리스도로 인해 하나님이 우리의 아버지가 된다는 것을 간접적으로 보여준다.

> 예수께서 말씀하셨다.
> "내가 진정으로 너희에게 말한다. 나를 위하여, 또 복음을 위하여, **집이나 형제나 자매나 어머니나 아버지나 자녀나 논밭을** 버린 사람은, 지금 이 세상에서는 박해도 받겠지만 **집과 형제와 자매와 어머니와 자녀와 논밭을** 백 배나 받을 것이고, 오는 세상에서는 **영생을** 받을 것이다."[77]

이에 따르면 예수 그리스도와의 관계 속에 있는 새로운 공동체 안에

---

[75] "하나님 아버지는 예수 자신, 그의 메시아됨(그리스도)과 그의 통치(키리오스)에 의해 규정된다. 예수 그리스도의 아버지는 예수의 아버지이지, 그 다른 누구의 아버지가 아니다. 우리는 우리에 대한 예수의 통치를 통하여 예수의 아버지와의 사귐 안으로 들어간다." J. Moltmann, 『삼위일체와 하나님의 역사』, 49.

[76] J. Moltmann, 『삼위일체와 하나님의 역사』, 49.

[77] 막 10:29, 30(볼드체 강조는 필자의 것이다).

서 유독 회복되지 않는 것은 바로 '아버지'이다.

왜 그 가운데 '아버지'는 빠져 있는가?

이 질문에 대해 몰트만은 다음의 성경말씀으로 대답한다.

> 또 너희는 땅에서 아무도 너희의 아버지라고 부르지 말아라. 너
> 희의 아버지는 하늘에 계신 분, 한 분뿐이시다(마 23:9, 새번역).

이 말씀을 하시는 예수 그리스도로 인하여 하나님 자신이 우리의 아버지로 선포되기 때문에 다른 모든 세계의 아버지의 권위는 폐기된다는 것이다.

d. 완성자 하나님

하나님 아버지는 만물을 완성시키신다. 몰트만에 따르면, 창조는 "칠일간의 사역"이며 일곱째 날은 창조의 '완성'의 날이다.[78] 몰트만은 안식일의 의미를 다음과 같이 확장시킨다.

> 우리가 창조신앙에 대한 성서적 전통들을 고찰하면, 안식일은
> 육일의 노동의 날들 다음에 오는 휴식의 날이 아니라, 오히려
> 역으로 모든 창조 사역이 '안식일' 때문에 이루어졌음을 우리는

---

[78] J. Moltmann, *Gott in der Schöpfung*, 279. 베스터만에 따르면, 이 7일간의 창조는 성경의 창조 기사를 성경 이외의 다른 여러 창조신화들과 구별시키는 독특성이다. "여기서는 창조가 계속해서 6일을 지내고 난 뒤에 제7일째의 휴식에 이르러 절정에 이르는 하나의 사건으로 진술되어 있다. 고대 세계 이래 우리에게 알려진 창조 설화들 가운데서 그 어떤 것도 이것과 닮은 형태의 설화는 전혀 없다." Claus Westermanr, 『창조』, 63.

발견할 수 있다.[79]

몰트만에게 있어서 '창조의 안식일'과 매주의 안식일과 창조의 영광이 연결되어 있다. 이 영원한 안식일 안에서 온 우주의 구원이 드러난다는 것이다. 따라서 매주의 안식일과 '안식년'과 '희년'은 역사적 시간을 넘어 메시아의 시대를 가리킨다.[80]

하나님의 안식이 피조물의 안식과 관련되어 있다는 것이 몰트만의 생각이다. 하나님에 의해 '존재'하게 된 피조물은, 인간이나 다른 어떤 것이나 구분 없이, 모두 무의 위협을 받고 있다. 그러므로 인간뿐만 아니라 존재하는 모든 것이 휴식의 장소를 찾고 있다. 피조물들이 가장 찾고 있는 '휴식의 장소'는 바로 '하나님의 안식일'이다.[81]

하나님께서는 자신이 창조하시고 보전하시는 이 세계를 향한 목표를 갖고 계신다. 그리고 그 목표의 완성을 위해 미래(Advent)에서부터 오신다. 몰트만에 따르면 "하나님의 존재는 되어감(Werden) 속에 있지 않고, 오심(Kommen) 가운데 있다."[82] 그리고 하나님의 오심의 이론적 배경으로 몰트만이 참고하는 것은 유대교적 사고이다.[83] 그는 창조의

---

[79] J. Moltmann, *Gott in der Schöpfung*, 280. "… 창조의 사역들은 창조의 안식일을 향해 흘러들어간다. 그러므로 창조의 안식일과 함께 이미 영광의 나라, 곧 모든 피조물들의 희망과 미래가 시작된다"(Ibid., 283).

[80] J. Moltmann, *Gott in der Schöpfung*, 291-92.

[81] J. Moltmann, *Gott in der Schöpfung*, 284f.

[82] J. Moltmann, 『오시는 하나님』, 59. 클레퍼트에 따르면, 이것은 융엘이『하나님의 존재는 되어감 속에 있다』는 저술을 통해 행한 바르트의 해석에 대한 거절이다. Bertold Klappert, *Worauf wir hoffen* (Gütersloh: Kaiser, 1997), 18.

[83] 몰트만은 여기서도 자신의 '에큐메니칼적' 논조를 이어서 개신교와 가톨릭, 서방교회와 동방교회, 기독교와 유대교 모두를 함께 참고한다. J. Moltmann, *Gott in der Schöpfung*, 13. 참고, J. Moltmann, *Trinität und Reich Gottes*, xiv-xv. 몰트만의 종말론이 유대교 전통을 수용하는 경향에 대해 클래퍼트는 다음과 같이 평한다. 몰트만

신적 비밀을 '쉐히나'(Schechina, 하나님의 거하심)에서 찾고 있다.

"쉐히나의 목적은 전체 창조를 '하나님의 집'으로 만드는 것이다."[84]

이 '오시는 하나님'에 의해, 창조와 보존은 단순히 현재 상태의 영원한 지속을 넘어서서 다른 무엇을 향해 나아간다. 그래서 하나님께서는 새 창조를 말씀하시고 그 가운데서 완전한 평화의 나라가 이루어질 것을 약속하신다:

> 보라 내가 새 하늘과 새 땅을 창조하나니 이전 것은 기억되거나 마음에 생각나지 아니할 것이라 … 이리와 어린 양이 함께 먹을 것이며 사자가 소처럼 짚을 먹을 것이며 뱀은 흙을 양식으로 삼을 것이니 나의 성산에서는 해함도 없겠고 상함도 없으리라 여호와께서 말씀하시니라 (사 65:17, 25).[85]

그런데 여기서 약속된 새 하늘과 새 땅은 어떻게 이루어지는가? 지금의 세계가 폐기되는가, 변화되는가, 아니면 신격화되는가?

이 질문에 대해 몰트만은 세계의 폐기나 변화나 신격화가 갖는 문제를 비판하고 하나님의 창조세계는 새 하늘과 새 땅에서의 완성을

의 "전 창조세계를 재창조하고 완성하는 하나님의 쉐히나"라는 종국점을 가진 "하나님의 내주라는 종말론적 사고"는 범성경적이기도 하지만 또한 현존하는 유대교적 사고에 깊게 영향을 받았다. 몰트만은 유대교를 곁눈질하고 있을 뿐 아니라 심지어 그의 전 종말론이 유대교적 '내주메타포'에 영향을 받았다고 볼 수도 있다. 몰트만의 종말론적 사고는 기독론으로부터 즉 "그리스도안에 있는 하나님의 내주"로부터 한 걸음 더 나아가 이스라엘–유대교적 사고의 영감을 수용하는 데로 개방되어 있다. Bertold Klappert, *Worauf wir hoffen*, 15.

84 J. Moltmann, *Gott in der Schöpfung*, 12.
85 사 65:17, 25.

향해 나아간다고 결론 내린다.[86]

> 이 창조 대신에 다른 창조가 등장하는 것이 아니다 … 오시는
> 하나님은 … 그의 창조에 대하여 신실하신 하나님이다. 그러므
> 로 새 창조(creatio nova)는 그의 죄와 불의로 멸망하고 있는 이
> 창조의 새 창조이다.[87]

여기서 몰트만이 말하는 새로움(novum)이라는 범주는 옛것의 창조(creatio veteris)를 가리키며 옛것으로 부터의 창조(creatio ex vetere)를 의미하지 않는다.[88]

(2) 만물을 창조하며 구원하여 하나님 아버지께 영광을 돌리는 아들

하나님의 창조는 전통적인 이해와는 달리 아버지만의 사역이 아니다. 창조는 아들을 통해 일어난다. 제사장 문헌군의 창조 기사는 '말씀을 통한 창조'로 기술되고 있다. 하나님께서 '말씀하시면' 그대로 되어졌다(창 1:3-31). 창조자와 그의 피조물은 창조의 말씀에 의해 연결된다. 이것을 요한복음은 이렇게 해석한다.

---

86 새 하늘과 새 땅이 하나님의 태초의 창조와 어떤 관련이 있는가에 대한 자세한 논의와 답변은 J. Moltmann, 『오시는 하나님』, IV장에서 다루어지고 있다. 거기서 몰트만은 해방의 경험 속에 근거된 희망은 회복이 아니라 태초의 창조의 궁극적 완성을 지향한다고 보았으며(451), 새 하늘과 새 땅은 이 세계의 폐기나 변화나 신격화로 나타나는 것이 아니라 이 세계가 하나님 안에서 완성된 존재라고 보았다(474). 이 글에서는 이러한 몰트만의 견해를 따르고 있다.
87 J. Moltmann, 『오시는 하나님』, 69.
88 B. Klappert, *Worauf wir hoffen*, 18. 옛것을 제거 내지 포기하면서 창조를 한다는 것이 아니라, 옛것을 새롭게 변모시킨다는 뉘앙스이다.

> 태초에 말씀이 계시니라 이 말씀이 하나님과 함께 계셨으니 이 말씀은 곧 하나님이시니라. 그가 태초에 하나님과 함께 계셨고, 만물이 그로 말미암아 지은 바 되었으니 지은 것이 하나도 그가 없이는 된 것이 없느니라(요 1:1-3).

즉 요한은 '창조의 말씀'을 하나님의 유일한 아들이면서 하나님과 동일한 신성을 가진 분'으로 선언하고 하나님은 그 아들로 말미암아 만물을 창조하셨다고 말하고 있다. 그 하나님의 유일한 아들은 만물과는 달리 시초가 없으시다.

> 태초에 … 그 말씀은 하나님과 함께 계셨다(요 1:1).

여기에 힘입어 칼빈은 그 말씀, 곧 아들을 향하여 "영원히 하나님이시요 후에는 만유의 창조주가 되신" 분으로 고백한다.[89] 또한 바울은 "만물이 그에게서 창조되되 … 만물이 다 그로 말미암고 그를 위하여 창조되었다"(골 1:16)고 아들을 통한 창조를 말한다.

몰트만은 이 하나님의 창조를 아들에 대한 사랑으로 설명한다.

> 아버지는 아들을 향한 그의 사랑의 힘으로 자기와 다른 것을 창조하시며, 창조 역시 하나님의 의지뿐만 아니라 하나님의 영원한 사랑에 상응한다.[90]

---

[89] J. Calvin, 『기독교 강요』, I.13.8.
[90] J. Moltmann, *Trinität und Reich Gottes*, 127.

그리고 그는 그것을 '아들을 통한 창조'라 규정한다.

> 아버지께서 아들을 향한 사랑 가운데에서 세계를 창조한다면,
> 그는 세계를 또한 아들을 통하여 창조하신다.[91]

그리스도는 만물을 창조할 뿐만 아니라 보존하고 구원하신다(히 1:3). 몰트만에 의하면, 이것은 "영원하신 아버지의 아들이신 예수의 우주적 주권, 그리고 그의 창조의 중재자 신분 및 그를 통한 세계의 유지와 우리 죄의 씻음에 대해 기독교적으로 요약하고 있다."[92] 요한도 성육하신 말씀으로 인해 구원이 이루어진다고 한다(요 1:12). 또한 모든 것이 그리스도를 통하여 창조되었기에 그리스도의 주권은 보편적이다. 그리스도는 만물의 창조자일 뿐만 아니라 모든 권력과 주권들의 창조자이며, 만물의 존속자이며, 그의 몸인 교회의 머리이시다(골 1:16-18).

그러나 이것은 그리스도께서는 주권과 그에 따르는 영광을 홀로 누리고 있지는 않으신다. 그리스도는 부활을 통해 드러난 자신의 영광을 아버지께 돌린다(빌 2:9-11). 그리고 그리스도뿐만 아니라 하나님께 소망을 둔 자들 역시 하나님의 영광을 찬미한다(엡 1:12). 그렇게 해서 그리스도를 통해 하나님과 그의 피조세계 사이의 화해가 이루어진다(골 1:19-20).[93]

---

[91] J. Moltmann, *Trinität und Reich Gottes*, 127.
[92] J. Moltmann, *Gott in der Schöpfung*, 107. 여기서 몰트만이 언급한 히브리서 1장 2절은 한글개역개정판 성경에서는 히브리서 1장 3절에 해당한다.
[93] 이사야 선지자는 종말에 오시는 메시아와 새 창조의 밀접성을 예언하고 있다(사 11:2, 6-9). 성령께서 함께 하시는 메시아는 전혀 함께 할 수 없는 것들을 함께 어울리게 만드시며, 만물이 사랑과 평화의 하나님을 아는 지식으로 가득하게 하신다.

그리스도께서는 만물의 완성을 위해 강림[94]하신다고 약속하셨다. 그리스도의 강림과 함께 하나님은 새 하늘과 새 땅을 창조하셔서 전체 창조를 완성하신다. 그리고 이와 같은 창조의 완성의 근거는 역시 하나님의 아들 그리스도로 말미암아 나타난다. 이를 사도 바울은 다음과 같이 고백한다.

> 하나님께서는 그리스도 안에 있는 모든 충만함을 머물게 하시기를 기뻐하시고, 그리스도의 십자가의 피로 평화를 이루셔서 그리스도로 말미암아 만물, 곧 땅에 있는 것들이나 하늘에 있는 것들이나 다, 기쁘게 자기와 화해시켰습니다(골 1:19-20, 새번역).

이처럼 그리스도의 강림은 종말, 그리고 만물의 완성과 밀접한 관계를 맺고 있다. 그러므로 그리스도는 처음부터 끝까지 생태학적이시다.

(3) 성령 안에서 창조

성령께서는 창조의 보존과 완성을 가져오는 영이시다. 태초의 창조와 그 보존은 하나님의 영광의 나라에서의 창조의 완성을 지향한다.

> 하나님은 그의 피조물의 완성을 위하여 그것을 보존한다.[95]

---

[94] 몰트만은 '파루시아'에 해당하는 말을 "재림"(Widerkunft)로 번역하는 것을 거부한다. 왜냐하면 "그것은 시간적으로 얼마간의 부재를 전제하기 때문이다." 파루시아는 강림이며 오심이다. J. Moltmann, 『오시는 하나님』, 64.
[95] J. Moltmann, 『삼위일체와 하나님의 역사』, 160.

'종노릇하는 피조물'(롬 8장)에 대한 바울의 언급과 그리스도를 통한 만물의 화해(골 1장)에 대한 강조는 오늘의 현실은 더 이상 태초의 창조도 아니고 새 창조도 아님을 드러낸다. 이러한 상황 속에서 "자신의 내재하는 영을 통하여 자신의 피조물과 함께 고통당하는 하나님은 피조물의 확고한 희망이다."[96] 그러므로 성령은 창조의 영이시며 동시에 창조의 보존과 완성을 이루시는 영이시다. 시편 기자는 다음과 같이 찬양한다.

> 주께서 낯을 숨기신즉 그들이 떨고 주께서 그들의 호흡을 거두신즉 그들은 죽어 먼지로 돌아가나이다. 주의 영을 보내어 그들을 창조하사 지면을 새롭게 하시나이다(시104:29-30, 새번역)

칼빈 역시 성령의 유지 사역을 말하고 그것을 통해 성령의 신성을 입증한다.

> 성령께서는 온 우주에 편재하시어, 하늘과 땅 위에 있는 만물을 유지하시고 그것들을 성장케 하시며 그것들을 소생시키신다. 또한 그분께서는 아무런 제한도 받지 않기 때문에 피조물의 범주에 속하지 않는다. 그러나 만물에게 생기를 불어넣고 그것들에게 본질과 생명과 운동을 불어넣어 주심에 있어서, 확실히 그는 하나님이신 것이다.[97]

---

[96] J. Moltmann, 『삼위일체와 하나님의 역사』, 161.
[97] J. Calvin, 『기독교 강요』, I.13.14.

시편과 칼빈에게서 드러나듯이 하나님의 영이 함께 하지 않으면 어떤 생명도 유지 될 수 없다는 것은 창조가 성령 안에서 유지됨을 말한다. 하나님은 성령 안에서 만물이 존재하게 하신다. 이것을 몰트만은 다음과 같이 해석한다.

> 피조물들은 신적인 영(ruah)의 끊임없는 유입으로 부터 "창조되었으며"(bara), 영 안에서 실존하며 영을 통하여 "새로워진다"(hadash). 이것은 다음과 같은 것을 전제한다. 즉 하나님은 언제나 그의 영의 힘을 통하여 그리고 이 힘 안에서 창조하며, 또한 그의 영의 임재는 그의 창조의 가능성과 현실성을 규정한다. 나아가서 이것은 다음의 사실을 전제한다. 즉 영은 존재하는 모든 것 위에 부어져 있으며 영은 그 모든 것을 유지하고 생기 있게 하며 새롭게 한다.[98]

이와 같이 성령은 창조의 영으로서 피조세계를 보존하신다. 몰트만은 이것 역시 하나님의 자기 낮추심과 인간 가운데 거하심을 가리키는 쉐히나에 의해 설명한다.

> 그의 창조의 영 안에 거하시는 하나님은 자신의 모든 피조물 안에 임재하시며 기쁨과 고통 가운데서 모든 피조물들과 결합되어 있으시다.[99]

---

[98] J. Moltmann, *Gott in der Schöpfung*, 24.
[99] J. Moltmann, *Gott in der Schöpfung*, 29.

하나님은 성령 안에서 창조하시며 성령은 창조의 영이시다. "하나님의 영은 물 위에 움직이고 계셨다"(창 1:2)는 구절을 해석하면서 칼빈은 성령의 보존하시는 사역에서 더 나아가 창조 사역을 설명하고 그것을 통해 성령의 신성을 입증한다.

> 우리가 현재 보고 있는 이 세계의 아름다움이 성령의 능력에 의하여 보존될 뿐만 아니라, 또한 이 세계가 이렇게 아름답게 장식되기 전에 벌써 성령께서 저 혼돈된 덩어리를 돌보셨다는 것을 보여주기 때문이다.[100]

이것을 근거로 몰트만은 "창조 전체가 영에 의하여 이루어졌고 그러므로 영에 의하여 형성된 현실을 드러낸다"[101]고 했으며, 또 하나님은 "성령을 통해 창조하신다. … 그는 그 자신의 영의 힘과 능력으로 창조하신다. 성령의 힘과 능력을 통하여 아무 관련도 없어 보이는 창조자와 피조물, 행위자와 행위, 사역자와 사역의 구별이 극복된다"[102]라고 하였다. 그러므로 성령은 창조의 능력이요 창조 안에 있는 하나님의 현존이시다.

---

[100] J. Calvin, 『기독교 강요』, I.13.14.

[101] J. Moltmann, *Gott in der Schöpfung*, 110. 몰트만은 『창조 안에 계신 하나님』의 창조론 전개에 대해 다음과 같이 말한다. "'창조 안에 계신 하나님'이란 제목과 함께 나는 하나님을 성령(Heiligen Geist)으로 생각했다. 하나님은 '생명에 대한 사랑을 가진 분'이시며, 그의 영은 모든 피조물들 '안에' 계신다. 이를 이해하기 위하여 나는 사도신조의 세 항목을 따르는 신학의 옛 구분들을 무시하고 이 세 항목을 삼위일체적으로, 즉 서로 결합하여 '성령론적 창조론'을 발전시킬 수 있었다." J. Moltmann, *Gott in der Schöpfung*, 12.

[102] J. Moltmann, *Trinität und Reich Gottes*, 128.

3) 삼위로 일체이신 생태학적 하나님

이 시점에서 우리는 다시 한 번 질문한다.
하나님은 어떤 분이신가?
우리는 이 질문에 대해 여태까지의 논의에 근거해서 '하나님은 삼위일체 하나님이시다'고 대답한다. 왜냐하면 창조와 관련하여 이미 살펴보았지만 창조와 보존과 완성의 전 사역에 아버지와 아들과 성령이 함께 참여하며, 아버지와 아들과 성령은 모두 신성을 지닌 존재로 파악되기 때문이다. 다시 말해 '삼위일체'를 말하는 것은 사변적 이론을 말하기 위함이 아니다. 그것은 하나님께서 성경과 세계 속에서 드러내신 하나님과 성령과 아들의 관계를 규명하고, 창조하시고 보존하시며 새롭게 하시는 하나님의 의미를 파악하기 위함이다. 그리고 이러한 하나님 이해는 궁극적으로 "하나님은 생태학적이시다"는 명제의 의미를 더 잘 이해하게 해 줄 것이다.

실제로 하나님에 대한 인식은 사변적으로 얻어지는 것이 아니다. 사변적인 신관이 나타나기 전에 이미 하나님은 창조와 창조의 보전 과정을 통하여 자신을 세계에 나타내셨다. 비록 이러한 하나님의 자기 계시를 인간은 죄로 말미암아 깨닫지 못했지만, 그 계시 자체가 폐기된 것은 아니다. 또한 고대 이스라엘은 야훼 하나님을 신앙하는 신앙 공동체였으며 유대교와 구약 성경에 하나님을 향한 그 신앙의 흔적을 남겼다. 그리고 이렇게 전해진 구약 성경과 유대교의 전통에서 출발하여 그것을 넘어서면서 예수께서는 자신을 **하나님의 아들**이라 선포했고 **하나님의 영**이신 성령을 보내주시겠다고 약속했고 **아버지**의 뜻대로 십자가에 죽으셨다가 부활하셔서 그 약속을 지키셨다. 이렇게 하나님께서는 예수에 의해, 그의 사도들을 통하여, 그리고 신약 성경을 통하여 계시되고, 선포되었다.

초기 기독교 공동체 이래로 교회 공동체는 십자가에서 죽으시고 부활하신 예수를 하나님 **아버지의 아들**이시며(요 1:14) 창조에 참여하신 하나님의 말씀(요 1:3)이라 고백하고, 인간이 되셔서 죽으시고 부활 하심을 통해 만물을 구원하시는 구원자(빌 2:6-11)로 믿으며, 하나님의 영이시며 동시에 그리스도의 영이신 성령을 통하여 창조의 보전과 세계의 구원을 허락하시고, 그것을 위해 하나님의 영을 세상에 보내주시는 분이며 만물을 새롭게 하시기 위해 강림하실 주님으로 선포한다.

"신약 성서의 증언에 의하면 예수는 아들로서 나타난다. 그의 역사는 아버지와 아들과 성령의 단일한 상호작용에서부터 이루어진다."[103]

신약 성경은 그 아들에 대하여 인간이 되신 동안에는 분명 성령의 담지자였으나(눅 3:22) 부활 후에는 성령의 파송자로(요 14:16, 17) 기록하고 있다.

또한 교회는, 그 아들 안에서 자신을 드러내시는 **그 아들의 아버지**를 만물의 창조주이며 만유의 주관자이시며 창조의 완성자로 믿는다. 그리스도인들은 교회를 이루어 하나님을 섬기며, 아들이 보내신 성령의 능력 가운데서 하나님을 그 아들의 아버지로 고백한다. 아버지는 아들의 아버지이지 만물의 일차적인 아버지는 아니지만, 부활로 말미암아 만물의 주인으로 계시된 그리스도의 아버지로서 만물을 그리스도 안에서 자녀삼으신다. 또한 그리스도인은 하나님 아버지를 성령의 능력 가운데서 믿으며, 아버지로부터 나오시며 또한 영화롭게 되신 그 아들로부터 보냄 받는 성령의 인도하심 가운데 하나님의 자녀

---

[103] J. Moltmann, *Trinität und Reich Gottes*, 80.

의 삶을 살아간다.

신약 성경은 창조의 영이시며 보존자이시고 만물의 완성을 위해 일하시는 **성령**을 역시 신적 존재로 고백한다. 성령께서는 혼돈의 물 위를 "휘돌고 있으며 행동할 준비가 되어" 있었으며(창 1:2),[104] 이 세계 모든 생명의 근원과 보전자가 되시고(시104:29-30), 우리를 구원하시기 위하여 인간으로 오셔서 우리의 죄를 용서하신 예수 그리스도를 주인으로 섬기도록 우리를 이끄신다. 따라서 초기 기독교 공동체 이후로 교회는 하나님 아버지와 함께, 스스로를 하나님의 아들로 인식하는 예수와 예수의 부활 이후 체험된 성령 모두를 신적인 존재로 경험하고 믿고 고백하며 선포한다.

피조세계 전체를 향한 아버지와 아들과 성령의 사역은 일치한다. 삼위일체 만유의 신음이 그치고 모든 사물이 회복되길 원하신다.[105] 피조물이 썩어짐에서 해방되어 "하나님의 자녀들의 영광의 자유에 이르기를 원한다"(롬 8:21)는 것은 피조물을 향한 삼위일체 하나님의 사랑의 또 다른 표현이다. 왜냐하면 하나님은 "만유의 주로서 만유 안에 계시려 하시기"(고전 15:28) 때문이다. 그의 하나님 나라 신학(Kingdom of God theology)이 무엇인지 묻는 질문에 대해 몰트만은 이렇게 대답한다.

> 그것은 만유 안에 하나님이 현존하시는 것이며 하나님 안에 만유가 현존하는 것이다. 하나님의 나라에서 만유는 신적인 것을

---

[104] G. J. Wenham, 『WBC 성경주석: 창세기(상)』, 106.
[105] 몰트만은 이를 십자가 신학과 연결시켜 말하였다. "만유의 화해에 대한 희망의 참된 기독교적 근거는 십자가의 신학이며, 십자가의 신학으로부터 나오는 유일한 실제적 귀결(Konsequenz)은 모든 사물의 회복이다." J. Moltmann, 『오시는 하나님』, 433.

맛보고 신적인 것을 느낀다. 왜냐하면 신적인 것과 인간, 하늘의 것과 땅의 것이 엮여지고 서로 침투해 있기 때문이다.[106]

이것이 바로 우리가 삼위일체 하나님을 생태학적이라 부르는 근거이다.

---

[106] J. Moltmann, "The life-powr of hope," *Trinity News* 53, No. 2 (2007): 6.

제6장

결론: 닫힌 세상, 삼위일체 하나님의 '열린' 친교
-삼위일체 신앙과 삼위일체론적 삶-

삼위일체의 열린 친교란 무엇인가?

만유 위에 계시며 만유를 통일하시고 만유 가운데 계신 하나님, 곧 만유와 춤추는 하나님은 어떤 분이신가?

'열린' 삼위일체의 친교와 일치는 닫힌 세상에서 일어나는 온갖 문제를 해결하는 데 어떤 도움을 줄 수 있는가?

삼위일체 하나님에 대한 서방교회 전통의 논의는 '한 분 하나님과 세 위격들의 신비적 조화'로 요약될 수 있다. 그러나 성경의 신앙과 니케아-콘스탄티노플신조의 삼위일체 신앙은 '세 신적 인격체들이신 한 하나님에 대한 하나의 신앙'으로 요약될 수 있다. 그리고 아버지와 아들과 성령의 친교는 폐쇄되어 있지 않고 개방되어 있다. 삼위일체의 그 개방성은 수동적인 측면만을 갖는 것이 아니라 피동적 개방과 능동적 수용을 포함하는 역동적 개방성이다. 이러한 개방성을 가진 삼위일체 하나님의 친교는 종말에 만유 안에서 만유와 춤추는 하나님을 통해 완성될 것이다.

"하나님을 아는 지식"은 하나님의 백성들에게는 결코 소홀히 할 수 없는 것이다(호 4:1).

> 주의 영광을 아는 지식이 땅 위에 가득할(합 2:14, 새번역).

그 때가 이르기까지 우리는 하나님을 찾고 또 찾아야 한다. "하나님을 아는 지식"을 갖는 것은 인간을 포함한 피조물이 하나님을 인정하고 그 하나님과 함께 호흡하며 함께 어우러짐을 의미한다. 하나님은 "만유의 주로서 만유 안에 계시려" 하신다(고전 15:28).[1]

> 아버지께서는 모든 충만으로 예수 안에 거하게 하시고, 그의 십자가의 피로 화평을 이루사 만물 곧 땅에 있는 것들이나 하늘에 있는 것들이 그로 말미암아 자기와 화목하게 되기를 기뻐하심이라(골 1:19-20; 참고. 엡 1:10).

그 날이 이르기까지 성령께서 그리스도인들을 도우실 것이다(롬 8:26). 이 삼위일체 하나님은 멀리 있는 절대 타자도 아니며, 인간의 일거수일투족을 사찰하여 벌주는 염라대왕도 아니며, 혼자서 여러 가지로 모습을 바꾸어 나타나는 '유일신'(唯一神)도 아니다. 아버지와 아들과 성령께서 사랑의 친교 안에서 하나를 이루시며, 그 친교를 열어서 우리를 포함한 만유를 그 안으로 초대하고 계신다. 그것을 가장 잘 보여주는 것이 삼위일체론이다. 그리고 삼위일체론을 지금 다루는 것

---

[1] 몰트만은 이것을 하나님의 창조 목적으로 규정한다. Jürgen Moltmann, *Das Kommen Gottes: Christliche Eschatologie*, 김균진 역, 『오시는 하나님: 기독교적 종말론』 (서울: 대한기독교서회, 1997), 443.

은 단순히 '어떤 삼위일체론이 더 옳으냐?'로 끝나는 문제가 아니다. 왜냐하면 삼위일체론은 우리의 신앙의 핵심이기에 기독교적 삶의 전반에 영향을 미칠 수밖에 없기 때문이다. 하나님의 어떠하심은 그의 형상으로 지음 받은 인간(창 1:26)이나 그의 피조물 전체의 어떠해야 함을 규정해왔다.

따라서 삼위일체 하나님에 대한 이해는 그리스도인의 삶과 교회의 삶을 규정했다. 우리는 삼위일체 하나님을 신학책 속에서 만나는 것이 아니라 구체적인 교회의 삶에서 만나게 된다. 예수 그리스도가 우리 죄를 구속하신 하나님의 아들임을 듣고 그를 삶의 주인으로 고백하고 하나님의 아들로 섬기게 된다. 그러면서 우리는 그 아들을 보내신 하나님 아버지를 예수 그리스도로 힘입어 나의 아버지로 고백하고 섬기게 된다.

또한 우리가 그러한 믿음을 갖게 되고 예수 그리스도를 통해 하나님 아버지와 연합하도록 직접적으로 도우시는 성령님을 경험하고 성령님을 하나님이라 고백하고 섬기게 된다. 그러면서도 우리는 아버지와 아들과 성령의 세 신들을 섬기는 삼신론의 신앙을 갖지 않는다. 우리가 아버지와 아들과 성령 중의 어느 한 인격체와 만나더라도 동시에 다른 두 인격체를 함께 만나게 된다.

교회의 생활에서 아버지와 아들과 성령의 하나 되심을 확인케 해주는 자리는 세례와 성만찬이다. 세례는 아버지와 아들과 성령의 하나 되심이 세례받는 자에게까지 확대되는 자리이다. 성만찬은 아버지와 아들과 성령의 하나 되심과 그 가운데 우리가 참여하고 있음과 다른 이들도 거기에 함께 참여하고 있음을 재확인시켜 주는 자리이다. 삼위일체 하나님과의 합일을 기억하는 사람의 삶은, 아버지와 아들과 성령이 서로에게 자신을 내어주심으로 하나가 되듯이 하나님과 이웃에게 자신을 내어 주는 삶을 살 수 있다.

그러므로 교회는 세례와 성찬을 개인적 사건으로 만들지 말고 교회 전체가 삼위일체 하나님과 교제하는 자리요 공동체 전체가 삼위일체 하나님 안에서 하나 되는 축제의 자리가 되게 해야 할 것이다. 이러한 세례와 성찬이 그리스도인의 삶의 원동력이 될 수 있기에 하나님의 나라를 향해 나아가는 그의 자녀들은 이것을 자주 경험해야 한다. 세례는 세례 받으려는 후보자가 있어야 하고 세례자 교육이 선행되어야 하기에 자주 베풀지 못한다 하더라도, 이미 세례 받은 이들이 참여하는 성찬은 교회에서 자주 행해져야 할 것이다. 드한 횟수와는 별도로 세례와 성찬의 삼위일체적 의미가 잘 드러나는 전통 예전을 찾아내어 현대화시키는 작업도 필수 과제로 남는다.

얼핏 보기에 역사 속에서 삼위일체론으로 인해 교회가 분열되고 다툼이 일어난 것처럼 느껴진다. 그러나 실제로 삼위일체론은 이미 예수 그리스도의 부활을 통해 확립된 삼위일체 하나님에 대한 신앙이 위협받고 그로 인해 교회 안에 분열이 생겨났을 때, 그것을 치유하기 위해 발전된 것이다. 니케아 회의가 그 분열을 곧바로 종식시키지 못했지만 그 의도 자체는 분열된 교회의 치유요 회복이었다. 또한 그것은 후에 콘스탄티노플 회의를 통해 확대되어 그 의도를 어느 정도는 달성하였다.

문제가 되는 것은 삼위일체론이 아니라 삼위일체적 삶이 뒤따르지 않는 것이다. 모든 그리스도인들은 하나님 아버지와 함께 예수 그리스도와 성령을 어떤 식으로든 예배하게 되고, 그 아들과 성령이 아버지와 전혀 별개의 신들이 아니며 아버지와 아들과 성령의 밀접함이 마치 한 몸인 듯 여겨질 정도임을 고백한다. 이것이 그리스도인의 정체성이다. 그렇지 않고 하나님 아버지만 하나님으로 고백하고 아들은 뛰어난 지혜자요 선견자로 성령은 하나님의 영향력으로 이해하거나, 아버지와 아들과 성령은 한 분이면서 다른 역할을 할 때의 구별된 이름이라고 하거나, 아니면 아버지와 아들과 성령은 한 몸에 세 얼굴을 가진 특이한 분이라고 신화적 이해를 하는 것은 그 자체로는 논리적일 수 있으나 진정한 기독교 신앙을 전달하거나 계승할 수 없게 만들고 만다.

따라서 우리는 아버지와 아들과 성령의 구별되심을 확실히 인지함에서 출발하되, 그들이 서로에게 자신을 내어주는 사랑과 평등의 페리코레시스를 통해 마치 한 몸인 것처럼 그 세 인격체들의 삶과 의지가 절대로 대립되거나 반목하지 않는다고 고백할 수밖에 없다. 이것은 부활하신 예수를 만난 이들의 고백이며, 그 신앙을 이어받은 니케아-콘스탄티노플신조의 고백이며, 오늘 이 땅에서 하나님의 형상으로 살려는 모든 그리스도인들의 고백이어야 한다. 또한 그런 고백을 하는 이들은 삼위일체 하나님을 닮아 하나님께 자신을 내어드리고, 동시에 이웃과 세상을 향해 자신을 개방하는 삶을 살아야 한다. 이로써 그리스도인들의 삶과 교회의 삶은 사랑과 평등의 삼위일체적 세계의 삶으로 확장될 것이다.

참고문헌

1. 1차 자료

Aquinas, Thomas. *The Trinity and The Unicity of the Intellect*. Translated by Sister Rose Emmanuella Brennan, S.H.N. London: B. Herder Book Co., 1946.

Arius. *Ep. Eus*. In *The Trinitarian Controversy*, translated and edited by William G. Rusch. Philadelphia: Fortress Press, 1980.

Athanasius. *Contra Arianos*. In *A Select library of Nicene and post-Nicene Fathers of the Christian Churc*(이하 *NPNF*) 2nd Series. Vol. 4.

_____. *Epistle to the Bishop of Africa*. In *Patrologiae cursus completus, series Graeca*(이하 *PG*) Vol. 26.

_____. *Orations against the Arians*. In *PG*. Vol. 26.

_____. *Tome or Synodal Letter to the People of Antioch*. In *NPNF*. 2nd Series. Vol. 4.

Augustinus. *De Trinitate* [book on-line]. 2004. 12. 10 접속. http://www.thelatinlibrary.com/august.html. *On the Trinity*. *NPNF*. 1st Series. Vol. 3. 김종흡 역. 『삼위일체론』. 서울: 크리스챤다이제스트, 2001.

_____. *On the Spirit and the Letter*. *NPNF*. 1st Series. Vol. 5.

_____. *Sermon xxi*. *NPNF*. 1st Series. Vol. 6.

_____. *Sermon lv*. *NPNF*. 1st Series. Vol. 6.

Barth, Karl. *Church Dogmatics*. Vol. I/1. Edinburgh: T. & T. Clark Ltd., 1975 박순경 역. 『교회교의학』 제1권 하나님의 말씀에 관한 교의 - 전반부. 서울: 대한기독교서회, 2003.

_____. *Church Dogmatics*. Vol. III/2. Edinburgh: T. & T. Clark Ltd., 1960.

_____. *The Knowledge of God and the Service of God according to the Teaching of the Reformation: Recalling the Scottish Confession of 1560. The Gifford Lectures delivered in the University of Aberdeen in 1937 and 1938*. Translated by J. L. M. Haire and Ian Henderson. London: Hodder and

Stoughton Publishers, 1949.
Basil of Caesarea. *De Spiritu Sancto*. *NPNF.* 2nd Series. Vol. 8.
_____. *Letter* viii. *NPNF.* 2nd Series. Vol. 8
_____. *Letter* cv. *NPNF.* 2nd Series. Vol. 8.
_____. *Letter* 236. *Father of the Church* Vol. 28. Washington: The Catholic University of America, 1947.
Boff, Leonardo. *A graça libertadora no mundo*. 1976. 김정수 역.『해방하는 은총』. 서울: 한국신학연구소, 1988.
____. *A Trindade, a Sociedade e a Libertacã*. São Paulo: CESEP, 1986. Translated from the Portuguese by Paul Burns. *Trinity and society*. New York: Orbis, 1988.
_____. *Nova Evangelização*, 1990. Translated from the Portuguese by R. Barr, *New Evangelization: Good News to the Poor*. Maryknoll, New York: Orbis Books, 1991.
_____. *Ecologia Mundialização Espiritualidade*. 1993. 김항섭 역.『생태 신학』. 서울: 가톨릭출판사, 1996; Translated from the Italian by John Cumming. *Ecology & Liberation: A New Paradigm*. Maryknoll, New York: Orbis Books, 1995.
_____. Tr. from the Portuguese by Phillip Berryman. *Holy Trinity, Perfect Community*. Maryknoll, New York: Orbis Books, 2000.
Lossky, Vladimir. *The Mystical Theology of the Eastern Church*. London: James Clarke & Co., 1957.
_____. *In the Image and Likeness of God*. ET from French. Mowbray, London 1975.
Calvin, Jean. *Christianae religionis Institutes*, 1536. In *Joannis Calvini Opera Selecta*. Vol. 1, ed. Petrus Barth, 11-283, München: Chr. Keiser, 1926.
Calvin, Jean. *Institutes of the Christian Religion*, Vol. 2. Translated and Indexed by Ford Lewis Battles. The Library of Christian Classics, ed. John Lewis Battles, no. 20, 21. Philadelphia: The Westminster Press, 1960; 김종흡, 신복윤, 이종성, 한철하 공역.『基督敎綱要』上·中·下. 서울: 생명의 말씀사, 1988.

Calvin, Jean. *Commentaries on the Book of Genesis*. Vol. 1. Translated by M. A. John King. Michigan: Grand Rapids, 1948.

_____. *John Calvin: Writings on Pastoral Piety*. The classics of Western spirituality, ed. and translated by Elsie Anne McKee. Prefaced by B. A. Gerrish. New York: Paulist Press, 2001.

Calvin, John[Jean], "Confession of Faith which all the citizens and inhabitants of Geneva and the subjects of the country must promise to keep and hold (1536)." In *Calvin: Theological Treatieses*, Trans. with Introductions and Notes by J. K. S. Reid. The Library of Christian Classics. Vol. 22. 26-33. Philadelphia: The Westminster Press, 1954

The Early Christian Fathers: A selection from the writings of the Fathers from St. Clement of Rome to St. Athanasius, ed. and tr. by Henry Bettenson. London: Oxford University Press, 1976; 박경수 역.『초기 기독교 교부』. 서울: 크리스찬다이제스트, 2000.

Gregory of Nazianzus. *Ep.* 58. *NPNF.* 2nd Series. Vol. 7.

_____. *Oration* 31 (The fifth theological Oration - On the Holy Spirit). *PG.* Vol. 36.

_____. *Or.* 39 (On the Holy Lights). *NPNF.* 2nd Series. Vol. 7.

_____. *Or.* 40 (On Holy Baptism). *NPNF.* 2nd Series. Vol. 7.

_____. *Or.* 41 (On Pentecost). *NPNF.* 2nd Series. Vol. 7.

Gregory Thaumaturgus. *A Declaration of Faith*. In *The Ante-Nicene fathers*: The writings of the fathers down to A.D. 325(이하 *ANF*) Vol. 6.

Hippolytus: A Text for Students with Introduction, Translation, Commentary and Notes. By Geoffrey J. Cuming. Bramcote: Grove Books, 1976.

_____. *Traditio Apostolica*. 이형우 역주.『사도전승』. 왜관: 분도, 1994.

John Damascene. *De Fide Orthodoxa. PG.* Vol. XCIV.

Justin Martyr. *The First Apology*. In *ANF*. Vol. 1.

Luther, Martin. "Table - Talk." # CCXLIII. Ed. T. Kerr von Hugh. *Kompendium der Theologie Luthers*. 김영한 편역.『루터 신학 개요』. 서울: 대한예수교장로회총회출판국, 1991.

Moltmann, Jürgen. "Politische Theologie." 1969. 전경연 역. "정치신학."『정치신

　　　　　학』. 복음주의 신학총서 제12권. 서울: 대한기독교서회, 1974: 67-87.
_____. "The Crucified God." 1972. 전경연 역. "십자가에 달리신 하나님." 『정치신학』. 복음주의 신학총서 제12권. 서울: 대한기독교서회, 1974: 38-66.
_____. *Der gekreuztigte Gott: Das Kreuz Christi als Grund und Kritik christlicher Theologie*. München: Chr. Kaiser Verlag, 1972.
_____. *Kirche in der Kraft des Geistes*. 1975. 박봉랑 외 4인 역. 『聖靈의 能力 안에 있는 敎會』. 서울: 한국신학연구소, 1980.
Moltmann, Jürgen. "Why am I a Christian?" 1979. 전경연 편. "나는 왜 크리스챤인가?" 『하나님 體驗』. 복음주의신학총서 제 26권. 서울: 대한기독교서회, 1982: 7-24.
_____. *Trinität und Reich Gottes: Zur Gotteslehre*. München: Chr. Kaiser, 1980.
_____. *Gott in der Schöpfung: Ökologische Schöpfungslehre*. München: Chr. Kaiser Verlag, 1985; 김균진 역. 『창조 안에 계신 하나님』. 서울: 한국신학연구소, 1991.
_____. *Der Weg Jesu Christi*. 1989. 김균진, 김명용 공역. 『예수 그리스도의 길』. 서울: 대한기독교서회, 1990.
_____. *Der Geist des Lebens: Eine ganzheitliche Pneumatiologie*. München: Chr. Kaiser Verlag, 1991; 김균진 역. 『생명의 영: 총체적 성령론』. 서울: 대한기독교서회, 1992.
_____. *In der Geschichte des dreieinigen Gottes: Bieträge zur trinitarischen Theologie*. München: Chr. Kaiser, 1991. 이신건 역. 『삼위일체와 하나님의 역사―삼위일체 신학을 위한 기여』. 서울: 대한기독교서회, 1998.
_____. *Das Kommen Gott: Christliche Eschatologie*. 1995. 김균진 역. 『오시는 하나님: 기독교적 종말론』. 서울: 대한기독교서회, 1997.
_____. *Erfahrungen theologischen Denkens: Wege und Formen christlicher Theologie*. Gütersloh: Kaiser, Gütersloher Verl.-Haus, 1999.
_____. *Die Quelle des Lebens*. 이신건 역. 『생명의 샘』. 서울: 대한기독교서회, 2000.
_____. "Kleines Credo für Chorsänger und andere Zeitgenossen." 2005. 3. 5 접속. http://www.stereo-denken.de.
_____. "The life-power of hope." *Trinity News* 53, no. 2 (2007): 4-6.
Origenes. *Commentary on the Gospel of John*. Tr. by Roberts-Donaldson, 2003. 11. 10 접속. http://www.earlychristianwritings.com/origen.html.

____. *Contra Celsum*. Trans. Roberts-Donaldson. 2003. 11. 30 접속. http://www.earlychristianwritings.com/text/origen164.html.

____. *On First Principles*. Trans. G. W. Butterworth, New York: Harper & Row, Publishers, 1966; *On First Principles*. In *ANF*. Vol. 4.

Pseudo-Dionysius, the Aeropagite. *Pseudo-Dionysius: The Complete Works*. Trancelated by Colm Luibheid. With a foreword, notes, and translation collaboration by Paul Rorem. Preface by Rene Roques. Introductions by Jaroslav Pelikan, Jean Leclercq, and Karlfried Froehlich. New York: Paulist Press, 1987.

Rusch, William G., trans. and ed. *The Trinitarian Controversy*. Philadelphia: Fortress Press, 1980

Tertullianus. *Adversus Praxean*. *ANF*. Vol. 3.

____. *The Prescription Against Heretics*. *ANF*. Vol. 3; *LIBER DE PRAESCRIPTIONE HAERETICORUM*; http://www.thelatinlibrary.com/tertullian/tertullian.praescrip.shtml, 2004. 12. 6.

Theophilus. *Ad Autolycus*. In *Thesaurus Linguae Graecae* [CD-ROM]. TLG® Digital Library. University of Califonia, Irvine; *To Autolycus*. *ANF*. Vol. 2.

Zizioulas, John D. *Being as Communion: Studies in Personhood and the Church*. With a foreword by John Meyendorff. Crestwood, NY: St Vladimir's Seminary Press, 1985.

____. "Human Capacity and Human Incapacity: A Theological Exploration of Personhood." *Scottish Journal of Theology*. Vol. 28: 401-448.

____. "Communion and Otherness," 2004. 6. 2 접속. http://www.trinitylight.net/commuion.htm.

Zwingli, Huldrych. *Huldrych Zwingli: Writings*. Vol. 1, *The Defense of the Reformed Faith*, Vol. 2, *In Search of True Religion: Reformation, Pastoral and Euchristic Writings*. Tr. by E. J. Furcha. Pittsburgh Theological Monographs New Series, 12, 13. Allison Park, Pennsylvania: Pickwick Publications, 1984.

2. 2차 자료

Bauckham, Richard. *The Theology of Jürgen Moltmann*. Edinbrugh: T&T Clark, 1995.

Bauckham, Richard, ed. *God will be All in All: The Eschatology of Jürgen Moltmann*. Edinburgh: T&T Clark, 1999.

Barnes, Michel and Daniel H. Williams, ed. *Arianism after Arius: Essays on the Development of the Fourth Century Trinitarian Conflicts*. Edinburgh: T&T Clark, 1993.

Berdjajew, N. Tr. by Otto von Taube. *Der Sinn der Geschichte. Versuch einer Philosophie des Menschengeschicks. Einleitung von Hermann Graf Keyserling*. Darmstadt: Vgl., 1925.

_____. *Geistund Wirklichkeit*. Lünebug, 1949.

Bloesch, Donald G. *The Christian Life and Salvation*. Reprint edition. Helmers & Howard Pub., 1991, first published in Eerdmanns, 1967. 유태주, 정원범 역. 『그리스도인의 삶과 구원』. 서울: 한국장로교출판사, 1995.

_____. *The Battle for the Trinity: The Debate over Inclusive God-Language*. Ann Arbor, Michigan: Servant Books, 1985.

Bonner, Gerald. *St Augustine of Hippo: Life and Controversies*. Norwich: The Canterbury Press, 1986.

Bracken, Joseph A., S.J. and Marjorie Hewitt Suchocki, ed. *Trinity in Process: A Relational Theology of God*. New York: The Continuum Publishing Com., 1997.

Bracken, Joseph A. *The One in the Many: a Contemporary Reconstruction of the God-World Relationship*. Grand Rapids: William B. Eerdmann Publishing Co., 2001.

Bradley, Ian. *GOD is Green*. Darton: Longman & Todd. 이상훈, 배규식 공역. 『녹색의 신』. 서울: 따님, 1996.

Browning, Robert L. and Roy A. Reed. *Models of Confirmation and Baptismal Affirmation: Liturgical and Educational Issues and Designs*. Birmingham, Alabama: Religious Education Press, 1995.

Burgess, Stanley M. *The Holy Spirit: Ancient Christian Traditions*. Peabody,

Massachusetts: Hendrickson Publishers, Inc., 1984.
Burns, J. Patout, S.J. and Gerald M. Fagin, S.J. *The Holy Spirit. Message of the Fathers of the Church*, Vol. 3. Wilmington, Delaware: Michael Glazier, Inc., 1984.
Butin, Philip Walker. *Revelation, Redemption, and Response: Calvin's Trinitarian Understanding of the Divine-Human Relationship*. New York / Oxford: Oxford University Press, 1955.
_____. *The Trinity*. In conjunction with the Office of Theology and Worship, Presbyterian Church (U.S.A.). Louisville, Kentucky: Geneva Press, 2001.
Clendenin, Daniel B. *Eastern Orthodox Christianity: A Western Perspective*. Grand Rapids, Michigan: Baker Books, 1994.
Cobb, Jr., John B.. *Process Theology as Political Theology*. Manchester, England / Philadelphia, Pennsylvania: Manchester University Press / The Westminster Press, 1982.
_____. *The Process Perspective: Frequently Asked Questions about Process Theology*. Ed. Jeanyne B. Slettom. St. Louis, Missouri: Chalice Press, 2003.
Courth, Franz. *Trinität: In der Schrift und Patristik*. Freiburg: Herder, 1988.
Cullmann, Oscar. *Die Tauflehre des neuen Testaments*. Tr. by J. K. S. Reid. *Baptism in the New Testament*. London: SCM Press Ltd., 1950.
Cunningham, David S. *These Three are One: The Practice of Trinitarian Theology*. Malden, Massachusetts/Oxford: Blackwell, 1998, reprinted 2002.
Dabney, Lyle. *Die Kenonsis des Gesites. Koninuität zwischen Schöpfung und Erlösung im Werk des Heiligen Geistes. thel. Diss.* Tübingen, 1989.
Daly, Mary. *Beyond God the Father: Toward a Philosophy of Women's Liberation*. Beacon Press, 1985. 황혜숙 역. 『하나님 아버지를 넘어서: 여성들의 해방철학을 향하여』. 서울: 이화여자대학교 출판부, 1996.
Dunn, James D. G. 김득중, 이광훈 공역. 『신약 성서의 통일성과 다양성』. 서울: 솔로몬, 1995.
Durrant, Michael. *Theology and Intelligibility: An examination of the proposition*

that God is the last end of rational creatures and the doctrine that God is Three Persons in one substance (*The doctrine of the Holy Trinity*). London and Boston: Routledge & Kegan Paul, 1973.

Edwards, Denis. *Jesus the wisdom of God : an ecological theology*. New York: Orbis Books, 1995.

Edward D. English, ed. *Reading and Wisdom: The De Doctrina christiana of Augustine in the Middle Ages*. Notre Dame, Indiana: University of Notre Dame Press, 1995.

Florensky, Pavel. Translated & annotated by Boris Jakim, with an introduction by Richard F. Gustafson. *The Pillar and Ground of the Truth*. Princeton, New Jersey: Princeton University Press, 1997.

Fox, Patricia A. *God as Communion: John Zizioulas, Elizabeth Johnson, and the Retrieval of the Symbol of the Triune God*. Collegeville, Minnesota: The Liturgical Press, 2001.

Grant, Robert M. *Gods and the One God*. Philadelphia: The Westminster Press, 1986.

Giles, Kevin. *The Trinity & Subordinationism : The Doctrine of God & the Contemporary Gender Debate*. Downers Grove: IVP, 2002.

Gollwitzer, Helmut. *Befreiung zur Solidarität: Einführung in die Evangelische Theologie*. München: Chr. Kaiser, Verlag, 1978. 박종화 역. 『신학의 연대성』. 서울: 대한기독교출판사, 1983.

Gomez, Alan W., ed. *Unitarian Universalism*. 고진옥 역. 『유니테리언 유니버설리즘』. 서울: 은성, 2002.

González, Justo L. 서영일 역. 『초대교회사』. 서울: 은성, 1987.

_____. *A History of Christian Thought*. Vol. 1. 이형기, 차종순 공역. 『基督敎思想史 I: 古代編』. 서울: 대한예수교장로회총회출판국, 1988.

Grant, Robert M. *Gods and the One God*. Philadelphia: The Westminster Press, 1986.

Grenz, Stanley J. *Theology for the Community of God*. Nashville, Tennessee: Broadman & Holman Publishers, 1994.

Greshake, Gisbert. *Der Dreieine Gott: eine trinitarische Theologye*. Freiburg / Basel / Wien: Herder, 1997.

Guillou, M. J. Le, O.P. Translated from the French by Donald Attwater. *The Spirit of Eastern Orthodoxy*. New York: Hawthorn Books, 1962.

Gunton, Colin E. *Becoming and Being: The Doctrine of God in Charles Hartshorne and Karl Barth*. Oxford: Oxford University Press, 1978.

_____. *The One, the Three and the Many: God, Creation and the Culture of Modernity*, The Bampton Lectures 1992. Cambridge: Cambridge University Press, 1993.

_____. ed. *Trinity, Time, and Church: A Response to the Theology of Robert W. Jenson*. Grand Rapids, Michigan/Cambridge, U.K.: William B. Eerdmans Publishing Co., 2000.

Gutiérrez, Gustavo. *BEBER EN SU PROPIO POZO: En el itinerario espiritual de un pueblo*. Lima: CEP, 1983. 이성배 역.『해방신학의 영성: 우리는 우리 자신의 우물에서 마신다』. 왜관: 분도출판사, 1987.

Harnack, Adolph von. *History of Dogma*. Vol. 4. New York: Russell & Russell, 1958.

Heim, S. Mark, ed. *Faith to Creed: Ecumenical Perspectives on the Affirmation of the Apostolic Faith in the Fourth Century: Papers of the Faith to Creed Consultation, Commission on Faith and Order NCCCUSA, October 25−27, 1989 − Waltham, Massachusetts*. Grand Rapids, Michigan: William B. Eerdmans, 1991.

Hengel, Martin. *The Son of God: The Origin of Christology and the History of Jewish−Hellenistic Religion*. London: SCM Press, 1976.

Hendry, George S. *Theology of Nature*. Philadelphia: The Westminster Press, 1980. 김성두 역.『자연신학』. 서울: 대한기독교서회, 1993.

Hesselink, I. John. *Calvin's First Catechism: A Commentary*. Featuring Ford Lewis Battles's translation of the 1538 Catechism. Columbia Series in Reformed Theology. Louisville, Kentucky: Westminster John Knox Press, 1997.

Hill, Edmund. *The Mystery of the Trinity*. London: Geoffrey Chapman, 1985.

Jenson, Robert W. *The Triune Identity: God According to the Gospel*. Philadelphia: Fortress Press, 1982.

Johnson, William Stacy. *The Mystery of God: Karl Barth and the Postmodern Foundations of Theology*. Louisville, Kentucky: Westminster John Knox Press, 1997.

Jüngel, Eberhard. *The Doctrine of the Trinity: God's Being is in Becoming*. Grand Rapids: William B. Eerdmans Publishing Co., 1976. Translation of *Gottes Sein ist im Werden*. Tübingen: 1967; 백철현 역. 『하나님의 존재는 되어감 속에 있다: 칼 바르트에게 있어서 하나님의 존재에 대해 책임적으로 말한다는 것』. 서울: 그리스도교신학연구소, 1988.

Kelly, John N. D. *Early Christian Doctrines*. 5th, 1977. 박희석 역. 『고대 기독교교리사』. 고양: 크리스챤다이제스트, 2004.

Kärkkäinen, Veli-Matti. *An Introduction to ECCLESIOLOGY*. Downers Grove, IL: Inter Varsity Press, 2002.

Kimel, Alvin F., Jr., ed. *Speaking the Christian God: The Holy Trinity and the Challenge of Feminism*. Grand Rapids, Michigan: William B. Eerdmans Publishing Com., 1992.

Klappert, Bertold. *Worauf wir hoffen*. Gütersloh: Kaiser, 1997.

LaCugna, Catherine Mowry. *God for Us: the Trinity and Christian Life*. New York: HarperCollins Publishers, 1991.

Lampe, G. W. H. *God as Spirit: The Bampton Lectures, 1976*. Oxford: Clarendon Press, 1977.

Lauer, Quentin. *Hegel's Concept of God*. Albany: State University of New York Press, 1982.

Lee, Jung Young. *The Theology of Change*. New York: Orbis Books, 1979. 이세형 역. 『易의 신학』. 서울: 대한기독교서회, 1998.

_____. *The Trinity in Asian Perspective*. Nashville: Abingdon Press, 1996.

Link, Hans-Georg, ed. *One God, One Lord, One Spirit: On the Explication of the Apostolic Faith Today*. Faith and Order Paper No. 139. Geneva: WCC Publications, 1988.

Loeschen John R. *The Divine Community: Trinity, Church, and Ethics in Reformation Theologies*. Kirksville, Missouri: The Sixteenth Century Journal Publishers Inc., 1981.

Lohse, Bernhard. *Epochen der Dogmengeschichte*. 구영철 역. 『기독교 교리사』. 서울: 컨콜디아사, 1988.

Lonergan, Bernard. *The Way to Nicea: The Dialectical Development of Trinitarian Theology*. A translation by Conn O'Donovan from the first part of *De Deo Trino*. London: Darton, Longman & Todd, 1976.

McGrath, Alister E., ed. *The Christian Theology Reader*. Blackwell Publishers Ltd, 1995.

Maloney, George A., S.J. *Invaded by God: Mysticism and the indwelling Trinity*. Denville, New Jersey: Dimension Books, 1979.

McGinn, Bernard and John Meyendorff, ed. In collaboration with Jean Leclercq. *Christian Spirituality: Origins to the Twelfth Century*. Vol. 16 of *World Spirituality: An Encyclopedic History of the Religious Quest*. New York: Crossroad, 1987; 유해룡 외 3인 공역. 『기독교 영성(I): 초대부터 12세기까지』. 서울: 은성, 1997.

McGrath, Alister E. *Christian Theology: An Introduction*, 3rd ed. Oxford, U.K./: Malden, MA, Blackwell Publishers Ltd., 2001.

Meredith, Anthony. *The Cappadocians*. Crestwood, New York: St. Vladimir's Seminary Press, 2000.

Meyendorff, John. *Byzantine Theology: Historical Trends and Doctrinal Themes*. New York: Fordham Press, 1974.

Migliore, Daniel L. *Faith Seeking Understanding: An Introduction to Christian Theology*. Wm. B. Eerdmans Publishing Co., 1991. 장경철 역. 『기독교 조직신학 개론: 이해를 추구하는 신앙』. 서울: 한국장로교출판사, 1994.

Muller, David L. 이형기 역. 『칼 바르트의 신학사상』. 서울: 양서각, 1988.

Munteanu, Daniel. *Der tröstende Geist der Liebe: Zu einer ökumenischen Lehre vom Heiligen Geist über die trinitarischen Theologien Jürgen Moltmanns und Dumitru Stăniloaes*. Neukirchener Verlag, 2003.

Nash, James A. *Loving Nature: Ecological Intergrity and Christian Responsibility*. Abingdon Press, 1991. 이문균 역. 『기독교 생태윤리: 생태계 보전과 기독교의 책임』. 서울: 한국장로교출판사, 1997.

Neve, J. L. *A History of Christian Thought* Vol. 1. Philadelphia: Fortress Press, 1946. 徐南同 역.『基督敎敎理史』. 서울: 대한기독교서회, 1965.

Niesel, Wilhelm. 이종성 역.『칼빈의 신학』. 서울: 대한기독교서회, 1982.

Niewiadomski, J'zef. *Die Zweideutigkeit von Gott und Welt in J. Moltmanns Theologien*. Innsbruck/Wien/München: Tyrolia-Verlag, 1982.

O'Donnell, John, S.J. *Trinity and Temporality: The christian doctrine of God in the light of process theology and the theology of hope*. Oxford: Oxford University Press, 1983.

Olson, Roger E. & Christopher A. Hall. *The Trinity*. Grand Rapids, Michigan / Cambridge, U.K.: William B. Eerdmans Publishing Company, 2002.

Palmer, Parker J. *To Know As We Are Known: Education As a Spiritual Journey*. New York: HarperSanFrancisco, 1993. 이종태 역.『가르침과 배움의 영성』. 서울: IVP, 2000.

Pannenberg, Wolfhart. *Das Glaubensbekenntnis*. München: Gütersloher Verlag., 1973. 정용섭 역.『사도신경 해설』. 서울: 한들, 2000.

____. *Systematic Theology* Vol. 1. Grand Rapids, Michigan: William B. Eerdmans Publishing Company, 1991. Translated by Geoffrey W. Bromiley.

____. *Toward a Theology of Nature: Essays on Science and Faith*. Louisville, Kentucky: Westminster/John Knox, 1993; 박일준 역.『자연 신학』. 서울: 한국신학연구소, 2000.

Partee, Charles. *Calvin and Classical Philosophy*. Studies in the History of Christian Thought Vol. XIV. Ed. by Heiko A. Oberman. Leiden. Netherlands: E. J. Brill, 1977.

Payne, Robert. *The Holy Fire: The Story of the Fathers of the Eastern Church*. Crestwood, New York: St. Vladimir's Seminary Press, 1980.

Pelikan, Jaroslav. *The Christian Tradition: A History of the Developement of Doctrine*. Vol. 1. The Emergence of the Catholic Tradition(100-600). Chicago and London: The University of Chicago Press, 1971. 박종숙 역.『고대교회 교리사』. 서울: 크리스찬다이제스트, 1999.

Peters, Ted. *God as Trinity: Relationality and Temporality in Divine Life*. Louisville, Kentucky: Westminster/John Knox Press, 1993.

Pinnock, Clark H., Richard Rice, John Sanders, William Hasker and David Basinger. *THE OPENNESS OF GOD: A Biblical Challenge to the Traditional Understanding of God*. Downers Grove, Il.: IVP, 1994.

Powell, Samuel M., *Participating in God: Creation and Trinity*, Minneapolis: Fortress Press, 2003.

Prestige, George Leonard. *God in Patristic Thought*. London: SPCK, 1952.

Rahner, Karl. *Foundations of Christian Faith*. New York: Seabury, 1978.

_____. Tr. by Joseph Donceel, *The Trinity*. New York: Herder and Herder, 1970.

Root, Michael and Risto Saarinen, ed. *Baptism and the Unity of the Church*. Geneva: WCC Publication, 1998.

Rosato, Philip J., S.J. *The Spirit as Lord: The Pneumatology of Karl Barth*. Edinburgh: T. & T. Clark, 1981.

Sailers, Don E. *Worship and Spirituality*. Philadelphia: Westminster Press, 1984.

Schaff, Philip. *The Creeds of Christendom with a History and Critical Note*. Vol. II. *The Greek and Latin Creeds, with Translations*. New York: Harper & Brothers, 1877, 6th edition, 1931; 2002. 11. 26 접속. http://www.ccel.org/s/schaff/creeds2/.

Seeberg, Reinhold. Eng. ed., *Text-Book of the Hstory of Doctrines*. Vol. I. Grand Rapids: Baker Book House, 1977.

_____. Eng. ed., tr. by Charles E. Hay, *The History of Doctrines*. Vol. I. Grand Rapids, Michigan: Baker Book House, 1977.

Sell, Alan P. F. *A Reformed, Evangelical, Catholic Theology: The Contribution of the World Alliance of Reformed Churches, 1875-1982*. Grand Rapids, Michigan: William B. Eerdmans Publishing Company, 1991.

Schaeffer, Francis A. *Polution and the Death of Man*. 1970. 김진홍 역. 『환경오염과 인간의 죽음』. 서울: 생명의말씀사, 1995.

Sleiermacher, Friedrich Daniel Ernst. *Der Christliche Glaube: Nach den Grundsätzen der evangelischen Kirche im zusammenhange Dargestellt*. Berlin: 1831.

_____. *Über die Religion Reden an die Gebildeten unter ihren Verächtern*. 1799. 최신한 역. 『종교론: 종교를 멸시하는 교양인을 위한 강연』. 서울: 한들, 1997.

Song, Choan-Seng. *The Compassionate God*. New York: Orbis Book, 1982. 李德周 역. 『대자대비하신 하느님』. 왜관: 분도, 1985.

Staniloae, Dumitru. *The Experience of God*. Vol. 1. Revelation and knowledge of the triune God. Holy Cross Orthodox Press, 1998.

Stark, Rodney. *The rise of Christianity: a sociologist reconsiders history*. Princeton, New Jersey: Princeton University Press, 1996.

Stephens, W. P. *The Holy Spirit in the Theology of Martin Bucher*. Cambridge: The Cambridge University Press, 1970.

Studer, Basil. *Trinity and Incarnation: The Faith of the Early Church*. Collegeville, Minnesota: The Liturgical Press, 1993. Translated by Matthias Westerhoff and edited by Andrew Louth.

Stylianopoulos and S. Mark Heim, ed. *Spirit of Truth: Ecumenical Perspectives on the Holy Spirit: Papers of THE HOLY SPIRIT CONSULTATION, Commission on Faith and Order, NCCCUSA, October 24-25, 1985 - Brookline, Massachusetts*. Brookline, Massachusetts: Holy Cross Orthodox Press, 1986.

Tanner, Kathryn. *Jesus, Humanity and the Trinity: A Brief Systematic Theology*. Minneapolis: Fortress Press, 2001.

Tavard, George H. *The Starting Point of Calvin's Theology*. Grand Rapids, Michigan / Cambridge, U.K.: William B. Eerdmans Publishing Company, 2000.

Thompson, John. *Modern Trinitarian Perspectives*. New York/Oxford: Oxford University Press, 1994.

Tillich, Paul. Ed. by Ingeberg C. Henel, *Vorlesungen über die Geschichte des Chirstilichen. Denkens-Urchristentum bis Nachreformation*. Stuttgart: Evangelisches Verlagswert, 1971. 송기득 역. 『폴 틸리히의 그리스도교 사상사: 원시교단부터 종교개혁 직후까지』. 서울: 한국신학연구소, 1986.

Timiadis, Eimilianos. *The Nicene Creed: Our Common Faith*. Foreword by Gerhard Krodel. Philadelphia: Fortress Press, 1983.

Torrance, Thomas F. *Karl Barth, Biblical and Evangelical Theologian*. 1990. 최영 역. 『칼 바르트, 성서적 복음주의적인 신학자』. 서울: 한들, 1997.

_____. *The Christian Doctrine of God, One Being Three Persons*. Edinburgh: T&T Clark, 1996.

Tow, Timothy. 임성호 역. 『존 칼빈의 생애와 업적』. 서울: 하나, 1998.

Volf, Miroslav. *After Our Likeness: the Chruch as the Image of the Trinity*. Grand Rapids, Michigan: William B. Eerdmans Publishing Co., 1998. ET of: *Trinität und Gemeinschaft: Eine ökumenische Ekklesiologie*. Maiz / Neukirchen-Vluyn: Mattias-Grünewald-Verlag / Neukirchener Verlag, 1996.

Young, Edward J. 이정남 역. 『창세기 제1장 연구』. 서울: 성광문화사, 1982.

Wagner, Walter H. *After the apostles: Christianity in the second century*. Minneapolis: Fortress Press, 1994.

Ware, Timothy. *The Orthodox Church*. London: Penguin Books Ltd., reprinted with revisions 1997. First published in Pelican Books, 1963.

_____. *The Orhodox Way*. Crestwood, New York: St. Vladimir's Seminary Press, Revised edition, 1995.

Warfield, Benjamin Breckinridge. *Calvin and Augustine*. Edited by Samuel G. Craig with a Foreword by J. Marcellus Kik. Philadelphia, P.A.: The Presbyterian and Reformeed Publishing Company, 1974.

WCC, ed. Commission on Faith and Order. *Confessing the One Faith: An Ecumenical Explication of the Apostolic Faith as it is Confessed in the Nicene-Constantinoplitan Creed* (381). Faith and Order Paper No. 153. Geneva: WCC Publications, 1991, new revised version, ed. *Confessing the One Faith: An Ecumenical Explication of the Apostolic Faith as it is Confessed in the Nicene-Constantinopolitan Creed*(381). Geneva: WCC Publishing, 1980. 이형기 역. 『하나의 신앙고백』 신앙과 직제 문서 제153번. 서울: 한국장로교출판사, 1996.

Welker, Michael. *Gottes Geist: Theologie des Heiligen Geistes*. 1992. 신준호 역. 『하나님의 영: 성령의 신학』. 서울: 대한기독교서회, 1995; Td. by John F. Hoffmeyer. *God the Spirit*. Minneapolis: Fortress Press, 1994.

_____. *Was geht vor beim Abendmahl*. Stuttgart: Quell Verlag, 1999. 임걸 역. 『성찬식에서 무엇이 일어나는가?』. 서울: 한들, 2000.

____. 『성서에 기초한 최근 신학의 핵심적 주제』. 서울: 크리스챤 다이제스트, 1998.
Welker, Michael und Miroslav Volf, ed. *Der lebendige Gott als Trinität*: *Jürgen Moltmann zum 80. Geburtstag*. Gütersloh: Gütersloher Verlagshaus, 2006.
Westermann, Claus. *Schöpfung*, 1971. 황종렬 역. 『창조』. 서울: 분도, 1991.
____. *Genesis: a practical commentary*. Tr. by David E. Green. Michigan: Grand Rapids, 1987.
Whitehead, Alfred North. *Process and reality : an essay in cosmology: Gifford Lectures Delivered in the University of Edinburgh during the Session 1927-28*. Corrected edition, ed. David Ray Griffin and Donald W. Sherburne. New York : Free Press, 1978, c1929.
Wright, D. F., ed. *Martin Bucher: Reforming church and community*. Cambridge: Cambridge University Press, 1994.
Zernov, Nicolas. *The Church of the Eastern Christians*. London: SOCIETY FOR PROMOTING CHRISTIAN KNOWLEDGE, 1942.

김균진. 『생태학의 위기와 신학』. 서울: 대한기독교서회, 1991.
김명용. 『현대의 도전과 오늘의 조직신학』. 서울: 장로회신학대학교출판부, 1997.
____. 『이 시대의 바른 기독교 사상』. 서울: 장로회신학대학교, 2001.
박만. 『최근 신학연구: 해방 신학에서 생태계 신학까지』. 서울: 나눔사, 2002.
____. 『현대 삼위일체론 연구』. 서울: 대한기독교서회, 2003.
이정배. "생태학적 성령론과 생명문화 – 문명의 전환과 신학의 재구성을 위하여." 「신학사상」 제97집. 1997년 여름호.
이종성. 『三位一體論』. 서울: 대한기독교출판사, 1991.
이형기 편저. 『세계개혁교회의 신앙고백』. 서울: 한국장로교출판사, 1991.
이형기. 『세계교회사』 I. 서울: 한국장로교출판사, 1994.
____. 『역사 속의 내러티브 신학』. 서울: 한들, 2005.
최영철. 『아버지, 아들, 영 하느님』. 대구: 가톨릭신문사, 1994.
쿠퍼, 앤. 두란노 역. 『우리형제 이스마엘』. 서울: 두란노, 1992.
현요한. 『성령, 그 다양한 얼굴』. 서울: 장로회신학대학교출판부, 1998.

3. 논문

Beeley, Christopher Alfred. "Gregory of Nazianzus: Trinitarian theology, spirituality and pastoral theory." Ph.D. dissertation of University of Notre Dame, 2002.

Bellah, R. N. "Civil Religion in America." In *Beyond Belief*. New York: Harper & Row, 1970: 168–189.

Bowman, Donna. "God for Us: A Process View of the Divine–Human Relationship." In *Handbook of Process Theology*, ed. Jay McDaniel and Donna Bowman, 11–24. St. Louis, Missouri: Chalice Press, 2006.

Braaten, Carl E. "Robert William Jenson – A Personal Memoir." In *Trinity, Time, and Church: A Response to the Theology of Robert W. Jenson*, ed. Colin E. Gunton. Grand Rapids, Michigan / Cambridge, U.K.: William B. Eerdmans Publishing Company, 2000.

Clayton, Philip. "Kenotic Trinitarian Panentheism," *Dialog A Journal of Theology* 44, no. 3 (Fall 2005): 250–255.

Dembowski, H. "Ansatz und Umrisse einer Theologie der Natur." *Evangelische Theologie* 37, 1977.

Dunn, J. D. G. "Baptism and the Unity of the Church in the New Testament." In *Baptism and the Unity of the Church*, ed. Michael Root and Risto Saarinen, 78–103. Grand Rapids, Michigan / Cambridge, U.K.: William B. Eerdmans Publishing Co. and Geneva: WCC Publications, 1998.

Ganoczy, Alexandre. Td. by Keith Crim. "Observation on Calvin's Trinitarian Doctrine of Grace." In *Probing the Reformed Tradition: Historical Studies in Honor of Edward A. Dowey, Jr.*, ed Elsie Anne Mckee and Brian G. Amstrong, 96–107. Louisville, Kentucky: Westminster/John Knox Press, 1989.

Heltzel, Peter G. "The triune Pantokrator: Juergen Moltmann's reinterpretation of omnipotence in light of Gregory of Nyssa's Trinitarian theology." Ph.D. dissertation of Boston University, 2005.

Jinkins, Michael. "Mutuality and difference: trinity, creation and the theological

ground of the church's unity." *Scottish Journal of Theology* 56, no. 2: 148-171 (2003).
Johnson, Alan Julius. "Shekinah: The indwelling of God in the theology of Juergen Moltmann." Ph.D. dissertation of Luther Seminary, 2003.
Kang, Tae-Young. "Geist und Schöfung: Eine Untersuchung zu Jürgen Moltmanns pneumatologischer Schöfungslehre." Inauguraldissertation zur Erlangung des Doktorgrades der Theologischen Fakultät der Ruprecht-Karls-Universität, Heidelberg: 2003.
Kim, Sungwon. "Social trinitarian pneumatology in process: A philosophical pneumatology based on the pneumatology of Jurgen Moltmann and the philosophy of Alfred North Whitehead." Ph.D. dissertation of The Claremont Graduate University, 2005.
LaCugna, Catherine Mowry. "Philosophers and Theologians on the Trinity." *Modern Theology* 2:3, 1986: 169-81.
Lazareth, William H. "Holy Trinity and Holy Tradition: Orthodox Contributions to 'Baptism, Eucharist and Ministry.'" *St Vladimir's Theological Quaterly* 27.04: 291-93.
Lossky, Nicholas. "Theology and Spirituality in the Work of Vladimir Lossky." *Ecumenical Review* Vol. 51.03: 288-293.
Niebuhr, H. Richard. "Theological Unitarianisms." *Theology Today* Vol. 40 no. 2, July, 1983: 150-157.
Rahner, Karl. "The Mystery of the Trinity." *Theological Investigations*. Vol. 16. New York: Crossroad, 1976: 255-59.
Reimer, A. James. "Trinitarian Orthodoxy, Constantinianism, and Theology from a Radical Protestant Perspetive." In *Faith to Creed: Ecumenical Perspectives on the Affirmation of the Apostolic Faith in the Fourth Century: Papers of the Faith to Creed Consultation, Commission on Faith and Order, NCCCUSA, October 25-27, 1989 - Waltham, Massachusetts*, ed. S. Mark Heim, 129-161. Grand Rapids, Michigan: William B. Eerdmans Publishing Company for the Commission on Faith and Order, 1991.

Stoicoiu, Rodica M. M. "The Sacrament of order in its relationship to eucharist, church and trinity in the theological writings of Edward Kilmartin and John Zizioulas." Ph.D. dissertation of The Catholic University of America, 2004.

Schoedel, William R. "A Neglected Motive for Trinitarianism." *Journal of Theological Studies*. Vol. 31, 1980: 356-367.

Thompson, John. "Modern Trinitarian Perspectives." *Scottish Journal of Theology* 44, 1991: 94-102.

Thompson, Thomas R. "Trinitarianism Today: Doctrinal Renaissance, Ethical Relevance, Social Redolence." *Calvin Theological Journal* 32 (1997): 9-42.

_____. "Imitatio Trinitatis: The Trinity as Social Model in the Theologies of Jürgen Moltmann and Leonardo Boff." Ph.D. dissertation of Princeton Theological Seminary, 1996.

Torrance, James. "Interpreting the Word by the Light of Christ or the Light of Nature?: Calvin and Calvinism: The Career of William Whitingham." In *Calviniana: Ideas and Influence of Jean Calvin*, ed. Rovert V. Schnucker, 265-266. Sixteenth Century Essays & Studies. Vol. X. Kirksville, Missouri: Sixteenth Century Journal Publishers, Inc., 1988.

Torrance, Thomas F. "Calvin's Doctrine of the Trinity." *Calvin Theological Journal* Vol. 25, No. 2, November, 1990: 165-193.

Ware, Kallitos(Timothy). "Foreword to Dumitru Staniloae." In *The Experience of God*. Vol. 1. Holy Cross Orthodox Press, 1998.

Willis, David E. "Report on Reformed Theology." *Theology Today* Vol. 21, no. 4(January), 1965: 498-506.

김명용. "교회를 위한 삼위일체 신학: 삼신론과 일신론 그리고 삼위일체론." 「敎會와 神學」. 제47집 (2001년 겨울): 56-67.

_____. "니케아-콘스탄티노플신조와 바른 삼위일체론." 「교회와 신앙」. 통권 95호 (2001년 10월호). 서울: 한국교회문화사.

_____. "몰트만(J. Moltmann)의 삼위일체론." 「장신논단」. 제17집 (2001년): 107-129.

_____. "삼위일체 하나님에 대한 바른 이해." 「이 시대의 바른 기독교 사상」. 서울: 장로회신학대학교출판부, 2001: 38-54.

_____. "몰트만(J. Moltmann) 신학의 공헌과 논쟁점." 「장신논단」. 제19집 (2003): 115-137.

김동춘. "삼위일체적 공동체 개념과 생태학적 관계 유비." 「한국개혁신학 논문집」. 제10권 (2001): 179-199.

이승구. "존재론적 삼위일체와 경륜적 삼위일체의 관계." 「한국개혁신학 논문집」. 제5권 (1999): 119-159.

황형돈. "현대 신론에 있어서 삼위일체론의 이해 가능성에 대하여: 과정신학을 중심으로." 「조직신학논총」 14 (2005): 43-72.

4. 기타

Anderson, Bernhard W. *Understanding the Old Testament*. 3rd. edition. 제석봉 역. 서인석 감수. 『구약 성서의 이해 I: 계약공동체의 형성』. 서울: 성바오로, 1983.

Bright, John. *A History of Israel*. Philadelphia: The Westminster Press, 3rd edition, 1981. 박문재 역. 『이스라엘의 역사』. 서울: 크리스챤다이제스트, 1993.

Haeri, Shaykh Fadhalla. *The Elements of Islam*. 김정헌 역. 『이슬람교 입문』. 서울: 김영사, 1999.

Moucarry, Chawkat. *Faith to Faith: Christianity & Islam in dialogue*. IVP, 2001. 한국이슬람연구소 역. 『기독교와 이슬람의 대화: 아랍 그리스도인이 본 이슬람』. 서울: 예영커뮤니케이션, 2003.

Walker, Williston and Richard A. Norris, David W. Lotz, Robert T. Handy. *A History of the Christian Church*. Edinburgh: T. & T. Clark Ltd, 1986. 송인설 역. 『기독교회사』. 서울: 크리스챤다이제스트, 1993.

Wenham, Gordon J. *Word Biblical Commentary* Vol. 1, Genesis 1-15. Waco, Texas: Word Books, 1987. 박영호 역. 『WBC 성경주석: 창세기(상)』. 서울: 솔로몬, 2000.

Cassell's Latin Dictionary. New York: Macmillan, 1968. Ed. by D. P. Simpson.

Encyclopedia of the Reformed Faith. Louisville, Kentucky: Westminster/John

Knox Press; Edinburgh: Saint Andrew Press, 1992. Editor: Donald K. McKim, consulting editor: David F. Wright.

The Blackwell Dictionary of Eastern Christianity. Edited by Ken Parry, David J. Melling, Dimitri Brady, Sidney H. Griffith & John F. Healey, editorial consultant John R. Hinnells, foreword by Rt Revd Kallistos Ware. Oxford: Blackwell Publishers, 1999.

The Encyclopedia of Philosophy Vol. 2. New York: The Macmillan Company & The Free Press, 1978.

An intermediate Greek-English Lexicon : *Founded upon the seventh edition of Liddell and Scott's Greek-English Lexicon*. Oxford: 1999.

Theologenlexikon von den Kirchenvätern bis zur Gegenwart. München: Verlag C.H.Beck oHG, 1994. 2., neubearbeitete und erweiterte Auflage. 남정우 역.『신학자 사전』. 서울: 한들, 2001.

Word Biblical Commantary. Vol. 26. Jeremiah 1-25. Dallas, Texas: Word Books, Publisher, 1991.

Word Biblical Commentary. Vol. 33B. Matthew 14-28. Dallas, Texas: Word Books, Publisher, 1995.

램브레히트, 스털링 P. 김태길, 윤명로, 최명관 공역.『서양철학사』. 서울: 을유문화사. 개정판. 1992.

힐쉬베르거, 요하네스. 강성위 역.『서양철학사(상)』. 대구: 이문출판사, 1992.

"Gods and Mythology of Ancient Egypt," 2004. 11. 8 접속. http://www.touregypt.net/godsofegypt, .

Dunn, Jimmy. "Ra and Ra-Horakhty," 2016. 7. 24 접속. http://touregypt.net/featurestories/re.htm.

열린 친교와 삼위일체론
Open Fellowship and the Doctrine of the Trinity

2017년 2월 1일 초판 발행

지 은 이 | 현재규

편   집 | 정희연, 변길용
디 자 인 | 윤민주
펴 낸 곳 | 사)기독교문서선교회
등   록 | 제16-25호(1980. 1. 18)
주   소 | 서울시 서초구 방배로 68
전   화 | 02) 586-8761-3(본사) 031) 942-8761(영업부)
팩   스 | 02) 523-0131(본사) 031) 942-8763(영업부)
홈페이지 | www.clcbook.com
이 메 일 | clckor@gmail.com
온 라 인 | 기업은행 073-000308-04-020, 국민은행 043-01-0379-646
              예금주: 사)기독교문서선교회

ISBN 978-89-341-1623-3 (93230)

* 낙장 · 파본은 교환해 드립니다.

이 도서의 국립중앙도서관 출판시 도서목록(CIP)은 서지정보유통지원시스템 홈페이지(http://seoji.nl.go.kr)와 국가
자료공동목록시스템(http://www.nl.go.kr/kolisnet)에서 이용하실 수 있습니다.
(CIP제어번호: CIP2017001962)